Johannes B. Schmidt
Der Körper kennt den Weg

Johannes B. Schmidt

DER KÖRPER KENNT DEN WEG

Trauma-Heilung und persönliche Transformation

Kösel

Sollte diese Publikation Links auf Webseiten Dritter enthalten, so übernehmen wir für deren Inhalte keine Haftung, da wir uns diese nicht zu eigen machen, sondern lediglich auf deren Stand zum Zeitpunkt der Erstveröffentlichung verweisen.

Gekürzte und überarbeitete Fassung des englischen Originals »Inner Navigation – Traumahealing and Constellational Process Work as Navigational Tools for the Evolution of Your True Self«, vom Autor herausgegeben im Eigenverlag 2006

Übersetzung ins Deutsche von
Almut Laing

FSC www.fsc.org MIX Papier aus verantwortungsvollen Quellen FSC® C083411

Klimaneutral Druckprodukt ClimatePartner.com/14044-1912-1001

Penguin Random House Verlagsgruppe FSC®-N001967

8. Auflage 2022

Umschlag: Kaselow Design, München
Umschlagmotiv: © Joe Drivas / Getty Images
Druck und Bindung: CPI books GmbH, Leck
Printed in Germany
ISBN 978-3-466-30773-9
www.koesel.de

Dr. Josef Gerbl gewidmet, dessen wohlwollende Präsenz,
intellektuelle Präzision und emotionale Feinfühligkeit
mir ein inspirierendes Vorbild sind, mich selbst ernst zu nehmen,
ebenso wie allen, die aufrichtig suchen und ringen.

Eines Nachts schrie ein Mann, »Allah! Allah!«
Seine Lippen wurden süß vom Lobpreis,
bis ein Zyniker sagte,
»Ah! Ich habe gehört, wie du gerufen hast,
aber hast du je Antwort erhalten?«
Der Mann hatte darauf keine Erwiderung.
Er hörte auf zu beten und fiel in einen unruhigen Schlaf.
Er träumte, dass er Khidr sah,
den Seelenführer, in dickes grünes Laub gekleidet.
»Warum hast du aufgehört zu lobpreisen?«
»Weil ich nie Antwort erhielt.«
»Das Sehnen, das du ausdrückst, ist die Antwort.
Der Kummer, aus dem heraus du aufschreist,
zieht dich in die Vereinigung.
Deine reine Trauer, die um Hilfe bittet, ist der geheime Kelch.
Höre auf das Winseln eines Hundes nach seinem Meister.
Dieses Winseln ist die Verbindung.
Es gibt Liebes-Hunde, deren Namen keiner kennt.
Opfere dein Leben dafür, einer von ihnen zu sein.«

Rumi[1]

Inhalt

Danksagung

Ein Buch ist immer das Werk eines größeren Systems in Aktion. Es ist die Schöpfung eines, der schreibt und dabei von wohlwollenden Inspiratoren genährt, unterstützt und gehalten wird. Mit ihrer Liebe, Ermutigung, Hingabe, Trost, Kritik und Unterstützung verhelfen sie dem Werk als »Hebamme« ins Leben. Es gibt mehrere Menschen, deren unschätzbarem »Halten« ich viel verdanke:

Andrea Wandel, meiner ehemaligen Frau. Die tiefen Veränderungsprozesse haben unsere Ehe dadurch, dass wir einander die Freiheit schenkten, in eine dauernde, tiefe Liebesbeziehung gewandelt. Dieser bewegende, inspirierende, traurige und tief berührende Prozess, der uns unsere gegenseitige Hingabe hat erahnen lassen, kann weder benannt noch voll verstanden werden. Andreas weise Revision des größten Teils dieses Buches war eine Quelle der Präzision und der sehr nötigen Korrektur.

Stephen Porges, der mir erlaubte, seine Tabellen, Ideen und Unterlagen zu verwenden. Seine herzliche Offenheit und großzügige Unterstützung waren mehr als nur Ermutigung und sind mir Vorbild für eine erfolgreiche Verbindung von wissenschaftlicher Aufrichtigkeit und herzlicher Seelenverwandtschaft.

Urs Honauer, einem hoch engagierten, vielseitigen Vertreter persönlichen Wachstums, innerer Entwicklung und Ausbildung. Ich stehe in seiner Schuld dafür, dass er mir die nötigen Informationsquellen und Referenzen so großzügig zur Verfügung stellte. Die Aufrichtigkeit seines Strebens und seine Begeisterung für das Aufspüren und Weiterentwickeln wesentlicher Ideen, Dozenten für Workshops und neuer Ansätze waren erstaunliche Motivationsverstärker.

Dem Unbekannten, das uns treibt.

EINFÜHRUNG

»Nach kurzem Nachdenken sagte er,
er sei zu der Überzeugung gelangt, dass politische, gesetzliche
und ökonomische Ansätze nicht tief genug gehen würden.
Für sich allein stehend würden sie nicht die durchdringenden
Veränderungen in der menschlichen Kultur hervorbringen,
die wir brauchen, damit die Menschen in wahrer Harmonie
und Balance miteinander und der Erde leben können.
Er sagte mir, er sei überzeugt, dass die nächste
große Eröffnung eines ökologischen Weltbilds eine innere
würde sein müssen ...«

Joseph Jaworski

In der westlichen Welt leben wir ein extremes Leben. Es ist fast ausschließlich nach außen, auf Materielles hin gerichtet. Die Abhängigkeit von materiellem Wohlstand schafft eine zunehmend perverse, zum Selbstzweck verkommene Ökonomie. Ein »Felt-Sense«, ein fühlendes Gespür für die innere Realität, kann sich kaum entwickeln.

In einer vielseitigen und komplexen Welt, die wenig verlässliche Orientierung bietet, verliert der Mensch sein Gespür für persönliche Orientierung und innere Navigation. Der verzerrte Fokus auf materiellen Wohlstand hat uns die natürliche Verbindung zwischen innerer und äußerer Wirklichkeit verlieren lassen. Immer weniger Menschen finden Führung von außen; gleichzeitig aber wagen sie es nicht, den Warnungen und Zeichen ihrer inneren Realität zu trauen.

Ohne eine Verbindung zu unserer inneren Realität und ohne eine Erfahrung der Verknüpfung zwischen innen und außen finden wir uns jedoch in einem Leben wieder, das leicht schal und bedeutungslos werden kann. Banalität und Heimatlosigkeit unserer Existenz fordern ihren Tribut, und wir werden traurig, gleichgültig und unglücklich. Da es offenbar wenig Gelegenheit gibt, mit unserer inneren Realität bekannt zu werden, soll dieses Buch eine erste Vorstellung davon vermitteln, wie das Tor zu uns selbst zu öffnen ist. Es soll darlegen, was mit dem Begriff »Innere Realität« gemeint ist. Es soll dem Leser helfen, eine Vorstellung von seinem inneren Kompass und Navigationssystem zu bekommen. Und dieses Buch hofft, einen Geschmack davon vermitteln zu können, wie »persönliche Prozessarbeit« aussehen kann, denn es geht hier nicht um technische Machbarkeit oder einen chirurgischen Eingriff. Es soll klarer werden, dass wir keine mechanischen Apparate oder festgelegten Persönlichkeiten sind, sondern vielmehr »verkörperte Prozesse«, die jede Sekunde des Lebens in Verbindung mit nährenden Ressourcen bleiben müssen. Wir können uns als in jedem Augenblick neu geschaffen erleben, und daher haben wir immer eine Chance auf Gesundheit und Wohlbefinden.

Verkörperte Prozesse

Das Bedürfnis nach Anpassung und Wandlung in einer sich schnell verändernden Welt erhöht die Dringlichkeit, eine persönliche Art der Beziehung nicht nur zur äußeren Welt, sondern auch zum tieferen Selbst zu finden. Das tiefere Selbst kann zunächst als unser innerer Navigationskompass oder auch als zentraler Bezugspunkt für das verstanden werden, was wir als unsere (beständige) Identität betrachten. Dieser innere Kompass ermöglicht es uns, unser Leben im Zusammenhang zu erfahren, gute Entscheidungen zu treffen und Integrität zu fühlen. Diese Erfahrung eines Selbst wiederum verlangt eine lebendige Verknüpfung, die über unsere elementare Psychodynamik hinausgeht und die uns mit dem sich ständig entfaltenden kreativen Leben in uns und um uns herum in Kontakt bringt.

Diese Verknüpfung mit dem inneren Schöpfungsprozess ist jedoch in einer Gesellschaft, die über wenig Bewusstheit und wenige Rituale für innere Entwicklungsarbeit verfügt, nicht leicht zu bewerkstelligen. Es ist nicht einfach, einen sicheren Ort und einen verlässlichen Rahmen zu finden, um diese feinen Prozesse sich in ihrer Einzigartigkeit entfalten zu lassen. Es ist nicht einfach, einen Rahmen zu schaffen, der stabil, sicher, wertschätzend und einladend genug ist, um die tieferen Schichten unseres Selbst-Prozesses zu uns sprechen zu lassen. Wenn es geschieht, dann ist es eine seltene, wertvolle und bewegende Erfahrung.

Die in diesem Buch vorgestellten Ideen lassen sich nicht von der Erfahrung des Autors und seiner speziellen Art, durch die Welt zu navigieren, trennen. Daher ist es mir wichtig, dass Sie wissen, dass dieses Buch von einem männlichen Europäer weißer Hautfarbe geschrieben wird, der die Privilegien der westlichen Zivilisation genossen und unter ihren Nachteilen gelitten hat. Meine spezielle Erfahrungswelt als Psychotherapeut, Berater und Coach prägt den Hintergrund, den Geschmack und die Farbe des Flusses von Gedanken, Gefühlen und Erfahrungen, die hier vorgestellt werden. Es ist die Erfahrung aus zwölf Jahren intensiver Arbeit mit mir selbst und mit zahlreichen Klienten. Dabei habe ich bei vielen Klienten den starken Mangel an persönlicher Entwicklung, Führung und an der Fähigkeit, zu horchen, gesehen. Diese Tatsache vertiefte meinen Wunsch, dass die Menschen sich selbst viel ernster nehmen mögen. Sie machte mich empfänglich für das Wissen, dass wir mehr sensible, feinfühlige und sinnliche Menschen brauchen, die sorgfältiger auf das hören, was in ihnen gehört werden will.

Präverbale Phase

Die Tatsache, dass uns alles, was wir von der Empfängnis bis etwa zum Alter von drei Jahren, also in der präverbalen Phase unseres Lebens, erfahren, weder sprachlich noch bewusst zugänglich ist, verschleiert und verdunkelt diesen extrem wichtigen Teil unseres Lebens und macht ihn für unsere gewohnten rationalen Problemlösestrategien unzugänglich. Über frühkindliche Erfahrungen und deren Auswirkung auf unsere damals noch empfindsamen Körper zu sprechen und nachzudenken, hilft uns nicht, das zu erhellen, was wir in jener Zeit unseres Daseins erlebt haben. Die Art unseres Verhältnisses zum Körper, diesem somatischen Sammelbehälter unserer frühesten Erfahrungen, bestimmt darüber, in welche Beziehung wir zur Welt und zu unserer Umgebung treten können, wie wir uns mit anderen in intimen Beziehungen verbinden können und welchen Zugang wir zu einer geerdeten Spiritualität haben. Ich habe die Hoffnung, dass das in diesem Buch vorgestellte Material Menschen informieren und sie dazu anregen kann, mehr über sich selbst und das zu lernen, was sie brauchen, um sich voll zu verkörpern und mehr mit sich selbst in Kontakt zu kommen. Das Lesen soll Sie damit vertrauter machen, wie Sie eine Haltung in sich selbst einladen können, die Ihrer eigenen tiefen Weisheit erlaubt, zu Ihnen zu kommen, und die Verwirrung und Orientierungslosigkeit in einer komplexen Welt in Weisheit verwandelt. Ich betrachte es als vorrangig für den Umgang mit den Herausforderungen, vor denen wir stehen, eine neue Intimität mit uns selbst und damit mit dem großen Ganzen zu finden! Diese Intimität mit uns selbst lässt sich aber nicht nebenbei entdecken, sondern verlangt ernsthafte Hingabe und Wissen, die uns durch den Prozess hindurchhelfen können, uns mit dem zu verbinden, was wir wirklich sind: verkörperte Prozesse.

Intimität

Wenn Sie zu einem Arzt gehen, dann nehmen Sie nicht an, dass er nur den Aderlass beherrscht. Wenn Menschen jedoch an Selbstverwirklichung denken, so kommen ihnen häufig vollkommen veraltete, einseitige Vorstellungen über Psychoanalyse und Couch oder von der Welt unbeleckte, naive und kleingeistige Therapeuten in den Sinn. Davon spreche ich hier nicht. Wir müssen eine zeitgemäße Art der Selbsterforschung und Selbstreflexion finden, die über intellektuelle Erörterung, fundamentale religiöse Rezepte oder esoterische Abgehobenheit hinausgeht. Durch das, was Klienten mir im Rahmen meiner Arbeit erzählt haben, ging mir auf, dass die präsentierten Themen sich oft ähneln und trotz individueller Einzigartigkeit viel Gemeinsames haben. Wir müssen uns zu einem anderen Verständnis unserer selbst erziehen. »Der Kummer, aus dem heraus du aufschreist, zieht dich in die Vereinigung«, so drückt es der persische Mystiker Rumi aus. Zuhören und über die Themen des Lebens staunen wird uns verändern und uns lehren, die Teile unseres wahren Selbst und dessen, was darüber hinausgeht, zu erkennen. Wir müssen unsere innere Natur ernster nehmen. Der Preis, den wir für die Vermeidung der persönlichen Themen um Leben und Tod, Selbsterforschung und Selbstverwirklichung bezahlen, wird immer höher. Es ist dringend notwendig, in einem Meer von Eventualitäten und Unsicherheit mit der richtunggebenden Erfahrung des Selbst verbunden zu bleiben.

Nach einigen Jahren der persönlichen Arbeit und der Entwicklung eines professionellen Ansatzes, der immer behutsamer wurde, fühlte ich an einem bestimmten Punkt, wie meine eigene Persönlichkeit auseinanderfiel und sich auflöste. Von innen heraus fühlte es sich an wie sterben, mich geschlagen geben, das aufgeben, was ich zu sein glaubte. Ein Teil dieses Auseinanderfallens war, dass ich begann, »weniger professionell« mit den Menschen umzugehen, die meine Gegenwart und Hilfe suchten.

Ich wurde weniger professionell in dem Sinne, dass ich nicht länger eine professionelle Vorsicht an den Tag lege, um mich selbst zu schützen. Ich zeige mich und mache mich als die Person, die ich bin, verletzlicher. Ich nehme keine überlegene Haltung denen gegenüber ein, die Selbsterforschung suchen. In solchen Prozessen riskiere ich es, so wahrhaftig und authentisch wie möglich immer mehr von meinem auftauchenden Selbst zu zeigen. Mehr und mehr widerstehe ich der Versuchung, mich hinter professionellem Expertengebaren zu verstecken. Ich musste lernen, auf einer ständig tiefer werdenden Ebene mich meiner eigenen Scheu, Verletzlichkeit und Zurückhaltung zu stellen und sie als Teil von mir anzuerkennen und in Besitz zu nehmen. Ich musste mich bereit machen, meine eigenen Körperwahrnehmungen, vorherrschenden Gefühle und störenden Gedanken zu erkennen. Ich musste mehr ich selbst sein, um anderen dabei helfen zu können, herauszufinden, wer sie sind, welche Resonanz meine Gegenwart in ihnen auslöst und ihre Präsenz in mir. Ich musste authentischer sein, kongruenter und in Verbindung mit meiner Seinsnatur, um die Menschen zu ermutigen, ebenfalls auf stimmigere Weise sie selbst zu werden. Und da »der Erfolg einer Intervention abhängig ist vom inneren Zustand dessen, der interveniert«[2], betrachtete ich es als meine höchste Verantwortung, meinen eigenen sich entfaltenden Prozess gut genug kennenzulernen, um ein flexibler Zuhörer für die persönlichen Prozesse anderer zu werden.

Erfolg einer Intervention

Heute sehe ich es so, dass wir uns als laufenden, sich entwickelnden Prozess verstehen müssen und nicht als festgelegten Charakter. Wir müssen Prozessfähigkeiten erwerben, um mit uns selbst zurechtzukommen. Wir müssen lernen, unseren Lebensplan, unser Potenzial, unsere Talente, Gaben und Fertigkeiten zu entfalten. Wir müssen tiefes Verständnis für die menschliche Natur entwickeln, um die beste und wirksamste Förderung dabei anbieten zu können, wahrhaft menschlich zu werden und immer mehr mit unserer Seinsnatur verbunden zu bleiben. Folglich ist es als »Entwicklungshelfer« nicht unsere Aufgabe, zu urteilen, Ratschläge zu erteilen oder gegenwärtige Meinungen zu verkünden. Es ist vielmehr unsere Aufgabe, fließendes Prozessvermögen und ein gefühltes Verständnis für innere Wirklichkeiten zu entwickeln und dadurch dabei zu helfen, die Entstehung des Prozesses einer Person einzuladen, ohne im Weg zu stehen.

Prozessfähigkeiten

Sie fragen sich vielleicht, welche diese Prozessfähigkeiten sind und wie ein solcher Prozess aussieht? Genau das versucht dieses Buch aufzuzeigen und dabei ist es möglicherweise nicht immer leicht zu lesen, denn in Teilen stellt es einen gedruckten Prozess dar. In anderen Teilen ist es eine verdichtete Erfahrung, die eigentlich gar nicht »gelesen« werden kann. Ein gedruckter Prozess ist etwas, das Sie nur verstehen werden, wenn Sie beim Lesen der Seiten mit Aufmerksamkeit bei sich sind und horchen, was in Ihnen geschieht, während Sie »lesen«. Genau das müssen wir mehr tun. Wir müssen uns selbst beachten, be-»lesen« und behorchen und der unmittelbarsten aller unserer Realitäten zuhören – der inneren Realität. Diese innere Realität wird sich nach und nach als klarer gewordene Wahrnehmung, als Felt-Sense, zeigen und die Verdunkelung des konzeptbehafteten Verstandes aufhellen. Sie kann gefühlt, gespürt und gehört, aber nicht unbedingt verstanden werden. Sie kann mit jeder Faser des Körpers gefühlt, empfangen und aufgenommen werden.

Das mag wie ein fremdartiges Unterfangen klingen. Es mag sich sogar seltsam oder nutzlos anhören. Es mag irrelevant klingen, besonders, wenn unser Verstand auf eine äußere, faktische und ökonomisch getriebene Welt gerichtet ist: die Welt der Ziele, der Sollvorgaben, des Marktwerts. Die Welt, in der »der Mensch dem Markt erlaubt, das Leben zu organisieren, sogar unser inneres Leben. Indem wir alles mit seinem Marktwert gleichsetzen, es zum Handelsgut werden lassen, suchen wir schließlich Antworten auf Fragen danach, was auf dem Markt wertvoll, ehrenhaft und sogar danach, was wirklich ist«, wie David Lyon[3] es formuliert. Aber in einer Welt, die immer komplexer wird und die man in ihrer systemischen Wechselwirkung erst langsam versteht, können wir uns nicht mehr länger nur auf äußere Orientierung verlassen. Die Welt verändert sich so schnell, dass eine Generation nur mühsam die Realität der nächsten verstehen kann. Ratschläge kommen nicht mehr an.

Es berührte mich, als mein Nachbar, Anfang siebzig, ehemaliger Chefarzt einer chirurgischen Klinik, mir mit ehrfurchtgebietender Ehrlichkeit und Offenheit erzählte, wie sehr er sich des Zustands der Welt schäme, den seine Generation der unsrigen hinterlässt. Ich konnte spüren, wie berührt und ehrlich er war und dass neue Fähigkeiten gebraucht werden, um es besser zu machen. Diese Offenheit eröffnete einen neuen emotionalen Raum in meinen Gefühlen für diesen Mann. Ich hatte Mitgefühl, und unsere intellektuelle Diskussion erreichte eine Ebene jenseits von Worten und »Gefühlen«. Die Empfindung von Tiefe und Raum zwischen uns wurde reich und wahrhaftig. Wir empfanden Demut. Jeder muss selbst erfahren, was die Substanz der Realität ist und wie man den Weg durch die Gezeiten des Wandels findet, wenn der innere Kompass in Funktion ist. Nur mit dieser Klarheit über unsere eigene innere Position werden wir in der Lage sein, uns auf die sich schnell verändernde äußere Welt und die Menschen um uns auf angemessene und wesentliche Weise einzustellen.

Innerer Kompass

In diesem Sinne soll dieses Buch Sie dafür sensibilisieren, wie Sie sich mit Ihrem inneren Kompass verbinden können. Es soll Ihnen Einsichten davon vermitteln, welche Prozesse daran beteiligt sind, Ihren Weg durch das scheinbar unverständliche Auf und Ab der gegenwärtig ablaufenden, groß dimensionierten Übergänge und Globalisierungsprozesse zu finden. Keiner von uns kann mehr ohne dieses innere Navigieren zurechtkommen, ohne Gefahr zu laufen, jeglichen Sinn für die Verbundenheit mit uns selbst, mit der Erde, mit anderen Menschen und mit der höheren Realität um uns herum zu verlieren.

1. INNERE NAVIGATION

»Aber die großen Wahrheiten des Lebens bedürfen immer,
um aufgenommen zu werden, eines frommen Gemütes,
denn dieses allein ist aufgeschlossen, d.h. für das Wissen begabt,
das den Horizont des Verstandes übersteigt, der ja seiner Natur
nach dem rational nicht fassbaren LEBEN **verstellt ist.«**

Karlfried Graf Dürckheim

Wir sprechen häufig in unserem Leben von Veränderung. Menschen wollen sich aus vielerlei Gründen verändern. Sie verlieren ihre Stelle, ihre Ehe funktioniert nicht, oder sie entdecken in einer Phase ihres Lebens, dass sie einen wichtigen Lebensaspekt übersehen haben. Was aber ist gemeint, wenn Menschen von Veränderung reden? Ich glaube, dass sie statt nach tatsächlicher Veränderung eher nach etwas suchen, das man »regressive Wiederherstellung« nennen könnte. »Regressive Wiederherstellung« bedeutet, sie wollen einen früheren Zustand ihrer persönlichen Situation, in dem sie sich zuletzt gut und angenehm gefühlt haben, wiedererlangen. Regressive Wiederherstellung bedeutet, dass wir uns an eine Zeit erinnern, in der es uns besser ging als jetzt, und dass wir wieder haben wollen, was wir einmal hatten. Dieser Wunsch aber läuft auf eine »Mach, dass es mir besser geht«- und »Reparier das«-Haltung dem Berater oder dem Therapeuten gegenüber hinaus. Das ist karthesianisches Denken, in dem wir verbindungslos die Eigenschaften von Dingen und Materie so manipulieren, dass wir das erwünschte Ergebnis erzielen. Wir leben in einer Welt aus Gegensatz-Objekten und sind von ihnen getrennt. Häufig sind wir von unserem Körper entfremdet, das Identifikationszentrum sind unser Kopf und unser aktives, manipulatives Denken. Wir schaffen uns eine Wirklichkeit, die von der Unmittelbarkeit unserer Sinne abgetrennt ist. Innere Gelassenheit, Loslösung von dem,

Regressive Wiederherstellung

was wir zu sein glauben, kann jedoch nur auf einer stabilen Grundlage jenseits unserer kognitiven Geisteshaltung geschehen. Wir müssen Kontrolle aufgeben können, um Veränderung auf uns zukommen zu lassen. Wir müssen Abstand nehmen von dem, was wir zu sein glauben. Wir müssen verstehen und darüber staunen, dass autonome Veränderungsprozesse von innen heraus angestoßen werden, ohne dass wir aktiv eingreifen. Sie wollen nicht von außen durch ständige Aktion und Manipulation angeordnet, sondern angehört und eingeladen werden.

Transformation ermöglichen, Transformation begleiten

Veränderung ist im Grunde eine Verwandlung unserer eigenen inneren Wahrnehmungsstruktur. Wenn wir anders wahrnehmen, verändert sich die Welt um uns. Wir leben dann in einer anderen Welt, erleben andere Dinge und sind in der Lage, anders nach außen zu agieren. Die Verwandlung unseres inneren Wahrnehmungsprozesses bewirkt, dass wir uns anders fühlen.

Innere Struktur

Unsere innere Struktur hat zuallererst damit zu tun, wie wir unseren Körper erleben, wie wir »eingekörpert« sind. Die Art, wie wir unseren Körper erleben und empfinden, und zwar besonders die vier großen Körperhöhlen – Kopf, Brustkorb, Bauchhöhle und Becken –, bestimmt die Art und Weise, wie wir die Welt erleben und empfinden. Wie wir in unseren Familien aufgewachsen sind, wie wir Mama oder Papa als Person erlebt haben, ist nicht so relevant wie unsere Beziehung zu uns selbst und die Art, wie wir unsere verkörperte Natur seit unserer Empfängnis fühlen. Von unseren Anfängen im Mutterleib an entwickeln wir uns selbständig als kleine Embryonen. Wir werden durch tiefere Kräfte geschaffen und in die Faltung und Entfaltung unserer Entwicklung geführt, lange bevor ein funktionierendes Nervensystem aufgebaut ist. Noch als Erwachsene sind wir in der Tat nach den Standards der Anatomie »zurückgebliebene Föten«, die über weniger Spezialisierung verfügen als jedes Tier[4]. Unsere anatomische Bauart stattet uns mit weit mehr Flexibilität und Vielseitigkeit aus als jedes Tier. Das Tier jedoch ist in seiner Spezialisierung der Umwelt bedeutend besser angepasst als wir mit unserer Nacktheit, unseren kleinen Händen und Füßen und unserem ungeschützten Körper. Durch den relativen Mangel an Körperspezialisierung haben wir die Möglichkeit, uns von der unmittelbaren Umwelt zu trennen, selbstreflexiv zu beobachten und unsere bewusste, fokussierte oder defokussierte Aufmerksamkeit auf verschiedene Aspekte unserer Wahrnehmungserfahrung zu lenken. Wir können unsere Wahrnehmung verfeinern und uns einem inneren Felt-Sense widmen, der uns Orientierung bietet und sich zu einem inneren Navigationssystem entwickelt. Wir können uns mit einem Feld der Intelligenz und Weisheit verbinden, das uns in Zeiten der Veränderung und Verwirrung Richtung gibt auf unserem Weg zu einem kohärenten Reifungsprozess. Wir sind gehalten und verbunden mit den Lebenskräften, die uns Richtung geben können, wenn wir lernen, sie zu hören und zu beachten. Wir können »religio« im Sinne der Verbindung zu einer Realität haben, die größer ist als wir selbst und die gleichzeitig in uns selbst wirkt. Der erste Schritt ist jedoch, die Vernachlässigung unserer inneren Realität zu überwinden und das Horchen auf unsere innere Faltung und Entfaltung zu lernen. Es gilt, zu entdecken, dass wir ständig von innen geformt werden und dass diese inneren autonomen Prozesse genau die Gesundheit und Plastizität liefern, die den Unterschied machen zwischen Wiederherstellung und tief empfundener Veränderung. Wir müssen uns selbst ernster nehmen und lernen zu horchen, zu schauen, zu beobachten und zu fühlen.

Wahrnehmung verfeinern

In diesem Buch werde ich Methoden darstellen, die sich in der Praxis entwickelt und über die Jahre als nützlich und effektiv erwiesen haben. Zu diesen Ansätzen zählen z.B. Wahrnehmungsübungen, die abgeleitet sind von Techniken aus der Traumaheilung. Andere Teile meines Ansatzes stammen aus der craniosacralen biodynamischen Arbeit, die zur Förderung tief nährender und nonverbaler Entwicklungs- und Wiederausrichtungsprozesse angewandt wird. Wieder andere stammen aus einer modifizierten Form der Aufstellungsarbeit, bei der anstelle von Familien- oder Organisationsgeschehen innere Prozesse dargestellt werden.

Weit bedeutsamer als das angewandte Verfahren ist jedoch die Handhabung der methodischen Seite. Als Begleiter dürfen wir den sich entfaltenden autonomen Prozessen nicht im Weg stehen, sondern müssen Hüter der inneren Räume und eines sicheren Prozessrahmens sein. Dies erlaubt den autonomen Prozessen, aufzutauchen und sich in ihrer eigenen weisen Form zu entfalten. Unterbrechen, Bedrängen, Antreiben oder Besserwissen führen zu Störungen. Wir müssen verstehen, dass keine der angewandten Methoden »Techniken« sind! Sie verlangen alle nach einer besonderen Haltung des Begleiters, die zusammen mit dem Klienten und anderen Anwesenden ein heilendes Feld schafft. Die Qualität dieser gemeinsamen Schöpfung oder vielmehr dieses in der Gemeinsamkeit auftauchenden heilenden Feldes bestimmt, welche Art von Prozess sich entfalten und welche Tiefe er erreichen kann. Wir müssen die Kunst des »Nicht-Tuns« erlernen, d.h. zu beobachten, zu bezeugen, der Entfaltung des autonomen Prozesses beizuwohnen und ihn dadurch mit Energie anzureichern. Invasive Ratschläge, Absichten oder andere Bewertungen sind oft Teil des Problems und nicht eine Möglichkeit der Lösung. Es geht um den Erwerb einer zuhörenden Haltung, die zurückhaltend ist, respektvoll, wertschätzend und einladend.

Autonome Prozesse

Ein Grund für mich, dieses Buch zu schreiben, ist die Beobachtung, dass mehr und mehr Menschen heute die Erfahrung des Zerfalls und der Aufsplitterung ihres Lebens machen. Das moderne Leben mit seinen Anforderungen wird immer komplexer. Es zusammenzuhalten fordert uns, manchmal unsere Fähigkeiten übersteigend, auf vielen Ebenen heraus. In dem Maße, wie Verhaltensmaßregeln von außen immer weniger verfügbar sind, wird es für den Menschen schwieriger, in seinem Leben Richtung, Orientierung und Sinn zu finden. Wir fühlen uns überwältigt von der Menge notwendiger Entscheidungen und Möglichkeiten. Wir sind auf die vielen Veränderungen nicht per se vorbereitet. Jutta Anna Metzger spricht diesbezüglich von einer »Wahl- und Bastelbiographie«[5], denn das Individuum sieht sich ständig mit einem hohen Maß an Unsicherheit und

Unwägbarkeit konfrontiert. Die dauernde Notwendigkeit, Entscheidungen zu treffen, und die hochgradige Komplexität im Leben kann eine anstrengende und übermächtige Erfahrung sein, die den unbegleiteten Einzelnen hilflos, verloren und verwirrt zurücklässt.

Es ist tatsächlich so, dass innere und äußere Zufluchtsorte zur Orientierung und Restabilisierung in modernen Lebenswelten spärlich sind. Das Bedürfnis nach kontemplativen, dialogorientierten Entwicklungsräumen, die eine erneute Verbindung zum Selbst und der eigenen inneren Führung zulassen, ist im Wachsen begriffen. Ich erinnere mich an eine Lesung Henry Kissingers, die ich vor ungefähr 20 Jahren im Prinzregententheater in München besuchte. Mich beeindruckte Kissingers Geständnis, dass heutige Politiker die Antworten auf Fragen zukünftiger globaler Zeiten nicht haben. Er sprach davon, dass in den vergangenen dreihundert Jahren alle Länder eine Politik verfolgt haben, die auf egozentrisch-nationalistischer Zielsetzung basiert, und dass wir auf die Erfordernisse und Herausforderungen des angehenden Globalisierungsprozesses in einer kleiner werdenden Welt vollkommen unvorbereitet seien. Kissinger beschwor die Notwendigkeit einer neuen Weltordnung herauf. Er war sich sicher, dass deren Entwicklung chaotische Prozesse von Verteilungs- und Machtkämpfen mit sich bringen würde. Er appellierte an alle Menschen, junge wie alte, ihre Talente und Fähigkeiten ernst zu nehmen und ihre Ressourcen, Kreativität und Entwicklungspotenzial in den Dienst der zukünftigen Aufgaben zu stellen. Er forderte die Zuhörer auf, ihr Talent zu nutzen, um zu neuen Haltungen, zu Weisheit und politischen Ansätzen beizutragen, die zur Befriedung der Welt in dieser Zeit des Übergangs und der Veränderung nötig sind.

Entwicklungsräume

Dieses Buch ist so gesehen ein solcher, wenn auch kleiner Beitrag vom Standpunkt eines Psychologen, der mit Überzeugung dafür eintritt, dass wir Formen und Vorgehensweisen brauchen, um unser wahres Selbst ans Tageslicht zu bringen. Als Voraussetzung für die Fähigkeiten, die notwendig sind, um der neuen Weltordnung Form zu geben, müssen wir unser volles menschliches Potenzial entwickeln. Ich sehe im Menschen das Bedürfnis, in einer sich immer schneller verändernden Welt Richtlinien in sich selbst zu finden. Ich betrachte es als notwendig, dass die Menschen das zur Nutzung bringen, was sie an persönlichem und kollektivem Potenzial und an sozialen und kommunikativen Kompetenzen haben, und dass sie darauf vertrauen. Wir müssen neue Formen persönlicher Spiritualität hervorbringen, die ein stark unterschätztes, aber wesentliches Mittel ist, um mit der tieferen Intelligenz dieses Planeten und unseren individuellen Lebenswelten in Einklang zu leben. Wir müssen zu einer tief empfundenen Wertschätzung gegenüber unserer äußeren und inneren Welt finden. Wir müssen einen tiefen Felt-Sense, d.h. ein gefühltes Evidenzerleben, für alle Formen von Lebenswirklichkeit finden, der über die kurzsichtigen Interessen einer einzelnen Nation hinausgeht. Würden wir doch endlich anfangen, uns selbst ernst zu nehmen, ernst genug, um unseren tiefsten Fragen, Sehnsüchten, Träumen und Wünschen nachzugehen! Sie würden uns ganz natürlich in die Verwirklichung einer tiefen spirituellen Verbundenheit führen.

Felt-Sense: Wahrnehmungsfähigkeiten verfeinern

Karlfried Graf Dürckheim[6] schreibt über die Lage des Menschen in unserer Zeit in seinen eigenen philosophischen Begriffen:

Rebellion der Tiefenschichten

> »Reduziert zum Funktionär einer eigenläufig nach eigenen Gesetzen wachsenden und wuchernden ›Konsum- und Leistungsgesellschaft‹, hat der Mensch des Westens den inneren Weg in einem Ausmaß verfehlt, dass nunmehr die Rebellion der Tiefenschichten seiner Seele eine weltgeschichtliche Wendung seiner geistigen Entwicklung zu erzwingen beginnt.«

Genau damit habe ich mich als Psychologe in meiner täglichen Arbeit zu beschäftigen: »eine Rebellion der Tiefenschichten der Seele« von Menschen, die nicht mehr länger das Bedürfnis leugnen können, sich wieder mit ihrem »eigenen inneren Kurs« zu verbinden. Wenn Menschen bei mir Hilfe suchen, so ist es im Wesentlichen meine Aufgabe, die »weltgeschichtliche Wendung« in handhabbare und praktikable Schritte zu zerlegen, die in ihren jeweiligen konkreten Lebenssituationen gangbar sind. Ich bin da, um einen sicheren und geschützten Raum zu bieten, in dem sie ihr Selbst in Konfrontation mit den äußeren und inneren Kräften erforschen können. Ich diene als Katalysator und Werkzeug dabei, das innere Tor zu finden, um Kongruenz, Stimmigkeit und eine Beziehung zur umgebenden Umwelt zu finden, die in Resonanz ist mit Ganzheit, Gesundheit, Lebenssinn. Es gilt, den entscheidenden Gedanken zu verstehen, dass wir uns als grundsätzlich spirituelle Wesen mit dem vordringlichen Wunsch nach liebender Verbundenheit erleben werden, wenn wir lernen, tiefe Wertschätzung für die zu fühlen, die wir sind, und wenn wir zu den Wurzeln unseres Seins zurückgehen. Die Vorstellung von Psychotherapie als Kreisen um den eigenen Nabel und Landung in einer selbstsüchtigen und egozentrischen Selbstaktualisierung passt nicht zu dem, was wir im Grunde sind. Unsere tiefste Sehnsucht zielt auf Wiederherstellung der Verbindung und das Verbundensein mit unserer Seinsquelle und dazu müssen wir unsere Sinne, unsere Intuition und unsere Wahrnehmungsfähigkeiten verfeinern.

Seinsquelle

Die Verfeinerung ist ein erster Schritt auf dem Weg der Entwicklung eines inneren Navigationssystems, das uns hilft, Richtung, Sinn, Zweck und Erfüllung zu finden. Wir müssen uns der Rebellion der Tiefenschichten der Seele zuwenden und sie als Teil unserer unzerstörbaren Ganzheit begreifen. Die Erhöhung der Empfindsamkeit und die Fähigkeit, kleinen inneren Signalen gegenüber aufmerksam zu sein, werden in uns einen größeren Orientierungskontext öffnen. Ich kann aus eigener Erfahrung sagen, dass es nie gut ging, wenn ich wider besseres Wissen eine bestimmte Gefühlsqualität in mir ignorierte, sei es beim Kauf einer Immobilie, beim Heiraten, bei der Arbeit oder bei alltäglichen Alltagsentscheidungen. Ich lernte auf die harte Tour, dass ich einen verlässlichen inneren Kompass besitze, der mir eine klar fühlbare Richtung angibt und der ernst zu nehmen ist. Die meisten von uns, so sie dazu ermutigt werden, bemerken ein klares Gefühl, manchmal Intuition genannt, bezüglich einer Situation, in der sie sich befinden, auch wenn sie es nicht angenehm finden, wie überzeugend real es sich anfühlt. Dieses innere Navigationssystem mag gut versteckt, zugedeckt oder schlecht eingestellt sein. Aber es ist da und kann verfeinert werden.

Felt-Sense

Der Fachbegriff Felt-Sense wurde von dem amerikanischen Psychologen Eugene Gendlin geprägt und beschreibt die völlige Gewissheit einer Erfahrung, die sich als die ultimative Wirklichkeit bezeichnen lässt, die wir als Menschen erleben können. Gendlin verweist darauf als »eine ungewohnte, tiefe Ebene der Bewusstheit«[7]. Es geht hier nicht nur darum, sich vage etwas bewusst zu sein, sondern um eine in Körper und Physiologie verankerte Realität. Gendlin führt aus:

> »Ein Felt-Sense ist nicht etwa eine mentale, sondern eine physische Erfahrung. Eine physische! Die Bewusstheit des Körpers über eine Situation, eine Person, ein Ereignis. Eine innere Aura, die alles mit einbezieht, was Sie über das betreffende Subjekt zu einem bestimmten Zeitpunkt fühlen und wissen. Sie bezieht es mit ein und teilt es Ihnen in seiner Gesamtheit, nicht in Einzelteilen, mit. Stellen Sie es sich wie einen Geschmack vor oder wie einen großartigen musikalischen Akkord, der Sie eine mächtige Wirkung, ein großes, rundes, unklares Gefühl spüren lässt. Ein Felt-Sense präsentiert sich nicht in Form von Gedanken oder Worten oder anderen Einzelteilen, sondern als einzelnes (oft rätselhaftes und sehr komplexes) Körpergefühl.«

In meinen eigenen Worten würde ich es eine integrative Erfahrung unseres Seins in einem bestimmten Moment nennen, die durch unsere Sinne übermittelt wird und in eine zusammenhängende, schlüssige Erfahrung des Augenscheinlichen zusammenfließt. Um diesen Felt-Sense zu entwickeln, bedarf es nicht nur der Verfeinerung unserer Sinne und der Beachtung der Richtung, in die unsere Aufmerksamkeit geht, sondern wir müssen überdies eine aufnahmebereite Haltung des »Nicht-Tuns« einnehmen, die unserer Fähigkeit zum Zuhören viel mehr Wert beimisst als unserem Potenzial für Aktion und Leistung. Oft setzt sie ein, wenn unser Tun, Handeln, Wollen oder

Beabsichtigen zusammenbricht. La Chapelle[8] gibt ein eindringliches Beispiel für die Reaktivierung unserer intuitiven, angeborenen Weisheit des Navigierens. Er erzählt die Geschichte von Nainoa Thompson:

Nainoa Thompson ist ein Navigator der Moderne. Er spielte die Hauptrolle dabei, das erste hochseetaugliche Kanu ohne Hilfe moderner Geräte von Hawaii nach Tahiti zu lenken. Die Reise wurde zum Symbol und zu einer buchstäblichen neuen Ermächtigung der Ureinwohner Hawaiis. Indem er die alte Art der Navigation wieder aufleben ließ, trug Thompson dazu bei, eine Art des Wissens zurückzubringen, die uns allen ein wichtiges Vorbild sein kann.

Im Verlauf der Reise hatten Nainoa und seine Mannschaft den Kalmengürtel erreicht, ein windstilles Gebiet in Äquatornähe, in dem der Himmel häufiger wolkig als klar ist. Ohne Zugang zu Sternen und Mond erwies sich sein gewohntes Navigationsverfahren als nahezu unmöglich. Was dann geschah, lässt sich am besten in seinen eigenen Worten wiedergeben:

> »Es wurde sehr intensiv und ich war extrem müde. Ich war ganz und gar erschöpft. Ich drehte mich zur Reling und stützte meine Ellbogen darauf, um mich im Stehen auszuruhen. Dabei empfand ich inmitten des ganzen Regens und der Kälte ganz plötzlich dieses warme Gefühl, und mein Geist wurde sehr klar. Und ich konnte den Mond fühlen. Ich wusste, dass er da war, obgleich ich nicht wusste, wo, da ich ihn nicht sehen konnte. Aber irgendwie konnte ich die Richtung erkennen.«

Kunst des Navigierens

Thompson war in der Lage, das Kanu erfolgreich durch den Kalmengürtel zu lenken, indem er nach dem Gespür für die Mondposition handelte, und die Reise fand ein gutes Ende. Die Geschichte von Nainoa zeigt uns, wie sich gewöhnlich verborgene Formen der Führung dadurch eröffnen, dass wir über unsere normalen Wahrnehmungsweisen hinaus Vertrauen haben und neue Arten des Sehens annehmen. Im Weiteren beschreibt Nainoa die Kunst des Navigierens:

> »Die Navigation, von der ich bisher gesprochen habe, ist eher äußerlich; sie dreht sich um das, was du siehst, darum, in die Unendlichkeit nach den Sternen und ganz nah nach kleinen Wellen zu schauen. Diese Information zu nehmen und sie zu Wissen zu machen, ist das eine. Navigieren zu können, ist aber etwas anderes. Es muss noch ein ganz anderer Weg beschritten werden, und zwar ein innerlicher. Dieser Weg stellt dich auf die Probe, Dinge zu tun, die du im normalen Leben nicht kannst. Ein Großteil der Navigation besteht aus diesem Weg. Er ist eine Hingabe, die irgendwie von ganz tief innen kommt, ich glaube, aus dem Geist der Seele derer, die diese Herausforderung annehmen.«

Mir ist offensichtlich geworden, dass wir mehr brauchen als nur die Wiederauferstehung unserer Intuition, um durch die Komplexität des täglichen Lebens hindurchzufinden. Das obige Beispiel mag veranschaulichen, dass wir eine tiefere und ganzheitliche Navigationsweise brauchen, die in Verbindung mit der Wirkung umfassenderer Kräfte steht.

Manchmal ist es ermüdend zu sehen, wie wenig Verständnis und direkte Erfahrung wir zur Verfügung haben, um uns mit der Steuerung unseres Innenlebens beschäftigen zu können. Heute leiden viele Menschen an emotionaler Vernachlässigung und an der Nichtigkeit ihres Lebensstils. Weder die Mehrzahl der Familien noch das öffentliche Bildungswesen scheinen unsere Bewusstheit darüber zu fördern, wie wir innere Zustände regulieren können und wie eine verlässliche Navigation hin zu unserem Lebenszweck erreicht werden kann.

Innere Zustände regulieren

Manchmal brauchen wir ganz einfach nüchternen Rat. Ich erinnere mich an einen der ersten Tage meines Psychologiestudiums an der Universität. Einer der Professoren präsentierte uns die enorme Menge an Zeitschriften, Büchern, wissenschaftlichen Meinungen und offenen Themen auf diesem Gebiet. Dann schloss er mit der Aussage, dass wir uns in dieser riesigen Informationsmasse nicht zurechtfinden würden, wenn wir nicht einen roten Faden aus unserem eigenen persönlichen Interesse spinnen würden. Für mich war das eine wichtige Aussage. Sie legte den Studenten die Notwendigkeit nahe, auf sich selbst zu hören und der eigenen Motivation und Neugierde treu zu bleiben.

Wenn ich heute mit Geschäftsleuten oder Klienten arbeite, die gesellschaftliche Verantwortung tragen, finde ich es manchmal beängstigend, wie wenig Gelegenheit diese Leute offensichtlich hatten, sich selbst kennenzulernen. Wie wenig Anleitung dazu angeboten wurde, um ihnen zu helfen, sich selbst als Prozess in Entfaltung zu verstehen, der durch die Kombination einer inneren Realität aus Wünschen, Hoffnungen, Bestrebungen einerseits und den kontextuellen Gegebenheiten der realen Welt andererseits betrieben wird. Es ist beängstigend, die Seichtheit öffentlicher Aussagen in Fernsehprogrammen und den Mangel an Introspektion zu erleben, durch die aus den tieferen Quellen unseres Seins geschöpft werden kann. Ebenso macht es mir Sorgen, wenn ich sehe, wie wenig Vorkehrungen für persönliche Entwicklung und Reifung im öffentlichen Leben getroffen werden. Es ist traurig und erschreckend, wie wenig Wert die Menschen dem Bedürfnis beimessen, den eigenen Lebensweg, die eigene Berufung zu finden, sodass sie in der Lage sind, einen wertvollen und substanziellen Beitrag zu unserer gegenwärtigen Lebenswelt zu leisten.

Berufung

Vielleicht bekommen wir einen Eindruck von der Dimension dieses Prozesses, wenn wir uns anschauen, was die amerikanische Psychologin Estelle Frankel aus Berkeley in ihrem interessanten Buch *Sacred Therapy*[9] schreibt. Es hat mir die Augen für das enorme Ausmaß unserer Aufgabe geöffnet, eines der alten Weisheitsbücher, die Bibel, in einem anderen Licht zu betrachten. Estelle zeigt uns, wie biblische Texte gesehen und verstanden werden können:

> »Die alten jüdischen Mystiker haben verstanden, dass die Geschichten aus der Bibel und alte Legenden nicht einfach als historische Berichte darüber zu verstehen sind, was unseren Vorfahren widerfahren ist, sondern außerdem als mythische Interpretationen dessen, was jeder von uns durchlebt, wenn wir uns auf die heilende Reise des Erwachens begeben. Für die hassidischen Meister LEBT DIE GESAMTE BANDBREITE BIBLISCHER CHARAKTERE IN JEDEM VON UNS UND REPRÄSENTIERT UNTERSCHIEDLICHE

> DIMENSIONEN DER SEELE (Hervorheb. von JBS). ... Carl Jung sagte einmal, die Neigung des modernen Menschen zum Pathologisieren entspränge der Tatsache, dass wir vergessen haben, wie man mythologisiert. Er sagt, die Götter lebten in uns weiter, jedoch eher als Symptome denn als lebendige Archetypen.«

Erlauben Sie sich nun für einen Augenblick, sich vorzustellen, dass alle in der Bibel beschriebenen Kriege, Streitigkeiten, Kämpfe, Morde und Aufstände aus Mangel an anderen Methoden in einer Firma ausgeführt werden. So gesehen wird es nicht überraschen, dass der korrupte, von Habsucht getriebene Zustand der Ökonomie, die blind ist für die Aufgabe, dem größeren Ganzen zu dienen und Mittel statt Zweck zu sein, die physische und spirituelle Grundlage unseres Lebens zerstört. Estelle schaut z.B. tiefer in die Geschichte des Exodus (Zweites Buch Mose) als der Geschichte der Geburt des wahren Selbst, durch die wir alle gehen müssen, wenn wir ein erfülltes Leben leben wollen, statt unser selbst und der monotonen, sich wiederholenden Muster unseres unerlösten Kampfes müde zu werden. Clarissa Pinkola Estés spricht in ihrem wunderbaren Buch *Die Wolfsfrau*[10] über die Notwendigkeit, sich selbst als »soul famine« oder »hambre del alma«, also als hungernde Seele zu erhalten, die schonungslos hungrig und getrieben danach ist, wahrhaft sie selbst zu sein. Estés erkennt sehr klar die Anfälligkeit dieser Erhaltung seelischer Unversehrtheit und sagt:

»Soul famine«

> »Es bleibt eine zentrale psychische Tatsache, dass unsere Verbindung zu Sinn, Leidenschaft, Seelenhaftigkeit und unserem tiefen Wesen etwas ist, worüber wir wachen müssen.«

Unser Dilemma besteht darin, dass wir, abgesehen von der sehr technischen psychoanalytischen Theorie, über keine moderne Sprache verfügen, um innere Prozesse zu erklären und zu fördern. Es gibt in unserer Gesellschaft weder einen allgemeingültigen Rahmen noch ein kollektives Ritual zur Erleichterung individuellen Leidens oder zur Erarbeitung einer zusammenhängenden, stimmigen und sinnvollen Perspektive. Wir kennen kaum Wege, um mit Krisen, zwischenmenschlichen Konflikten, Zwiespältigkeit und Orientierungslosigkeit zurechtzukommen. Es ist entmutigend zu sehen, wie angeblich erfolgreiche Geschäftsleute, karriereorientierte Frauen, analytische Ingenieure oder rein kopfgesteuerte Menschen sich leicht in linearem Denken, emotionaler Überlastung, traumatisierten Selbstschutzkonstruktionen oder undifferenzierten Sekundäremotionen verirren. Es ist besorgniserregend zu erleben, wie schlecht die Menschen im Hier und Jetzt bleiben und sich der momentanen Wirklichkeit widmen können und wie sie stattdessen von ihrer Vergangenheit oder einer illusorischen, undefinierten Zukunft gesteuert werden, die nie kommen wird.

Zu einem tieferen Selbst finden

Es ist zwingend notwendig, die Herausforderung, wieder mit einer ganzheitlicheren Navigation in Verbindung zu treten, anzunehmen. Diese Einsicht ist nicht unbedingt neu; der Jesuit und Philosoph Karl Rahner formulierte schon in den 60er-Jahren, der Christ der Zukunft werde entweder ein Mystiker oder überhaupt nicht sein – eine klare Aussage für einen weltlichen Menschen des einundzwanzigsten Jahrhunderts. Als Mystiker gelten dabei diejenigen, die durch ihre achtsame, unmittelbare Erfahrung und innere Klarheit gesteuert werden. Es sind die, die nicht auf einen angenommenen Messias oder Lehrer im Außen warten, sondern ihn heute in ihrem Inneren zum Leben erwecken. Für Mystiker hat diese unmittelbare, innere Realität mehr Autorität als das geschriebene Wort sakraler Texte. Aus diesem Grund fiel es der Kirche schwer, die Mystiker zu kontrollieren, denn sie blieben dem unmittelbaren Gebot ihrer inneren Wahrnehmungen treu und loyal. Ihre Art des Navigierens gründete gänzlich auf dem, was sie als höchste (heute würden wir vielleicht das Wort »ganzheitliche« gebrauchen) Realität erkannten. Ihnen war klar, dass die Wiederkehr Christi keine äußere Erscheinung einer physischen Person

Unmittelbare Erfahrung

sein würde. Vielmehr würde es das Erwachen des wahren Selbst in uns allen sein oder, genauer gesagt, das transluzente Ausstrahlen des Göttlichen in uns. In christlichen Begriffen gesagt, könnte man daraus schließen, dass Christus sich im Menschen, in unserem wahren Selbst, unserer innersten Realität, repräsentiert. Ähnliche Gedanken sind in anderen Religionen vertreten. Jon Kabat-Zinn zitiert scherzhaft einen seiner Schüler: »Als ich Buddhist war, trieb ich damit meine Eltern und Freunde in den Wahnsinn, aber wenn ich Buddha bin, regt sich keiner auf.«[11] In kompletter Selbstverwirklichung haben wir nicht nur Zugang zu einer intakten, stimmigen, allumfassenden inneren Navigation, sondern darüber hinaus transzendieren wir uns selbst und treten in Verbindung mit der Seinsquelle, in welcher Form auch immer sie sich zeigen mag. Dann wird es möglich, einander auf der Ebene des Seins zu begegnen. Diese Erfahrung ist lohnend, befriedigend und wertvoll in sich selbst. In Gegenwart von Menschen, die dazu fähig sind, fühlen wir uns gesehen, respektiert, genährt, bestätigt und ganz.

Seelensignatur

Um uns dem, was wir sind, zu nähern, müssen wir in Gegenwart geeigneter Zuhörer über unsere persönlichen Themen sprechen. Wir müssen uns jenem unstillbaren Hunger nach Offenlegung dessen widmen, was an verschiedenen Stellen als Seelensignatur bezeichnet wird. Oft geschieht das während einer Lebenskrise, wenn wir uns zu etwas in Beziehung setzen müssen, was uns überwältigt. Etwas über die innere Navigation einer Person zu erfahren, ist gleichbedeutend damit, etwas über die wichtigen Erfahrungen im Leben dieser Person und darüber zu hören, wie diese Erfahrungen die persönlichen Handlungsmöglichkeiten formte. Wenn eine Krise »zuschlägt« und die äußerliche Struktur in sich zusammenzufallen beginnt, sind wir gezwungen, auf neue Weise zu schauen, zu hören und zu fühlen, die das Gewohnte überschreitet. Wir müssen über das hinausgehen, was wir zu wissen glauben oder als selbstverständlich nehmen, wir müssen riskieren, uns neuen Wegen des Sehens, Fühlens, Hörens, Spürens und Seins zu öffnen. Eine Lebenskrise, sei es das Zerbrechen einer Ehe, der Verlust eines Arbeitsplatzes, schwere Erkrankung oder andere »Katastrophen«, kann sich als versteckter Segen und als Chance zur Richtungsänderung in einer Sackgasse aus Gewohnheit und Selbstzufriedenheit erweisen. Auch La Chapelle ist überzeugt davon, dass »die physische Welt Veränderungen antizipiert und bemerkt, die aus der Tiefe unserer Seelen auftauchen. In Zeiten größerer Veränderung oder vermehrter Wandlung scheinen Unfälle, seltsame Begebenheiten und merkwürdige Zufälle wie aus heiterem Himmel zu geschehen.«[12] In solchen Zeiten brauchen wir Orientierungspunkte, eine Art stabilen Stützpunkt, der die Sicherheit bietet, auf die wir im unlösbaren Konflikt zwischen der Aufrechterhaltung bisheriger verlässlicher Struktur und der Hingabe an den Fluss der Wandlung und Veränderung angewiesen sind. Noch einmal ist es Jon Kabat-Zinn, der in hervorragender Weise verdeutlicht, wie wir gehaltvolle Antworten auf fundamentale Fragen bekommen können, die sich in Zeiten wesentlicher persönlicher Prozesse stellen. Er drückt seine Warnung, zu leicht voreilige kognitive Schlüsse zu ziehen, folgendermaßen aus:

> »Forschergeist ist die Grundlage des achtsamen Lebens. Forschen dient nicht einfach der Problemlösung. Es ist vielmehr eine Art Versicherung dafür, mit dem elementaren Mysterium des Lebens selbst und unserer Präsenz hier in Verbindung zu bleiben. (...) Forschen bedeutet nicht, nach Antworten zu suchen, und schon gar nicht nach schnellen Antworten, die sich aus oberflächlichem Denken ergeben. Es heißt vielmehr, zu fragen, ohne Antworten zu erwarten, nur die Fragen zu bewegen, das Staunen in sich zu tragen und ihm zu erlauben, einzusickern, zu sprudeln, zu kochen, zu reifen, in die Bewusstheit einzutreten und wieder herauszufallen, genau, wie alles andere auch in die Bewusstheit eintritt und aus ihr wieder herausfällt. Forschen heißt nicht so sehr, über Antworten nachzudenken, obwohl das Fragen eine Menge Gedanken hervorbringen wird, die wie Antworten aussehen. Es geht in Wahrheit um das Horchen auf die Gedanken, die dein Fragen weckt, als säßest du am Ufer des Stromes deiner eigenen Gedanken und lauschtest dem Wasser, wie es über und um die Steine herumfließt, lauschtest, lauschtest noch mehr und beobachtetest hier und da ein Blatt oder einen Zweig, der im Wasser mitgetragen wird.«[13]

Ich hoffe, dass die Lektüre dieses Zitats Ihnen noch bewusster macht, dass wir ein Prozess sind, keine mechanische Einheit, die wie ein technisches Gerät repariert werden kann. Viele Menschen haben den Sinn dafür verloren, wie unglaublich aufnahmefähig und sensibel sie sind. Wir besitzen keinen Bezugsrahmen, um mit lebendigen Systemen anders umzugehen als mit geistlosen Maschinen. Wir befassen uns mit uns selbst und unserer Realität nicht in angemessener Weise. Häufig sind wir derart um unser Überleben besorgt gewesen, dass wir von klein auf gelernt haben, unsere Aufmerksamkeit auf andere zu richten statt auf unser tiefes Selbst. Anderen zu gefallen und für sie zu sorgen, reicht nicht aus, wenn wir Verbindung zu unserem tieferen Selbst aufnehmen wollen, um im Leben eine Richtung zu finden.

Ich habe die Erfahrung gemacht, dass die Arbeit mit dem Verstand, mit dem Wachbewusstsein, mit der Sprache, bei weitem nicht ausreicht. Sie wird das innere Navigationssystem nicht zufriedenstellend wiederherstellen und kann unser tiefstes Selbst nicht erreichen. Verbalsprache kann die tief eingefleischten Themen aus der Zeit zwischen Empfängnis und dem vollendeten dritten Lebensjahr, in der bewusste Erinnerung oder gerichtete verbale Kommunikation noch nicht verfügbar sind, nicht erreichen. Obgleich die Wissenschaft noch nicht geklärt haben mag, wie Information in diesem Alter verarbeitet wird, ist es doch Praktizierenden ziemlich klar, dass der Körper sein eigenes Speichersystem besitzt. Die Information ist vorhanden und kann abgerufen werden. Wären die Probleme, derentwegen Menschen Hilfe suchen, allein über das rationale Denken lösbar, so würde sich keiner auf eine Reise tieferer Selbsterforschung begeben. Wir brauchen stattdessen einen auf dem Körper basierenden Ansatz, um eine neue Sichtweise zu erarbeiten, frische Ideen zu finden und eine Veränderung in der Art unseres Erlebens zu erreichen. Wir müssen auf die autonomen Prozesse interner Regulation hören, denn aus ihnen besteht unsere Erfahrung der Welt, der subjektiven Wahrheit und unseres Felt-Sense. Es ist notwendig, dass wir den Sinn für eine verkörperte Wahrheit entwickeln, die mehr Weisheit in sich trägt als bewusste Überlegung. Das ist kein neues Konzept. Es ist speziell den

Rationales Denken

fernöstlichen spirituellen Traditionen wohlbekannt. Der berühmte japanische Zen-Meister Shunryu Suzuki sagt:

> »Am allerwichtigsten ist es, Ihren eigenen physischen Körper in Besitz zu nehmen. Wenn Sie in sich zusammensacken, werden Sie sich selbst verlieren. Ihr Geist wird irgendwo herumwandern, Sie werden sich nicht in Ihrem Körper befinden. So geht es nicht. Wir müssen genau hier, genau jetzt existieren! Das ist der Schlüssel. Sie müssen Ihren eigenen Körper und Geist besitzen.« [14]

Volle Verkörperung

Die volle Verkörperung wieder in Besitz zu nehmen, ist die unerlässliche Voraussetzung dafür, mit der Wirklichkeit im Hier und Jetzt jedes beliebigen Moments voll verbunden zu sein. Ohne das können wir niemals an irgendeinem persönlichen Thema arbeiten. Autonome Körperprozesse, innere somatische Regulation, die Reifung unserer Wahrnehmung und die mit dem Alter zunehmende körperliche Schwäche bringen eine bestimmte Tiefe der Arbeit und des Berührens verschiedener Aspekte unseres Seins mit sich. Haben wir eine Schicht eines Problems gelöst, dann können wir zur nächsten weitergehen. Haben wir uns schließlich durch die persönlichen Themen von Familiendynamik, Charakterstruktur oder Beziehungsfragen hindurchgearbeitet, dann wachsen wir über uns selbst hinaus und können uns kollektiven Themen widmen. Von da an geht die Arbeit auf anderer Ebene weiter und wirkt über die Verbindung zu größeren transpersonalen Feldern.

Ich machte eine solche Erfahrung während meiner Trauma-Ausbildung, als ein Kollege mit mir an einem willkürlich gewählten Thema arbeitete. Ich lag an diesem hellen, sonnigen Tag auf dem Flachdach eines Gebäudes in den Schweizer Alpen. Plötzlich fühlte ich mich, als ob ich mich auf dem Gelände eines deutschen Konzentrationslagers befände. Da ich 1964 geboren bin, hatte ich keine direkte Erfahrung als Häftling oder Wärter eines solchen oder ähnlichen Gefängnisses. Ich fühlte Spannung in meinem Körper. Die ganze Szene erschien grau, trübe und bedrückt vor meinem inneren Auge. Graue Menschen, Depression und weder Lachen noch Leichtigkeit noch Leben. Überall finstere Gesichter, Stockbetten in einfachen Baracken, die hoffnungslose Atmosphäre des nahenden Todes und der allgegenwärtigen Vernichtung. Mir fiel auf, dass die Menschen nicht miteinander im Kontakt waren und dass es nicht erlaubt war, positive Emotionen, Liebe oder Mitgefühl füreinander zu zeigen. Das Leugnen der gegenseitigen Liebe und des Respekts füreinander schien die Szene zu beherrschen und forderte seinen Zoll von jedem Menschen im Lager. Nachdem ich eine Zeitlang einfach Zeuge gewesen war, wie dieser innere Film sich vor meinem inneren Auge abspielte, erinnerte mich mein Begleiter an meine aktuellen, situativen Ressourcen, und ich fühlte wieder die Sonne auf meiner Haut und die Wärme der Sonne, die meinen Körper durchdrang. Ich nahm eine kleine Bewegung in Brust und Bauch wahr, und wenig später verwandelte sich das erlebte Szenario total. Jene Hauptregel im Konzentrationslager, dass keine Liebe gezeigt werden durfte, veränderte sich. Kurze Zeit später lächelten die Gefangenen, begannen, die Baracken in hellen Farben zu streichen und legten kleine Gärten rund um ihre Wohnstätten an. Die Szene, die vorher nur von Schwarz und Weiß beherrscht gewesen war, wurde zu einem Farbfilm. Kinder begannen zu spielen, Menschen fingen an zu singen, und gemeinschaftliche Liebe, der Austausch von Zuneigung und der natürliche Fluss gegenseitiger Abhängigkeit und Verbundenheit fanden ihren Ausdruck. Die Szene wurde hell und farbig, emotionale Wärme breitete sich aus, Freude erfüllte alle, von den Erwachsenen bis zu den Kindern, und all die positiven Bindungsgefühle wie Liebe, Zuneigung, Respekt und Fürsorge flossen frei zwischen allen Menschen, allen Nationalitäten, Geschlechtern und Altersgruppen. Meine Atmung vertiefte sich, mein Körper schwang mit, und verschiedene Körperteile strahlten große Wärme aus. Ich lag auf jenem Dach, und ein Film lief in meinem Körper und in meinem Geist ab, der mich überraschte. Woher kam dieser verkörperte Film? Ganz sicher hatte ich nie eine direkte Erfahrung im Konzentrationslager gemacht. Es schien in der zu der Zeit gegenwärtigen Situation auch keinen direkten Auslöser für ein solches Thema zu geben. Und doch hatte der ganze körperbasierte Film eine große Rückwirkung auf meinen Körper. Er fühlte sich so viel leichter an, entspannt, seltsam erholt nach dieser zwanzigminütigen Erfahrung. Meine Art zu fühlen und mich selbst zu erleben, hatte sich verändert. Ich spürte Frieden in meinem Geist, und ich empfand eine freundliche, sanfte und allumfassende, wohlwollende Verbundenheit mit meiner Umwelt und den Menschen um mich herum. Ich war verblüfft von der Tatsache, dass diese kollektive deutsche (oder vielleicht eher europäische) Erfahrung in meinem Körper derart präsent und tatsächlich physiologisch fühlbar war. Ich hatte diese verkörperte Erfahrung vorher noch nie gefühlt oder davon gewusst, aber im Rückblick erscheint es mir vollkommen sinnvoll, dass ich irgendwo in mir diese Art von Information trug. Ich hatte um die Weihnachtszeit immer von Konzentrationslagern gelesen und nicht gewusst, was mein Interesse daran erregte. Das ganze Vorkommnis erschien mir, als ob kollektives Material mich als Individuum durchdrang.

Verkörperte Erfahrung

Ich bin immer wieder erstaunt, wie das Feld, in dem wir leben, sich auf unser Sein auswirkt, und dabei jede Zelle unseres Körpers berührt. Ich sehe es so, dass wir einen größeren Informations- und Erfahrungspool eröffnen müssen, um letztendlich zu enthüllen, wer wir wirklich sind. Für mich als Deutschen war es beeindruckend zu erleben, wie meine persönliche Geschichte von diesen kollektiven Erfahrungen überlagert wurde, die ohne jeden weiteren greifbaren Grund bis in mein tatsächliches körperliches Erleben hineinreichten. Emotionale Heilung bedarf des Anzapfens neuer Quellen und eine achtsame innere Aufmerksamkeit. Sie kann nicht willentlich bewirkt werden. Sie braucht einen geeigneten Zeitpunkt, einen Rahmen und Begleitung. Sie muss empfangen werden.

Nehmen wir beispielsweise das Buch *Die Wolfsfrau* von Clarissa Pinkola Estés. Das Buch ermutigt Frauen, wieder mit ihrer Kreativität, Lebendigkeit und Weisheit in Kontakt zu kommen und ist sicherlich ein exquisites Werk. Dennoch ist *Die Wolfsfrau* kein Buch zum Lesen. Es ist gedruckte, erzählende Medizin. Das Buch lässt sich nicht »lesen«. Man kann sich ihm nicht mit dem Kopf annähern. Es wird sein Verwandlungspotenzial niemandem preisgeben, der es »liest«. Es will aufgesogen, verschlungen, inkorporiert werden. Ich empfehle Menschen in persönlichen Krisenzeiten, »Zuflucht« zu diesem Buch zu nehmen und die eigene Intuition eine Geschichte, ein Kapitel, einen Teil wählen zu lassen. Dann kann man sich nur hineinfallen lassen, sich diesem Kapitel überlassen, es durchleben, erleiden und sich ergreifen lassen. Es lässt sich nicht lesen, denn es ist ein gedruckter Prozess.

Zwei Wochen vor dem Tod meines Vaters, als er noch in dem intensiven Prozess der Auseinandersetzung mit den giftigen Auswirkungen der Chemotherapie stand, teilte er mit mir, dass er sein Leben wie mit der geschlossenen Blende einer Kamera wahrnehme. Es komme weniger Licht durch, aber das Bild auf dem Film erscheine brillanter, klarer und mit mehr Tiefenschärfe. Diese Tiefenschärfe ist es, die in kritischen Lebenssituationen, wenn wir unter der Dunkelheit der Seele leiden, bewirkt, »dass wir die volle Breite der Information über uns und unsere Welt annehmen und nicht nur Teilwahrheiten, sodass Energie, die in Verleugnung, Widerstand und Blockade gebunden war, verfügbar wird für emotionale Heilung und das Reframing von Glaubenssätzen und Handlungsweisen«, wie es La Chapelle ausdrückt.[15] Also müssen wir uns in einem bestimmten persönlichen inneren Zustand befinden, um die heilende Energie der gedruckten Medizin aufnehmen zu können. Aus meiner Sicht entfaltet das Buch von Estés seine Heilkraft erst, wenn es unter bestimmten Umständen und Bedingungen aufgenommen wird. Es muss mit dem Hunger der Seele gelesen werden, die gar nicht anders kann, als ihre eigene Wahrheit zu suchen. Es muss von jeder Zelle des Körpers absorbiert werden. Es muss in jede Zelle des Gewebes aufgenommen werden, um sich schließlich bis in jede Ecke unseres Seins auszubreiten. Das ist ein autonomer Prozess, er kann nicht intendiert werden.

Um diesen Gedanken besser zu verstehen, bedarf es eines tieferen Verständnisses der Art und Weise, in der wir uns als lebendig, gesund, reaktionsfähig, im Kontakt und dazu fähig erleben, unseren Lebensweg in hohem Maße selbst zu lenken. Wir brauchen einen Sinn für das Wechselspiel und die Verbundenheit mit der Essenz des Lebens. Wir müssen verstehen, dass wir von einem viel größeren Feld getragen und organisiert werden. Wir müssen die Folgen der

Erfahrung von Feld und Raum für unser Selbstbild und unsere Beziehung zu uns selbst und zu anderen erforschen. Der Begriff der Feld-Erhaltung half mir zu verstehen, womit ich als Psychotherapeut arbeite.

Verbundenheit mit einem größeren Feld

Die moderne Physik stieß bei ihrem Versuch, das Wesen von Materie und Bewusstsein zu verstehen, auf die unerwartete Entdeckung einer Sache, die sie »Nullpunktfeld« nennt. Als »Feld« wird im Allgemeinen »eine Matrix oder ein Medium« bezeichnet, »das zwei oder mehr Punkte im Raum verbindet und zwar normalerweise mittels einer Kraft wie der Schwerkraft oder dem Elektromagnetismus. Diese Kraft stellt sich gewöhnlich in Form von Kräuselwellen oder Wellen im Feld dar«. Man geht von einem Feld als einem »Raumgebiet« aus, in dem eine bestimmte »Ladung und ihre Auswirkung festgestellt werden können ... In einfachen Worten ist ein Feld ein Einflussgebiet«.[16] Das Nullpunktfeld stellt das Feld dar, das Elektronen die *Feld* Energie liefert, um sich am angenommenen Punkt bewegungsloser Stille bei 0 Grad Kelvin oder auch dem absoluten Nullpunkt zu bilden. Wenn nichts anderes mehr Energie für Bewegung bereitzustellen scheint, sind »die Fluktuationen im Feld am absoluten Nullpunkt noch immer wahrnehmbar, in diesem Zustand niedrigstmöglicher Energie, in dem jegliche Materie abwesend ist und es eigentlich nichts mehr gibt, was in Bewegung sein kann.« Aus diesem weiten Energiemeer heraus materialisieren sich ständig alle subatomaren Teilchen und verschwinden wieder. Lynn McTaggart erklärt: »Diese Art der Abgabe und Wiederaufnahme virtueller Teilchen geschieht nicht nur bei Photonen und Elektronen, sondern bei allen Quantenteilchen des Universums.«

Unsere elementare Existenz begründet sich auf der Teilnahme an einem Feld. An manchen Stellen wird von einem Energiemeer oder sogar einem Lichtmeer gesprochen. Die Forschungstätigkeit von

Mae-Wan Ho wirft die Frage auf, ob wir aus flüssigem Licht bestehen und ob Veränderungen in den Feldern lebender Organismen körperlichen Auswirkungen vorangehen. Als Wissenschaftlerin, die sich mit »den großen Fragen« beschäftigt, »die unsere Leidenschaft erregen«, sagt Mae-Wan Ho, dass »das Leben der Prozess« sei, »ein organisiertes Ganzes zu sein«. Sie erklärt:

»Es muss betont werden, dass das Leben weder eine Sache noch die Eigenschaft einer Materie oder Struktur, sondern ein Prozess ist. Wie man weiß, werden die materiellen Bestandteile unseres Körpers ständig aufgespaltet und anders wieder zusammengefügt, und doch bleibt das Ganze immer als das gleiche Individuum erkennbar. Leben muss daher in den Mustern des dynamischen Flusses von Materie und Energie enthalten sein, die irgendwie Organismen lebendig macht, ihnen die Fähigkeit zu Wachstum und Entwicklung verleiht. Daraus wird ersichtlich, dass ›das Ganze‹ keine isolierte monadische Einheit beschreibt. Im Gegenteil, es bezieht sich auf ein der Umwelt gegenüber offenes System, das sich selbst (und seiner Umwelt) Struktur gibt oder organisiert, indem es gleichzeitig die äußere Umgebung ›einfaltet‹, und spontan sein Potenzial als hoch reproduzierbare oder dynamisch stabile Formen ›entfaltet‹.[17]

Obwohl wir den Körper als zusammenhängende Größe für tiefe Veränderungsprozesse benutzen müssen, dürfen wir also nicht nur am Körper selbst verhaftet sein. Wir müssen Interventionen und eine achtsame Haltung anwenden und eine Beobachterposition einnehmen, die die dynamische Natur des Auf- und Abtauchens unseres Seins in Rechnung stellt. Wir brauchen ein Verständnis für die unterschiedlichen Felder, mit denen wir arbeiten, an denen wir teilhaben und die wir mit erschaffen. Nehmen wir z.B. den Begriff des Erinnerungsfeldes. Die heutige Wissenschaft weiß, dass Wellen Informationsträger sind, die eine beträchtliche Speicherkapazität besitzen. In meiner Eigenschaft als Psychologe erscheint es mir bei der Betrachtung meiner täglichen professionellen Praxis sehr sinnvoll anzunehmen, dass Information nicht nur im Körper gespeichert ist, sondern dass wir gleichzeitig Teil eines Erinnerungsfeldes sind. Die

Erinnerungsfeld

Art und Weise, in der ein Feld in einer beliebigen sozialen Situation gemeinsam aus den verschiedenen anwesenden Bewusstseinszuständen geschaffen wird, bestimmt darüber, welche Art der Information abgerufen werden kann. Im Grunde befindet sich die Information überall um uns herum. Im Wesentlichen geht es nur um die Frage, wie wir uns mit der betreffenden Information verbinden. Wissenschaftliche Forschung (engl.: re-search, »Wieder-Suche«) kann man als Formulierung relevanter Fragen beschreiben, die die Freigabe bestimmter Information oder bestimmter Gedankenblitze aus dem Feld anregen.

Ganzkörperrezeptoren

Wir können uns selbst als riesige Ganzkörperrezeptoren betrachten. Von diesem Standpunkt aus gesehen ist das Gehirn ein großes Empfangsorgan, das bestimmte Informationsarten aufnimmt. Unsere Funktionstüchtigkeit hängt dann also von der Fähigkeit ab, unsere Empfangsprozesse zu verfeinern und uns auf unterschiedliche Wirklichkeiten einzulassen. Rupert Sheldrakes[18] Gedanken mögen zu weiterem Nachdenken über diese Phänomene anregen. Es genüge hier zu verstehen, dass die Vorstellung von Feldern ein lohnendes Konzept ist, um ein praktisches Verständnis und eine sensibilisierte Wahrnehmung davon zu gewinnen, was wir tun.

Ein Intelligenzfeld kann vermutlich auf verschiedene Arten und Weisen nutzbar gemacht werden. Heutzutage werden wir unsere eigene moderne Art finden müssen, die Quellen dieser Realität wahrzunehmen und uns mit ihnen zu verbinden. Die Frage ist, wie wir uns zu dieser Feldinformation in Verbindung setzen können, um sie integrativ für unsere Anliegen zu nutzen, Starre in Fluss, Unbeweglichkeit in Bewegung oder Isolation in Verbindung und Ganzheit zu verwandeln. Die Kunst, den Körper als Wahrnehmungsorgan in seiner Ganzheit zu nutzen, ist aus meiner Sicht ein Schlüssel für die Erkenntnis und Wahrnehmung eines Gefühls von Zusammenhang, Stimmigkeit und Echtheit. Nehmen wir die Feldidee ernst, so ist unser Selbst keine streng umrissene Größe, sondern ein Prozess. Es ist der Prozess, in dem wir Verbindung aufnehmen und maßgebliche Information von den uns umgebenden »selbst-erhaltenden« Feldern beziehen. Hierbei ist die Frage, was genau die angezapfte Information beinhaltet, nicht vorrangig wichtig. Es ist gleichgültig, ob es sich um eine archetypische Kraft handelt, die in einem kollektiven Erinnerungsfeld waltet, oder einen Informationsabruf aus einem bestimmten zeitnahen (traumatischen) Lebensereignis oder aber körperlich empfundener Energiefluss.

Bevor wir zu Inhalten und direkter Erfahrung kommen, müssen wir herausfinden, wie wir Verbindung aufnehmen, wie wir empfangen und wie wir uns zu diesen Kräften in Beziehung setzen. Denn auf paradoxe Weise hält das Feld auch uns. Es schließt uns ein. Die Annahme, dass das Feld uns hält, eröffnet eine Quelle neuer begrifflicher Vorstellungen und ein ganz anderes Verständnis. Die Wechselseitigkeit zwischen Feldinformation einerseits und ihrer körperlichen, emotionalen und kognitiven Resonanz in uns andererseits scheint also ein interessantes Territorium zu sein. Die Frage »Wie machen wir uns?« erlangt faktische Relevanz angesichts eines Feldes, mit dem wir in Verbindung stehen. Wie können wir Empfindungen ausschließen oder Wahrnehmungen dämpfen, wenn die Information die Oberhand über uns gewinnt? Wie finden wir Zugang zu anderen Arten von Information, die für unser Wohlbefinden wichtig sind? Wie überträgt ein archetypisches, kollektives Erinnerungsfeld die Erfahrung der Menschheit aufs Individuum? In welchem Verhältnis stehen nüchterne Symptome wie Unwohlsein, Krankheit, Energie- oder Kraftmangel und ähnliche Zustände zur Reinheit unseres »Ganzkörperrezeptors« und damit zu den Feldkräften, die uns aufrechterhalten? Gibt es wesentliche Felder, die Quellen für überschäumende Lebendigkeit und kreative Teilnahme an lebendiger Lebensenergie darstellen? Besonders im Rahmen des Berater- und Therapeutenberufs müssen wir eine Vorstellung davon haben, wie wir uns mit den heilend, nährend und stützend wirkenden Kräften synchronisieren können, die zu jedem Zeitpunkt unser tiefstes Seinsgefühl schaffen.

Wahrnehmungsfähigkeit

Es gilt, eine eher integrative als eine zerteilende Wahrnehmungsfähigkeit zu entwickeln. Wenn ich die Menschen Revue passieren lasse, die in meine Beratung kommen, so hat die Mehrzahl von ihnen gelernt, sich entweder auf rationales Denken oder aber auf ihre Intuition als das einzige Problemlösungsmittel zu verlassen, um herauszufinden, welchen Weg sie nehmen sollen. Aber Denken kann ebenso trügerisch sein wie unentwickelte Intuition. Beides für sich genommen kann ein Weg in die Täuschung und in den Irrtum sein.

Daher muss ich zu Beginn des persönlichen Prozesses die Betreffenden sehr häufig ermutigen und einladen, vorschnelle Schlüsse, Taten oder Entscheidungen zu vermeiden, und statt dessen einen sich entfaltenden Prozess beobachten zu lernen und den neuen Möglichkeiten des wahrnehmenden Problemlösens gegenüber offenzubleiben. Viele müssen lernen, die Botschaften ihrer Empfindungen – nicht ihrer Emotionalität – zu hören, müssen lernen, kein bisschen mehr zu tun, als die Themen sich von selbst entwickeln zu lassen und auf den geeigneten entstehenden Moment zu warten, um zu handeln. Viele kommen und berichten mir, wie sehr sie versucht haben, ein Problem zu lösen. Sie haben Hypnose, Aufstellungsarbeit, Channeling, Astrologie, Verhaltenstherapie, Psychoanalyse, Feuerlaufen, noch mehr Channeling, Atemarbeit und vieles mehr ausprobiert. Da aber viele von ihnen immer mit willentlicher Absicht gehandelt haben, blieben sie in ihren eigenen Kreisen und wiederkehrenden intentionalen Mustern gefangen. Sie waren so beschäftigt damit, etwas zu erreichen, dass sie oft Gefahr liefen, die Lösungen zu zerstören, die gerade dabei waren, sich zu entfalten. Das ist wie in der alten Zen-Geschichte, in der ein Mann aus dem Westen zum Meister kommt, um ihm einige Fragen zu stellen. Der Zen-Meister nimmt die Teekanne, und während der Schüler noch seinen Fall schildert, lässt der Meister den Tee über den Rand der schon vollen Tasse laufen, indem er immer weitergießt. Als er von seinem Gast darauf aufmerksam gemacht wird, weist der Meister darauf hin, wie sehr Menschen aus dem Westen immer mehr wollen, obwohl sie eigentlich voll sind. Wo kein Raum ist, kann sich nichts entfalten.

Nachhaltige Lösungen

Meist kommen wirksame und nachhaltige Lösungen auf natürlichem, schlichten, unauffälligen Weg zu uns. Sie kommen zu uns! Sie kommen natürlich, wenn wir empfindsam genug sind, um unsere Absicht zurückzuhalten und aufnahmebereit zu hören. Wahre Lösungen sind einfach, fast still, elegant, leicht und im Einklang mit dem

Gesamtkontext der gestellten Frage. Sie wollen eingeladen sein, indem wir Raum, Stille und die Fähigkeit zum Horchen schaffen. Sie kommen durch einen natürlichen Empfangsprozess, der im Körper-Geist eines Menschen bemerkbar wird. Sie wollen von unserer aufmerksamen Wertschätzung und Beobachtung willkommen geheißen werden. Sie können sich zeigen als Felt-Sense, als klares Bild, als stimmiger Satz oder als sprachlose Zeugenschaft, die angemessenes Handeln verlangt. Diese Art von Prozessen kann man nicht »machen«, sondern lediglich einladen oder empfangen wie den langsamen Sonnenaufgang in der Dämmerung eines neuen Tages. Man kann sie nicht intentional herstellen, sie entziehen sich den Eitelkeiten erfolgreicher Selbstmanipulation. Sie befinden sich in ehrfurchtgebietender Übereinstimmung mit den tieferen Kräften, die unser Dasein steuern. Sie liegen jenseits unserer eigenen Vorsätze und Willenskraft.

Vielleicht frustriert es Sie, dies zu lesen, denn es beschränkt Ihren unmittelbaren Handlungsspielraum und macht Sie unwissend und passiv. Wovon hier die Rede ist, passt jedoch zum taoistischen Prinzip des Nicht-Tuns. Wir müssen uns auf größere Kräfte ausrichten und sie als eine Form tiefer existenzieller Weisheit respektieren. Ebenso ist es für die meisten sensiblen Menschen unmöglich, willentlich eine Ehe zu beenden, als würden sie mit dem Finger schnippen. Die tiefen Bindungskräfte, die ein gemeinsames Feld in einer Paarbeziehung mit geschaffen haben, müssen in einem aufmerksamen Zeitlupenprozess getrennt werden, der die innewohnenden Gefühle und Loyalitäten bezeugt und anerkennt. Wo immer unsere Aufmerksamkeit hingeht, dort verdichtet sich die Energie und es entsteht ein innerlich dynamischer Prozess, der nach Achtsamkeit, Aufmerksamkeit und Begleitung verlangt. Die Qualität unserer Aufmerksamkeit scheint ein Feld aus verfügbarer Energie zu organisieren. Unsere Aufmerksamkeit ist ein sehr mächtiges Werkzeug an der Schnittstelle zwischen Energieverdichtung und beobachtbarem Handeln. Für den Aufbau dieser Energieverdichtung aber müssen wir Zeit einräumen. Der Zeitpunkt und der natürliche Rhythmus dieser Prozesse sind ausschlaggebend für persönliche Gesundheit und Integrität. Zumin-

Qualität unserer Aufmerksamkeit

dest im wirklichen Leben, das sich den besonders strengen Forschungsmethoden wissenschaftlicher Vereinfachung weder unterwirft noch sich von ihnen einschränken lässt, glauben die meisten Menschen an eine Art »transpersonale« Antriebskraft, die aufmerksame Abstimmung und aufgeschlossene Resonanz erfordert. Wir müssen lernen, uns darauf vorzubereiten, diese sich bietenden Lösungen aus einer umfassenderen Intelligenz einzuladen und zu halten. Wir müssen unser Körpergefäß bereit machen, verkörperte Lösungen aufzunehmen, die sich uns anbieten, sofern wir sie nicht aktiv zerstören. In der Tat wohnen die Lösungen überall um uns herum und warten geduldig, bis wir mit ihnen Kontakt aufnehmen. Es gilt zu erkennen, dass loszulassen, nachzugeben und den Weg freizugeben die wahre Form der Stärke ist. La Chapelle folgt einem ähnlichen Gedanken, wenn er schreibt:

Umfassendere Intelligenz

»Indem wir unsere Bewusstheit und unser Verständnis von den Gezeiten der Veränderung vertiefen, kann das, was wie Chaos erscheint, sich letztendlich als Strom erweisen, der uns in eine engere Resonanz mit den Grundrhythmen des Lebens fließen lässt. Unser tägliches Leben kann bereichert werden, und Lösungen für die Probleme unseres Planeten können auftauchen, wenn wir gewillt sind, direkt an einer ständigen Erkundung der Entfaltung unserer inneren und äußeren Welten teilzunehmen.«

Und weiter schreibt er:

»... entwickeltes Bewusstsein kann an dieser Entfaltung direkt teilhaben und sie als innere Erfahrung wahrnehmen. Für sie (Anm. des Autors: die Yogis) bestand Wirklichkeit aus zwei Grundbestandteilen: ein alles durchdringendes Hintergrundsfeld, aus dem die Schöpfung auftaucht, und ein aktives oder dynamisches Element, das das Universum belebt. Nach fehlender Energie mit unseren groben Sinnen zu suchen, würde also bedeuten, uns zum Scheitern zu verurteilen, denn die Energie, nach der wir suchen, kann nur an dem entscheidenden Austauschpunkt gefunden werden, an dem Bewusstsein zur Form wird.« [19]

Wo und wie fangen wir aber an? Ist das nicht alles irgendwie flüchtiges, idealistisches Gerede, bar jeder Grundlage im wirklichen Leben? Bevor wir damit beginnen können, den Weg für die Anfängerschritte im zweiten Kapitel zu pflastern, möchte ich Ihre Aufmerksamkeit auf einen letzten Gedanken lenken: die Wichtigkeit des Körpers als Mittler und Empfänger aller Information, die unserem Sein und Handeln Richtung gibt. Bisher können wir in der Literatur einigermaßen Übereinstimmung darüber finden, dass der Körper die grundlegende Einheit für Weisheit und integrative Wahrnehmung ist. Es ist ermutigend, zu sehen, dass auch moderne Sozialwissenschaftler wie Valerie Malhotra Bentz und Jeremy J. Shapiro die Tatsache betonen, dass sie beide in ihrem beruflichen Werdegang »Psychotherapien unterschiedlicher Art und tiefe Körperarbeit erlebt haben. Beides hat uns nicht nur persönlich, sondern auch intellektuell und professionell geholfen.« In ihrem methodisch-wissenschaftlichen Ansatz, den sie »Achtsame Erforschung«, Mindful Inquiry nennen, beziehen sie sich auf die Körperdimension als die wahrscheinlich wichtigste Informationsquelle in der Lebenswelt, mit der wir verbunden sind. Sie schreiben:

Wichtigkeit des Körpers

> »Die Dimension des Körpers ist uns nicht einfach als persönliche Tatsache wichtig, sondern auch intellektuell. Wichtige moderne Philosophen haben betont, dass letztendlich all unser Wissen körperlich gespeichert wird, denn mit unserem Körper sind wir in der Welt verwurzelt. Der französische Phänomenologe Maurice Merleau-Ponty betrachtete dies als zentral für seine Philosophie (1964, 1981, vgl. auch Landgrebe, 1968). Der amerikanische Existenzialist Hubert Dreyfus stellte diese Ansicht ins Zentrum seiner Kritik der Künstlichen Intelligenz. Der Grund, warum Computer nicht denken können, ist letzten Endes nicht, dass sie keinen Geist haben, sondern dass sie keinen Körper haben; daher verfügen sie nicht über die Welt, die uns über unseren Körper gegeben ist (1992).«[20]

In seinem wunderbaren Buch *The Tacit Dimension* (»Die stillschweigende Dimension«) stellt Michael Polanyi dar, dass die Voraussetzung für unser ausdrückliches und verständliches Wissen über die

Welt eine vorhergehende, stillschweigende körperliche Verbindung zur Welt ist. »Unser Körper ist das wichtigste Instrument für all unser äußerliches Wissen, ganz gleich, ob intellektuell oder praktisch«.[21]

Es scheint, dass unseren Körper zu »beleben« eine notwendige, aber nicht hinreichende Vorbedingung für kreative und integrative Wahrnehmung, für eine andere Art, wahrzunehmen, zu erschaffen und schließlich zu »denken« ist. Den Körper zu beleben, ist aber ein Prozess der Achtsamkeit gegenüber der Art und Weise, wie wir uns selbst erleben. Das hat wenig bis überhaupt nichts mit heutzutagigen Wellness-Techniken zu tun, die allzu oft auf mechanistische Manipulation der Physiologie des Körpers hinauslaufen. Es geht vielmehr um einen behutsamen Prozess, der uns in die subtile Realität des verfeinerten Spürens einführt.

Der Körper als Empfangsorgan

Carl Gustav Jung berichtete, dass die Pueblo-Indianer in Südamerika überrascht waren zu hören, dass Amerikaner mit dem Kopf denken. Für sie ist es selbstverständlich, dass richtiges Denken mit einem ganz anderen Organ geschieht, nämlich mit dem Herzen. Ist das reiner Zufall? Das Herz ist der kraftvollste Erzeuger eines großen elektromagnetischen »Feldes« in unserem Körper. La Chapelle macht deutlich,

> »dass im Arabischen das Wort ›Herz‹ zwei Bedeutungen hat – ›Sitz der Intelligenz, des Verstehens und des Unterscheidens‹ und ›Sitz der Emotionen, der Liebe und der Beziehung‹: ... Wenn unsere Herzen dem Schmerz und Leiden der Welt verschlossen bleiben, so werden wir buchstäblich nicht in der Lage sein, es zu sehen. Und unsere Blindheit wird dazu führen, dass wir noch mehr von den Taten begehen, die unseren Planeten bereits auf seinen Zusammenbruch zubewegt haben. Wenn wir aus dem Takt des großen Flusses der Wirklichkeit fallen, dann geraten wir in Krisen.

Angst, Zweifel und Wut lassen uns erstarren, und wir verlieren unsere Fähigkeit, unseren Weg zu erkennen. Wir fallen zurück in gestörtes Verhalten.«[22]

Einmal mehr komme ich zu dem Schluss, dass unser suchtartiges Verhaftetsein an ausschließlich rationales, klares Denken *die* Krankheit unserer Zeit darstellt. Die Weigerung, andere Wege der Informationsverarbeitung zu akzeptieren, ist einer der größten Mängel der gegenwärtigen westlichen Welt. Und er besteht trotz der Tatsache, dass die Komplexität unserer Situation gerade die Überwindung einseitiger linearer Informationsverarbeitung sowie den Erwerb einer eher parallelen und integrativen Art der Problemlösung erfordert. Manche bezeichnen das als Wechsel von der linkshemisphärischen Analyse zur rechtshemisphärischen Kommunikation. Diese Aussage zeigt jedoch noch immer, wie gebannt wir auf unser Gehirn starren und wie blind wir für andere Konzepte zur Schaffung integrativer Lösungen sind.

Integrative Art der Problemlösung

Vielleicht denken Sie, dass diese Ideen zu flüchtig sind, um als real betrachtet zu werden. Ich möchte Sie jedoch daran erinnern, dass die Wissenschaft bisher noch nicht einmal eine schlüssige Erklärung für ein so allgegenwärtiges Phänomen wie die Schwerkraft geliefert hat. Trotzdem würde niemand Schwerkraft als funktionale Wirklichkeit abstreiten. Kann irgendwer eine wissenschaftlich nachvollziehbare Erklärung für Liebe geben? Als Psychologe muss ich mich an das halten, was wirkt und was lebensverbessernde Ergebnisse für diejenigen hat, die mich aufsuchen. Ich kann nicht warten, bis die Theorie ein schlüssiges, rationales Gebäude formt, ganz gleich, wie wünschenswert das manchem erscheinen mag.

Das Phänomen eines uns umgebenden Feldes, das wir anzapfen können, hat sich als sehr nützlich und wirksam in meiner täglichen Arbeit herausgestellt. In meinen Seminaren versuche ich, eine möglichst weitgehende Verbindung mit der Weisheit der empfangenden Körper zu schaffen, um aus dieser höchst nutzbringenden Ressource schöpfen zu können.

Über den körperlichen Empfangsmodus versuchen wir, Lösungen

abzurufen, die in Übereinstimmung mit der Realität größerer Felder stehen. Wir helfen dabei, den Weg dafür zu bereiten, dass der Einzelne sich selbst durch Andocken an die größere Realität unterstützen kann. Es ist faszinierend zu sehen, wie kognitive Fragen versiegen, wie Menschen ruhig und zentriert werden, wenn sie dazu ermutigt werden, sich mit ihrem Körper zu verbinden und der Entfaltung des inneren Prozesses zu lauschen, der sie in Wirklichkeit sind. Ich habe es aufgegeben, den Menschen als Zusammensetzung bestimmter Charakterstrukturen oder anderer klassifizierter Typologien zu betrachten. Ich sehe jeden Menschen als in der Tiefe gesundes Wesen, das um des eigenen Überlebens willen in einen bestimmten Prozess hat eintreten müssen. Diese eigen-artige Weise des Prozessierens erhält in jedem Augenblick die Stabilität und Funktionsfähigkeit des Lebens einer bestimmten Person aufrecht, denn sie ist ihre spezielle Form der Verbindung zur Quelle.

Funktion des Körpers

In dieser Hinsicht bedeutet persönliche Prozessarbeit, die Funktion des Körpers als großes Empfangsorgan zu reinigen. Manchmal muss der Empfänger entgiftet und empfindsam erhalten werden. Möglicherweise müssen besondere Traumata, die seine Funktion beeinträchtigt haben, geheilt werden, müssen einengende kognitive Glaubenssätze aufgelöst werden, um den kognitiven Sicherheitskäfig verlassen zu können. Oft muss ein Gefühl der Verbundenheit und Gegenseitigkeit wieder aufgebaut werden, um transpersonale Kräfte oder kollektive Seelenkräfte erlebbar zu machen. Ein anderes Mal muss mehr Struktur erarbeitet werden, damit der Betreffende die Erfahrung in verkörperter Form machen kann. Das Körpergefäß muss geleert und darauf vorbereitet werden, sich mit der aufzunehmenden Information zu füllen. Und die Menge dessen, was zu einem gegebenen Zeitpunkt bearbeitet werden kann, bedarf einer behutsamen Abschätzung. Estelle Frankel beschreibt die Vorstellung eines Gefäßes, das erst zerbrochen werden muss, um dann gefüllt werden zu können.[23] Sie zitiert Andrew Harvey: »Das Herz muss brechen, um groß zu werden« und »wenn das Herz aufgebrochen wird, kann Gott das gesamte Universum hineinlegen.«[24] Sie sagt:

Verbindung

»In Wahrheit dreht sich alles um Verbindung. ... Wenn wir uns als Teil eines größeren Ganzen wahrnehmen, dann erleben wir ein Gefühl der Freude und des Wohlbefindens. Wenn wir uns abgeschnitten von uns selbst und anderen und getrennt von dem Ganzen fühlen, das wir in religiösen Begriffen ›Gott‹ nennen, dann leiden wir. Das hebräische Wort für Einheit – ›echad‹ – entstammt derselben Wurzel wie das Wort für Freude – ›chedva‹. Wir erfahren Freude, wenn wir ein Gefühl der Einheit und Verbundenheit erleben. Dies ist das Hauptziel allen jüdischen spirituellen Heilens: ein Gefühl der Einheit, der Freude und Verbundenheit in einer Welt wiederzuerlangen, in der Zerbrochenheit unvermeidbar scheint.«

Dies mag helfen, uns Orientierung und ein Gefühl dafür zu geben, welche inneren Schritte fast seit Anbeginn der Menschheit als wesentlich für eine gelungene Selbstbeziehung betrachtet wurden. Estelle Frankel geht von drei verschiedenen archetypischen Schritten »sowohl in der Natur als auch in der emotionalen und spirituellen Entwicklung des Menschen« aus. Die jüdische Tradition nennt sie »tzimtzum (Rückzug), shevira (Zerschlagen) und tikkun (Wiederherstellung, Heilung)«. »Tzimtzum« ist die Erschaffung eines Urvakuums durch Gott selbst, das der Schöpfung in ihrer Existenz und Blüte Raum bieten soll. Gott selbst wich also zur Seite, um Raum zu geben. Diese Verschleierung der Essenz dieser Schöpfung, das Verbergen des Schöpfers, ist die Vorbedingung dafür, dass die Schöpfung entsteht. Gleichermaßen bedarf es der Erfahrung psychischen Raums, um unser Selbstgefühl in der Entfaltung unserer eigenen Entwicklung entstehen zu lassen und zu erfahren. Und in der Tat ist wohl die Schaffung von Raum die wirkliche Essenz eines jeden erfolgreichen therapeutischen und beratenden Prozesses. Meiner Ansicht nach hängen wirksame Prozesse im Wesentlichen davon ab, dass ein sicherer Rahmen geschaffen wird, in dem der Mensch einfach sein kann. Nur ein sicherer, nicht bewertender Raum kann mir helfen, mir selbst zu begegnen. In diesem Sinne zitiert Thich Nhat Hanh Buddha: »Wenn die Bedingungen genügen, manifestieren sich die Dinge. Wenn die Bedingungen nicht mehr länger genügen, ziehen sich die Dinge zurück.«[25] Das Angebot von Raum ist ein unschätzbares Geschenk, denn es hilft dem anderen, sich zu manifestieren, zu werden und so seine Essenz zu erfahren.

»Shevira« beschreibt, wie durch das Zerbrechen und die Auflösung der Form, die wir geworden sind, und durch die darauf folgende Zersetzung unserer eigenen Konstruktion das reine Pulsieren, das das Leben selbst ist, erscheinen kann. Auch in der konstruktivistisch-systemisch orientierten Beratung und Therapie ist eine Menge von der Notwendigkeit die Rede, Vorstellungen zu zerschlagen, um den Weg für neue Seinsformen und ein funktionstüchtigeres Beziehungsmuster zu bereiten. Auch wenn die Sprache sich unterscheidet, sind die Ähnlichkeiten auffällig. Schließlich wird »tikkun« oder Wiederherstellung gebraucht, um das zerstreute Licht des Göttlichen zu sammeln. Diese Art der Wiederherstellung strebt nach Wiedervereinigung der Lichtfunken, die der Materie inhärent sind. Also »ist unsere Aufgabe, die gefallenen, verbannten Funken der Göttlichkeit dadurch zu erlösen und zu erhöhen, dass wir das Gute, das allen Dingen einschließlich des Bösen innewohnt, finden und herauslösen.«

Integration

In unserer Alltagssprache vielleicht verständlicher ausgedrückt, geht es um Integration und Neuformung dessen, was wir sind. Diese drei Schöpfungsstadien können so als Metaphern dienen, die uns verständlich machen, was es braucht, um sich mit einer größeren Einheit wieder zu verbinden. Auf diese Weise zu navigieren, lässt anstelle von Zerbrochenheit, Isolation und Sinnlosigkeit ein Gefühl der Kohärenz und der Einheit einfließen. Eine persönliche Krise kann aus der Tatsache resultieren, dass unsere Seinsform und die Art, wie wir uns selbst sehen und uns selbst denken, nicht mehr mit der sich wandelnden Wirklichkeit übereinstimmt. Und diese Wirklichkeit ist nicht notwendigerweise das, was wir über die Welt denken, sondern vielmehr die Auswirkungen, die die Welt uns auferlegt.

»Alles auf dieser Welt wurde erschaffen, um dem Göttlichen Heimat zu sein, da aber das Göttliche unendlich ist, kann kein endliches Gefäß jemals sein Licht voll und ganz beherbergen.«

So stehen diese jüdischen Metaphern

> »für archetypische Prozesse, die überall in der Schöpfung ablaufen, sei es in der Natur oder in der emotionalen und spirituellen Entwicklung des Menschen. Licht und Gefäße sind kabbalistische Metaphern für die göttliche Essenz und verkörperte Formen. Die Gefäße der Schöpfung, im Hebräischen ›keilim‹ genannt, wurden erschaffen, um dem Licht des Unendlichen, ›Ein Sof‹, ein Behältnis zu geben. Alles auf dieser Welt wurde erschaffen, um dem Göttlichen Heimat zu sein, da aber das Göttliche unendlich ist, kann kein endliches Gefäß jemals sein Licht voll und ganz beherbergen. Es scheint, als ob dies so beabsichtigt ist; die Gefäße der Schöpfung sind fehlerhaft und unangemessen. Und doch war es dem Unendlichen notwendig, einen Weg zu finden, wie es dem Endlichen innewohnen kann, um sich selbst in einem verkörperten Universum zu offenbaren. Dies ist eins der Paradoxa dieser Schöpfung ... dieses Urlicht war so stark, dass es einige dieser ursprünglichen Gefäße zerbrach. Wenn wir bedenken, dass das Universum sich im Zentrum des Herzens von Gottes unendlichem Sein befindet, so könnten wir sagen, dass Gottes Herz selbst brach, als die Welt entstand! ... Alle Menschen sind in ihrer Einzigartigkeit heilige Gefäße für das Licht des Unendlichen; und die Schöpfung in all ihrer Vielfalt offenbart die vielen Gesichter des einen Göttlichen. Das heilerische Werk ›Tikkuns‹ besteht letztendlich darin, die empfindliche Balance zwischen Licht und Gefäß fein abzustimmen. Wenn das Licht des ›Ein Sof‹ die Energie darstellt, die alles Leben vereint, und es das Gefäß ist, das uns einzigartig macht, dann geht es beim Ausgleich zwischen Licht und Gefäß um das harmonische Leben mit den Polaritäten von Einheit und Trennung, unendlich und endlich, Geist und Materie, Chaos und Ordnung. Unsere Aufgabe ist es, uns selbst und die gesamte Schöpfung in ein Gefäß zu verwandeln, das geräumig und transparent genug ist, um das Licht und die Liebe des Unendlichen zu halten.«[26]

Feinabstimmung

Die »Feinabstimmung«, die Erschaffung der »empfindlichen Balance zwischen Licht und Gefäß«, kann in weltlicheren Begriffen als wiedergefundene Verbindung zum Feld bezeichnet werden. Die Aufgabe, die auf uns wartet, ist die Wiederentdeckung unseres Felt-Sense bzw. seine weitere Kultivierung zum »Felt-Self« oder einem Fühl-Selbst. Das entspricht der Ausbildung eines navigierenden Selbst-Prozesses und das Erlangen eines umfassenden Verständnisses von der Bedeutung von Verbundenheit für unser Wohlergehen in unserer Lebenswelt. Unser ganzes Leben kann unter dem Gesichtspunkt von Verbundenheit betrachtet werden. Die »empfindliche Balance zwischen Licht und Gefäß« verlangt einen fortdauernden Regulationsprozess, um die wirkenden Feldkräfte auszugleichen, die für unseren Erhalt sorgen. Es ist ein empfindlicher Regulationsprozess, der unentwegt unser Identitäts- und Seinsgefühl garantiert.

Regulations-prozess

Im folgenden Kapitel geht es darum, ein tieferes Verständnis und Wissen von der inneren Erfahrung dieses Regulationsprozesses zu erwerben. Der Prozess selbst ist die Arbeit, die vor Ihnen liegt.

2. DAS GEFÄSS REINIGEN

»Bevor du sprichst, spricht dein Körper zu dir.«

Isabel Allende

Nachdem ich mehr als zehn Jahre mit den komplizierten Verstrickungen der Familiendynamik gearbeitet hatte, war es für mich eine erlösende Erfahrung, neue Ansätze der Traumaheilung und der Körperarbeit kennenzulernen. Der Bezug zwischen unserer Erfahrung und somatischen Prozessen half in beträchtlichem Ausmaß, die manchmal übertriebene Psychologisierung des heutigen Lebens abzumildern. Als Berater Menschen in ihrem dringenden Bedürfnis auf der Suche nach Antworten und Erklärungen zu ihren direkten Fragen zu erleben und zu sehen, wie sie sich irgendwann in geschlossenen kognitiven Kreisen bewegen und dabei trügerische Psychogeschichten über Familienverstrickungen, unbewusste Psychodynamik oder entmachtende Lebensumstände erfinden, ruft eine ganze Palette von Gefühlen in mir hervor, angefangen bei dem Eindruck haarsträubender Absurdität bis hin zu mitfühlender Sympathie. Diese Geschichten haben jedoch oft ihre eigene, sich wiederholende innere Logik, die zwar nicht der tatsächlichen Lösung des Problems dient, die aber als Zwischenschritt im Dienste der Selbstregulation innerer Erregungszustände verstanden werden kann. Auf diese Weise werden solche Darstellungen zu Selbstläufern, die einem Auto gleichen, das im Sand steckengeblieben ist und mit durchdrehenden Rädern und ohne Erfolg eine Menge Energie verbraucht. Der Klärungsversuch des Klienten kann so irgendwann im überspannten Zusammenbruch und völliger Erschöpfung enden. In einem solchen Fall ist es folglich wichtiger, sich auf den Prozess dieses Gedankenkreisens selbst zu konzentrieren, als den genauen Inhalt der Geschichte des Klienten zu betrachten. Indem ich das sage, erinnere ich mich jedoch

Gedankenkreisen

durchaus an die Dankbarkeit gewisser Klienten, die mir mitteilten, wie wertvoll es für sie war und wie ernst genommen sie sich fühlten, wenn ich ihnen beim Erzählen ihrer Geschichte geduldig und aufmerksam zuhörte, und dass es erst nach diesem ausgedehnten Erzählen möglich und angemessen erschien, sich auf den gleichzeitigen Prozess des Erlebens im Hier und Jetzt einzustellen. Der Prozess, der den Inhalt begleitet, sagt uns viel darüber, wie ein Mensch sich selbst erlebt, sich selbst reguliert, seine Wahrnehmung strukturiert oder in seinem Selbst ruhen kann.

Die Beobachtung dieses Prozesses zeigt uns, wie sich jemand »selbst macht«. Worauf fokussiert die Person, welche emotionale Gestimmtheit kommt auf, welche Körperempfindungen begleiten die Erzählung und so weiter. Das ist die größere Realität, an der wir in jeder Beratungssituation arbeiten können: die unmittelbare Beziehungs- und Prozessrealität, die sich im Hier und Jetzt entfaltet.

Sich »selbst machen«

Der Schlüssel Gegenwärtigkeit

Da wir nur in der Unmittelbarkeit des Hier und Jetzt, des gegenwärtigen Moments, zu unserer gelebten Erfahrung Zugang haben, müssen wir unsere Aufmerksamkeit und unsere Sinne in die Gegenwart bringen, um zu bemerken, wie unsere subjektive Wirklichkeit sich in einem bestimmten Moment entfaltet und wie sie verarbeitet wird. Daniel N. Stern drückt das folgendermaßen aus:

> »Der Begriff der GEGENWÄRTIGKEIT ist der Schlüssel. Der gegenwärtige Moment, an dem ich interessiert bin, ist der Moment subjektiver Erfahrung, und zwar dann, wenn sie geschieht – nicht so, wie sie später durch das Wort neu geformt wird. ... Tatsächlich sind wir nur im Jetzt subjektiv lebendig und bewusst. Nur im Jetzt leben wir unser Leben direkt. Alles andere ist einmal oder sogar mehrfach umgestaltet. Der einzige Zeitpunkt roher subjektiver Wirklichkeit, phänomenaler Erfahrung, ist der gegenwärtige Moment. ... Ebenso ereignen sich in alltäglichen Beziehungen die Angel-

punkte, die den Verlauf eines Lebens verändern, gewöhnlich in Augenblicken, die als Schlüssel erlebt werden, und zwar nicht erst, nachdem sie stattgefunden haben, sondern bereits während sie stattfinden. ... Der gegenwärtige Moment fliegt nicht vorbei und wird erst beobachtbar, nachdem er weg ist. Er geht vielmehr langsam über die mentale Bühne und nimmt sich mehrere Sekunden für seine Entfaltung.«[27]

Erfahrungseinheit

Die Erfahrung der Heilung kann also einzig und allein im tatsächlichen Moment des Hier und Jetzt stattfinden. »Jetzt« ist unsere letztendliche Erfahrungseinheit. Sogar dann, wenn wir uns an Vergangenes erinnern, entfaltet sich der Erinnerungsprozess im gegenwärtigen Moment und entsteht durch die Dichtheit der Wechselwirkung im Beziehungsfeld im Moment des Erinnerns. Folglich ist die Fähigkeit, mit all unseren Sinnen unmittelbar in der Gegenwart zu sein, eine unerlässliche Vorbedingung dafür, uns selbst als Prozess in der Entfaltung zu beobachten. Auch wenn wir nur miterleben, wie unsere Aufmerksamkeit sich bewegt und in ihrer eigenen sprunghaften Weise scheinbar ohne inhärente Logik umherwandert, so ist das Teil dessen, was uns in diesem Moment ausmacht. Zu lernen, wie wir Zeuge dieses ewig ablaufenden Prozesses sein können, ist der erste Schritt beim Ausbruch aus den sich ständig wiederholenden Zyklen eng begrenzter Selbstregulation.

ÜBUNG: Nehmen Sie sich Zeit und bleiben Sie, wo Sie gerade sind. Erlauben Sie Ihrer Aufmerksamkeit, frei zu schweben. Versuchen Sie nicht, sich »zu entspannen«. Tun Sie einfach gar nichts außer Ihre Intention darauf zu richten, wohin Ihre Aufmerksamkeit sich in diesem gegenwärtigen Augenblick wendet. Welche Gedanken tauchen auf? Welche Stimmungen können Sie wahrnehmen? Wie spüren Sie, wie bemerken Sie Ihren Körper? Nehmen Sie Geräusche von außen oder von innen wahr? Spüren Sie Hautkontakt mit der Umgebung? Wie verändern sich Ihre Körpergefühle, wenn Ihre Aufmerksamkeit sich bewegt? Was kommt von außen als Wahrnehmung auf Sie zu? Was beobachten Sie in Ihrem Körper oder um sich herum? Wie riecht die Luft? Wie ist das Licht? Gibt es Gedanken, die kommen und gehen? Gibt es bestimmte Empfindungen, die machen, dass Sie sich genau jetzt gut, schlecht, glücklich, angespannt usw. fühlen? Wie machen Sie sich absichtslos, während Sie diese Übung durchführen? Greifen Sie nicht ein. Seien Sie einfach Zeuge und lassen Sie den Wahrnehmungen ihren Lauf. Lassen Sie die Welt zu Ihnen kommen. Beobachten Sie, was auch immer Sie bemerken, ohne voreiliges Urteil, ohne Abschätzung, Bewertung oder Zensur. Bekommen Sie einfach einen Eindruck davon, wie viel tatsächlich genau in diesem Augenblick Ihres Lebens geschieht. Bemerken Sie die vielfältigen Aspekte Ihrer selbst als ablaufenden Prozess, und indem Sie dies tun, versuchen Sie, einen Felt-Sense für die Beobachterposition zu bekommen, die Sie vielleicht innerlich empfinden. Vielleicht entdecken Sie, dass Sie einige der Prozesse registrieren können, die in jedem Moment Ihres Seins stattfinden.

Für die meisten Menschen ist es überraschend, zu sehen, wie viel jeden Augenblick geschieht, wenn sie nur ihre Absicht auf defokussierte und nicht-intentionale Beobachtung richten. Tatsächlich existiert in jedem Moment unseres Seins eine verblüffende Vielzahl an Information und Prozessen. Beachten Sie, dass sich das direkte Erleben des Augenblicks von dem verbalen Bericht unterscheidet, den Sie später davon abgeben mögen. Über die Erfahrung zu sprechen heißt, den Fluss des unmittelbaren Erlebens zu unterbrechen.

Nicht-intentionale Beobachtung

Neben der Gegenwärtigkeit ist es ebenso wichtig zu erfahren, in welchem Grad die erlebten Prozesse sich auf unser direktes physiologisches Funktionieren gründen. Das offenbarte sich mir, als ich an einem Seminar über Traumaarbeit teilnahm. In diesem Seminar zählte der Leiter einige Charakteristika von Traumasymptomen auf, wie z.B. das Bedürfnis, sich ständig zu überarbeiten, Schlaflosigkeit, Taubheitsgefühl, den Verlust der Anpassungsfähigkeit in Lebenssituationen, Starre, Isolations- und Ausgeschlossenheitsgefühle, Bindungsstörung oder die Unfähigkeit, mit Erregungszuständen umzugehen. Unter den Symptomen finden sich unter anderem Stimmungsschwankungen, ständiges Überanstrengungsgefühl, Schlafschwierigkeiten, mangelnde Stressresistenz, die Unfähigkeit, sich festzulegen, sich zu binden und nahe Beziehungen oder gemäßigte Interaktionen aufrecht zu erhalten. Körperliche Empfindungen zählen zu den häufigen Symptomen, die sich in unterschiedlichen Formen zeigen können, wie z.B. Anspannung und Verkrampfung im Zwerchfell und anderen Körpergeweben, Spannung an der Schädelbasis und dem Kreuzbein, eingeschränkte Atmung, plötzliche Übererregungszustände, Zustände körperlicher Starre, die mit Gefühlen der äußersten Hilflosigkeit, Verletzlichkeit und Ausgesetztsein einhergehen, Dissoziation von gegenwärtigen Situationen und Körperempfindungen, Leugnung jeglicher Funktionsbeeinträchtigung sowie Versteifungsmuster in der physischen Organisation des Körpers. Des Weiteren gehören dazu chronische Erschöpfung oder sehr niedrige physische Energie, Immunsystems- und endokrinologische Probleme, psychosomatische Erkrankungen und hier insbesondere Kopfschmerzen, Nacken- und Rückenprobleme, Asthma, Reizdarm und schweres Prämenstruelles Syndrom, Depression und Katastrophenfantasien in Verbindung mit einer gestörten inneren Regulation des Körpers. Während ich dasaß und zuhörte, liefen einige Ereignisse aus meinem Leben vor meinen inneren Augen ab, und ich erkannte, dass ich viele dieser Symptome bis zu einem gewissen Grad in bestimmten Phasen meiner Entwicklung erlebt hatte. Aber all diese Phänomene setzten sich erst jetzt, da ich die detaillierte und zusammenhängende Beschreibung von Traumasymptomen in mich aufnahm, zu einem schlüssigen Bild zusammen. Es überraschte und erleichterte mich, dass ein großer Teil meines Verhaltens, das ich bisher mir selbst und meiner Art, mit der Welt in Beziehung zu treten, zugeschrieben hatte, als Teil einer laufenden Regulation eines inneren Körperzustandes zu sehen war und nicht als Auswuchs eines kranken Geistes.

Traumasymptome

Dies ist ein wichtiger Punkt, denn wir wissen heute, dass die Wirkung vieler Traumata nicht in erster Linie im Ereignis liegt, sondern vielmehr in der daraus sich entwickelnden körperlichen Organisation und Regulation, die sich als Anpassungsprozess an das Ereignis im Körper konstellieren. Das Trauma wird also im Körper und seiner Organisation gehalten und verursacht häufig Gefühle von Getrenntsein, Entfremdung, Isolation und die Unfähigkeit, auf angemessene, nährende und befriedigende Weise zu uns selbst und anderen in Beziehung zu treten. Wir müssen verstehen, dass ein direkter Zusammenhang zwischen der Art besteht, wie wir unseren Körper erleben, und der Art, wie wir die Welt erleben. Wenn der Körper sich eng, gespannt, starr und kalt anfühlt, so wird die Welt uns als feindseliger, bedrohlicher und anstrengender Ort erscheinen. Physiologische Funktion und Regulation ist der Schlüssel dazu, wie wir Beziehung zu anderen leben können, wie wir Intimität herstellen und bestimmen können, ob wir unsere Lebenswelt genießen und entspannt sein können. Entspannungstechniken und alle Arten gut gemeinter Körpermanipulationen, die ein bestimmtes, willentlich festgelegtes Ziel verfolgen, werden nicht ausreichen. Das liegt einfach daran, dass wir es hier mit autonomen Prozessen zu tun haben, die nicht willentlich oder mit Gewalt manipuliert werden können. Menschen, die das trotzdem versuchen, enden in einem noch erschöpfenderen Teufelskreis, in dem sie ihre eigene Gesundheit und natürlichen Körperregulationen bekämpfen und ihrem eigenen inneren Heilungsplan in die Quere kommen.

In dieser kurzen Erklärung wird hoffentlich klar, dass unsere Erfahrung und Wahrnehmung von Eigenprozessen und der Welt tief in unserer Physiologie verwurzelt ist. In der Praxis legt das nahe, dass, während der Klient dem aufmerksamen Zuhörer über seine Situation berichtet, sein Körper Unmengen ganz anderslautender Information verrät, die meist vom Erzähler unbemerkt bleibt. Wir sind also die meiste Zeit nicht der Selbstheilung und des Erzählens gewahr, die unser Körper zugunsten unseres Wohlbefindens in der Welt unternimmt. Der Schlüssel, um eine Veränderung unserer dynamischen Körperstruktur einzuleiten, ist die Art, wie wir mit dem kostbaren Gut Aufmerksamkeit umgehen. Aufmerksamkeit ist im Laufe eines Lebens eine begrenzte Ressource. Denken wir nur daran, wie viel Zeit wir schlafend, krank, unter dem Einfluss von Medikamenten oder anderweitig in unserem Wachzustand reduziert oder in wechselnden Bewusstseinszuständen verbringen. Wie sehr aufmerksame Bewusstheit Mangelware ist, wird außerdem klar, wenn wir beden-

Aufmerksamkeit

ken, wie kurz die Aufmerksamkeitsspanne ist, die wir für ein Thema, wie z.B. dem Lesen dieses Buches aufbringen können.

Die innere Gesundheit des Körpers wird besonders durch die Aufmerksamkeit gegenüber feinen Körperempfindungen gestärkt. Gerichtete Aufmerksamkeit zieht eine Verschiebung in der physiologischen Funktion nach sich. Diese Aufmerksamkeit muss aber einen unaufdringlichen, teilnahmsvollen, wohlwollenden Charakter haben, damit die Energie zum Antrieb der Lösungen eines physiologischen Kreislaufs nicht gedrängt oder in anderer Weise erzwungen wird. Einen Fluss kann man nicht anschieben, und ebenso wenig kann man Heilung im Körper erzwingen. Die Einladung der von Natur aus gesunden Körperprozesse durch das Schaffen günstiger Bedingungen verhilft dazu, mehr Stimmigkeit und Flexibilität im Umgang mit inneren Eigenzuständen zu erlangen.

Schaffen günstiger Bedingungen

»Wohin unsere Aufmerksamkeit geht, dort wächst Leben«, sagt der Volksmund. Sobald wir unsere Aufmerksamkeit auf die Feinheiten unserer Körperfunktion lenken, können eingefrorene Körperzustände weich werden und zu fließen beginnen. Wo Fixierung aufgelöst wird, da wird die entstehende Geschmeidigkeit von Regulation und Funktion unsere Wahrnehmung unserer selbst und der Welt verändern. Sie wird unsere Fähigkeit verändern, Zugang zu unserem emotionalen Reichtum zu finden, wird unser Vermögen verbessern, uns die eigene Verletzlichkeit und damit auch Empfindsamkeit vor Augen zu halten. Das kann uns helfen, die Gefühle anderer Menschen feiner zu spüren, und bewirkt eine höhere Beziehungsqualität und Zufriedenheit. Um diese Geschmeidigkeit der Regulation zu erreichen, müssen wir der Botschaft des Körpers lauschen. Wir müssen unsere Aufmerksamkeit auf die körperlichen Empfindungen und Reaktionen richten, die unseren wiederkehrenden Erfahrungsmustern zugrunde liegen.

Trauma: Dysregulation des Körpers

Die Erkennung unserer Körperempfindungen mag einen Hinweis darauf geben, wie der Körper mit intensiven emotionalen Erfahrungen umgeht. Uns diesen Empfindungen auf unaufdringliche, beobachtende und nicht behindernde Weise zuzuwenden, erlaubt dem Körper neue dynamische Möglichkeiten, die Erfahrung zu verarbeiten. Auf Verarbeitungsebene eröffnet das Möglichkeiten und Räume für die Entfaltung des dem Körper eigenen Behandlungsplans[28]. Trauma oder geschwächte Präsenz ist auf die Tatsache zurückzuführen, dass wir zu eng mit einer bestimmten Erfahrung und gleichzeitig auch mit der begleitenden Menge an Emotionen verbunden sind. Wir sind dann nicht mehr in der Lage, die Gegenwart in ihrer gegenwärtigen Form zu erleben. Bestimmte Empfindungen und Emotionen wiederholen sich immer wieder und überlagern die tatsächliche gegenwärtige Situation. Das führt zu Störungen und Reaktionen, die schlecht auf die aktuelle Wirklichkeit im Hier und Jetzt abgestimmt sind. Wir müssen unsere körperliche Regulationsfähigkeit wieder herstellen, um in jedem Moment unseres Lebens die Frische der Sinneswahrnehmung wiederzuerlangen. Das erhöht unsere Lebensqualität enorm.

Geschwächte Präsenz

In der Lage zu sein, unseren Körper vom Zustand der Alarmbereitschaft und Übererregung zu befreien, der nicht mehr aktuell ist, da die Quelle der Bedrohung nicht mehr existiert, klärt unsere Physiologie zugunsten der Fähigkeit, ganz und gar präsent zu sein. In heutiger Computersprache würden wir das vielleicht »Reset« oder »Reboot« des neuronalen Computers nennen, der in einer unvollendeten Notreaktion auf eine überwältigende Bedrohung steckengeblieben ist. Das muss keinesfalls bedeuten, dass das Geschehen selbst ein dramatisches Ereignis gewesen ist. Die Auswirkung eines traumatischen Ereignisses ist nicht abhängig vom Ereignis als solchem, sondern von der Empfindsamkeit des empfangenden Organismus. Tatsächlich kann also das Ereignis selbst eine Kleinigkeit gewesen sein, beispielsweise eine Spritze bekommen zu haben, gefallen zu sein, sich verlassen gefühlt zu haben, vernachlässigt oder schlecht behandelt worden zu sein. Andere Beispiele dramatischerer Dimension sind Stürze, Unfälle, Erkrankungen, Operationen in der Kindheit, Vergiftungen, Erfahrungen des Ertrinkens (was bei Säuglingen und Kleinkindern häufiger geschieht als gemeinhin angenommen wird), Impfungen, unangenehme vorgeburtliche Erfahrungen, Angriffe, Hundebisse usw.

Schockerlebnisse

Es gibt viele Arten von Schockerlebnissen, auf die der Körper mit plötzlicher physiologischer Erregung und einer Anzahl automatischer Verteidigungsreaktionen antwortet. Das heißt, der Körper wird in einen nervlichen und hormonellen Alarmzustand versetzt, der erhöhte Energie für reflexartiges Körperverhalten wie Kampf- oder Fluchtreaktionen und andere Formen des Selbstschutzes bereitstellt. Wenn diese Energie nicht in sofortigem Handeln verbraucht werden kann, so kann sie auch nicht freigesetzt werden. Dann gibt es einen Energieüberschuss, der nicht weiß, wo er hin und was er tun soll. Nach Peter Levine wird er im autonomen Nervensystem gespeichert, wo er entladen werden muss, um dem Körper zu erlauben, zu einer normalen Reaktion auf äußere Reize zurückzufinden.[29] Findet diese Energieentladung im Körper nicht statt, wird die reibungslose Regulation gestört, und wir werden den Körper so wahrnehmen, als führte er ein selbstständiges eigenes Leben. Selbstverständlich führt der Körper tatsächlich die ganze Zeit ein physiologisch eigenständiges Leben. Nun aber erfahren wir Abweichungen von der normalen Funktion in Form von Symptomen des autonomen Nervensystems, wie z.B. Zittern, Schweißausbrüche, Herzrasen usw. Die Folge sind übertriebene physiologische Reaktionen auf unwichtige Reize (die nach alltäglicher Einschätzung nicht überwältigend oder lebensbedrohlich sind), die den Lauf unserer Alltagserfahrungen und -anpassung stören. Der Auslöser setzt die energetisch überladenen Nervenzyklen in Gang, die dann Reaktionen hervorbringen, die eigentlich eine physiologische Erinnerung an die Vergangenheit darstellen. Wir beziehen uns nicht mehr frei auf die äußere Wirklichkeit, sondern wir werden von diesem aktivierten Energiezyklus und der Übererregung in unserem Körper beherrscht. Solche Reaktionen sind beispielsweise Erröten, erhöhte Herzfrequenz, ängstlich prüfendes

Umherblicken, Konzentrationsschwierigkeiten, Probleme beim Zuhören und bei der Informationsaufnahme sowie mangelndes Einfühlungsvermögen.

Sie wären überrascht, wenn Sie fühlen könnten, wie viele Menschen in diesem Zustand herumlaufen und wie wenig präsent und verkörpert wir alle sind. Nach einiger Zeit wird diese Beschaffenheit als normaler Verhaltenssollwert empfunden und als normativ normal erlebt. Der Mangel an Einkörperung stört jedoch die Wahrnehmungsqualität von Leben und Lebendigkeit. Wir sollten nicht vergessen, dass wir die Welt nur indirekt erfahren, nämlich übertragen durch unsere Sinne, übermittelt durch unsere Körperempfindungen und transportiert durch unsere inneren Verarbeitungsqualitäten. Wenn wir oder vielmehr der Körper eine hochrelevante traumatische oder lebensbedrohliche Erfahrung durchgemacht haben, dann bleibt die Amygdala, ein bestimmtes Gehirnareal im Mittelhirn, auf Großalarm, um unser Überleben und die rechtzeitige Verfügbarkeit aktiver Verteidigungsreaktionen zu sichern. Die Amygdala, eine mandelförmige neuronale Struktur, zeichnet hereinkommende Empfindungen auf und warnt uns vor Bedrohung. Unsere sämtlichen Lebenserfahrungen sind hier in der Amygdala gespeichert, die jegliche Sinneswahrnehmung wie ein Rekorder aufnimmt. Was an Information hereinkommt, fließt durch sie hindurch, und bedrohliche Ereignisse werden gekennzeichnet, damit die Amygdala sie mit anderen abgleichen und unmittelbar mit Großalarm reagieren kann. Dieser Großalarm überschreibt andere sogenannte afferente, d.h. ankommende Botschaften und löst eine Kaskade neuro-hormonaler Reaktionen aus, die für Zustände wie Übererregung, Hyperaktivität oder Schlaflosigkeit im Organismus verantwortlich sind. Heinz von Foerster, einer der Hauptvertreter des Konstruktivismus, behauptet in der Tat, wir seien unserer inneren Umgebung gegenüber ungefähr 100.000-mal sensibler als unserer äußeren Umwelt.[30]

Verhaltenssollwert

Wenn der Körper physiologisch in einer Reaktion auf ein traumatisches Ereignis steckenbleibt, dann bedeutet das, dass unser inneres Erleben auf drastische Weise unsere Wahrnehmung der Welt überdeckt. Manchmal werden die inneren Vorgänge so stark, dass der einzige Ausweg eine Form von Dissoziation von der direkten körperlichen Erfahrung zu sein scheint. Das führt in eine für den Moment erleichternde Traumwelt, die die betroffene Person in ein Gefühl der Einsamkeit leitet, die sicher erscheint. Da wir aber grundlegend soziale Wesen sind, wird die Einsamkeit auf lange Sicht unangenehm. Dissoziation vom unmittelbaren Körperbewusstsein und damit einhergehende Trennung von unserer Wahrnehmung ist auch eine Maßnahme der »Wahrnehmungsvorsicht«, um unter Berücksichtigung einer sowohl inneren als auch äußeren bedrohlichen Realität ein Gefühl des Zusammenhangs und eines Rests Integrität in uns aufrecht zu erhalten. Eine verwirrende Angelegenheit ist die tiefe kognitive Unstimmigkeit, die erlebt wird, wenn die entstehenden Symptome nichts mit der momentanen Situation zu tun zu haben scheinen. Die Symptome können erst Jahre später auftauchen und als bleibende Variante der Körperfunktion wahrgenommen werden, die scheinbar in keinem Zusammenhang mit dem gegenwärtigen Lebensverlauf steht. Manchmal werden diese Symptome erst nach Jahrzehnten erlebt, wenn unsere Körperkraft altersgemäß abnimmt und nicht mehr so intensiv an den Körper gebunden sind. Da wir dann meist keinerlei Verbindung zu den relevanten Erlebnissen herstellen können, führt das zu Verwirrung, manchmal Angst, Ratlosigkeit, Unverstehen oder in Einzelfällen sogar Angst vor Verrücktwerden.

Bezugsrahmen

Das Funktionieren unseres Körpers stellt also den Bezugsrahmen dafür dar, wie wir die Welt erfahren. Es ist nicht leicht, ein kohärentes Gefühl innerhalb dieser Form der Regulation und des Bezugsrahmens herzustellen. Manchmal wird dann Rückmeldung von außen die Skala dafür, wie wir in der Welt »sind«. Wir haben einfach keine bessere Lösung, wenn wir eine frühkindliche Traumatisierung erlebt haben. Wir finden unsere Nervosität normal, verkennen unsere Ruhelosigkeit als Charaktereigenschaft oder verstehen plötzliche Starre und Rückzug als Schüchternheit. Die daraus entstandene Abweichung zwischen innerem Erleben und der unmittelbaren äußeren Wirklichkeit bedarf der Überbrückung. Also fangen wir an, uns Geschichten zu erzählen, um zu »verstehen« und einen »Grund« zu finden. Wir entwickeln alle Arten psychologischer Theorien über negative Beziehungsthemen, Kindheitserfahrungen oder, besonders populär, (sexuellen) Missbrauch. Diese »Gedanken«, dieses kognitive Fabulieren sind ganz einfach hilflose Versuche, ein Gefühl von Zusammenhang, Ordnung, Sinn, Kontrolle und Verständlichkeit zu behalten, wenn der Körper beginnt, unseren Willen mit autonomer »Fehlregulation« außer Kraft zu setzen. Um uns von der Erschütterung unkontrollierbar auftauchender Symptome zu erholen, nehmen wir beinahe jedes psychologische Märchen an, um uns unseres gesunden Menschenverstandes zu versichern. Unauffällige Symptome werden häufig als Charaktervarianten oder Eigenheiten genommen, die man annehmen muss, wie sie sind.

Physiologischer Traumazustand

Da es gewöhnlich der betroffenen Person gar nicht einfällt, dass sie sich in einem physiologischen Traumazustand befindet, verbringt sie viel Zeit damit, ihre Symptome zu behandeln oder über ihre Lage zu sprechen, anstatt zum physiologischen Kern der Angelegenheit vorzudringen.

Wie sieht das alles nun im Alltagsgeschehen aus? Als sehr unspektakuläres Beispiel erzähle ich Ihnen einige meiner eigenen Erfahrungen, die Spiegel vergleichbarer Erfahrungen anderer Personen sein können. Als jüngstes von fünf Kindern wurde mir als Persönlichkeit so viel oder so wenig Aufmerksamkeit zuteil, wie es in jenen Jahren in deutschen Flüchtlingsfamilien üblich war. Deutschland war im Wiederaufbau begriffen, damit beschäftigt, in dem aufzuholen, was ein karges Leben gewesen war und sich nun in eine Fress- und Sexwelle verwandelte. Das Land war durch die Mauer geteilt, und zum Zeitpunkt meiner Geburt im Jahre 1964 war meine Familie dabei, in Westdeutschland Fuß zu fassen, um dem Irrsinn tyrannischer Verfolgung und argwöhnischer Beobachtung in Ostdeutschland zu entkommen. In dieser Situation erlebte ich eine für damalige Verhältnisse wahrscheinlich weitgehend routinemäßige Geburt. Meine Mutter hielt mich auf dem Weg in die Klinik zurück und trug dazu einen Gürtel um den Unterleib. In der Klinik erfolgte eine rasche Geburt mit kurzer Sauerstoffgabe, da ich die Nabelschnur um den Hals hatte und blau anlief. Im Alter von zwei Lebenstagen erlebte ich einen kleinen chirurgischen Eingriff, als an meiner Hüfte Furunkel eröffnet wurden. Allerdings besteht die Vermutung, dass dieser Eingriff ohne Betäubung durchgeführt wurde, da man zu dieser Zeit annahm, dass Säuglinge auf Grund ihres unzureichend entwickelten Nervensystems keinen Schmerz empfänden. Das Bewusstsein für physiologische Aktivierung und die Auswirkung auf die empfindsame Physiologie eines Säuglings lag außerhalb des damaligen Wissens und der damaligen Betrachtung. Die später auftauchenden Symptome waren unscheinbar und in keinem Verständniszusammenhang einzuordnen. Dazu gehörten ausgedehntes Schaukeln und Singen auf dem Schaukelpferd, Herumlaufen im Hause mit einer Decke um die Schultern, Überempfindlichkeit an der Haut und speziell an den Füßen, ein Gefühl der Verletzlichkeit besonders an Füßen und Beinen, starke Angst vor dem Haarewaschen, vor fließendem Wasser oder einem Pullover über dem Kopf, Abneigung gegen körperliche Bewegung, mittlere bis schlechte Noten im Sport, gelegentliche Schreckreflexe, sehr weiche und kariöse Zähne und später die Unfähigkeit, in der Tanzstunde Rhythmusgefühl zu entwickeln. Auf Verhaltensebene war ich ein Einzelgänger und legte entweder Schüchternheit an den Tag, oder ich verfiel ins Gegenteil und wurde der Anführer einer Gruppe. Niemand außer meinen späteren Partnerinnen schien die Überempfindlichkeit meiner Haut bemerkt zu haben. Der Schreckreflex wurde später gewöhnlich mit »wohlmeinenden« Bemerkungen kommentiert wie »ganz ruhig«, »entspann dich«, »Du bist überspannt und brauchst Urlaub«, »beruhige dich, ich wollte dich nicht erschrecken«.

»Normale« Symptome

Alles in allem stellt dies eine beinahe gewöhnliche Mischung »normaler« Symptome dar. Der Zusammenhang mit einer physiologischen Abweichung wurde so gut wie nie hergestellt, da ich ansonsten gesund war. Demzufolge hatte ich bis zu jenem Zeitpunkt, an dem ich das Traumaseminar erlebte, keine Ahnung von meiner inneren Fehlregulation und bemühte mich einfach, wie jeder andere Mensch auch, um dieses innere Erleben herum meine Welt zu organisieren. Erst in jenem Seminar begannen die Dinge, sich zu einem Bild zusammenzufügen, und es dämmerte mir, dass der Sachverhalt auf physiologischer Ebene und nicht auf psychischer Ebene angepackt werden musste. Es war erstaunlich für mich in den ersten Traumaheilungssitzungen zu erleben, wie wichtig es war, das Gefühl von Kontrolle behalten zu können und Wahlmöglichkeiten, Entscheidungsfreiheit und Wertschätzung zu erfahren.

Gefühlte Ressourcen in der Traumaarbeit

Die bisherige therapeutische Idee, eine Erfahrung »durchzuarbeiten«, indem der Klient veranlasst wird, die Situation und die dazugehörigen Emotionen wiederzuerleben, haben sich in diesem Zusammenhang nicht bewährt. Ein solches Eintauchen in das Wiedererleben eines überwältigenden Ereignisses ruft unmittelbar die körperlich gehaltene energetische Überladung hervor und führt zu einer retraumatisierenden Erregung, die das Trauma noch verfestigt, indem sie die neuronalen Erregungsschleifen weiter aktiviert und bahnt. Daher muss der Hauptfokus sowohl des Therapeuten als auch des Klienten zu Beginn eines solchen Prozesses auf der verlässlichen und sicheren Schaffung leicht verfügbarer Ressourcen liegen, die im gegenwärtigen Moment deutlich fühlbar sind. Der Therapeut muss quasi einen Heilungscontainer oder -rahmen aufbauen, in dem die Erregung metabolisiert, d.h. umgebaut werden kann. *Ressourcen*

Aus diesem Grund ist das Vorhandensein von Ressourcen wie beispielsweise unterschiedlichen angenehmen Empfindungen, Bildern, Erinnerungen, wiedergefundenen Fähigkeiten oder positiven Lebensereignissen und ihre gefühlte Relevanz im Hier und Jetzt von entscheidender Bedeutung. Es ist wichtig, dass der Klient nicht in erinnerte oder gefühlte Schrecknisse der Vergangenheit hineingerissen wird, sondern dass er eine Rettungsleine zur Gegenwart und die Verbindung zu ressourcierenden Erfahrungen halten kann. Der Aufbau gefühlter Ressourcen als sinnlicher Stabilisierung während der Traumaverarbeitung ist eine unerlässliche Voraussetzung für alle weiteren Traumaheilungsschritte. Jegliche eilige Bewegung in die

Traumasituation hinein, jegliche Ungeduld aufseiten eines »Teils« des Klienten ist bereits das Nachgeben an den ständigen physiologischen Traumasog in Richtung autonomer Übererregung. Es stellt ein Muss für verantwortungsvolle Prozessarbeit dar, an dieser Stelle zu bremsen, in nachvollziehbaren, langsamen Schritten zu arbeiten und die Aufmerksamkeit in kontrollierbaren, klar und deutlich fühlbaren minimalen Schritten von den Ressourcen an die Grenze der traumatischen Erfahrung mit ihren körperlichen, emotionalen, kognitiven, spirituellen und bildhaften Erlebniskomponenten heranzuführen. Die Qualität der Präsenz des Therapeuten setzt den Rahmen und gibt achtsame Sicherheit. Die verschiedenen Erlebniskomponenten können verhandelt, differenziert, ressourciert und metabolisiert werden.

Verantwortungsvolle Prozessarbeit

Als ich eine meiner ersten Traumasitzungen erlebte, gab mir die wertschätzende Aufmerksamkeit und umfassende Rücksicht, mit der mir begegnet wurde, ein sicheres Gefühl und Bereitschaft zum Sprechen. In Form respektvoller Einladung wurde meine Aufmerksamkeit auf das Funktionieren meines Körpers gelenkt, nachdem das angenehme Gefühl von Verliebtheit sich als kraftvolle Ressource für meinen Körper erwiesen hatte, um in einen positiven und starken Regulationszustand zu gehen. Während einer wertschätzenden, freundlichen, mitfühlenden und bestätigenden Plauderei über dies und das, die sich als Suche nach verlässlichen Ressourcen herausstellte, gerieten wir in ein sehr entspanntes Gespräch über meine gegenwärtige Lebenssituation. Plötzlich und unerwartet fühlte ich, wie eine Bewegung in meinem Adamsapfel ganz von selbst begann. Ich wurde ermutigt, mich dieser Bewegung sorgfältig zuzuwenden. Sie fühlte sich an wie eine Schluckbewegung, ohne dass es etwas zu schlucken gegeben hätte. Darauf folgte ein grundloses Auf- und Abgleiten des Adamsapfels. Ich wurde wiederum ermutigt, meine Aufmerksamkeit auf diese seltsame Bewegung zu lenken und dabei zu bleiben, um zu beobachten, wie sie weitergehen oder sich entfalten würde. Von außen mag der gesamte Ablauf völlig unbedeutend oder merkwürdig ausgesehen haben, von innen fühlte ich jedoch eine Wärmewelle, die von meiner Kehle über meine Wangen und weiter bis zu den Schläfen und der Stirn aufstieg. Während diese Empfindungen meine Aufmerksamkeit erregten, erinnerte ich mich plötzlich, dass während meiner Geburt die Nabelschnur sich um meinen Hals gewickelt und mich gewürgt hatte, sodass ich zusätzlichen Sauerstoff bekommen musste. Nun schien sich eine Erfahrung nach der anderen zusammenzufügen, wodurch sich eine zusammenhängende Erinnerung entwickelte.

Als Nächstes bemerkte ich ein außergewöhnliches Gefühl der Kraft in meinem Kiefer. Das war mir neu, denn der Kiefer war bis dahin ein Teil meines Körpers gewesen, der sich hauptsächlich durch das Erdulden gewaltsamer zahnärztlicher Eingriffe ausgezeichnet hatte. Es folgte ein äußerst kraftvolles und höchst angenehmes Gefühl mächtiger raumgreifender Aggression, das zu empfinden eine Erlösung war. Ich wurde mir meiner Backenzähne bewusst, und anscheinend bemerkte ich sie tatsächlich zum ersten Mal in meinem Leben so direkt und klar. Ich nahm sie einfach in ihrer deutlichen Stellung wahr und genoss diesen neu gefundenen Teil meines Körpers. Gleichzeitig wurde die sich ausbreitende Wärme zu Hitze, die über mein Gesicht wanderte. Als sie die Schläfen erreicht hatte und von der linken und der rechten Kopfseite aus in Stirnmitte zusammengelaufen war, fühlte ich, wie eine lebenslange »Maske« aus ständigem Nörgeln, Unzufriedenheit und Missmut von meinem Gesicht fiel. Es schien, als ob ein bestimmtes Spannungsmuster in den Gesichtsmuskeln buchstäblich für eine bestimmte Sicht dem Leben gegenüber gesorgt hätte. Es fühlte sich an wie eine ganz persönliche Art verzerrter Wahrnehmung, die sich beim ersten Blick in die Welt aus den Augen eines Menschen verfestigt hatte, der dabei war, an der Nabelschnur zu ersticken. Diese angespannten und belasteten Gesichtszüge lösten sich, und zunächst fühlte sich das fremd und seltsam an. Als ich aber nach einiger Zeit meine Augen öffnete, sah alles im Raum viel heller, lichter und freundlicher aus. Es fühlte sich gut an, den Satz zu sagen: »Endlich bin ich hier!«

Lebenslange »Maske«

Es war tatsächlich, als ob ein Teil von mir erst jetzt in dieser Welt ankam und auf Freundlichkeit, Wärme und positive Gefühle stieß, statt auf Misstrauen, Angst und Zurückhaltung. Daraus flossen angenehme Gefühle, Freude und Vergnügen, und es war sehr ungewohnt, mit Leichtigkeit diese neu gewonnene Klarheit der Gefühle zu genießen. Von den Sinnen übertragen, schienen Reize von außen intensiver. Eine Welle positiver Emotionen verwandelte meine Sicht und Wertschätzung gegenüber meiner unmittelbaren Umgebung. Ein fröhlicher Ausdruck erschien auf meinem Gesicht, und die Veränderung in meinen Gesichtsmuskeln war begleitet von einer tiefen Veränderung meiner inneren Gefühle. In den Tagen nach dieser Erfahrung fühlte ich mich anders beim Kauen und ich konnte sowohl die Mahlbewegung meiner Backenzähne als auch die größere Bewegungsfreiheit meines Unterkiefers deutlich spüren. Feldenkrais-Therapeuten wissen um die Verbindung zwischen Kiefergelenken, Hüften, Knien und Knöcheln. Folglich hatte die Lösung der Anordnung meiner Gesichtsmuskeln auch eine Auswirkung auf diese Gelenke im unteren Teil des Körpers. Ich konnte wirklich eine Veränderung meines Gehens und meiner Bewegung feststellen. Es mag seltsam klingen, aber es war erstaunlich, auf deutliche und persönliche Weise beim Gehen ein neues Empfinden für die Berührung meiner Füße mit dem Boden zu bekommen, und zu bemerken, dass es möglich war, Energie vom Boden in den Körper aufzunehmen. In der Folge entwickelte ich mehr Freude an körperlicher Bewegung und den Wunsch, mich zu bewegen, zu gehen, zu tanzen und Sport zu treiben.

Ich war wie ein Kind, das große Freude bei der ersten Erkundung der Bewegungsmöglichkeiten seines Körpers erlebt und dabei eine Grundfertigkeit für die Verarbeitung äußerer Information mithilfe unmittelbaren Körpererlebens erwirbt. Was mir sogar noch viel mehr bedeutete, war die Tatsache, dass ich im Laufe der nächsten sechs Monate ein zunehmendes Rhythmusgefühl und ein Gefühl der Bewegungskoordination entwickelte, das mir bislang in allen Tanz- und Musikstunden gefehlt hatte. Ich fühlte mich, als ob der Klang der Musik buchstäblich meinen Körper durchdrang, dass ich Musik nicht mehr nur mit dem Kopf hören, sondern sie tatsächlich in meinem Körper spüren konnte. Das allein veränderte sehr stark sowohl meine Lebensqualität als auch meine Art, in Beziehung zu anderen Men-

Lebensqualität

schen zu treten, indem ich mich auf eine Art und Weise auf sie »einstimmen« konnte, die mir gänzlich neu war und die Folgen für meine Weltsicht, meine weitere Arbeit, meine Beziehungen und durchweg alle Aspekte meiner individuellen Lebenswelt haben würde.

Das hervorstechende Merkmal dieser Art des Arbeitens ist die Aufmerksamkeitsverschiebung zwischen gespürten Ressourcen und überladenen, unwillkürlichen autonomen Körperreaktionen. Zwischen einer Region traumatischer Energiedichte und einer körperlich ressourcenreichen Region der Helligkeit und Leichtigkeit hin und her zu wandern, kann helfen, die verdichtete Energie in der Traumaregion freizusetzen. Dieser Vorgang des Wechselns von einer Region zur anderen wird unter anderem »Pendeln« (*shuttling* nach Franklyn Sills), »Pendelbewegung« (*pendulation* nach Peter Levine) oder »Kreiseln« (*looping* nach Larry Heller) genannt und beschreibt die behutsame Einladung an den Körper, den natürlichen Heilrhythmus des ursprünglichen Bewegungs- und Fließvermögens des Gewebes wieder zuzulassen. Man geht davon aus, dass dieser Rhythmus ausgelöst wird, indem man die physiologischen Zyklen zwischen Gesundheit und Beeinträchtigung im Körper in Gang setzt. Die sorgfältige Lenkung der Aufmerksamkeit auf Ressourcen und die betroffenen Körperregionen bringt mehr heilende Energie ins erstarrte physiologische Gewebe, verringert den Stau und erinnert den Körper an seine Fähigkeit zu fließen. Meines Erachtens ist dies eine äußerst behutsame Art des Umgangs mit körperlichen Themen, die keine externe »Be-hand-lung« des Körpers vorsieht, keine Energie oder andere Agentien von außen zuführt und damit dem Körper nicht weiter invasiv begegnet. Die vorherrschende Eigenschaft dieser Vorgehensweise ist die behutsame Steuerung der Aufmerksamkeit. Gerade die respektvolle, nicht eingreifende Zartheit dieses Ansatzes führt zur Aktivierung des Selbstheilpotenzials des Körpers.

Natürlicher Heilrhythmus

Vielleicht ist anhand des soeben beschriebenen Beispiels bereits klar geworden, dass dieser Ansatz die Fähigkeit zur Introspektion, der Aufmerksamkeitslenkung sowie der festen Rückbindung in Ressourcen braucht. Die Rolle des Therapeuten ist die eines Hüters der Sicherheit und des Raums. Er erhält eine Art sprachlicher oder kinesthetischer Rettungsleine aufrecht, die dem Klienten hilft, in Sicherheit zu seinen Ressourcen zurückzukehren. Das ist ein wesentlicher Punkt, denn der Sog des Traumas kann sehr schnell zunehmen. Auch die Vorstellung des Klienten, eine Erfahrung nochmals durcharbeiten zu müssen und endlich die Symptome »wegzumachen« und loszuwerden, machen ihn dafür anfällig, immer tiefer in die sich entfaltende Traumadynamik hineinzugeraten. Die Situation ist vergleichbar mit einem Strudel. Letzterer entwickelt seine eigene Saugkraft und zieht ein Objekt erbarmungslos unter Wasser, wenn man sich ihm zu sehr nähert. Sobald Sie diesem Strudel zu nahe kommen, steigern die dynamischen Kräfte Ihre Geschwindigkeit, und in der Folge setzt Sie Ihr Kontrollverlust der überwältigenden Strömung aus. Auf der anderen Seite wird es Ihre Regulationsfähigkeiten auch nicht verbessern, wenn Sie sich ganz und gar vom Strudel fernhalten. Bleiben Sie also im sicheren Gewässer, fernab vom äußeren Rand der Zugkräfte, so können Sie Ihre Widerstandskraft der Strömung gegenüber nicht üben oder lernen, mit Strudeln umzugehen.

Vielleicht dient es der Vertiefung Ihres Gefühls und Verständnisses für die Möglichkeiten von Heilung, die folgende Wiedergabe einer Traumaheilungssitzung zu lesen. Es kann sein, dass erst nach der Lektüre mehrerer solcher Sitzungen die Vorgehensweise klarer wird. Mit zunehmender Erfahrung wird es auch leichter, in der Beobachterrolle zu bleiben und kommen zu lassen, was sich zeigt, wenn der eigene Körper »anspringt« und die autonomen Reaktionen einsetzen. Die dann einsetzenden Vorgänge werden durch unsere Aufmerksamkeit begleitet und können dadurch verlangsamt oder intensiviert werden. Die Fähigkeit, in einer aufkommenden Aktivierungssituation Aufmerksamkeit frei zu lenken, ist ein Zeichen von Gesundheit. Sobald unsere Aufmerksamkeit erstarrt, überfokussiert, gebannt und gefesselt wird von einer einzigen Erfahrung, sinkt unsere Lebensqualität, schwindet unser Unabhängigkeitsgefühl und schränkt sich die Reaktionsmöglichkeit ein.

Hier also die Schilderung der Traumasitzung. Ich lag auf dem Boden und nachdem ich ein wenig in der Situation angekommen war, lenkte ich die Aufmerksamkeit auf meinen Körper, um mir von ihm zeigen zu lassen, was es zu tun gab. Mein Begleiter hielt den Raum und half mir, mit meiner Aufmerksamkeit nicht stecken zu bleiben, indem er gelegentlich eine Frage oder eine Bemerkung fallen ließ wie »Wie geht es dir jetzt?«, »Wo genau fühlst du, dass das angenehm ist?« etc. Ganz automatisch ging meine Aufmerksamkeit zum unteren Teil meines Körpers, zum Becken, zu den Beinen und den Füßen. Plötzlich fühlte ich einen scharfen Schmerz in der rechten Hüfte, und meine Hand bewegte sich autonom zu dieser Körperseite. Die Muskulatur und die Kontraktion in den Knochen schien etwas festzuhalten, und in meiner Wahrnehmung fühlte es sich an wie eine große Nadel, die extrem langsam aus den Knochen gezogen wurde. Ich musste die Kontrolle über meine Angst behalten, und sofort wurde ich vom Begleiter an meine Ressourcen erinnert. Ein starkes Zittern stieg im Bein und im Fuß hoch. Kurze und plötzliche Entladungsstöße gingen durch meinen Körper, und tief im Becken brachte ein kurzer, heftiger Krampf Wärme zum Fließen.

Gesundheits-Autopilot

Es kam mir vor, als habe der Körper seinen Gesundheits-Autopiloten in Gang gesetzt, als verbinde die innere Weisheit des Körpers unterschiedliche Körpergewebe wieder durch das Ingangsetzen eines autonomen Reaktions- oder Heilungsplanes. All dies geschah völlig unbehindert durch gezielte Interventionen. Mein Begleiter hielt mit seiner Präsenz den sicheren Aufmerksamkeitsrahmen für den Prozess. Er verlangsamte mich an kritischen Stellen. Er lud meine umherschweifende Aufmerksamkeit ein, zurückzukommen und den Gesamtvorgang zu beobachten. In der empfindlichen Balance zwischen dem Schmerzgefühl der Nadel und ihrer Entfernung einerseits und dem Ressourcengefühl auf dem festen und unterstützenden Boden andererseits, begann ich zu schwitzen und heftig zu atmen. Da bemerkte ich ungewöhnliche Stöße in meiner Leiste. Ich nahm an, es seien Energieentladungen, da Hitze von dieser Körperregion ausging und meine Leiste sich leicht, geräumig und weit anfühlte. Es kam mir vor wie eine Eröffnung von innerkörperlichem Raum, wo früher immer nur Enge gewesen war. Daher war das, was hier vor sich ging, eine seltsame, unbekannte und erschütternde Erfahrung. Sie war so neu, dass sie mich verwirrte, und ich war nicht in der Lage zu erfassen, was hier geschah. Dieses Gefühl war für mich gänzlich unerwartet, denn ich hatte abgesehen davon, dass meine Leiste sich mein Leben lang empfindlich und verletzbar angefühlt hatte, nicht die leiseste Idee, dass sie in einem angespannten Zustand war. Ich hatte schlicht und ergreifend keinen anderen Erfahrungs- bzw. Referenzrahmen gehabt. Ich hatte das, was ich mein Leben lang gespürt hatte, als normal betrachtet und normativ erlebt. Erst jetzt wurde mein Körper an die Möglichkeit erinnert, dass es auch anders sein konnte. Je weiter sich dieses Eröffnen entfaltete, desto stärker wurde das Gefühl der Weitung im Becken und an den Hüften. Meine Knie, an denen ich mit neun Jahren operiert worden war, fühlten sich an, als würden sie auf angenehme Weise in die Länge gezogen. Gleichzeitig ließ eine Spannung am Hinterkopf nach, und es entstand das mir unbekannte Gefühl, tiefer in meinen eigenen Körper zu kommen. Ich kann hier nicht jede Einzelheit meiner Sinneswahrnehmungen während dieser Erfahrung wiedergeben, aber alle diese Schilderungen sind völlig üblich, wenn wir uns den erlebbaren Auswirkungen des autonomen Nervensystems überlassen. Schließlich breitete sich ein tiefer Seelenfrieden in mir aus. Kreisende Gedanken kamen zum Stillstand. Allgemeines Wohlgefühl und große Erleichterung entstanden. Wenig später verließ ich den Ort leichtfüßig und ich fühlte mich berührt und rundum wohl, friedlich, still und nachdenklich. Ich spürte sofort eine veränderte Verbindung mit Mensch und Natur um mich herum. Es war eine unglaubliche Erfahrung, wie viel Veränderung in so kurzer Zeit erreicht werden konnte.

Referenzrahmen

Die Folgen dieser Sitzung zu betrachten ist wichtiger, als die Vergangenheit anzuschauen, die man so gut wie nie in ihrer ursprünglichen Form abrufen kann. Der Gewinn, der Wertzuwachs, den die Klärung des körperlichen Empfangsgefäßes brachte, lag in einer Verbesserung meiner Lebensqualität. Ich erlebte ein tieferes Gefühl von Verbindung und Verbundenheit und nehme seitdem viel intensiver das Leben um mich herum auf. Die vollkommen unerwartete Öffnung meiner Leiste führte zu einem tiefen, unmittelbaren Glücksgefühl. Ich erlebte Stunden des Lachens, des Herumalberns, des

Ausbrüche von Seligkeit

Kontakts zu anderen, ich »erlitt« Ausbrüche von Seligkeit und tiefem Glück, die ich vorher in dieser Tiefe nicht gekannt hatte. Ich fühlte mich in hohem Maße mit den Menschen um mich herum verbunden und verbrachte zu meiner Überraschung die nächsten beiden Wochen damit, herzhaft mit meinen Klienten zu lachen. Das tiefe Gefühl körperlicher Integration und die Wieder-Inbesitznahme von Körperteilen, die ich bisher nicht gespürt hatte, ließen mich die Menschen um mich herum anders erleben.

Während einer weiteren Sitzung wenig später ging der Prozess weiter, und ich fühlte mich wie eine Robbe, die ihre Fähigkeit genoss, ihren runden, fettbedeckten Körper zu bewegen. Mein Leben lang waren mir meine Knochen eine Quelle des Schmerzes und der Einschränkung gewesen; jetzt begegnete mir ein Gefühl der Integration und Ganzheit der Körperbewegung, das mir völlig unbekannt war. Ich erlebte nicht mehr nur Schmerz und Unbeholfenheit, sondern Gleichmäßigkeit in Form und Bewegung, wie eine gut gelaunte Robbe, die einfach um der Freude selbst willen im Wasser spielt oder ein Sonnenbad nimmt. Es war ein wundervolles, nicht für möglich gehaltenes Gefühl. Meine Laune hob sich, und es entstand eine Leichtigkeit des Seins, wo zuvor zumeist Schmerz und Schwere geherrscht hatten. Die Leichtigkeit und Geschmeidigkeit meiner Bewegungen faszinierten mich. Diese Leichtigkeit des Körpers genieße ich bis heute. Worte können hier das volle Ausmaß der Erfahrung ebenso wenig beschreiben, als wenn ich frage, wie ein Wald riecht, Knoblauch schmeckt und sich tanzen anfühlt. Ich kann hier nur sagen, dass ich eine Dankbarkeit spürte, die an spirituelles Erleben grenzte. Besonders stark war das der Fall, als ich zum ersten Mal Musik als Ganzkörpererfahrung erlebte. Musik konnte mich plötzlich berühren! Musik ging mir unter die Haut und erregte mich mehr als je zuvor. Ein Freund von mir zeigte sich kurze Zeit später überrascht, mich tanzen zu sehen und die Veränderung von Bewegung und Beweglichkeit in meinem Körper wahrzunehmen.

Insgesamt war diese Erfahrung sehr lösend, heilsam und beinah wunderbar. Sie machte das Leben auf eine neue Art lebenswert, obwohl ich es vorher auch als lebenswert erlebt hatte. Hätten Sie mich vor dieser Erfahrung gefragt, ob mich Musik berührt, so hätte ich das ganz entschieden bejaht. Solange wir eine solche Erfahrung der körperlichen Öffnung nicht haben, können wir über einen bestimmten Bezugsrahmen nicht hinauskommen. Ebenso wurde mir deutlich, dass Körper und Geist, Materie und Spiritualität eins sind. Daher werden wir, sobald wir uns im volleren Sinne verkörpern, erkennen, dass die Spaltung zwischen spirituell einerseits und weltlich andererseits den größten Unsinn unserer Zeit darstellt. Dies ist mir einmal mehr Beweis dafür, wie wenig verkörpert wir tatsächlich sind. Wie verbindungslos wir geworden sind. Wie besessen und übermäßig identifiziert wir mit unserem Denken sind. Wahrhaft gefühlte Verkörperung verbindet uns mit einer in der Tiefe nährenden, spirituellen Inspirationsquelle, die jegliche dichotome Unterscheidung relativiert. Nicht in der Lage zu sein, diese Quelle wahrzunehmen, ist ein Zeichen für unsere Spaltung, unsere innere Fragmentierung, unsere Abgetrenntheit von der Grundlage unseres Seins und unseres Lebens.

Spiritualität

3. POLYVAGALE THEORIE

»Das soziale Nervensystem ist bereits zum Zeitpunkt der Geburt vorhanden. Diese Entdeckung stellt unsere Vorstellung in Frage, soziales Verhalten sei erlernt.«

Stephen Porges

Stephen Porges, momentan Direktor des Brain-Body Center der Universität Illinois/Chicago, hat als Erster die polyvagale Theorie beschrieben.[31] Seine Theorie stimmt mit dem Vorhergehenden insofern überein, als sie sich auf die Evolution des autonomen Nervensystems sowie unsere Fähigkeit zu sozialem und emotionalem Ausdruck bezieht. Die Theorie dreht sich um zwei Bereiche, die auch für Traumaheilung relevant sind, nämlich Wahrnehmung und soziales Verhalten. Es ist eindrucksvoll, mit wie viel Sorgfalt Stephen Porges seine Entdeckungen schrittweise ausgearbeitet und auf diese Weise einzelne Informationsfäden zu einer zusammenhängenden Theorie zusammengefügt hat. Die folgende, stark verkürzte Einführung spiegelt nicht annähernd wider, wie viel Mühe, Forschung und Einfallsreichtum nötig sind, um zu einem wissenschaftlich erwiesenen, schlüssigen Verständnis der beteiligten Phänomene zu kommen.

Die polyvagale Theorie beschreibt eine neuronale Hierarchie wirksamer Verteidigungs- bzw. Schutzmechanismen, die uns zum Überleben befähigen. Ohne eine intakte und wirksame Ausstattung mit lebenserhaltenden Schutz- und Verteidigungsstrategien fühlt sich ein Mensch in seinem Körper nicht sicher. Eine gestaffelte Abfolge von Schutzmechanismen ermöglicht es uns, auf unterschiedliche Gefährdung von außen differenziert zu reagieren. Die folgende Darstellung soll helfen, diese abgestuften Reaktionen des autonomen Nervensystems zu verstehen.

Schutz- und Verteidigungsstrategien

Vagusnerv

Der Begriff »polyvagal« bedeutet, dass das autonome Nervensystem, repräsentiert durch den wichtigsten autonomen Nerv, den Vagusnerv, in unterschiedlichen Modi funktionieren kann und dabei unterschiedliche Funktionsteile aktiviert werden. Um zunächst eine Vorstellung von der Bedeutung des Nervus Vagus, des zehnten Hirnnervs zu bekommen, müssen wir uns klar machen, dass unser unmittelbares Überleben nicht etwa auf unserem bewussten Handeln, sondern vielmehr auf dem reibungslosen und verlässlichen Funktionieren des nicht-bewussten, autonomen Nervensystems beruht. Selbst im bewusstlosen Zustand wird unser Grundmetabolismus von einem autonomen »Agenten« aufrechterhalten, der uns am Leben und hoffentlich gesund erhält. Unsere physiologischen Grundprozesse laufen stets selbstständig, d.h. »autonom«, ab. Tatsächlich sind wir vielleicht die einzige Spezies, die überhaupt das Privileg eines reflexiven Bewusstseins auf der Basis eines autonom funktionierenden Körpers besitzt. Das Leben hält sich selbst, ohne unser bewusstes Eingreifen, aufrecht. Unsere Lebendigkeit hat es schon gegeben, bevor wir bewusst genug wurden, um sie wahrzunehmen. Es ist die Aufgabe des autonomen Nervensystems, die körperlichen Überlebensparameter ständig im Gleichgewicht zu halten. Die kardiovaskulären, respiratorischen, digestiven, urologischen und reproduktiven Funktionen werden in ihrer Tätigkeit vom autonomen Nervensystem harmonisch aufeinander abgestimmt. Wir erleben nur dann Synergismus, d.h. das innere Gleichgewicht von Wasser, Elektrolyten, Nährstoffen und gelösten Gaskonzentrationen in der Körperflüssigkeit, wenn das Zusammenspiel dieser verschiedenen Organfunktionen reibungslos verläuft. James Jealous gibt zu bedenken, dass »mindestens 80% aller Zustände, derentwegen die Leute einen Arzt aufsuchen, Störungen des autonomen Nervensystems sind«.[32] Ohne Übertreibung kann gesagt werden, dass das autonome Nervensystem in seiner komplexen Vernetzung *die* regulierende Überlebensfunktion darstellt. Die störungsfreie Tätigkeit des autonomen Nervensystems sorgt für unsere Lebensqualität, unser Wohlbefinden und unsere Zufriedenheit. Das autonome Nervensystem wird gewöhnlich in zwei Teile gegliedert: den Sympathikus und den Parasympathikus.

Sympathikus

Der *Sympathikus* aktiviert den Körper, macht ihn zu aktivem Verteidigungsverhalten wie der Kampf-oder-Flucht-Reaktion fähig und erhöht Stoffwechsel sowie mentale Wachheit. Er stoppt vorübergehend Verdauungs- und Harnaktivität und verstärkt Blutfluss, Kreislauf, Blutdruck, Herzfrequenz und muskuläre Aktivität. Er aktiviert die Energiebereitstellung, erhöht die Atemfrequenz und weitet die Atemwege. Der Körper beginnt zu schwitzen, um einen potenziellen Gegner an der Haut »abgleiten« zu lassen. Große Energiemengen sind für unmittelbar bevorstehende Handlungen verfügbar.

Parasympathikus

Der *Parasympathikus* innerviert die inneren Organe und reguliert die Erholungs- und Ruhereaktionen. Jegliche Form der Entspannung, der Erholung und der Untätigkeit wird vom parasympathischen Zweig des autonomen Nervensystems gesteuert. Sitzende Aktivität wie Verdauung, Energieeinsparung, Senkung des Blutdrucks und der Herzfrequenz und andere Arten, den Stoffwechsel und äußere Aktivitäten zu reduzieren, werden über dieses System eingeleitet. Einzige Ausnahme bildet die verstärkte Aktivität des Verdauungsapparats und gleichzeitig der Speichel- und Verdauungsdrüsen sowie die Stimulation der Harnausscheidung und des Stuhlgangs. Schließlich hängen auch sexuelle Erregung und Stimulation der Sexualdrüsen, Pupillenreaktionen und erhöhte Aktivität der glatten Muskulatur (Verdauungstrakt) von parasympathischer Erregung ab. Aufgrund seiner Rolle in der Nahrungsverarbeitung, Entspannung und Energieabsorption wird der Parasympathikus auch anabolisches System genannt.

Die Effekte parasympathischer Stimulation beschränken sich aufgrund der Nervenausstattung dieses Zweiges auf bestimmte Organe und können von kurzer Dauer sein, wohingegen das sympathische System durch die Nebennieren eine länger anhaltende chemische Komponente enthält. Das reibungslose Zusammenspiel dieser beiden Zweige des autonomen Nervensystems ist verantwortlich für eine integrierte Regulation innerer körperlicher Zustände.

Der Vagus leitet rund 75% der parasympathischen Erregung und stellt daher einen zentralen Funktionsteil des parasympathischen Zweigs des Nervensystems dar. Die folgenden Eigenschaften des Vagus sind wichtig für das spätere Verständnis der Polyvagalen Theorie.

Die Nerven des Vagusnerves
1. verzweigen sich großflächig und feingliedrig im Körper;
2. haben sowohl sensorische als auch motorische Zweige;
3. reichen bis in alle vier größeren Körperhöhlen: Schädel, Brust, Bauch und Becken;
4. übermitteln Information über Gesicht, Herz, Atmung und innere Organe;
5. sind die Zentralleitung des Parasympathikus.

Die meisten Zielorgane des autonomen Nervensystems sind sowohl vom Sympathikus als auch vom Parasympathikus, also doppelt innerviert. Diese doppelte Innervierung ermöglicht gegensätzliche Effekte in den verschiedenen Systemen, wie z.B. im Herz, dem Verdauungstrakt und den Lungen. Der Effekt kann in manchen Zielorganen divergent oder komplementär sein, wie beispielsweise bei der Sekretionskontrolle der Speicheldrüsen und bei den Sexualfunktionen des männlichen Fortpflanzungstrakts.

Synchronisiertes Zusammenspiel

Das synchronisierte Zusammenspiel zwischen Sympathikus und Parasympathikus steht für die reibungslose Regulation der genannten Organe. Andererseits kann die Übererregung des parasympathischen Nervensystems tödlich sein. Symptome wie Erbrechen, Durchfall, Verengung der Atemwege, niedriger Blutdruck und langsame Herzfrequenz sind der Anfang einer Reaktionskaskade, die zur parasympathischen Erstarrungsreaktion und letztendlich zum Tod führen kann. Der parasympathische Zweig reduziert einfach die Aktivierung seiner Zielorgane bis zu einem Punkt der Verkrampfung und Enge, die schließlich den ganzen Körper erstarren lässt.

Die Theorie von Stephen Porges untersucht, auf welche Art und Weise der Körper seine inneren Zustände durch das autonome Nervensystem reguliert. Porges formuliert eine Anzahl wichtiger Annahmen, die über die allgemein bekannte Vorstellung der antagonis-

Organisation des Nervensystems

tischen Regulation zwischen Sympathikus und Parasympathikus hinausgehen. Im Einzelnen nimmt Porges an,

1. dass der evolutionsbedingte, aufeinanderfolgende Aufbau der verschiedenen Teile und Funktionseinheiten des Nervensystems eine strukturierte innere Organisation des Organismus widerspiegelt;
2. dass das autonome Nervensystem drei zentrale, neuronale Schaltkreise bildet, die eine klare Reaktionshierarchie formen. Sie regeln unsere Reaktionen auf Umweltsituationen, sorgen für physiologische Anpassung und sichern das Überleben in gefährlicher und lebensbedrohlicher Umgebung. Es kann als Zeichen akuter Gesundheit gesehen werden, sich auf dieser Reaktionshierarchie frei auf und ab bewegen zu können;
3. dass Neurozeption von Gefahr, Lebensbedrohung oder Sicherheit spezifisch die jeweiligen neuronalen Schaltkreise auslöst. »Neurozeption« bezeichnet die Tatsache, dass das autonome Nervensystem den Reiz unabhängig von und zeitlich gesehen vor dem Willkürbewusstsein wahrnimmt und auf diesen Input autonom reagiert. Deshalb gehen wir mit einer Bedrohung bereits auf physiologischer Ebene um, lange bevor wir uns ihrer bewusst oder in der Lage sind, der bevorstehenden Herausforderung willentlich bzw. bewusst zu begegnen.

Zusammengefasst bedeuten diese Prämissen, dass das autonome Nervensystem einer eigenen anpassungsfähigen Logik, seiner eigenen inneren Weisheit folgt. Dadurch ermöglicht es eine selektive Reaktion auf die jeweils gegebene Umweltsituation. Das sukzessive Reagieren der verschiedenen Ebenen dieser Nervenhierarchie führt zu einem integrativen Zusammenspiel von Reaktionsmöglichkeiten.

Wenn sich nun der Körper in einem Zustand traumatischer Übererregung befindet, treten diese autonom-physiologischen Körpervorgänge stärker in die bewusste Wahrnehmung. Und dieses Auftauchen der inneren, autonomen, unbewussten Regulationsvorgänge erlebt der erschreckte Betroffene als Beeinträchtigung seiner willentlichen Selbstregulation und Selbstbestimmung.

Unterschiedliche Funktionsmodi

Um es noch mal in anderen Worten zu sagen: Der Körper verfügt über unterschiedliche Funktionsmodi. Die Hardware bleibt gleich, aber es sind verschiedene Software- oder Prozessmodi verfügbar, um gezielt auf die vorhandenen Angriffe aus der Umwelt zu reagieren. Der Begriff »Neurozeption« hilft dabei, die Anforderungssituation und die wechselseitige Interaktion aus der Perspektive einer Nervenzelle und ihrer Prozesskapazität zu betrachten. Die Grundannahme des Begriffs der Neurozeption ist, dass es eine Anzahl neuronaler Rezeptoren gibt, die aktiv werden, lange bevor unser Bewusstsein die Situation registriert bzw. darauf reagiert. Lassen Sie uns im Folgenden die einzelnen Stufen der Reaktionshierarchie betrachten.

Der dorsale Vaguskomplex: Innere »Abschaltung«

Gehen wir den ältesten der neuronalen Schaltkreise mit einer kleinen Imaginationsreise an. Stellen Sie sich vor, Sie seien ein einzelliger Organismus mit einem kugelrunden Körper. Sie befinden sich in einem sehr frühen Evolutionsstadium und haben deshalb noch keine Gliedmaßen. Sie sitzen glücklich und zufrieden auf einem Felsen tief im Meer. Die Wassertemperatur ist genau richtig. Der Salzgehalt der Meeresströmung ist zufriedenstellend nahrhaft, und das Leben ist ein Paradies, in dem alles von Natur aus gegeben ist. Ihr Stoffwechsel hat sich der Umwelt angepasst, und seine Umsatzrate ernährt Sie gut. Alles läuft nach Plan, reibungslos und Sie genießen das pure Sein. Eines Tages jedoch fällt die Wassertemperatur, Ihr Bedarf an Nährstoffen wird nicht mehr gedeckt, und irgendwie wird Ihnen mulmig angesichts dieses hereinbrechenden Mangels an lebenserhaltenden Umweltbedingungen. Die Zeit vergeht, und ab einem bestimmten Punkt bedarf es der Intervention. Erst zu diesem Zeitpunkt entdecken Sie, dass Sie aufgrund fehlender Gliedmaßen oder anderer Fortbewegungsmittel nicht mobil sind. Das ruft womöglich Panik hervor. Sie können aktiv nichts tun, um auf die veränderte Lage mit Aktionen zu reagieren. Andererseits aber muss etwas getan werden und die

Veränderung erfordert Anpassung, um das Überleben zu sichern. Da es kaum noch Nährstoffe gibt und die Kälte Ihre Energiereserven erschöpft, bleiben nicht mehr viele Möglichkeiten, außer den Körper zusammenzuziehen, um seine Oberfläche zu verkleinern, und eine Energieersparnis beim Stoffwechsel einzuleiten. Dazu minimieren Sie schließlich Ihre Vitalfunktionen, um möglichst wenige Nährstoffe zu verbrauchen. Ihr Körper wechselt in einen Zustand, der dem Winterschlaf ähnelt. Auf diese Weise kann der Versorgungsmangel ausgeglichen werden. Dieser Zustand kommt einer lebendigen Totenstarre nahe, denn jeder Energieverbrauch ist so weit als möglich reduziert.

Urmechanismus des Abschaltens

Dieser Urmechanismus des Abschaltens existiert noch heute in uns. Die Nutzung dieses Abschaltmechanismus wird über den dorsalen Vaguskomplex koordiniert. Der dorsale Vagalkomplex ist einer der beiden vagalen Schaltkreise, die zu dem Begriff »polyvagal« geführt haben. Es ist der ältere, nicht myelinisierte Vagusnervkomplex, der die Bauch- und Beckenhöhle innerviert. Der dorsale Vaguskomplex kann in Notsituationen quasi die inneren Organe unterhalb des Zwerchfells abschalten. Die Folge dieser Abschaltung ist eine sofortige wirkungsvolle Verminderung der Stoffwechseltätigkeit. Hat ein menschlicher Fötus nicht genügend Sauerstoff, so reduziert der Vagus die Herzrate, um an diesem knappen Nährstoff zu sparen. Als physiologische Reaktion auf lebensbedrohliche Ereignisse hebt sich bei Tieren zusätzlich zur Reduktion der Stoffwechselaktivität die Schmerzschwelle, und das Tier »erstarrt«. Es erscheint tot. Kleine Nagetiere nutzen diese Strategie, die man »Totstellreflex« oder »Erstarrung« nennt, um Raubtiere abzuwehren. Aber hier steht viel auf dem Spiel, denn nach Porges liegt für kleine Nagetiere das Sterberisiko bei dieser Vorgehensweise bei rund 20%.

Eine andere Variante, die gleichzeitige Erstarrungs- oder Immobilisierungsreaktion, wie man sie bei Menschen findet, ist ebenfalls gefährlich, denn sie kann zu Bewusstlosigkeit führen. Alles, was wir tun – sogar so seltsame Verhaltensweisen wie Panik –, dient dazu, uns vor dieser Immobilisierung zu schützen und einen Körperzustand aufrecht zu erhalten, der anpassungsfähige und aktive Reaktionsstrategien erlaubt. Immobilisierung ist die unflexibelste, letzte Notfall-Reaktionsstrategie, die wir physiologisch erzeugen können, und sie unterstützt keine aktiven präventiven Verteidigungsmethoden. Der Körper wird buchstäblich abgeschaltet, und die Klienten fühlen sich eingeschlossen. Wen wundert es, wenn dieser Zustand mit einem schrecklichen Gefühl von Panik, Hilflosigkeit, Wehrlosigkeit, des Überwältigtwerdens und der Todesnähe einhergeht? Diese körperliche Erstarrung kann als Vorbereitung auf das Ende gesehen werden, denn sie anästhesiert das Fühlen und ist begleitet von Körperstarre.

Erstarrungsreaktion

Diese Erstarrungsreaktion kommt häufiger vor, als man denkt. Vor allem im frühen Lebensalter, wenn wir Säuglinge sind und wenige Mittel für aktive Verteidigung haben, ist es gewöhnlich die bevorzugte Strategie, wenn soziale, kommunikative und aktivere Methoden für soziale Einbindung und Selbstbehauptung scheitern. Ein Säugling wird sich womöglich überwältigt fühlen, wenn er geimpft oder operiert wird bzw. unachtsam mit ihm umgegangen wird. Denken Sie an chirurgische Eingriffe, wo die Mutter nicht zur Verfügung steht und stattdessen ein fremdes, grün gekleidetes Monster eine Nadel in den weichen und zarten Körper sticht. Obwohl später die akute Erstarrung nachlässt, ist die Bereitschaft, wieder genau dort hineinzugehen, leicht auszulösen und führt zu einem eindrücklichen Mangel an Selbstsicherheit, zu Schüchternheit, Angst, Rückzug und ähnlichen Symptomen, die später in der Regel psychologisch erlebt und beschrieben werden.

Es ist wichtig zu verstehen, dass hier eine autonome Reaktion des Körpers vorliegt. Sie liegt jenseits von »vernünftigem« oder intentionalem Verhalten. Sie wird jenseits bewusster Kontrolle vom autonomen Nervensystem ausgelöst. Diese passive körperliche Verhaltensstrategie wird zumeist bagatellisiert, die Langzeitfolgen von den operierenden Ärzten nicht mehr beachtet, wenn sie sie überhaupt zur Kenntnis nehmen. Sie versichern, dass alles in Ordnung und vorbei sei. Bezugspersonen achten hauptsächlich auf den Verhaltensausdruck des Kindes. Sie sind sich nicht unbedingt klar über die Neurozeption und die physiologischen Grundlagen des Verhaltens. Das ist aber der entscheidende Faktor für die Regulation innerer psychischer Zustände, egal wie die äußere Situation im Einzelfall aussehen mag.

Ich verstehe inzwischen menschliches Verhalten in weiten Teilen mehr aus der physiologischen neurozeptiven Regulation als aus dem beobachtbaren Willkürverhalten. Während meiner beruflichen Laufbahn musste ich schmerzlich lernen, was das in der Praxis bedeuten kann. Bevor ich die Dinge wusste, die ich hier beschreibe, hatte ich nicht die geringste Ahnung, wie schwierig es manchmal für Klienten im Zustand von Erstarrung sein kann, auch nur das kleine Wort »Nein« zu sagen. Menschen auf der Schwelle zu einer Erstarrungsreaktion erscheinen äußerst angepasst und kooperativ, während sie subjektiv einen Zustand akuter Gefahr erleben. Sie befinden sich in einem veränderten inneren Funktionsmodus, der ihre Wahrnehmung in eine andere Realität umschaltet. Ich erinnere mich, wie ich einmal mit einer Frau in einer Ausbildungsgruppe arbeitete, die danach lange ärgerlich auf mich war, weil ich nicht erkannt hatte, wie sehr sie sich unter Zwang fühlte, als ich sie fragte, ob sie eine systemische Aufstellung über ihre gegenwärtige Situation machen wollte. Sie befolgte einfach meine »Forderung«, und obwohl ich sie schon seit Langem als selbstsichere Person kannte, realisierte ich nicht, wie stark ihre Reaktionsfähigkeit durch diese Veränderung ihrer inneren Funktion gesteuert war. Sie durchlief den »therapeutischen« Vorgang in höchster Alarmbereitschaft. Ich nahm Körperstarre und Unbeweglichkeit in ihr wahr, begriff jedoch nicht, welche Bedeutung das tatsächlich für sie und die ablaufende soziale Interaktion hatte. Auf der anderen Seite hatte sie selbst keine Möglichkeit, ihre Gefühle, Bedürfnisse oder ihr wirkliches inneres Erleben zu äußern. Sie schien auf mehreren Ebenen mit mir zu kooperieren, und ich vermochte ihren Verteidigungsmechanismus nicht zu durchschauen, der darin bestand, mich zufriedenzustellen, um die von mir ausgehende potenzielle Bedrohung, mein aufdringliches therapeutisches Verhalten, abzuwehren. Obwohl ich mich in der Situation nicht wohlfühlte, konnte ich trotzdem nicht ermitteln, was hier vor sich ging. Da die Frau keinerlei Anzeichen des Widerstands zeigte, interpretierte ich ihren inneren Zustand völlig fehl. Ich blieb einfach bei meiner vorherigen Erfahrung mit ihr, in der ich sie als emotionale Person kennengelernt hatte, die gelegentlich von Tränen oder tiefen Gefühlen überwältigt wurde. Ihr Umschalten in diesen Zustand der Erstarrung war zu jenem Zeitpunkt nicht Teil meines Konzepts, und ich konnte nicht verstehen, warum sie so wenig Selbstsicherheit zeigte und nur oberflächlich reaktionsfähig war. Nicht einmal der gängige therapeutische Weg, in die Metakommunikation zu gehen und über diese Tatsache zu sprechen, funktionierte. Zwei Stunden später verließ sie das Seminar, nur um nach zwei Tagen mit der zornigen Anklage auf mich zuzukommen, ich sei nicht respektvoll und sensibel mit ihrem Zustand umgegangen. Sie hatte ganz sicher recht, und es war verblüffend, von dem plötzlichen Kompetenzverlust zu erfahren, den ich ohne den Hintergrund der polyvagalen Theorie nicht verstanden hatte. Nachdem ich mehr über die zugrundeliegenden physiologischen Reaktionen gelernt hatte, begegnete mir dieses Phänomen des Öfteren. Kompetente Menschen zeigen ganz plötzlich erstaunlich inkompetentes Verhalten in quasi alltäglichen Situationen. Durch die polyvagale Theorie und das Konzept der Neurozeption lernte ich, nicht mehr nur auf die verbale Geschichte zu hören, sondern die neurozeptive Geschichte des Körpers genauer aufzunehmen. Dadurch erhalte ich eine bedeutend klarere Vorstellung von den inneren Vorgängen im Klienten und von seiner momentanen Art, die Welt zu erleben.

Ganzkörperimmobilisierung

Gehen wir daher weiter mit den Erkenntnissen der polyvagalen Theorie. Wie schon gesagt, sind es insbesondere das bedrohliche Erleben einer Ganzkörperimmobilisierung, das passive Vermeidungsverhalten und das Gefühl, im eigenen Körper eingeschlossen zu sein, die quälende Panik auslösen. So ist es kein Zufall, dass dieser Zustand mit »Totstellen« bezeichnet worden ist, denn er geht mit Phänomenen wie Katatonie und Schlaf einher und führt zu Erstarrungsreaktionen, die ihrerseits das sympathische System aktivieren. Drei Systeme werden unmittelbar aktiviert: Herz, Atmung und Verdauung. Traumatisierte Menschen zeigen traditionelle klinische Symptome: Die Herzrate sinkt oder sie verlieren das Bewusstsein und atmen kaum noch. Sie können extrem verängstigt sein und erleben eine starke Auswirkung auf ihren Körper, die mit dem Gefühl von wenig oder gar keiner Kontrolle über die Situation und einer drastischen Verminderung ihrer vorsätzlichen Handlungsfähigkeit einhergeht. Man nimmt an, dass diese parasympathische Erstarrung so heftig sein kann, dass sie den sogenannten Voodoo-Tod herbeiführt. Aber auch abgesehen von dieser drastischen Reaktion führt die Übererregung des parasympathischen Systems zu Phänomenen wie starker Dissoziation und ruft »übernatürliche« Wahrnehmungsfähigkeiten in uns hervor. Menschen in diesem Zustand sind mit ihrer Aufmerksamkeit immer weit von ihrem Körper entfernt. Dies ist ein Mittel zum Selbstschutz, um Schmerzwahrnehmung zu unterbinden und die Angst vor einem möglicherweise tödlichen Schlag zu vermeiden. Trotz einer so weit von sich selbst entfernten Aufmerksamkeit erwarten sie weitere Bedrohung. Es geschieht oft, dass diese Menschen jemanden kommen hören, sehen oder fühlen, obwohl diese Person noch nicht bewusst wahrzunehmen ist. Dieser Mechanismus kann als letzte zur Verfügung stehende Verteidigungsreaktion gesehen werden, um sich vor Überwältigung zu schützen. Es ist die niedrigste Stufe in der Reaktionshierarchie, die die Natur uns zur Verfügung stellt. Sie ist ein frühes Überbleibsel physiologischer Funktionen, die ihre Wirksamkeit bis heute erhalten hat. Sie ist integraler Bestandteil unserer Alltagsrealität.

Mittel zum Selbstschutz

SYMPATHISCHES NERVENSYSTEM

Nach dem Zustand der Immobilisierung ist die nächste Stufe der Reaktionshierarchie die körperliche Aktivierung durch das sympathische Nervensystem. Das sympathische Nervensystem innerviert Effektororgane für Mobilisierung, Kampf- und Fluchtverhalten. Das bringt den großen Vorteil mit sich, dass wir unsere Gliedmaßen ansteuern und benutzen können, uns (fort-)bewegen und aktiv und zielgerichtet verteidigen können. In der Regel geht der Einsatz dieses Systems mit starker innerer Erregung einher. Die Wahrnehmungen der Neurozeption schalten bei akuter Gefahr diese Kampf- und Fluchtbereitschaft aktiv, während bei überwältigender Lebensbedrohung der dorsale Vagalkomplex den »Totstellreflex« aktiviert. Das bedeutet, dass unser Nervensystem selektiv in Abhängigkeit von wahrgenommener Gefahr oder relativer Sicherheit unsere inneren Regulationsvorgänge und damit Erlebnisweisen schaltet. Traumaheilung bedeutet, das Festsitzen in einem dieser Zustände zu überwinden und flüssige und situationsangemessene Übergänge innerhalb der polyvagalen Reaktionshierachie von Erstarrung nach Kampf-/Fluchtverhalten und schließlich zu sozialer Kommunikation und Interaktion zu regeln.

Der ventrale Vaguskomplex: Kontakt und Nähe

Der phylogenetisch jüngste Schritt in der Reaktionshierarchie wird schließlich durch einen gesonderten Nervenschaltkreis gesteuert, der unser Sozialverhalten reguliert. Die polyvagale Theorie geht über die bisher gebräuchliche Vorstellung hinaus, das autonome Nervensystem bestehe lediglich aus zwei verschiedenen Funktionsteilen. Porges nimmt eine Unterteilung in drei Funktionseinheiten vor, nämlich den sympathischen, den parasympathischen und den sozialen Zweig des autonomen Nervensystems. Das Immobilisierungssystem des dorsalen Vaguskomplexes ist das älteste der Systeme. Dann entwickelte sich der Sympathikus, und als Letztes entstand die Myelinisierung der Vaguszweige des sozialen Nervensystems. Dies sind, in der Vorstellung von Porges, drei voneinander getrennte Nervenschaltkreise, die in das Gesamtnervensystem eingebettet sind. Bei Säugetieren gibt es nun einen speziellen Nervenschaltkreis, der einen Vagalnerv beinhaltet, der myelinisiert ist und dadurch von unseren normalen Annahmen über den frühen, unmyelinisierten Vagusnerv abweicht. Ein Teil des Vagus entspringt aus dem im Schädel gelegenen Nucleus Ambiguus. Das ist ein besonderer Nervenknoten, in dem Nerven zusammenlaufen, die Saugen, Atmen, Stimmgebung, Gesichtsausdruck, Augenbewegung und Hören steuern und der somit in Verbindung zu sämtlichen Ausprägungen zwischenmenschlichen Kontaktes steht. Jegliches Sozialverhalten ist eng an die Einschaltung

Soziales Nervensystem

dieses Nervenschaltkreises gekoppelt. In diesem Stadium der evolutionären Entwicklung ist der Organismus in der Lage, eine Reihe hochentwickelter Reaktionen auszuführen, die massive kortikale Entwicklung unterstützen. Diese massive kortikale Entwicklung unterstützt ihrerseits wiederum eine Anzahl ausgeklügelter neuer sozialer Verhaltensweisen wie beispielsweise die enge Mutter-Kind-Bindung und soziale Koordinationsfähigkeiten wie Sprach- und Mimikfunktionen.

Menschen haben den Nachteil, dass sie zu früh geboren werden. Bedingt durch die Geburt, die sich früh genug ereignet, dass wir noch durch den engen Geburtskanal des weiblichen Beckens passen, erleben wir eine lange Zeitspanne akuter Verletzlichkeit und Hilflosigkeit. Das Wachstum fast aller Körperteile, das Nervensystem eingeschlossen, setzt sich noch lange nach dem Übergang in diese überwältigende Welt fort. All das geschieht ohne ausreichenden Körperschutz wie Krallen, Fell oder Reißzähne. Um unser Wohlergehen zu sichern, werden wir in etwas hineingeboren, das man gelegentlich den »sozialen Uterus« genannt hat, d.h. in einen von Menschen, oder besser gesagt meist von Frauen, bereitgestellten zwischenmenschlichen Schutzraum. Dieser »soziale Uterus« erfordert auf physiologischer Basis eine Reihe verlässlicher, hochentwickelter sozialer Kontaktreaktionen, die enge soziale Bindung und sichere gegenseitige Zugehörigkeit ermöglichen. Dieser »soziale Uterus« gleicht den frühen Mangel an Entwicklung und Verteidigungsfähigkeit durch ein feines Netz sozialer Fertigkeiten und fein entwickelter zwischenmenschlicher Gegenseitigkeit aus. Der Zuwachs an Fähigkeiten sozialer Interaktion unter Menschen verwandelt diesen außerordentlich verletzlichen und ungeschützten Organismus in einen Überlebensspezialisten. Gerade unsere sozialen Kontaktfähigkeiten sind eng verknüpft mit unserem unmittelbaren Überleben. Das erklärt auch, warum Säuglinge diese Fähigkeiten dazu benutzen, ihre Eltern durch Lächeln, Lachen und Weinen eng an sich zu binden. Aufgrund einer solchen Bindung können sie sogar in Eheprobleme der Eltern »verwickelt« werden, und sie versuchen von Anfang an, das Wohlbefinden ihrer Eltern durch Eingreifen in deren Beziehungsdynamik zu »si-

»Sozialer Uterus«

chern«. Viele der psychodynamischen Themen, die sich später im Leben zeigen, basieren auf solchen physiologisch gesteuerten frühen »Verwicklungsthemen«.

Wie bereits erwähnt, weist der Begriff »polyvagal« auf das Vorhandensein von mindestens zwei vagalen Schaltkreisen hin. Einer ist der nicht myelinisierte, der andere ist der myelinisierte Zweig des Vagusnervs. Dies widerspricht jeder Erwartung, denn die Myelinisierung, verantwortlich für schnellere Informationsübertragung, findet sich gewöhnlich im sympathischen Teil des autonomen Nervensystems. Es scheint jedoch die Qualität der Informationsübertragung im myelinisierten Vagusteil zu sein, die für die soziale Einbindung des Menschen und für die gegenseitige emotionale Regulation so wichtig ist. Die Myelinisierung überträgt wie ein Isolierdraht Information mit hoher Geschwindigkeit und bildet ein Kommunikationssystem, das wie die Fiberoptik mehr Information schneller übertragen kann. Er ist die physiologische Basis für unsere Fähigkeit sowohl zur sozialen Interaktion als auch dazu, uns selbst zu regulieren, uns selbst zu beruhigen und gelassen zu bleiben. Als Wichtigstes dämpft und hemmt er die sympatho-adrenale Aktivität. Dies ist von herausragender Wichtigkeit, wenn wir befriedigende Beziehungen eingehen und aggressives Verhalten im Zaum halten wollen. Denn es sind diese Nerven, die auch Informationen zum Sinusknoten des Herzens, dem Schrittmacher des Herzens und den Bronchien transportieren. Herz und Atmung sind jedoch zentrale non-verbale Kommunikationsorgane, die in der gegenseitigen Resonanz zwischenmenschlicher Interaktion wichtige Synchronisatoren sind.

Der »kluge« Vagus

Der myelinisierte Vaguszweig ist aber mit weiteren Organen verbunden, die an der Regulierung sozialer Interaktion teilhaben, wie z.B. der gestreiften Gesichtsmuskulatur, dem Kehlkopf, dem Rachen, der Kaumuskulatur, den Innenohrmuskeln und der Innervierung der Muskeln, die für die Drehung des Kopfes zuständig sind, einer wichtigen der Sicherheit dienenden Orientierungsreaktion. Die folgende Tabelle von Stephen Porges zeigt einen Überblick über den »klugen Vagus«, wie er ihn nennt, seine Funktion als soziales Nervensystem und seine Verbindung zu einigen der Zielorgane:

Der »kluge« Vagus und das soziale Nervensystem

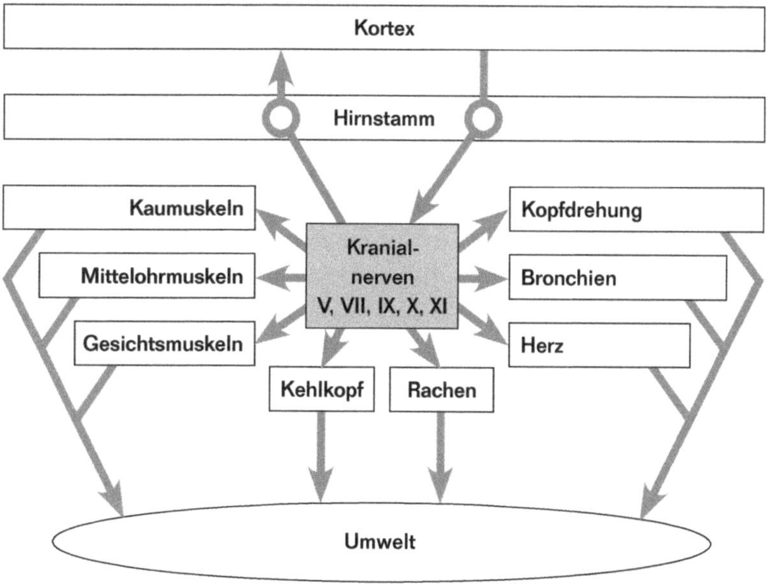

[mit freundlicher Genehmigung von Stephen Porges]

Da die höheren Komponenten des Nervensystems die phylogenetisch niedrigeren Zentren hemmen, blockiert das Anspringen des »klugen« Vagus automatisch die Aktivierung des sympathischen und des parasympathischen Systems. Allein schon diese Tatsache legt uns nahe, dass soziale Interaktion in sich eine mäßigende, beruhigende Wirkung auf unsere interne Regulation hat. Wir sind soziale Wesen, denen es mit körperlicher Nähe gut geht. Das Gefühl von Sicherheit ist jedoch eine notwendige Vorbedingung für das Anspringen des sozialen Nervensystems. Gibt es keine ausreichende Sicherheit, so springt der Kampf-oder-Flucht-Mechanismus, oder, noch schlimmer, die Erstarrung an. Traumatisierte Menschen zeigen beispielsweise deutliche Anzeichen von Gesichtsstarre und erscheinen nach innen zurückgezogen. Dieser Mangel an interaktiver Reaktionsbereitschaft und eine gewisse Form der Reserviertheit machen es schwierig, mit ihnen in Kontakt zu treten. Der Interaktionsmangel wiederum versetzt sie in einen Zustand adrenaler Medulla-Aktivierung, die zu ständiger Übererregtheit führt und den Körper belastet.

»Burn-out«

Je länger ich dieses Phänomen beobachte, desto mehr bin ich davon überzeugt, dass diese andauernde Belastung auch dem häufigen Symptom des »Burn-out« zu Grunde liegt. Ich vermute, dass Überbelastung beim Burn-out nur begrenzt durch Arbeitsüberlastung, sondern vor allem auch durch Regulationsüberlastung des Systems entsteht. Die permanente Dysregulation des Nervensystems kostet ständig zu viel Energie, was zu Erschöpfung führt. Dabei scheint ein großer Teil der Energie dieser Menschen von der akuten Notwendigkeit, die sympathische Erregung im Zaum zu halten, verbraucht zu werden. Ich nehme an, dass der ursprüngliche Grund für diesen Zustand in einer traumatischen Übererregung bzw. am Mangel einer bestimmten Qualität elterlicher Zuwendung liegt. Da Kinder ihr Nervensystem schlecht allein beruhigen bzw. herunterregulieren können, bedarf es elterlicher Feinfühligkeit, Körperkontakt und beruhigender Töne zur Befriedung des inneren Zustandes des Kindes. Weiterhin übernimmt das Kind den inneren Zustand der Eltern vermutlich über Spiegelneurone. Aus diesem Grund ist der ruhige innere Zustand der Eltern von ausschlaggebender Bedeutung für die Beruhigung des Kindes.

Stephen Porges weist darauf hin, dass es keine wissenschaftliche Disziplin gibt, die die kortikale Regulation der gestreiften Gesichtsmuskeln erforscht. Physiotherapie konzentriert sich auf die skelettgebundene Körperbewegung, Osteopathie auf den Rhythmus der craniosacralen Flüssigkeit zwischen Kopf und Kreuzbein. Keiner jedoch kümmert sich um die Beweglichkeit des Gesichts. Es könnte sich als sehr sinnvoll erweisen, die Reihenfolge umzukehren und eine intelligente und wirksame Behandlung für das Gesicht mit seiner starken Innervierung und zahlreichen Verbindungen zum Gehirn und den Bauchorganen zu entwickeln. Da das Gesicht so eng mit den Brustteilen des sozialen Kontaktsystems verbunden ist, könnte diese

Vorgehensweise reichhaltige Interventionsmöglichkeiten eröffnen. Wenn ich mit Freunden craniosacrale Biodynamikbehandlungen mache, experimentieren wir gelegentlich mit leichter Berührung des Gesichts. Sie scheint eine sehr angenehme und beruhigende Entspannungsreaktion auszulösen. Die Innervierung des Gesichts bildet so viel von den Vorgängen in unserem Kortex und von unserer Erfahrung ab und spielt eine tragende Rolle in jeglicher Form sozialen Kontakts zwischen Menschen. Man denke an autistische Kinder, Menschen, die Sie nicht anschauen, während Sie mit ihnen reden, oder Kinder, die das Gesicht abwenden, wenn Sie sie ansprechen. Der physische Kontaktabbruch macht Kommunikation sofort kompliziert. Die Kopfdrehung tritt in unterschiedlichen Kulturen in Variationen auf, aber ganz gleich, welcher Art die kulturellen Unterschiede sind, verfügen wir über ein physiologisch gesteuertes System, mit dem wir über das soziale Nervensystem zur Lebenswelt um uns herum Kontakt aufnehmen. Dieses soziale Nervensystem besteht aus einer Reihe fest verdrahteter Verbindungen, die eine Funktionseinheit bilden. Das Gesicht überwacht den Zustand der Bauchorgane mithilfe dieser festen Verdrahtung zwischen Gesicht und inneren Organen. Die Kranialnerven entspringen im Hirnstamm und innervieren von dort aus jeden Teil des Gesichts. Saugen, Schlucken, Atmen und Stimme sind Teile dieser Nerven, und die Koordinierung dieser Prozesse bildet die Grundkomponenten unseres sozialen Kontaktverhaltens.

Innervierung des Gesichts

Die Funktion des sozialen Nervensystems hilft uns, unsere Aktivierung in überschaubarem Rahmen zu halten. Die Muskulatur für Kauen und Essverhalten ist ebenfalls Teil unseres Soziallebens. Wir treffen uns, um miteinander zu essen: ein wichtiger Teil unseres Familienlebens und jeglicher Form enger sozialer Kontakte. Andere Menschen anzulächeln, zu essen, Laute von uns zu geben und zu saugen, entweder wie ein Säugling oder in Form erotisch–sexueller Verspieltheit, all diese Funktionen sind mit der Aktivität des myelinisierten Nervensystems verbunden, die uns beruhigt. Wenn Sie einem Menschen ins Gesicht schauen, so schauen Sie die Augen an und lesen alle Hinweise im Gesicht, wie Lachfalten oder »Krähenfüße«, denn sie geben wichtige Information über die andere Person preis. Zeigen Sie selbst diese Hinweise, so vermitteln Sie dem anderen, dass Sie an ihm interessiert sind oder an der gemeinsamen Interaktion mit Freude teilnehmen. Es zeigt, dass Sie im Kontakt sind. Im Gegensatz dazu entfernt die kosmetische Chirurgie diese Hinweise, was negative Konsequenzen für das Sozialverhalten hat. Geglättete Gesichter nehmen leicht einen autistischen Ausdruck an und rufen beim Gegenüber das Gefühl hervor, nicht ganz »durchzudringen«. Eine gewisse Sterilität schleicht sich in den Kontakt.

Wir schätzen die Gegenseitigkeit nonverbaler, mimischer, interaktiver Nachahmung und erleben sie als befriedigende Begegnung. Wir mögen Vibrationsfluss und Wechselseitigkeit in unseren Sozialkontakten, die einhergehen mit subtiler mimischer Reaktionsbereitschaft, Beweglichkeit des Körpers und reibungslosem Austausch. Je mehr wir dagegen vom dorsalen Vagus immobilisiert, deaktiviert und »abgeschaltet« werden, desto mehr lässt unsere soziale Reaktionsbereitschaft nach. Die sympathischen Systeme sind keine sozialen Ausdruckssysteme. Es ist vielmehr die Aktivierung des »klugen«, parasympathischen Vagusnervs bzw. dessen ventraler Komponente, die uns zu sozial kompetentem Verhalten befähigt. Das bekannte oder unbekannte Vorliegen eines Traumas zieht daher die Fähigkeit einer Person, offen zu sein, frei zu kommunizieren und die subtilen Nuancen auszusenden und wahrzunehmen, die unser Gegenüber zu einem verlässlichen Partner für uns werden lassen, aufs Äußerste in Mitleidenschaft.

Diese Tatsache fällt mir immer wieder besonders auf, wenn ich in geschäftlichen Meetings sitze und mich an der Verkündigung gegenseitigen Vertrauens und gegenseitiger Offenheit beteilige. Zur gleichen Zeit steht die gesamte Situation unter einer derartigen Spannung, dass aus physiologischer Sicht Offenheit und Leichtigkeit in der Kommunikation ein Ding der Unmöglichkeit sind. Es bedarf der Etablierung einer relativen Sicherheit, um ein soziales Nervensystem zum Laufen zu bringen! Das Gefühl relativer Sicherheit ist das Öl im Getriebe unserer sozialen Interaktion. Wo Gefährdung droht, geht das Nervensystem wie von selbst in den Zustand von Kampf und

Sicherheit

Flucht und schließlich, soweit aufgrund der Gefährdungslage keine andere Wahl möglich ist, in Erstarrung über.

Soziales Nervensystem

Unbewusst nutzen wir den physiologischen Zustand des sozialen Nervensystems im Alltag, indem wir intuitiv Kontakt zu unserem Partner, unseren Kindern, Geschäftspartnern, Klienten, unserer Familie usw. aufnehmen und ihnen ein gutes Gefühl geben. Ob Blickkontakt, stimmige Gesichtsmuskelaktivität, die wir Lächeln nennen, Nicken oder Stimmgebung, all das sorgt für intimeren Kontakt und einen Felt-Sense des Wohlbefindens in unserem Bauch. Wenn das soziale Nervensystem voll anspringt, erleben wir eine natürliche Leichtigkeit in der Kommunikation und die angenehme Beruhigung in unserem Inneren. Dieses sanfte Regulieren innerer Aufregung nennt Porges die vagale Bremse. Sie erzeugt eine Situation, in der Sie Vergnügen daran haben, lebendig, energiegeladen und reaktionsbereit zu sein, ohne innerlich übererregt zu werden. Auf kontrollierte Art und Weise, die vom »klugen« Vagus vermittelt wird, können wir innere Erregung nicht als Aggression, sondern als Freude erleben. Die vom sympathischen Nervensystem aktivierten Kampf-oder-Flucht-Reaktionen schlagen nicht an bzw. werden ausgebremst. Die interne Aktivierung wird dank der mäßigenden Wirkung des sozialen Nervensystems auf einem kontrollierbaren Maß gehalten, ohne dass das adreno-sympathische System die Oberhand gewinnt. Und genau dieser innere Zustand spiegelt sich im Gesicht und in der Stimme. Wenn Sie mit jemandem sprechen, dem etwas Schlimmes passiert ist, dann können Sie das sogar am Telefon rasch dem Ton seiner tiefen oder monotonen Stimme entnehmen. Andererseits werden Sie gewöhnlich mehr Modulation in den Ton Ihrer Stimme bringen und zunächst einmal in Ruhe diesen wunderbaren neuronalen sozialen Kontaktschaltkreis »einspannen«, wenn Sie das Interesse oder die Aufmerksamkeit einer Person auf sich ziehen wollen.

Ich habe bei meiner Arbeit eine Menge Situationen erlebt, in denen Vorgesetzte, Ärzte, Eltern, Bankberater, Verkäufer etc. es völlig unterließen, mit einer Person in sozialen Kontakt zu kommen, bevor sie wesentliche Botschaften übermittelten. Wenn bei Kollegen, Kunden und anderen Menschen, denen wir begegnen, das soziale Nervensystem überhaupt nicht anspringt und wir immer Misstrauen, latenter Aggression und scharfen Reaktionen begegnen, dann fehlt hier vermutlich innerlich gefühlte Sicherheit, liegt ständige innere Übererregung vor bzw. bedarf es der Traumaheilung. In dieser Situation greifen einfache Kommunikationsstrategien, wie sie in beruflichen Kommunikationstrainings gelehrt werden, nicht. Dann brauchen wir eine andere Qualität von Einladungscharakter in unserer Kommunikation, um Kontakt anzubahnen.

Ich halte mich deshalb so lange bei diesem Thema auf, weil in Arbeitssituationen so viel Fehlkommunikation stattfindet. Mitarbeiter in jedem kommunikativen Bereich brauchen eine breitere Auswahl an Kommunikationsstrategien. Um mit unseren Mitarbeitern, dem Vorgesetzten oder anderen wichtigen Partnern in beruflicher Interaktion auf flexiblere Art in Beziehung treten zu können, müssen die beschriebenen Zusammenhänge einigermaßen verstanden werden. Es wird meistens völlig übersehen, dass Traumatisierung viel häufiger auftritt als angenommen. Der Bezugsrahmen in unserer Gesellschaft hat sich stark verschoben, weil wir uns so sehr an die einschränkende Wirkung traumatischer Überladung gewöhnt haben, dass wir geschädigtes Interaktionsverhalten als normal betrachten. Es ist aber nicht normal!

Traumatische Überladung

In unserer Lebensrealität reguliert die direkte Interaktion zweier Menschen buchstäblich den physiologischen Zustand des jeweils anderen durch die Einschaltung der das Gesicht innervierenden Kranialnerven. Die Aktivierung des »klugen« Vagus wirkt direkt auf die Eingeweide und lässt uns ein angenehmes oder ein unangenehmes Gefühl haben. Wir können über die feste Verdrahtung zwischen Gesicht und Bauchorganen spüren, wie es einer anderen Person geht. Unser »Bauchgefühl« wird also direkt von der Qualität der sozialen Interaktion beeinflusst, die wir über unser Gesicht aufnehmen. Gesichtsresonanz wird an einen gezielten Teil der Physiologie des Körpers weitergegeben und dort als ein bestimmtes »Bauchgefühl« gelesen.

Aus der Sicht eines Psychotherapeuten meine ich, fundiertes Wissen über die Bedingungen für Sozialkontakt wäre ein wichtiges Thema in Dienstleistungsunternehmen. Die Qualität der Dienstleistung und der geschäftlichen Kommunikation muss für den inneren Zustand des Klienten und nicht für den des Unternehmens maßgeschneidert sein. Geschäft scheint immer weniger ein Dienst am Kunden und immer mehr eine erzwungene Anpassung seines inneren Zustands an die Erfordernisse des Unternehmenssystems zu sein. Versuchen Sie, einen Flug oder ein Hotelzimmer zu buchen oder ähnliche Routinevorgänge, und Sie werden wissen, wovon ich spreche. Alle sozialen Situationen bedürfen der Einbeziehung des physiologischen neurozeptiven Zustands, um als »Dienst« erlebt zu werden. Das trifft gleichermaßen für den Vertreter zu, der am Abend von der Rezeptionistin des Hotels willkommen geheißen wird, für den Arzt, der dem Patienten eine Krebsdiagnose mitteilen muss, für den Firmenchef, der die jährlichen Mitarbeitergespräche mit seinen Leuten führen soll, und für die Mutter, die des Nachts ihr Baby beruhigt.

Soziale Situationen

ÜBUNG: Holen Sie sich die letzten beiden wichtigen Begegnungen mit Menschen vor Ihr inneres Auge. Wie haben Sie die Situation vorbereitet, um dem anderen ein Gefühl der Sicherheit und des Willkommenseins zu geben? Wohin oder woran haben Sie sich orientiert? Wie haben Sie gesessen? Wie hat Ihr Herz geschlagen? War Ihre Atmung langsam und entspannt? Hat Ihr Bauch sich gut gefühlt? Wie haben Sie das Anspringen des sozialen Nervensystems ermöglicht? Was konnte der andere aus Ihrem Verhalten ablesen, nicht so sehr im Sinne einer Interpretation Ihrer Körpersprache, sondern im Sinne physiologischer Reaktionsbereitschaft der Gesichtsmuskulatur, des Atems, der Weitung des inneren Brustraums, den Anzeichen echter Geselligkeit? Wie treten Sie in Interaktion? Und wie geht es Ihnen selbst als dem Empfänger mit der Kommunikation des anderen? Wie und durch was ressourcieren Sie sich in einer Situation, damit Ihr Nervensystem Sicherheit erlebt und das soziale Nervensystem aktiviert?

Als Psychotherapeut arbeite ich niemals mit einem Menschen, wenn ich nicht spüren kann, dass meine Körpersysteme entspannen. Ich weiß, dass ich nicht genau genug die wesentlichen Hinweise und Gefühle meines Klienten aufnehmen kann, solange diese Vorbedingungen nicht erfüllt sind. Das ist von herausragender Bedeutung, denn genau das führt dazu, dass der andere sich verstanden, getröstet und wertgeschätzt fühlt. Es bewirkt, dass er sich weiter auf diesen gegenseitigen Kontakt einlässt, und lässt in ihm ein gut ausgewogenes Gleichgewicht von Erregung und Ruhe entstehen. Auf diesem Gleichgewicht wiederum beruht gute Kommunikation, die eine Bereitschaft unseres Körpergefäßes, sich größeren Erfahrungsfeldern zu öffnen, und schließlich auch spirituelles Erleben ermöglicht.

Gleichgewicht von Erregung und Ruhe

Die Interaktion der drei Teile des autonomen Nervensystems

Kommen wir zurück zur im Laufe der Evolution entwickelten Reaktionsstrategie unseres Nervensystems. Wie greifen die verschiedenen Teile ineinander, und wie arbeiten sie zusammen? Die folgende Tabelle gibt einen Überblick darüber, welche verschiedenen Funktionen die unterschiedlichen neuronalen Strukturen haben:

Polyvagale Theorie: Eine phylogenetische Hierarchie der Reaktionsstrategien

Struktur	**Funktion**	VVC	SNS	DVC
Kopf	Kommunikation	+		
Glieder	Bewegung		+	
Eingeweide	Erstarrung			+

VVC = ventraler Vaguskomplex
SNS = sympathisches Nervensystem
DVC = dorsaler Vaguskomplex

Stephen W. Porges. Alle Rechte vorbehalten
[mit freundlicher Genehmigung von Stephen Porges]

Der ventrale Vaguskomplex (VVC) schaltet sich in einer sicheren Situation ein und befähigt uns, auf einer großen Bandbreite kommunikativer und sozialer Fertigkeiten gut zu funktionieren. Das sympathische Nervensystem (SNS) springt an, wenn Gefahr droht, und garantiert selbstsichere, aggressiv lebenserhaltende Verteidigungsreaktionen wie das Kampf-oder-Flucht-Verhalten. Die Aktivierung des dorsalen Vaguskomplexes (DVC) erfolgt in akut lebensbedrohlichen Situationen und bereitet den Körper in einer Erstarrungs- oder Totstellreaktion aufs Sterben vor. Die Verhaltens- und Funktionskomponenten der phylogenetischen Stadien neuronaler Kontrolle sind in der folgenden Liste aufgeführt.

Polyvagale Theorie: Phylogenetische Stadien neuronaler Kontrolle

Stadium	**ANS-Komponente** (ANS – Autonomes Nervensystem)	**Verhaltensfunktion**	**Niedere motorische Neuronen**
III	**Myelinisierter Vagus** (VVC – Ventraler Vaguskomplex)	**Soziale Kommunikation, Selbstberuhigung, hemmt sympathische Nebenniereneinflüsse**	**Nucleus Ambiguus**
II	**Sympathisches Nebennierensystem** (SNS – Sympathisches Nervensystem)	**Mobilisierung (aktive Vermeidung)**	**Rückenmark**
I	**Unmyelinisierter Vagus** (DVC – Dorsaler Vaguskomplex)	**Immobilisierung (Totstellen, passive Vermeidung)**	**Dorsaler motorischer Nucleus des Vagus**

Grund-hierarchie

Dies ist die Grundhierarchie, auf deren Basis unsere Physiologie Zeit unseres Lebens funktioniert. Die genannten Funktionen prägen die Befindlichkeit eines Menschen in bestimmten Situationen, die aber durch erlerntes oder kompensierendes Verhalten verdeckt sein kann. Abweichend von Stephen Porges und seiner wissenschaftlichen Erfahrung habe ich als psychotherapeutisch arbeitender Praktiker die starke Vermutung, dass diese drei inneren Zustände in unterschiedlicher Mischung vorliegen bzw. für bestimmte Erfahrungsbereiche existieren können. In psychotherapeutischen Sitzungen ist es nicht immer leicht, eine innerliche Immobilisierungsreaktion zu erkennen, wenn der Klient sich äußerlich willig und kooperativ zeigt. Wer in einer Immobilisierungsreaktion gefangen ist, befriedigt einerseits meisterhaft die unmittelbaren Anforderungen einer Situation und des Gegenübers, während er sich andererseits innerlich völlig hilflos, bedroht und eingeengt fühlt und nicht mehr über wirksame Mechanismen zur Wahrnehmung und Befriedigung eigener Bedürfnisse verfügt.

Stephen Porges erläutert, dass innerhalb der Reaktionshierarchie diskrete Übergänge vorliegen und jede der drei Funktionsweisen soziales Verhalten, Kampf und Flucht sowie Immobilisierung von der anderen deutlich abgegrenzt ist. In Bezug auf Traumata können wir sagen: Je heftiger die Überwältigung einer Person, umso lebensbedrohlicher das Erleben, umso wahrscheinlicher ist die Regulation des autonomen Nervensystems am unteren Ende der Reaktionshierarchie zu finden. Nach übermächtigen Erfahrungen sind wir physiologisch unfähig, unsere beste Spielkarte, das soziale Nervensystem, oder wenigstens die zweitbeste, das sympathische System, auszuspielen. Wir bleiben in passiver Haltung Neuem gegenüber buchstäblich gefangen und können mit Stress schlecht umgehen.

Das klassische Szenario für die Kalibrierung unseres Nervensystems ist die Geburtssituation in einer »modernen« Klinik. Die Mutter bekommt Anaesthetika, und das Kind wird womöglich unverzüglich auf die Säuglingsstation gebracht. Auf diese Weise kann die beste Karte, das Aktivieren des situationsangemessenen sozialen Nervensystems nicht eingesetzt werden, und damit haben wir vorerst die Möglichkeit verloren, das soziale Nervensystem in den ausschlaggebenden ersten zwanzig Minuten unseres Lebens anzuwerfen. In dieser prägenden Zeit entwickelt sich daher die gegenseitige Bindung zwischen Mutter und Kind (oder Vater und Kind) nicht oder nur ungenügend. Also müsste das Baby eigentlich die nächste Karte spielen und sein Kampf-oder-Flucht-Verhalten in Gang setzen. Es dürfte aber schwer vorstellbar sein, wie ein Neugeborenes den Krankenhausgang hinunterrennt und vor dem Arzt flüchtet oder erfolgreich gegen Behandlungsroutinen kämpft. Folglich ist es sehr gut möglich, dass der Säugling Bauchschmerzen vor lauter verkrampften Eingeweiden bekommt, wenn die phylogenetisch früheste der Überlebensreaktionen einsetzt, nämlich Erstarrung oder Verkrampfung der Eingeweide. Diese Sequenz, die sich hier abspielt, ist weder erlernt noch willkürlich oder zufällig. Sie entspringt dem natürlichen Fluss entlang unserer neurophysiologischen Ausstattung. Wollen wir also dafür sorgen, dass der festgefahrene Funktionsmodus im Körper befreit wird, dann müssen wir den Übergang von der Immobilisierung über Kampf-oder-Flucht zu sozialem Kontakt ermöglichen. Dies ist der Weg der Traumaheilung. Das soziale Nervensystem muss wieder zum Einsatz kommen.

Weg der Traumaheilung

Krankheit entsteht häufig durch unsere Unfähigkeit, angemessen auf Neues reagieren zu können. Wenn wir auf einer Stufe der neuronalen Reaktionshierarchie festsitzen, besteht einfach keine Möglichkeit zu resonierender Feinabstimmung, die subtile Kontaktkoordination erlaubt.

Jede physische Spannung besitzt auch eine emotionale Dimension. Das soziale Nervensystem ist aber wie eine Jokerkarte mit der Möglichkeit, sich über phylogenetisch ältere Systeme hinwegzusetzen, sie zu hemmen und den Organismus dadurch in einen relativ entspannten und reaktionsfähigen Zustand zurückzuversetzen. Dieser Heilungsvorgang kann stattfinden, wenn die betroffene Person die Möglichkeit der eigenen Aufmerksamkeitssteuerung bewusst therapeutisch nutzt, die unmittelbaren Körperempfindungen registriert und das Risiko eingeht, tatsächlich zu spüren, was im Körper vor sich geht. Diese Aufmerksamkeitsfokussierung ist ein energetisierendes und dynamisierendes Werkzeug, das hilft, dem Körper Energie zur Traumalösung zur Verfügung zu stellen. Die Schritte, die dazu therapeutisch vorgenommen werden müssen, um sich die Nervenregulationsskala hinaufzubewegen, sind in der folgenden Übersicht versuchsweise dargestellt.

Aufsteigende Traumaheilungs-Übergänge entlang der phylogenetischen Reaktionshierarchie

Übergang von	Psychologische Aufmerksamkeitssteuerung
Immobilisierung zu Kampf-oder-Flucht/Mobilisierung	**Strategie 1:** 1. Unterstützen Sie den Klienten darin, seine Aufmerksamkeit auf eine (oder alle) der identifizierbaren »Restbewegungen« im Körper zu lenken. 2. Dann helfen Sie ihm, zu defokussieren und lenken Sie seine Aufmerksamkeit auf diese »Restmobilität« wie unter einem »Vergrößerungsglas«. Diese Aufmerksamkeitsverschiebung energetisiert den Prozess in Richtung Mobilität, verstärkt die Bewegung(en) oder bringt weitere Bewegungsmöglichkeiten in anderen Körperteilen hervor. 3. Begleiten Sie den Klienten darin, die Bewegung zu vergrößern bzw. sich entwickeln zu lassen. Oft möchte der Körper das abgebrochene – aber hoch energetisierte – Bewegungsmuster zur Ausführung bringen, das durch das Traumaereignis unterbrochen wurde. Es geht darum, dem Körper zu erlauben, einen aktuellen Weg zur eigenen Deblockierung der Energie zu finden. Alternativ kann es nützlich sein, durch Aufmerksamkeitssteuerung ein Gefühl der Kohärenz zwischen den verschiedentlich auftauchenden Bewegungsteilen zu entwickeln und diese Bewegungen sich in einen kohärenten Fluss einer Gesamtbewegung koordinieren zu lassen. Das kann zu einer kleinschrittigen, autonomen Freisetzung der blockierten Traumaenergie führen. Diese Befreiung der Energie kann mehrere Sitzungen in Anspruch nehmen und schichtenweise, wie beim Freilegen einer Zwiebel, ablaufen.
	Strategie 2: 1. Versichern Sie sich, dass Sie als Therapeut zentriert, ruhig und in Verbindung zu sich selbst bleiben. Erlauben Sie der Immobilisierung zu sein, und verlangsamen Sie den Beobachtungsprozess bis zu ruhiger Aufmerksamkeit und quasi Stillstand der Bewegung.

	2. Lassen Sie den Klienten die Erfahrung dieses äußerst stillen Zustands machen, ohne einzugreifen, verhalten Sie sich stattdessen unterstützend und beruhigend, damit seine Aufmerksamkeit in einem sicher gehaltenen Rahmen zu diesem Zustand Kontakt aufnehmen kann. Wenn der Klient dort mit seiner Aufmerksamkeit verweilen kann, ohne getrieben, herausgefordert oder anderweitig gestört zu werden (mit Ausnahme der Aufrechterhaltung sicheren Kontaktes zum Begleiter), wird der Organismus seinen eigenen innewohnenden Behandlungsplan in Gang setzen können. Der blockierte Zustand wird nach und nach verändert. Autonome Lösungsmöglichkeiten entstehen, unabhängig von unserer Vorstellung. Hitze kann manchmal entstehen und in winzig kleinen organischen Schritten wird der Organismus sich von selbst die Nervenreaktionshierarchie hinaufarbeiten. Das kann für den Klienten eine starke, tief berührende und heilsame Felt-Sense-Erfahrung sein.
Mobilisierung zu sozialem Kontakt	Aus einer Beobachterposition heraus betrachtet der Klient aufmerksam die physiologischen Begleiterscheinungen seiner aggressiven Reaktionen oder Gedanken. Aus dieser Position doppelter Aufmerksamkeit, d.h. als gleichzeitig Beobachtender und Erlebender, lädt der Klient seinen Körper ein, selbstheilende Körperreaktionen durchzuführen. Dies können autonome Reaktionen sein wie z.B. Schwitzen, Zittern, Schütteln oder die Vervollständigung von Bewegungsmustern neben weiteren autonomen Entladungsreaktionen. Es reicht, den autonomen Reaktionen nicht im Wege zu stehen, sondern sie kontrolliert, begrenzt und achtsam ablaufen zu lassen. Auch darf der Begleiter den Prozess nicht durch gemachte Interventionen oder kopfige Fragen unterbrechen. Klient und Begleiter dürfen den autonomen Reaktionen nicht im Weg stehen, sondern bieten ihnen durch die Lenkung ihrer Aufmerksamkeit einen geeigneten Rahmen, »kontrolliert« ablaufen zu können. Nach der Entladung bzw. inneren Restrukturierung erfolgt eine Reorientierung im aktuellen Hier und Jetzt. Die Sinneswahrnehmung wird vom inneren Vorgang abgezogen und auf die äußere Wirklichkeit gelenkt. Der Begleiter nutzt den sozialen Kontakt zur Aktivierung des sozialen Nervensystems, um die neue innere Körperorganisation zu integrieren. Viele Bewegungen, wie Kopf drehen, orientieren, lachen, lächeln, sprechen, hören etc. werden unter Umständen als neu erlebt.

Aufmerksamkeitssteuerung

Die Verhandlung der richtigen Aufmerksamkeitssteuerung bei all diesen Vorgängen erfordert einen erfahrenen Begleiter. Das Haltenkönnen der Beobachterposition ist dabei eine notwendige Fähigkeit. Während der Klient sich in einer Position doppelter Aufmerksamkeit befindet (Beobachter und Erfahrender gleichzeitig) und bewusst bei der Entfaltung des energetisierten Bewegungsmusters bleibt, ist meist eine Anleitung der Aufmerksamkeitssteuerung von außen essentiell, weil sonst die Aufmerksamkeit schnell in die Blockade gezogen wird und dort festsitzt. Stattdessen soll der Vorgang flüssig und mobil bleiben. Der Körper braucht die Möglichkeit und Einladung, feststeckende Bewegung zu vollenden. Die Vollendung der Bewegungen führt zur Lösung der Traumaenergie. Es geht dabei nicht nur um eine bloße Energie-Entladung, sondern um das Nutzbarmachen der Energie für die innere Reorganisation innerhalb des Nervensystems und darüber hinaus.

Die Präsenz des Begleiters hilft dem Klienten, dem Vorgang zu vertrauen, da der Begleiter ein sicheres Außen darstellt, das es möglich macht, das eigene »Innen« freizugeben und autonom sich entwickeln zu lassen. Die Entstehung eines neuen »Innen« erfordert am Ende des Prozesses eine neue Reorientierung im Außen. Die Welt erscheint verändert, weil sie auf ein verändertes »Innen« trifft. Diese Veränderung braucht Gewöhnung und Orientierung.

Zu Ihrer eigenen Orientierung als Begleiter können Sie aus der folgenden Tabelle die Hinweise des aktiven Nervensystems entnehmen und dementsprechend Ihre Interventionen und Unterstützungsmaßnahmen entwerfen.

Die Tabelle zeigt die aktivierende (+) oder sedierende (–) Regulation der verschiedenen Körpersysteme. Sie können daraus das funktionale Zusammenspiel über die Hierarchie-Ebenen hinweg herauslesen. Die Vertrautheit mit diesem Zusammenspiel wird Sie eher erkennen lassen, in welchem inneren Regulationszustand der Klient sich befindet. Es ist die Aufgabe des Begleitenden, dem System dabei zu helfen, sich mittels dynamisierender Aufmerksamkeitslenkung an den manchmal unterschwelligen Hinweisen physiologischer Funktionen

Polyvagale Theorie: Auftauchende »Emotions«-Subsysteme

Struktur	VVC	SNS	DVC	
Herzfrequenz	+–	+	–	
Bronchien	+–	+	–	
Magen-Darm		–	+	
Vasokonstriktion		+		
Schweiß		+		VVC = ventraler Vaguskomplex SNS = sympathisches Nervensystem DVC = dorsaler Vaguskomplex
Nebennierenmark		+		
Tränen	+–			
Stimme	+–			
Gesichtsmuskulatur	+–			
Augenlider	+–			
Mittelohrmuskulatur	+–			

vom Erstarrungszustand der Immobilisierung über Kampf-oder-Flucht bis hin zur Fülle sozialer Kontaktmöglichkeiten entlang zu orientieren. Das bedeutet die Entwicklung einer Bewegung vom Zustand extremer Furcht und Panik (Lebensbedrohung) zur selbstsicheren Verteidigungsreaktion (Gefahr) und weiter zu sozialer Interaktion (Sicherheit), in der angenehme Emotionen erfahrbar werden können. Der Schlüssel dazu, den Klienten weder zu retraumatisieren, noch ihn bloß vorsichtig zu »päppeln«, liegt in der Kunst, die erträgliche Erregungsdosis sorgfältig zu bemessen, die der Klient und

Erregungsdosis

sein Körper zu einem bestimmten Zeitpunkt halten können. Hier liegt ein empfindlich schmaler Grat, einerseits die Flexibilität, das Ausmaß der Ressourcen, die Regulationskraft und die darin enthaltene Gesundheit des Klienten einzuschätzen, und gleichzeitig den bei ihm vorliegenden Grad innerer Überladung, den Hang zu wahrscheinlicher erneuter Überwältigung und dadurch zur beängstigenden und schädlichen Retraumatisierung realistisch zu bewerten. Dies ist eine Frage der Entwicklung der eigenen Wahrnehmungsfähigkeiten, der Erfahrung und des im Herzen gefühlten Respekts vor der inneren Arbeit des Klienten. Es ist die Kunst, wirkungsvoll zu sein, ohne etwas zu tun, und stattdessen auf beruhigende Weise präsent zu bleiben. Dabei ist es die Qualität der Präsenz des Begleiters, die Heilung ermöglicht und einlädt.

Qualität der Präsenz

Es ist eine Kunst, mit der eigenen inneren Präsenz zu arbeiten und durch die eigene Aufmerksamkeit gesunde Zustände im Klienten zu unterstützen, indem wir eine sichere und liebevolle Umgebung zur Verfügung stellen und sie halten, ganz gleich, was geschieht. Es ist eine Kunst, von Wesen zu Wesen und von Herz zu Herz zu arbeiten. Es ist eine Kunst, mit dem im Kontakt zu sein, was letztendlich über den Traumakontext hinausgeht und was beide, den Klienten und den Begleiter, mit den größeren nährenden Kräften eines weiteren Feldes in Verbindung bringt. Die Schaffung dieser intimen Heilfelder bildet das Gegengewicht zur täglichen Gewalt und Vernachlässigung, Unachtsamkeit und Gleichgültigkeit in Beziehungen. Dadurch entsteht eine kostbare, lebensverändernde Erfahrung, die die Person zu einem transparenteren Erleben ihrer Selbst und größerer Erfahrungs- und Wahrnehmungsfelder des Lebens befähigt.

Folgen der polyvagalen Theorie für alltägliche Kommunikation

Porges weist darauf hin, dass wir über die Neurozeption unser Wohlbefinden im Einklang mit den gegebenen Umweltbedingungen regulieren. Diese Umwelt kann innerhalb oder außerhalb des Körpers liegen und muss ständig überprüft werden, um unsere Integrität und Sicherheit zu gewährleisten. Verschiedene Reize rufen unterschiedliche Verhaltensstrategien hervor, die die Wahrscheinlichkeit erfolgreichen Überlebens erhöhen und darüber hinaus einen ganz neuen Bereich an Reaktionsmöglichkeiten eröffnen.

Die Sicherheitsmetapher: Ein Grundprinzip unseres Nervensystems

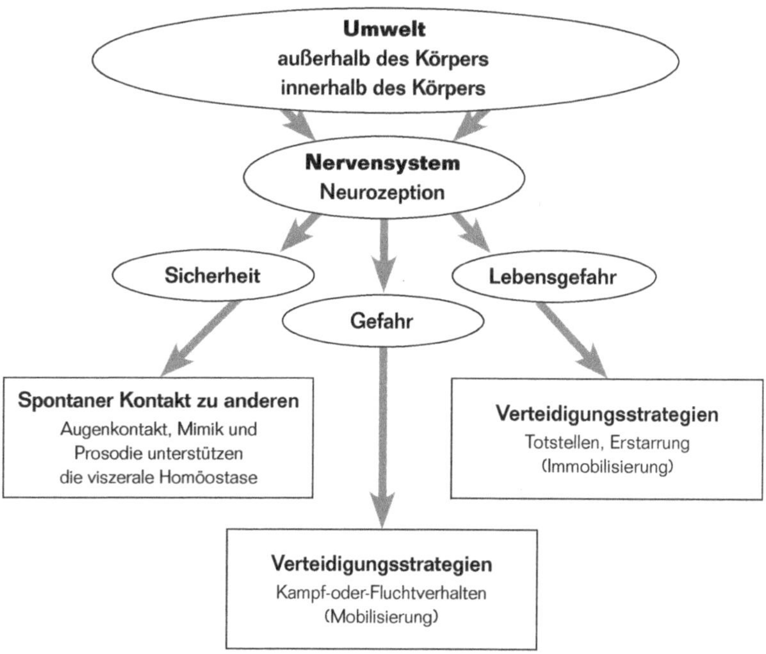

KONSEQUENZEN FÜR DIE KOMMUNIKATION – DAS HÖREN MENSCHLICHER SPRACHE

Die dargestellte Theorie hat nicht nur für den Prozess der Traumabehandlung wichtige Auswirkungen, sondern allgemein für die Art und Weise, in der wir im Alltag kommunizieren und mit Kommunikation umgehen. Die Biologie des sozialen Nervensystems ist so verdrahtet, dass die Gesichtsnerven (N VII), die das Öffnen der Augenlider bewirken, gleichzeitig die Muskulatur des Mittelohrs regulieren[33]. Wenn eine Person uns mit offenen Lidern anschaut, gehen wir gewöhnlich davon aus, dass sie zuhört. Wir prüfen intuitiv, ob die Menschen, mit denen wir sprechen, uns anschauen. Dieses Verhalten hat einen physiologischen Hintergrund. An der Stelle, wo die eustachische Röhre, die den Druck zwischen dem Mittelohr und dem Außenohr durch den Mund ausgleicht, ins Mittelohr eintritt, befinden sich zwei winzige Muskeln – der Tensor Tympani, der durch den Trigeminus gesteuert wird, und der Stapediusmuskel, für den der Gesichtsnerv zuständig ist. Der Tensor Tympani ist an einem der Hörknöchelchen, dem Malleus (Hammer), befestigt, der seinerseits an drei Punkten mit der inneren Oberfläche des Trommelfells verbunden ist. Sobald der Tensor Tympani wie ein Gummiband gedehnt wird, spannt sich das Trommelfell. Auch der Stapedius und alle Innenohrknöchelchen sorgen für eine prägnantere Übertragung hoher Frequenzen an das Innenohr, sobald der Stapedius sich anspannt. Diese erhöhte Spannung in der Ohrtrommel und den Knöchelchen hat ein besseres Hören von Geräuschen mit höheren Frequenzen zur Folge. Ein angespanntes Trommelfell filtert gezielt die höheren Frequenzen der menschlichen Stimme aus dem niederfrequenten Hintergrundgeräusch heraus.

Luftübertragene Kommunikation

Mit diesen Mechanismen wird luftübertragene Kommunikation für den Menschen hörbar. Sind jedoch der Tensor Tympani und der Stapedius nicht angespannt, so springt das soziale Nervensystem nicht an, denn die tieferen Geräusche überdecken höhere Frequenzen. Dieselbe menschliche Stimme, unterlegt mit demselben Hintergrundgeräusch, kommt bei einem Tensor Stapedius unter Spannung viel wirkungsvoller an als ohne Spannung. Insofern muss dieser Neu-

Neuromechanismus des Mittelohrs

romechanismus des Mittelohrs funktionieren, damit wir menschliche Sprache hören können. Funktioniert der Mechanismus nicht, so können wir sie nur dann aufnehmen, wenn wir uns in einem schalldichten oder sehr stillen Raum befinden. Wenn im Mittelohr der Tensor Stapedius nicht funktioniert und sich Hintergrundgeräusche mit menschlichen Stimmen mischen, dann wird eine schnellere Frequenz durch ein viel lauteres niederfrequentes Grummeln überlagert. Gelangt dies durch die Struktur des Mittelohrs ins Innenohr, so verliert sich die menschliche Stimme in diesem Hintergrundgeräusch, und die Wahrnehmung auf Großhirnniveau »erkennt« nur das niederfrequente Geräusch. Viele Menschen haben Schwierigkeiten, menschliche Stimmen in Einkaufszentren, Flughäfen, Restaurants und ähnlichen Orten zu verstehen. Sie gehen nicht gern aus, weil sie nicht hören, was andere sagen, denn sie befinden sich im Zustand sympathischer Erregung, die die Reizung des Tensor Stapedius behindert.

Aus der Perspektive des sozialen Nervensystems betrachtet, hängt diese luftübertragene Kommunikation weitgehend von einem sicheren Umfeld und einem gut funktionierenden sozialen Nervensystem ab, das in der Lage ist, reibungslos zu regulieren. Wenn Sie sich den Besuch in einer Stadt vorstellen, die nicht sicher ist, dann wird das sofort klar. Sie könnten erleben, dass Sie in eine potenziell bedrohliche Situation geraten und auf einmal Probleme haben zu hören, was Ihr Begleiter sagt. Stattdessen hören Sie andere, niederfrequente Geräusche um sich herum, wie z.B. Schritte hinter Ihnen, den Lärm eines hoch drehenden Automotors und Ähnliches. Sobald wir uns nicht sicher fühlen, können wir uns nicht mehr ohne Weiteres auf das Sprechen einer anderen Person einstimmen. Die Reizung des sympathischen Nervensystems »überschreibt« das soziale Nervensystem und aktiviert die Kampf-oder-Flucht-Reaktion. In ähnlicher Weise hören wir, sobald wir allein zu Hause sind und uns ängstigen, Geräusche, die wir nicht wahrnehmen, wenn noch eine Person anwesend ist. Im Gegensatz zu diesem Alarmzustand verändert sichere soziale Interaktion das Wahrnehmungserleben. Sind wir im sozialen Kontakt, so werden wir sehr viel empfangsbereiter für die menschliche Stimme. An die Stelle von sympathischer Erregung und übermäßiger Wachsamkeit tritt eine erhöhte Empfangsbereitschaft für die menschliche Sprache und psychophysiologische Ruhe. Vom evolutionären Standpunkt aus betrachtet kann man sagen, dass niederfrequente Geräusche phylogenetisch mit Raubtieren in Verbindung gebracht werden.

Ganz gleich, wie die soziale Situation aussieht, in der wir uns bewegen, werden unsere Chancen, gehört zu werden, schlecht stehen, wenn wir nicht Sicherheit und damit die Möglichkeit für den Zuhörer bieten, in einen inneren neurophysiologischen Zustand der Ruhe zu gelangen, in dem das soziale Nervensystem aktiviert werden kann.

KONSEQUENZEN FÜR DIE KOMMUNIKATION – DAS GESICHT

Wir kommen als physiologische Frühgeburten auf die Welt. Ohne die Zuwendung einer Bezugsperson können wir nicht überleben. Wir müssen das menschliche Säugetier-Nervensystem als unvollständiges Nervensystem betrachten, das sich nicht selbst regulieren kann. Die Interaktion mit einer Bezugsperson hilft uns als Neugeborenes und Säugling, unseren inneren Zustand, insbesondere innere Erregungszustände, zu regulieren. Diese Regulationshilfe besteht in Augen- und Gesichtskontakt, Körperkontakt, Bewegung, dem Erklingen einer menschlichen Stimme und ruhiger Präsenz. Die Bezugsperson übermittelt ihren inneren Zustand über die Gesichtsmuskulatur an den Säugling. Lächeln, Stirnrunzeln und Ähnliches sind direkte Reflektionen innerer Seinszustände. Dieser Austausch verbindet uns mit unserer Umwelt. Daher müssen wir unser Nervensystem als dyadisches System betrachten, das von außen durch behutsames Verhalten der Bezugsperson wie leises Sprechen, Streicheln, Liebkosen, Wiegen und Ähnliches gesteuert werden kann. Hierbei kann die Wichtigkeit des Gesichts, das dem Organismus hilft, seinen inneren Zustand bis in die tiefsten Eingeweide zu regulieren, gar nicht genug betont werden.

Dyadisches System

Das Gesicht ist ein einzigartiges »Organ« des menschlichen Körpers, weil es mit den Nerven verdrahtet ist, die den Zustand unserer Eingeweide regulieren. Es erfährt darüber hinaus starken Einfluss aus dem Großhirn durch die Nerven, die seinen Ausdruck über Projektion auf die aus dem Stammhirn entspringenden Kranialnerven steuern. Wir können die Welt als sicheren Ort erleben, solange dieses Erleben mit der Steuerung des Stammhirns übereinstimmt. Da das Gesicht das soziale Nervensystem »anschalten« kann, ist es in der Lage, über diese Funktion einige tiefer gelegene Stammhirnareale zu hemmen. Auf diese Weise bietet das Gesicht wertvolle diagnostische Information über den inneren Zustand des zugrundeliegenden Nervensystems einer Person. Jegliche Form mentaler oder körperlicher Krankheit führt zu einer Retraktion im Nervenschaltkreis, der für das Gesicht zuständig ist. Die meisten Menschen, die auf klinischem oder sozialem Gebiet arbeiten, sind sich über die Wichtigkeit des Gesichts im Klaren. Die feinen Gesichtsmuskelbewegungen sorgen für den individuellen Ausdruck einer Person. Die Qualität von Prosodie, Blick, Ausdrucksfähigkeit des Gesichts, Stimmung, Affekt und Haltung im sozialen Kontakt weist darauf hin, wie die Person sich fühlt und in welchem Zustand ihr Nervensystem sich befindet. Das ausdruckslose Gesicht eines autistischen Kindes macht es für die Bezugspersonen schwierig, sich in ihrer Interaktion vom inneren Zustand oder der Emotion des Kindes leiten zu lassen. Bei Überlebenden des 11. September 2001, Überlebenden des Holocaust, Missbrauchsopfern ebenso wie bei Menschen nach großen Operationen oder Zahnbehandlungen findet sich ein flacher und emotionsloser Ausdruck, das Gesicht ist blass und reaktionslos versteinert. Diese Menschen befinden sich in einem Zustand höchster Anfälligkeit für weitere Traumatisierung, da sie über keine oder wenig Möglichkeit zur weitergehenden Regulation verfügen. Ein zweites Trauma zu einem solchen Zeitpunkt kann nicht aktiv verarbeitet werden und verletzt dadurch die Person erneut in dramatischer Weise. Ich erinnere mich an den Zeitpunkt, als mich die vollkommen unerwartete Nachricht erreichte, dass meine Schwester ganz plötzlich an ihrem Urlaubsort verstorben war. Mein gesamtes System ging in den »Funktioniere-weiter«-Modus. Ein Kollege bemerkte aber, dass ich kalkweiß im Gesicht geworden war. Erst da wurde ich des inneren Zitterns in meinem Körper und der Tatsache gewahr, dass ich viel betroffener war, als ich

Wichtigkeit des Gesichts

zu jenem Zeitpunkt zugeben konnte. Mein Körper jedoch war ein feiner Indikator für die Dimension des Geschehens.

Indem das Gesicht ein so wesentlicher Anzeiger des inneren Zustands eines Klienten ist, wird es zu einem ausschlaggebenden diagnostischen Werkzeug im Ablauf der Traumabehandlung. Der Gesichtsausdruck kann als feines Messinstrument fungieren, das den Grad der inneren Erstarrung oder das Einsetzen des dorsalen Vaguskomplexes anzeigt. Während wir versuchen, den Klienten aus einem Zustand der Lebensbedrohung über den aktiven Umgang mit Gefahr in ein Gefühl der Sicherheit zu führen, können wir die Gesichtsmuskulatur als Kompass nutzen, der uns den Weg zeigt.

Was hier vielleicht viel Theorie zum Verstehen der polyvagalen Wirkungsweise erfordert, ist jedoch im Alltag mehr als nützlich. Ich erinnere mich an eine gute Freundin, die eine traumatische Partnerschaft erlebt hatte, die in körperlicher Gewalt und Missbrauchsverhalten gipfelte. Schließlich hielt sie es nicht mehr aus und verließ ihren Partner. Der Preis dafür waren enorme finanzielle Schulden und die Tatsache, dass sie ihre beiden Kinder alleine zu erziehen hatte. Nach einiger Zeit gelang es ihr recht gut, zurück zur Normalität zu finden, sie funktionierte wieder, konnte weiter in ihrem Beruf arbeiten und für ihre beiden Kinder sorgen. So lief das ungefähr vier Jahre lang, nur unterbrochen durch sporadische heftige Somatisierungsepisoden, exzessive Überarbeitung und einen gelegentlichen Mangel an emotionaler Verfügbarkeit für ihre Kinder. Dennoch alles in allem eine fast übermenschliche Leistung. Nach einigen Jahren ging sie eine Beziehung zu einem aufmerksamen und feinfühligen Mann ein. Nachdem sie einiges an Vertrauen in diese Beziehung aufgebaut hatte, entwickelte sie »seltsame Zustände«, die ihr völlig unverständlich waren. Sie brach in Tränen aus, wenn sie umarmt wurde oder mit ihrem neuen Partner schlief. Sie begann, boshafte Phantasien zu entwickeln, in denen sie diesen Mann hinauswarf und ihm komplett ihr Vertrauen entzog. Sie erlebte Zustände von Übererregung und Panik, und irgendwann konnte sie ihn gar nicht mehr an sich heranlassen. Sie bekam häufige Beckenentzündungen. Sie war verwirrt, hatte ärgerliche Stimmungsschwankungen und wurde schnell und unvorhersehbar aggressiv. Besonders litt sie unter der Tatsache, dass ihre plötzlichen Symptome für sie keinen Sinn ergaben, da sie der Situation so wenig angemessen waren und überhaupt nicht der Intimität entsprachen, die sich zwischen diesen beiden Menschen entfaltete. Sie kämpfte hart darum, mit der Situation zurechtzukommen, und suchte ständig nach »Gründen« und »Auslösern« in ihrer Partnerschaft und ihrem gegenwärtigen Leben. Sie musste unbedingt wissen, warum sie plötzlich »komisch« geworden war. Sie erdachte alle möglichen psychologischen und psychodynamischen Annahmen über ihren Partner und bemühte sich, die Dynamik entstehender Interaktionssituationen vorwegzunehmen und zu planen.

Aktivierte Körperphysiologie

Erst durch die Erklärung der Reaktionshierarchie ergab es für sie einen Sinn, wie ihr psychologisches Erleben mit verschiedenen Stadien aktivierter Körperphysiologie übereinstimmte. Nach dem Erleben eines sexuellen Höhepunkts öffnete sich quasi die Physiologie, und körperliche Deblockierung ließ Wellen von zurückgehaltener Aggression und Panik nach oben steigen. Eilig erdachte Interpretationen dienten der Selbstberuhigung, wo sie keine wirkliche Erklärung hatte. Als sie die Körperzustände identifizieren konnte, begann sie zu begreifen und sich zum ersten Mal seit Jahren sicherer zu fühlen. Sie konnte ihre Panik in einen weniger beängstigenden kognitiven Rahmen einordnen, während sie gleichzeitig lernte, die Freisetzung der im Gewebe gehaltenen Energie zu erlauben und bei der inneren Arbeit ihres im Prozess befindlichen Körpers aufmerksam mitzugehen. Dieses Verständnis erleichterte sie sehr. Sie fühlte sich »entpathologisiert« und »entpsychologisiert« und konnte ihre Symptome als Teil eines inneren Heilungsplanes begreifen, der nur auf Beachtung und Verständnis gewartet hatte.

4. KÖRPERORIENTIERTE TRAUMAARBEIT

»Das Leben der meisten Menschen ist nicht mehr als der wirre Versuch zu überleben und sich mit Vergnügungen zu umgeben, bis sie sterben. Es ist, als wären sie betrunken geboren worden und stürben blind. Nur wenige trachten danach, sich beim Verlassen dieser Welt in einem besseren Zustand zu befinden als bei der Ankunft. Es ist traurig, dass so wenige den Mut oder die Weisheit besitzen, um den großen Sprung über Altern, Krankheit und Tod hinaus zu tun.«

White Tigress Manual

Im letzten Kapitel lag der Fokus auf der biologischen Reaktionshierarchie, die die Empfangsmatrix dafür darstellt, um den Herausforderungen unserer Umwelt zu begegnen. Diese physiologische Reaktionshierarchie ist die neurozeptive Basis, von der aus wir unsere alltägliche Lebenswelt erforschen. Wir werden nun die Auswirkungen der Kontrolle und der Orientierung in der Welt aus neurozeptiver Perspektive näher betrachten. Diese neurozeptive Basis formt nicht nur unsere äußere Erfahrung, sondern ist ausschlaggebend für die Art und Weise, in der wir uns zu uns selbst in Beziehung setzen können und die Welt um uns herum erleben. Nur mit einem feinfühlig regulierenden Nervensystem, das mit Leichtigkeit zwischen den Zuständen von Immobilisierung, Kampf-oder-Flucht und sozialem Kontakt hin und her wechselt, fühlen wir uns gesund und lebendig. Nur mit einer regulationsfähigen »Vagalbremse« können wir Alltagssituationen angemessen begegnen und mit ihnen umgehen. Sie bestimmt, ob wir uns auf der Welt sicher oder unsicher fühlen. Das angemessene Funktionieren unserer inneren Regulation entscheidet über unsere Flexibilität im Umgang mit äußeren Herausforderungen, mit Neuem, mit Konflikten und über unser Erleben von lebenswerter Zukunft. Hat man das Konzept der inneren Regulation einmal verstanden, so nimmt man erstaunt wahr, wie häufig eine gestörte Fähigkeit, »das Innenleben« zu regulieren, tatsächlich vorkommt. Da die innere Anpassungsfähigkeit und Regulation bei vielen von uns eingeschränkt ist, müssen wir ständig äußere Regulationshilfen in Anspruch nehmen, um uns in angenehme Zustände zu bringen. Alkohol, Nikotin, Fernsehen, Computerspiele und andere Ablenkungen und Stimulantien sind nur einige der Möglichkeiten. Abgesehen von Körperverspannungen ist unsere unregulierte Gefühlslage ein weiterer Aspekt der Dysregulation. Neben unberechenbaren Körpersymptomen sehen wir uns Schlaflosigkeit, Flashbacks, Alpträumen, dissoziativen Erfahrungen, Panikattacken, Phobien und anderen Angststörungen gegenüber. All diese Phänomene sind dabei nicht einmal an einen spezifischen Reiz gebunden, was sie zu einer beängstigenden Erfahrung werden lassen.

Um das Bewusstsein für unsere Versuche zu schärfen, durch Verhalten und Außensteuerung zu innerem Wohlgefühl und angemessener Regulation zu kommen, lassen wir zu Beginn der Traumaheilungsseminare der Aptitude-Academy die Teilnehmer einen sogenannten Ressourcen-Pass ausfüllen. Er soll klar machen, welche Arten von Mechanismen und Hilfsstrategien wir gewohnheitsmäßig nutzen, um unseren inneren Zustand zu regulieren. So gesehen können wir buchstäblich alles, was wir tun – essen, rauchen, Bier trinken, mit Freunden sprechen, telefonieren, joggen gehen, arbeiten, sexuelle Kontakte, Musik hören, mit den Kindern schimpfen oder sich mit Hobbys beschäftigen – als Möglichkeiten der inneren Selbstregulation sehen. Tatsächlich bringen wir solche Tätigkeiten gewöhnlich nicht ohne Weiteres mit der fein abgestimmten Stabilisierung unseres inneren Zustandes in Verbindung. Der Grad unseres inneren Gleichgewichts oder vielmehr unseres Ungleichgewichts ist uns so vertraut, dass wir ihn nicht mehr fühlen. Wir haben uns so an diesen inneren Bezugsrahmen gewöhnt, dass er uns zur zweiten Natur geworden ist. Wir haben schlicht keine Ahnung von unserem unge-

Innere Selbstregulation

nutzten Potenzial, unserer inneren Anpassungsfähigkeit und Flexibilität. Wir nehmen unseren Sollwert als natürlichen Zustand hin, obwohl er oft stark beeinträchtigt ist. Erst nachdem dieser Sollwert in einer körperorientierten Intervention aufgelöst worden ist, wundern wir uns über die neu erworbenen Möglichkeiten, an unserer Lebenswelt teilzunehmen. In unserer Praxistätigkeit sehen wir, dass Menschen an einem bestimmten Punkt dieser inneren biologischen neurozeptiven Hierarchie steckenbleiben und nicht mehr in der Lage sind, voll reaktionsfähig zu sein oder sich frei auf äußere Situationen einzustellen. In extremen Fällen zeigt ihr Verhalten zwanghafte Züge als äußerliches Mittel, ihre innere Instabilität auszugleichen. Mit dieser Blockade der neurozeptiven Reaktionsfähigkeit können wir unser volles Potenzial weder erleben noch entwickeln und in der Folge auch das nicht genießen, was uns im Leben wahrhaft nährt. Stattdessen organisieren wir das, was wir für unser Selbst halten, um einen Schutzprozess herum, den wir intuitiv nicht als unser wirkliches Selbst wahrnehmen. Unser Körper erhält eine innere Organisation aufrecht, die einer bedeutend früheren, oft sogar embryonalen oder intrauterinen Bedrohungs-, Schock- oder Angstsituation entstammt. Da dies vielen Menschen in einem sehr frühen, präverbalen Stadium geschieht, haben wir tatsächlich nicht die geringste Vorstellung von der Größenordnung unserer Beeinträchtigung. Diese Schutzfunktion stellt eine wichtige Einschränkung auf unserem Weg dazu dar, ein resonanzfähiges Gefäß zu werden, das frei und ungehindert mit seiner Umwelt in Kontakt treten kann.

Innere Instabilität

Somatische Schutzfunktionen der Traumareaktion

Diese schützende Funktionsweise lässt sich am besten unter somatischem Blickwinkel verstehen. Der Übergang von Fixiertheit in einen Zustand von Fluss und aktiver Teilnahme an unserer Umwelt ist die Hauptrichtung, in die wir uns bewegen. Peter Levine, der amerikanische Biologe und Psychologe, hat wesentlich zu diesem Verständnis beigetragen. Seine Arbeit über das autonome Nervensystem hat deutlich gemacht, wie sehr eine somatische Sichtweise helfen kann, Trauma zu entpsychologisieren und als Dysregulation autonomer Körperprozesse zu verstehen. Dass die Körperphysiologie unser psychologisches Erleben erheblich bestimmt, wird dabei zur erlebten Erfahrung. Levine nennt vier Hauptsymptome, die in unserer Physiologie einen normalen (traumatischen) Zustand kennzeichnen: Übererregung, Anspannung und Verkrampfung, Dissoziation (und Verleugnung) sowie Immobilisierung. Alle diese Phänomene sind Ausdruck unserer eingeschränkten Regulation, Reaktionsmöglichkeit und Schwingungsfähigkeit.

Das Trauma entpsychologisieren

Übererregung bezeichnet den Tatbestand, dass wir bereits durch kleine Ereignisse aktiviert, erregt und angetrieben werden können. Übererregung stimuliert uns so stark, dass wir uns in unserem eigenen Körper nicht mehr sicher fühlen und dazu neigen, die angenommene Gefahr nach draußen zu projizieren, anstatt sie mit unserem inneren Zustand in Verbindung zu bringen. Möglicherweise fangen wir auf eine Art und Weise an zu schwitzen und zu zittern, die für andere nicht unbedingt erkennbar ist. Sie nimmt jedoch unsere Aufmerksamkeit so gefangen, dass die Aufnahme von Außeninformation schwierig oder gar unmöglich wird. Erinnerungsverlust, Konzentrationsmangel und das Fehlen von gefühltem Kontakt begleiten von Natur aus diese Übererregung. Sie lässt uns insofern auf emotionaler Ebene unangemessen reagieren, als die (oft ängstlichen und feindseligen) Emotionen durch den Grad der inneren Erregung übermäßig verstärkt werden. Gleichzeitig können wir keinen gefühlten Kontakt mehr zu unserem Körper halten, da es in vielen Fällen zu beängstigend ist, mit diesem eigensinnig gewordenen Körper in Beziehung zu treten. Er hat spürbar begonnen, ein Eigenleben zu führen. Wir stecken fest in einem sich wiederholenden Erregungszyklus, der das Gegenteil von subjektiv empfundener Wahlfreiheit und Selbstbestimmung darstellt. Unser Geist beschleunigt sich, und unsere kreisenden oder rasenden Gedanken sind kein lösungsorientiertes Schlussfolgern mehr, sondern eher ein Mittel, um unsere unangenehmen Körperempfindungen zu kontrollieren. Denken wird zu einem Mechanismus, mit dem innere Erregung reguliert werden soll, und hat nicht mehr viel damit zu tun, Vernünftiges oder Funktionales hervorzubringen. »Es gibt eine grundsätzliche Spaltung zwischen dem, was wir zu sein glauben (Geist), und dem, was wir wirklich sind (Körper)«, sagt Michael Shea[34]. Eine Lösung für diese unerträgliche Situation besteht darin, zu dissoziieren und dadurch unsere Aufmerksamkeit von der Körperwahrnehmung trennen. Wir driften weg, und diese Abkoppelung bringt vorübergehende Erleichterung und tut daher gut. Unsere Aufmerksamkeit lässt sich leicht von der Quelle der Aufregung fortbewegen. Unsere Wahrnehmung »macht die Luken dicht«, was zu der Illusion eines neuerlichen Gleichgewichts führt. Wir scheinen »hier« zu sein, sind aber nicht wirklich anwesend, denn ein wichtiger Teil unserer Aufmerksamkeit hat sich der unmittelbaren Situation entzogen. Da Dissoziation ein gewohnheitsmäßiger Bezugsrahmen werden kann, fühlen wir sie nicht mehr und betrachten sie als normale Art, die Welt zu erleben. Wir wissen oft nicht, wie abgetrennt wir tatsächlich sind. Dieses »Sich-Abtrennen« tritt noch wahrscheinlicher auf, wenn unser Körper, gleich aus welchem Grund, im Zustand der Konstriktion ist. Dann ist es beinahe unmöglich, mit unserem Körper und damit der Sinnesgrundlage all unseres Erlebens in Beziehung zu sein. Wir gehen in den Kopf und kontrollieren unser Leben von dort aus, völlig abgetrennt von mitschwingender emotionaler Resonanz. Wir haben keinen Platz zum »Landen«, denn der Körper fühlt sich eng und angespannt an. Aus der relativen Sicherheit unseres Kopfes heraus überlassen wir uns intellektuellem Räsonnieren als Mittel zur Aufrechterhaltung dieser anästhetischen Sicherheit. Wir erleben die Welt aus der Position der Abgehobenheit und Getrenntheit. Es mag

Dissoziation

hier sehr stereotyp klingen, aber gerade den Grad des »Sich im Kopf Haltens« habe ich in Deutschland als erheblich erlebt. Ich weiß nicht, ob das ein Hinweis auf kollektive deutsche Traumatisierung ist. Aber der andersartige Umgang mit Gefühlen und persönlichen Prozessen in nicht deutschsprachigen Regionen hat mich und auch meine frühere Partnerin, Andrea Wandel, überrascht.

Wie bereits im vorherigen Kapitel erwähnt, ist Immobilisierung der grundlegendste Schutzmodus des Körpers, um sein Überleben in lebensbedrohlichen Situationen zu sichern. Das Erleben von Immobilisierung ist eine der schwierigsten Erfahrungen, die ein Mensch machen kann. Sie wird begleitet von Gefühlen höchster Verletzbarkeit, schrecklicher Hilflosigkeit und Exponiertheit. All diese Reizantworten sind jedoch natürliche, angeborene Reaktionen des Körpers, die ursprünglich in überwältigenden und bedrohlichen Situationen für Schutz sorgen. Und – dieser Weg hat sich über Jahrmillionen bewährt.

Schließlich geht es im Heilungsprozess darum, dass sich die Neurozeption unseres Körpers auf der hierarchischen Leiter zum Punkt eines frei funktionierenden sozialen Beziehungssystems bewegen und bei Bedarf alle inneren Zustände aufrufen kann. Dies geschieht in der Regel bezogen auf die aktuelle Situation im Hier und Jetzt. Wenn die innere Regulation ständig auf eine vergangene Gefährdungssituation eingestellt ist, dann sprechen wir von Trauma. Traumatische und traumaartige körperliche Beeinträchtigungen sind unglaublich verbreitet. Da ich so viele Menschen erlebe, die sich nicht bewusst sind, wie stark ihre Wahrnehmung, ihre Art, Kontakt zu gestalten und die Welt zu erleben, mit ihrem körperlichen Zustand verknüpft sind, erscheint es mir höchst sinnvoll, über diese existenzielle Bedingung für unsere Art des Daseins auf der Welt zu informieren. Gesundheit, das Geschenk des Lebens und Wahlfreiheit in Beziehungen können nur Platz finden, wenn unser Körpergefäß durchlässiger wird und weniger Widerstand gegen das leistet, was energetisch auf uns zukommt. Wir müssen uns mit unserem Körper wohlfühlen, um uns der Schönheit der Welt und unterschiedlichen Wirklichkeiten aussetzen zu können. Erst dadurch können wir auch spirituelle Erleb-

Trauma

nisse in ihrem vollen Berührungs- und Heilpotenzial erleben, wo sonst nur überzeugungsgesteuerter Glaube bleibt.

Kommen wir zurück zu Peter Levines Gedanken über Trauma. Aus seiner Sicht wird Trauma in unserem Nervensystem abgespeichert, wenn dessen adaptive Fähigkeit, mit einem ankommenden Reiz in Resonanz zu gehen, überfordert ist. Das geschieht, wenn wir mit einer schockauslösenden oder überwältigenden Situation konfrontiert sind, die eine Veränderung in der funktionalen Regulation unseres autonomen Nervensystems erzwingt. Die Erfahrung von Überwältigung löst zunächst eine schnelle Aktivierung reflexhafter Verteidigungsreaktionen in unserem Körper aus, lange bevor irgendeine bewusste Reaktion einsetzen kann. Es folgt die Auslösung des Kampf-oder-Flucht-Verhaltens oder, in einer Situation mit weniger Handlungsspielraum, die Immobilisierung. Dieser Ablauf folgt der inneren Überlebensweisheit der Natur und wird nur dann zum Trauma, wenn die natürliche Ausführung und Vollendung von stark aktivierten Verteidigungsreaktionen behindert wird. Wenn Weglaufen, Kämpfen, Schlagen oder Ausweichen nicht zu Ende geführt werden können, dann kann die aktivierte Energie ihr natürliches Ventil nicht finden. Diese Energie kann also vom Körper nicht genutzt und physiologisch abgebaut werden und wird aus Mangel an anderen Möglichkeiten im autonomen Nervensystem gehalten. Diese zusätzliche Ladung erhöht die Nulllinie der energetischen Reaktionsfähigkeit erheblich und hält das gesamte System in einem Zustand innerer Anspannung. Diese innere Ladung unseres Nervensystems ist die physiologische Last, die wir ständig mit uns herumschleppen und reguliert halten. Es ist die restliche Verteidigungserregung, die in unserer neurologischen Ausstattung steckengeblieben ist. Diese Überladung ist das Spannungspotenzial, auf das alle weiteren Reize treffen, wenn sie bei uns ankommen. Jede einzelne unserer Reaktionen wird »ohne erkennbaren Grund« vergrößert und übertrieben. Unsere Stimmung schwankt abrupt, unsere Empfindlichkeit gegenüber Licht und Berührung ist erhöht, Überraschungen lassen unwillkürlich einen Schreckreflex entstehen, unsere Aufmerksamkeit wandelt sich in

Innere Überlebensweisheit

übermäßige Wachsamkeit oder wir entwickeln »psychosomatische« Symptome. Verbreitet sind Kopfschmerzen, Nacken- und Rückenprobleme, verdauungsbedingte Darmspasmen oder andere Starrephänomene wie Taubheitsgefühl, Mangel an Beweglichkeit, chronische Erschöpfung und andere Arten, mit denen wir die lauernde Energie in unserem Körper unten halten können. Die innere Regulation wird durch Alkoholkonsum oder andere Formen der Sinnesdämpfung betäubt. Viele Menschen bekommen solche Angst vor dieser inneren energetischen Ladung, dass sie sich davor fürchten, einen aggressiven Ausbruch zu haben und Panikattacken oder Angststörungen entwickeln: Möglichkeiten, die innere Gefährdung des überspannten Körpers quasi dissoziert im Außen zu erleben.

Als »Hilfsmittel« für die Regulation können beinahe alle Arten von Symptomen und Einschränkungen ausgebildet werden. Die Bandbreite reicht von körperlichen Erkrankungen wie Störungen des Immunsystems, endokrine oder Schlafstörungen bis hin zu psychologischen Symptomen wie Angst, wahnsinnig zu werden, zu sterben, hypochondrische Ängste, Auflösung des Ich-Gefühls, drastisch verminderte Stresstoleranz und Verhaltensstörungen wie Bindungs- und Beziehungsunfähigkeit, soziale Störungen, Unfähigkeit, Hilfe anzunehmen oder sich festzulegen. Verbreitet sind auch emotionale Auffälligkeiten wie übertriebene Todesangst, häufiges Weinen, Alpträume, heftige Flashbacks, Panikattacken, Phobien, Angst, Zwangsvorstellungen oder ständige Ruhelosigkeit. Die Bandbreite der Symptome ist groß und unspezifisch. Gemeinsamer Nenner ist der Mangel an innerer Regulation, die dem Individuum erlauben würde, physiologisch und damit psychologisch auf die gegenwärtige Situation zu reagieren. Ein Leben unter dem Vergrößerungsglas beginnt und alles erscheint merkwürdig invasiv. Wenn die Situation zu heftig wird und das Energieniveau vom Körper nicht mehr länger gehalten werden kann, muss unsere Wahrnehmung schließlich in Stücke und Fragmente zerbersten, und wir verlieren den Sinn für Zusammenhang, Integrität und Ganzheit. Damit einher geht eine vorläufige (wenn auch häufig chronisch gewordene) »Lösung« der Anspannung. Dissoziation fühlt sich gut an. Nicht bei sich zu Hause zu sein macht das

Leben unter dem Vergrößerungsglas

Dissoziiert-fragmentierter Zustand

Leben vorübergehend leichter, aber auf Dauer unerfüllt und leer. Der dissoziiert-fragmentierte Zustand ist durch Energiemangel gekennzeichnet, der uns unseres gesunden Antriebs beraubt, unsere Lebensaufgabe anzugehen, uns Herausforderungen zu stellen und mit den Anforderungen zurechtzukommen. Wir sehen also, dass innere Fragmentierung, Energiemangel oder energetische Überladung es uns schwer machen, frei mit der auf uns zukommenden Wirklichkeit einer Situation umzugehen und dabei unserem inneren Kompass zu vertrauen und unseren Weg zu finden. Unsere innere Navigation wird dadurch behindert, dass wir uns nicht klar auf die Weisheit unseres Körpers beziehen können. Unser inneres Gespür für die richtige Richtung ist beeinträchtigt, und wir treiben durch unser Leben wie ein Schiff ohne Orientierung. Wenn jetzt noch äußere Orientierungspunkte, soziale Konventionen oder ein gesellschaftlicher Konsens wegfallen, worauf sollen wir uns dann noch beziehen?

Was müssen wir begreifen, um diese Situation zu lösen? Wie kann die körperliche Überladung entladen und unsere innere Regulation dadurch an die Realität im Hier und Jetzt angepasst werden? Levine weist uns auf wild lebende Tiere hin. Viele von ihnen sind ständig der tödlichen Bedrohung durch Raubtiere ausgesetzt. Trotzdem werden sie nicht traumatisiert. Jedes Mal, wenn ihr Nervensystem tiefgreifend für Kampf-oder-Flucht oder eine andere Form der Verteidigungsreaktion aktiviert wird, gibt es, soweit man heute weiß, zwei Arten, die aufgebaute Energie im Körper loszuwerden.

Die eine ist die Beendigung der reflexhaft begonnenen Verteidigungsbewegungen. Diese Verteidigungsbewegungen werden auch beim Menschen physiologisch eingeleitet, lange bevor etwas davon ins Bewusstsein tritt. Da bei traumatischer Überwältigung diese Verteidigungsreaktionen in ihrer Bereitstellungsphase unterbrochen werden, kann man sie als Vorbereitungsbewegungen sehen, die in der Tiefe der Körperphysiologie stattfinden. Sie laufen auf einer primären physiologischen Ebene ab, um die Möglichkeit des Körpers zu unverzüglicher, schneller Ausführung seines Verteidigungsprogramms zu erhöhen. Dies ist ein vegetativ-unbewusstes Verhaltensprogramm, das im Falle unmittelbarer Bedrohung eine angemessene Selbstverteidigung sichert. Es tritt z.B. als Anspannung in den Gliedmaßen in Erscheinung, als Vorbereitung für Rennen, Schlagen, Treten, Selbstbetäubung, etc. Es zeigt sich in der Tendenz, ständig die Umwelt zu beobachten, sich zu orientieren, sich ruhelos zu bewegen und andere Mittel direkter Aktionen der Selbsterhaltung und des Schutzes zu finden. Wild lebende Tiere vervollständigen ihre vorbereitenden Verteidigungsaktionen, indem sie rennen, treten und die Bewegungen in beliebiger natürlicher Form beenden, bis alle Energie verbraucht ist. Die Vervollständigung der Bewegung ist von großer Bedeutung, denn sie entschärft einen überenergetisierten Nervenschaltkreis, der andernfalls leicht eine unterdrückte Reaktion auslöst und dadurch Erregung produziert, die kein Ventil findet. Die Entschärfung des Schaltkreises sorgt erneut für fließende Selbstregulation, da die Energiemenge den Übertragungskapazitäten der neuronalen Strukturen angemessen ist.

Die andere Art, mit der Tiere die erregte Energie im physiologischen System entladen, ist, sie auszuschütteln. Werden Tiere überwältigt und können ihre innewohnende, reflexartige Verteidigungsreaktion nicht zu Ende führen, bleibt auch ihre Energie stecken. In diesem Fall verfügen sie im Falle ihres Überlebens über einen autonomen Mechanismus, der nicht wie beim Menschen von der Großhirnrinde blockiert ist. Die Haut, Muskeln und alle damit verbundenen Gewebe zittern und schütteln sich, bis Entspannung eintritt. Dadurch findet eine Energieabfuhr statt, die das Tier von angespannter und betäubender Überladung befreit.

Energieabfuhr

Der Prozess ist so einfach, wie er klingt, und stellt einen anmutigen adaptiven Prozess im Umgang mit der ständigen potenziellen Traumatisierung im Leben eines Beutetieres dar. Wir sollten annehmen, dass beide Abläufe auch für den Menschen bereitstehen. Obwohl das der Fall ist, bedarf es bestimmter Bedingungen, um sie zu ermöglichen. In gewisser Weise sind wir unserer natürlichen Begabung »entfremdet«. Den Unterschied macht hier unsere »reflexive Natur«, d.h. unser Wunsch, rational zu verstehen, einzuschätzen, einzuordnen, zu bewerten, zu prüfen, zu kontrollieren und die Fähigkeiten unseres Großhirns zu nutzen. Es ist der Wunsch, bewusst gewahr zu werden, wie die Welt um uns und in uns sich entfaltet. Die Aktivierung des Großhirns hat jedoch Auswirkungen auf die tieferen Strukturen des »dreieinigen Gehirns«, nämlich Stammhirn, Mittelhirn und Großhirn. Diese künstliche Einteilung des Gehirns, das eigentlich nur als Ganzes zu verstehen ist, macht klarer, was geschieht. Das »dreieinige Gehirn« besteht aus dem Hirnstamm (Reptiliengehirn), dem Mittelhirn (limbisches Gehirn) und der jüngsten Struktur, dem Großhirn, das zur Ausführung höherer Funktionen wie Planung, bewusster Entscheidungsfindung, komplexer mentaler Transaktionen und Ähnlichem befähigt. Die Aktivierung des Großhirns hemmt aber die evolutionär niederen Teile des »dreieinigen Gehirns« und damit auch ihren natürlichen Ausdruck von Gesundheit, namentlich den Einsatz von Zittern, Schütteln, Schwitzen und anderen selbstständigen Reaktionen der entwicklungsgeschichtlich älteren Hirnteile. Auf diese Weise durch das Großhirn gehemmt und in ihrer Funktionsweise verändert, können die älteren neuronalen Strukturen nicht mehr für die selbstständige Auslösung der Entladungszyklen sorgen. Es braucht einfach andere Auslösebedingungen, da Schütteln und Zittern nicht autonom ablaufen. Traumaheilung wird hier zur Herausforderung, unsere so heiß geliebte kognitive Kontrolle, unser Verstehen und Erklären zu Gunsten von direktem Erleben zurückzustellen. Die Tatsache, dass wir so wenig daran gewöhnt sind, loszulassen, unsere kognitive Kontrolle aufzugeben und uns der körperlichen, autonom funktionierenden Grundlage unseres Seins anzuvertrauen, richtet sich gegen uns, wenn wir am bedürftigsten sind.

Kognitive Kontrolle

Die Möglichkeit, einfach Zeuge eines eigenständig in uns ablaufenden Prozesses zu sein, ist jenseits unserer althergebrachten, aktiven »Macher«-Mentalität. Wir müssen uns an eine Haltung des Lauschens, der Beobachtung und Teilhabe sowie des Vertrauens in die bevorstehenden autonomen, physiologisch angetriebenen Selbstheilungsprozesse gewöhnen. Das ist keine kleine Herausforderung in einer vielfach abgesicherten Welt, die auf Selbstständigkeit, Selbstbestimmung, Kontrolle und Debattieren besteht. Auf unseren Wunsch zu verzichten, alles unter Kontrolle zu halten, ist eine qualitativ neue Erfahrung. Wenn uns einmal ein überwältigendes Ereignis zugestoßen ist, fühlen wir uns mit unserer beeinträchtigten Regulation so verletzlich, dass wir oftmals eine »Entscheidung« treffen. Diese Entscheidung wird zu einer physiologisch eingefleischten, unnachgiebigen Überzeugung, dass uns so etwas »nie wieder passieren wird«. Wir flüchten uns in den Versuch, volle Kontrolle in allen Lebenslagen zu erlangen und enden in einer drastisch beengten Lebensweise, um weitere Übererregung beinahe um jeden Preis zu vermeiden. Das Vertrauen und die Risikobereitschaft aufzubringen, die nötig sind, um diese Entscheidung zu revidieren und den Betroffenen zu traumalösendem, schrittweisem Aufgeben von Kontrolle zu verführen, ist nur in einem sicheren Rahmen und mit genügend verfügbaren Ressourcen möglich.

Aufgeben von Kontrolle

Ressourcen sind hier alle Reize, die unsere innere Regulation dahingehend verändern helfen, dass wir weiterer Überwältigung entgehen können und uns tiefer in unserem eigenen Körper niederlassen. Diese vorgestellten, gefühlten, erinnerten oder greifbaren Ressourcen sind insofern relevant, als ihre Wirkung unmittelbar spürbar ist. Sie dämpfen den Grad unserer Erregung, beruhigen uns und helfen, unsere Aufmerksamkeit vom Traumawirbel abzuziehen. Auf diese Weise bieten gefühlte Ressourcen die sichere Grundlage für eine Vertrauen einflößende, verlässliche Unterstützung, die der Körperphysiologie dabei hilft, einen Zustand von Kontrollierbarkeit, Ruhe, Beweglichkeit und gefühlter Autonomie wiederzuerlangen. Solche Ressourcen im Sinne einer gefühlten, verkörperten Realität helfen uns, uns augenblicklich von einer potenziellen Erfahrung von Überwältigung oder Retraumatisierung abzugrenzen. Den ressourcenreichen Zustand zu verstärken und ihn innerlich fühlbar zu machen, indem wir unsere Aufmerksamkeit darauf richten, bereitet den Weg zur physiologischen Lösung der traumatischen Auswirkung auf den Körper. Der gefühlte ressourcenreiche Zustand ist die reorganisierende Gegenkraft, die wir brauchen, um uns von einem Wirbel aktivierender Traumaenergie hin zu einer Reaktion zu bewegen, die der des sich schüttelnden Tieres gleicht. Die gefühlte Sicherheit des ressourcenreichen Zustands erlaubt dem Körper, auf kontrollierte Art und Weise die Kontrolle aufzugeben. Diese wachsende Kontrollaufgabe setzt den Großhirneffekt auf die unteren Hirnteile außer Kraft, und das Schütteln, Zittern oder andere energielösende Reaktionen des autonomen Nervensystems können einsetzen. Der Körper kann Schritt für Schritt zurückkehren zu einer physiologischen, der Situation angemessenen Selbstregulation.

Pendeln zwischen gefühlten Ressourcen und Erregung

»Titrieren«

Diesen Heilungsansatz nennt Peter Levine »Titrieren«, nach dem chemischen Vorgang, wenn sich, in kleinste molekulare Portionen eingeteilt, z.B. eine Base und eine Säure neutralisieren. Im Kontext von Traumaheilung bringen wir Ressourcengefühl und physiologische Erregung behutsam in Kontakt. Von einem inneren Gefühl der Ressource und Stabilität ausgehend, lenken wir unsere Aufmerksamkeit schrittweise zur Grenze somatisch gefühlter Traumasymptome wie Übererregung, Konstriktion und Immobilisierung oder widmen uns behutsam dissoziativen Phänomenen. Die dann einsetzende Pendelbewegung hin und her zwischen diesen gegensätzlichen Erlebnisbereichen wird begleitet durch unseren inneren Beobachter, dessen Aufmerksamkeit den Prozess dynamisiert oder bremst. Es ist für den Begleiter wie für den Erfahrenden gleichermaßen eine eindrucksvolle Erfahrung, im Fühlen der Ressourcen zu bleiben und von dort aus die ablaufenden autonomen Entladungsreaktionen zu beobachten. Die Überbrückung, die Reise oder das Kreisen zwischen dem Rand der körperlich gespeicherten überwältigenden Erfahrung und dem Einblick in eine solide, verlässliche Sicherheitsbasis gefühlter positiver Erlebnisse hilft dabei, Konstriktion und verdichtete Energieladung »aufzuschließen«. Der Vorgang, der mit Aufmerksamkeitssteuerung beginnt, überführt sich selbst in die autonome Herstellung organischer Körperrhythmen. Unsere Resonanz- oder Schwingungsfähigkeit kehrt zurück und bringt uns Lebendigkeit, Wohlgefühl und den Einklang mit dem Hier und Jetzt. Dieser Vorgang ist vergleichbar mit der Rückkehr des Körpers in einen Zustand der Kohärenz zwischen vielen Ebenen. Kohärenz ist ein Ausdruck von Gesundheit und beschreibt eine Art synergistischer Koordination in den Körperrhythmen. Kohärenz ist die Synchronisierung der Funktionen verschiedener Körpersysteme. Man kann sie als harmonische rhythmische Paarung der unterschiedlichen physiologischen Rhythmen beschreiben, die unserem leichten inneren Funktionieren und Wohlbefinden zugrunde liegen.

Kohärenz

Kohärenz ist insofern wichtig, als sie die Grundlage für jegliche Resonanz mit der Welt und den Menschen um uns herum bildet. Sie ist daher die notwendige Vorbedingung für unsere Beziehungsfähigkeit. Sie ist begleitet von einem Gefühl der Leichtigkeit, die das soziale Kontaktsystem anspringen und uns mit unserer Umwelt und der Wirklichkeit einer gegebenen Situation in Verbindung treten lässt. Dadurch befinden wir uns in einem Zustand, in dem wir nicht mehr länger verkrampft, angespannt oder auf der Hut sind, sondern über eine der Situation angemessene Flexibilität verfügen, die uns ein Gefühl der Ermächtigung und Kompetenz gibt, unser Herz öffnet und die natürliche Wahrnehmung und den Ausdruck von Gefühlen erlaubt. Wir sind in der Lage, unseren Felt-Sense zu lesen, der uns mit der Welt verbindet und der sogar als Felt-Self oder Fühl-Selbst erlebt wird.

Traumalösung ist jedoch mehr als nur die Wiederherstellung eines früheren Zustands. Sie hinterlässt eine erhöhte Elastizität der inneren Regulation. Sie macht uns behutsamer, empfangsbereiter und empfindsamer. Wir werden wahrnehmungsbereiter und durchlässiger für die Einzigartigkeit und Schönheit des Lebens. Wir können jeden Augenblick neu, zerbrechlich, vergänglich und besonders erleben. Wir können eine Kraft von außen zu uns durchdringen fühlen, die uns jeden Sekundenbruchteil neu erschafft. Wir haben das Bedürfnis, in Berührung mit einem Vertrauen zu kommen, das über die begrenzte Struktur des Gefäßes hinausgeht. In der Betrachtung unserer Verletzbarkeit und Schwäche öffnet sich das Tor zur Realität eines größeren Zusammenhangs. Wir erleben neue Formen nichtsexueller Intimität. Mit uns selbst, unserer Umwelt und unseren Mitmenschen, mit allen Dimensionen unseres Seins bis hin zur Spiritualität. Es kann erlebt werden wie ein Heraussterben aus unserer alten Struktur, und uns ihrer Schale von Tag zu Tag mehr zu entledigen, ist etwas vom Besten, was uns passieren kann. Vom Moment unserer Empfängnis an befinden wir uns auf einer Reise zum Tod. Die Art, wie wir empfangen und geboren werden, und die Art, wie wir sterben, sind die wichtigsten Dinge im diesseitigen Leben. Die vergleichende Embryologie zeigt uns, dass wir verglichen mit allen anderen spezialisierten, besser geschützten und der Umwelt besser angepassten Erdbewohnern unser gesamtes Leben hindurch im Zustand unspezialisierter Embryonen bleiben. Wir sind geschlechtsreife Embryonen mit ungeheurem Entwicklungspotential! Und genau wie der Embryo über die Nabelschnur mit einem größeren Ganzen verbunden ist, müssen auch wir mit einer größeren Absicht verbunden bleiben. Das erfordert, dass wir mit den nährenden Kräften verbunden bleiben, die uns von Anfang an dafür geformt haben, unsere Flexibilität und Anpassungsfähigkeit zu erhalten. Das mag absurd und verrückt klingen. Nichtsdestotrotz lässt das Erleben der Traumaarbeit diese Art von Erfahrung so wirklich werden wie den eigenen Herzschlag. Wir werden jeden Moment neu geboren. Aus diesem Grund haben wir immer eine gute Chance zu Veränderung und Gesundheit.

Entwicklungspotential

So viel als Hinweis zu den Dimensionen möglicher Traumaheilungserfahrungen. Kehren wir nun aber zurück zur Kunst der Traumaheilung, die im Großen und Ganzen auf unserer Art, einer anderen Person zu begegnen, basiert und auf unserer Fähigkeit, der anderen Person dabei zu helfen, ihre eigenen Traumaheilungsprozesse zu regulieren und wahrzunehmen.

Ermächtigung in der Traumaheilung

Meiner Erfahrung nach bedarf die Kunst und Fertigkeit der Traumaheilung einer besonderen Haltung aufseiten des Begleiters, um einen heilenden Raum, manchmal sogar einen heiligen Raum zu schaffen, in dem der Heilungsprozess gehalten wird. Die Hauptquellen für Trauma sind Schock und Überwältigung im Verbund mit der Verletzung persönlicher Grenzen oder tiefer und wiederholter Verleugnung der Person. Diese Verleugnung kann sich auch als emotionale Vernachlässigung bei Kindern gestalten, die die Beziehung zum Selbst tiefgreifend beeinträchtigt. Ein wesentlicher Teil von Trauma ist, dass der Betroffene in seiner Integrität nicht anerkannt und der Körper auf physiologischer Ebene überwältigt wird. Meine Erfahrung unterscheidet sich von körperorientierten Traumaheilungsansätzen, die uns lehren, dass ein traumatischer Schock allein auf physiologischer Basis behandelt werden kann. Obwohl unsere Physiologie ganz klar unserer Psychologie übergeordnet ist, müssen wir uns auch um die psychologische und interaktive Weise, in der die Situation erlebt wird, kümmern. Die Übertretung persönlicher Grenzen ist immer ein Angriff auf unsere Identitätswahrnehmung, unser Kohärenzgefühl und unsere Würde. Die Tatsache, dass der Klient die Heftigkeit der traumatischen Auswirkungen leugnet, kann als Versuch gewertet werden, den eigenen Sinn für Integrität, Würde und Ganzheit aufrecht zu erhalten. Ich selbst konnte nicht wirklich verstehen, warum Klienten dazu neigen, die Auswirkung eines traumatischen Ereignisses so vehement von sich zu weisen, bis eines Tages in meine Wohnung eingebrochen wurde.

Verleugnung

Ich kam um ungefähr halb zwölf Uhr nachts mit meiner Frau von der Sauna zurück nach Hause. Während ich den Wagen in der Tiefgarage abstellte, erzählte ich ihr von einer Weiterbildungsteilnehmerin, bei der vor Kurzem eingebrochen worden war. Ahnungslos nahmen wir unsere Sachen aus dem Auto und gingen die Treppen hinauf zu unserer Wohnung. In dem Moment, in dem ich arglos die Tür öffnete, begann mein Herz zu rasen, denn die Lichter brannten. Alles Folgende erschien unwirklich. Mein Atem ging rasch, der

Schweiß brach mir aus, und ich war so aufgeregt, dass meine Stimme brach und meine Hände zitterten. Ich hatte das Gefühl, als ob mein Herz fast aus meiner Brust springen würde. In einer reflexartigen, ferngesteuerten Weise schaute ich schnell nach links und rechts, um mich in dem Chaos zu orientieren. Die Vorhänge wehten, mein Büro war völlig durcheinander, und die Glastür, deren Rahmen aus der Wand gebrochen war, lag auf dem Wohnzimmerfußboden. In dem Augenblick setzte ein Automatismus ein. Äußerlich versuchte ich, ruhig und nüchtern zu bleiben. Innerlich fühlte sich mein Körper an wie eine rasende Maschine. Da ich den Einbrecher nirgends sehen konnte und er bei weiterer Orientierung nicht zu sehen oder hören war, schien nach und nach die Situation ein wenig sicherer zu werden. Ungefähr zu diesem Zeitpunkt begann ich per »Autopilot« zu funktionieren und erweckte scheinbar einen routinierten Eindruck. Ich alarmierte die Polizei, rief die Notrufnummern meiner Kreditkarten, meines Handys und meiner Versicherung an und begann zu organisieren. Äußerlich erschien ich möglicherweise in Ordnung und so, als funktionierte ich in situationsangemessener Weise. Meine Frau aber hörte die Nuancen in der Tonlage meiner Stimme. Die Übererregtheit zeigte sich in unterschwelligem Beben meiner Stimme. Das uhrwerksartige Verhalten, das weder Unterbrechung noch viel Flexibilität zuließ, verriet mich. Die geringe Stresstoleranz, als die Polizei eintraf, sprach Bände von meinem inneren Zustand. Ich war davon überzeugt, dass ich mich angemessen und zweckdienlich verhielt. Ich machte weiter wie ein aufgezogenes mechanisches Gerät, bis sich wieder alles sicher und geordnet anfühlte. Nachdem ein Notrufschreiner die kaputte Glastür repariert hatte, war immer noch eine Menge Übererregung da, und meine Frau musste mich überreden, ins Bett zu gehen. Da ich nichts mehr tun konnte, um die Situation in Ordnung zu bringen, willigte ich schließlich ein. Am darauf folgenden Tag musste ich ein Seminar fortführen, das ich gerade leitete. Ich versuchte, Haltung zu bewahren, und berichtete den Teilnehmern kurz, was geschehen war. Was mir in dem Moment auffiel, war, dass ich mich fühlte, als hätte ich einen inneren und einen äußeren Körper. Der innere fühlte sich an, als hätte er sich vom äußeren um einen

Zentimeter zurückgezogen. Ich hatte den Eindruck, dass ich nicht voll und ganz in Tuchfühlung mit mir selbst war. Mit dem äußeren Körper reagierte ich auf die Anforderungen der Seminarteilnehmer. Ich beantwortete Fragen, vermittelte Information und war scheinbar auf meine übliche Art im Kontakt mit ihnen. Sobald ich aber für einige Sekunden allein war, spürte ich das Zittern und die Scham meines inneren Körpers. Mir war zum Weinen zumute, aber das hätte ich weder zugegeben noch hätte ich mir erlaubt, es zu tun. Mein Inneres fühlte sich zerbrechlich an, und ich wollte nicht, dass irgendjemand mich auf meine Gefühle ansprach, Mitgefühl zeigte oder mich tröstete. Das hätte mich zum Weinen gebracht. Aus irgendeinem Grund, so schien es zu diesem Zeitpunkt, musste ich mir beweisen, dass ich in der Lage war, richtig und angemessen zu funktionieren. Ich musste den Eindruck aufrecht erhalten, dass mit etwas so Gewöhnlichem wie mit einem Einbruch routinemäßig und leicht umzugehen war. Keine große Angelegenheit. Alles unter Kontrolle. In diesem Moment in einem formvollendeten Modus des Reagierens und Verhaltens zu bleiben, war wichtig, um die Oberhand zu behalten und mein Selbstwertgefühl zu bewahren. Es erschien mir wie eine wichtige Art und Weise, meine Integrität und mein Bedürfnis nach Selbstständigkeit zu regulieren. Mein Körper aber kannte die tiefere Wahrheit. Das auftauchende Schamgefühl überraschte mich besonders. Ein verwirrendes Gefühl der Unzulänglichkeit suchte mich heim. Die Leugnung gegenüber der Schwere der Auswirkungen bedeutete eine wichtige Haltung, um in die Normalität zurückzukommen, mir meiner Führungskompetenzen klar zu werden und mein Gefühl der Selbstermächtigung und der Fähigkeit nicht dadurch noch mehr verbeulen zu lassen, dass ich mich zum »Patienten« machen ließ. Ich möchte noch einmal besonders betonen, wie wichtig es in dieser Phase war, dass niemand durch zu viel Mitgefühl oder gar begleiterisches Verhalten an meine Emotionen rührte. Es war für mein Gefühl der Selbsterhaltung und -bestimmung von größter Bedeutung, dass man mir wie einem selbstermächtigten und selbstbestimmten Menschen begegnete, der die Kontrolle über dieses Ereignis hatte. Ich war überrascht von der Qualität der auftauchenden

Gefühle und versuchte zu beobachten, wie sie sich aus der Tiefe meines Körpers heraus entwickelten. Scham war als solches kein sehr vertrautes Gefühl für mich, und mein Geist konnte nicht nachvollziehen, in welchem Zusammenhang es mit der Einbruchserfahrung stand. Heute ist mir klar, dass Traumaerfahrungen unser emotionales Funktionsalter beeinflussen. Sie lassen den Emotionsmodus unserer frühen Kindheit aus der Zeit auftauchen, in der die ersten Beeinträchtigungen die Kohärenz unserer Entwicklung unterbrachen. Für manchen mag das rasende Wut sein, für den anderen Rückzug, Scham, Schuldgefühl oder noch anderes.

Emotionales Funktionsalter

Wichtig in der vorliegenden Erfahrung war die Tatsache, dass die Bandbreite »unbekannter«, das Gleichgewicht bedrohender Emotionen so schnell wie möglich verkleinert werden musste. Sie mussten verringert werden, um ihren zerschmetternden Einfluss auf mein Gefühl von Stabilität und Selbstbestimmtheit abzuschwächen. Im Moment war es überraschend, den alles übertönenden Effekt einer in Gang gebrachten Physiologie und die Folgen für die Interaktion zu sehen, die sich daraus ergaben. Es war gut, die Wissensgrundlage dafür zu haben, um in den zutage tretenden Phänomenen einen Sinn zu erkennen und die Wechselseitigkeit des inneren Zustands und der äußeren Erfahrung zu verstehen. Durch meinen theoretischen Hintergrund war ich in der Lage, mich von dem tatsächlichen Erlebnis zu distanzieren, mit dem umzugehen so schwierig war. Dieser Punkt ist sehr wichtig. Wir müssen eine Beobachterposition erlangen, die Fähigkeit, uns von der unmittelbaren Erfahrung zu distanzieren, um vom »erlebenden Selbst« zum »beobachtenden Selbst« zu gehen, das über mehr Sicherheit verfügt.

Der Begriff der Ermächtigung und das Ansprechen des erwachsenen Selbst dürfen in seiner Bedeutung für die Entfernung von der Überwältigung nicht unterschätzt werden. Die einfachsten Dinge bekommen Bedeutung und werden durch die aktivierte Physiologie wie unter einem Vergrößerungsglas erlebt. Eine meiner traumatisierten Klientinnen, die vor ihrer Sitzung ein paar Minuten warten musste, erzählte mir später, wie wichtig es für sie gewesen war, dass sie im Wartebereich meiner Praxis als kompetentes und stabiles menschliches Wesen und nicht als empfindliche Traumaklientin angesprochen und gesehen wurde. Sie wurde dort von einem Kollegen auf sehr freundliche und beinahe beiläufige Art begrüßt, was bei ihr das Gefühl auslöste, dass man ihr als erwachsener Person mit völliger Integrität begegnete. Weil die Begriffe der Ermächtigung und der Selbstständigkeit so wichtig sind, habe ich die Vorstellung der Arbeit mit »Klienten« in meiner Praxis völlig aufgegeben. Ich sehe jeden, der zu mir kommt, als kompetenten Menschen, der eine bestimmte Art interner Regulation finden musste, um sich an die Bedingungen ihrer oder seiner Lebenssituation anzupassen. Das ist für mich zum Ausgangspunkt mit jedem »Klienten« geworden. Ich bemühe mich immer, einen kompetenten Menschen zu sehen, der die Bandbreite seiner inneren oder äußeren Regulation erweitern möchte oder muss. Ich sehe eine Person, die durch eine unangenehme Erfahrung gezwungen wurde, ihre Entfaltungsmöglichkeit und die Art, ihr Leben zu erfahren, auszudehnen. Ich sehe eine Person, deren zerbrochenes Gefäß klarer und durchlässiger gemacht werden will. Ich sehe eine Person, die sich in diesem Augenblick danach sehnt, eine neue Art zu finden, in der sie ihren Körper wieder in Besitz nehmen und am Geschenk und der Fülle des Lebens teilhaben kann.

Ermächtigung und Selbstständigkeit

Die Haltung des Begleiters

Der erste wichtige Schritt in diesem Zusammenhang ist es, einfühlsam zu sein und den Raum dafür zu schaffen, dass der Klient sein darf. Ein Daseinsraum, der dem Klienten keinerlei Anforderungen, Ansprüche oder sonstige Zwänge auferlegt, irgendetwas zu sein oder zu tun. Der Therapeut in Traumaheilungsprozessen muss so in sich selbst zentriert sein, dass seine Haltung durch Resonanz das Auftauchen eines verteidigungslosen Zustands im Klienten begünstigt. Ein solches respektvolles und achtsames Mit-sich-selbst-Sein bildet einen energetischen Raum, der die aufmerksame, beobachtende Selbsterforschung ermöglicht. Das Angebot physischen, energetischen, emotionalen und sprachlichen Raums ist insofern sehr wichtig, als es den Klienten auf vielen Ebenen seiner Persönlichkeit und seines Seins sich ausdehnen lässt. Nur sehr wenige Menschen scheinen mit dieser Art des Angebots vertraut zu sein. Ein Überwältigungserlebnis ist als Verletzung des persönlichen Raums und der als gegeben angenommenen persönlichen Grenzen zu sehen. Die Wiedereinführung von Raum stellt die erste Vorbedingung dafür dar, dass der Klient im Hier und Jetzt verweilen kann, ohne übermäßig auf der Hut zu sein. Einen solchen Raum zu schaffen, ist weitgehend eine Frage der persönlichen Haltung. Es bedarf einer Zentriertheit, die nicht eingreift, auf Neugier verzichtet und selbst auf den Wunsch heilen, helfen oder verändern zu wollen verzichtet, da dies bereits die Autonomie und Selbstkompetenz des Klienten bedroht. Stattdessen sorgt die mitfühlende Neutralität des Therapeuten für genau die respektvolle Grenze, die vorher gefehlt hat.

Mitfühlende Neutralität des Therapeuten

Der Therapeut nimmt eine Haltung ein, die »mit dem ganzen Körper zuhört«, und ist seinem eigenen inneren Zustand gegenüber aufmerksam. Durch Resonanz übermittelt sich der innere Zustand des Klienten häufig an denjenigen des Therapeuten und wird dort lesbar, ohne dem Klienten aufdringliche Aufmerksamkeit zollen zu müssen oder ihn mit den eigenen Sinnesorganen zu fokussieren. Aufmerksamkeit an sich kann nämlich eine höchst invasive Kraft sein, wenn sie forschend auf den anderen gerichtet wird. Mit unserer Aufmerksamkeit können wir mit Leichtigkeit persönliche Grenzen überschreiten, indem wir starren, eine Antwort oder erhöhte Aufmerksamkeit erwarten oder auch nur dem anderen mit einer besonderen Absicht begegnen. Unsere Neugier, Hilfsbereitschaft und mitfühlendes Nachfragen im Zaum zu halten, ist die grundsätzlichste Vorbedingung, wenn wir mit traumatisierten Klienten arbeiten.

Die meisten Menschen, die Grenzverletzung erlebt haben, entfernen sich mit ihrer Aufmerksamkeit von sich selbst und versetzen sich ins Gegenüber, um Bedrohung, Gefahr oder andere Reaktionen vorwegnehmend zu begegnen. Aus diesem Zustand übersteigerter Wachsamkeit und erhöhter Empfindsamkeit überprüfen sie ihre Umwelt und durchschauen den Therapeuten. Sie checken ständig,

Eigene Verletzlichkeit

was beim Interaktionspartner vor sich geht. Es ist schwierig für sie, diese überwachende Kontrolle aufzugeben. Vonseiten des Gesprächspartners bedürfen sie daher am meisten der Authentizität, Stimmigkeit und Wahrhaftigkeit. Sie brauchen die Verletzlichkeit dessen, mit dem sie zusammen sind, um sich auf das Risiko einlassen zu können, ihre eigene Verletzlichkeit zu zeigen. Das stellt für den Therapeuten eine ziemliche Herausforderung dar. Er muss dazu im Kontakt zu seinen eigenen Wunden und zu seiner Verletzlichkeit stehen. Mitschwingende Gleichheit und Mitgefühl bringen Behutsamkeit und gegenseitige Empfindsamkeit hervor, und diese Qualitäten bereiten den fruchtbaren Boden, auf dem der betroffene Klient in seiner inneren Scheu willkommen geheißen und empfangen wird. Die Zartheit dieses Zustands kann gar nicht hoch genug eingeschätzt werden. Ich selbst musste am Anfang die herausfordernde Lektion lernen, dass meine Klienten mir mehr über mich selbst erzählen konnten, als ich so ohne Weiteres bereit war, mich selbst bemerken zu lassen. Sie forderten mich dazu heraus, authentischer, aufmerksam und stimmig mit mir selbst zu sein. Dies ist wohl das Schwerste von allem. Mit der Zeit lernte ich, ihre Überwachsamkeit als wertvolles Geschenk für eine aufmerksamere und achtsamere Interaktion zu schätzen. Ich lernte unschätzbare Lektionen. Eine davon war, wie wichtig es für den Heilungsprozess ist, dass die besonderen Bedürfnisse traumatisierter Menschen in der Interaktion erfüllt werden. Eine Begegnung muss auf natürliche Weise von Anerkennung, Wertschätzung und Respekt geprägt sein. Diese Menschen haben so sehr das Bedürfnis, mit dem gesehen zu werden, was kaum auszudrücken ist. Sie brauchen das Gefühl einer echten, untherapeutischen Einladung ohne bewertende Voreingenommenheit. Mehrere meiner Klienten sagten mir, ein Therapeut sei das Letzte, was sie brauchten. Sie brauchen Freunde, die ein vertrauliches »Gefäß« anbieten können, um die Verletzung zu halten, die oft bis hinunter in ihre Seinsnatur reicht. Sie wollen mit jedem ihrer Gefühle ohne Vorurteil willkommen geheißen werden. Bedingungslose Akzeptanz und tiefe Liebe zum Menschsein bilden die unverzichtbare Grundlage für die Möglichkeit von Heilung.

Ich will das nochmals wiederholen, um ganz sicher zu gehen, dass dieser Punkt angekommen ist. Kein Mensch wird Sie besser und schneller erkennen, Ihre Intention und Aufmerksamkeit registrieren, als eine traumatisierte Person. Ich habe traumatisierte Klienten, die präzise und zutreffend meinen inneren Zustand lesen, fast noch bevor sie meine Praxis betreten. Traumatisierte Menschen sind mit ihrer Aufmerksamkeit ständig beim Gegenüber und ziehen die meiste Zeit ihre Aufmerksamkeit von ihrer Eigenwahrnehmung ab, um Bedrohung von außen vorwegzunehmen. In ihrem ständigen aufmerksamen Lesen der Umwelt haben sie gelernt, andere zu durchschauen und feinfühlig aufzunehmen, was gleich passieren wird. Da ich ständig dem Röntgenblick meiner Klienten ausgesetzt war, begann irgendwann auch mein Rückzug in meine professionelle Rolle aufzuweichen, und es entstand die Notwendigkeit, unverhüllt von Mensch zu Mensch, von Sein zu Sein zu sprechen. Dieses ungeschützte, entgegenkommende, authentische Mitteilen war für viele Klienten ungewohnt und sehr heilsam. Es stellte sich als sehr wichtig heraus, diese Stimmigkeit im Kontakt zu fühlen. Selbstverständlich bedarf diese Offenheit der Stärke des Therapeuten, gleichzeitig aufrichtig zu sein und doch hochsensibel und klar mit Grenzen umzugehen. Es ist hilfreich, als Therapeut da zu sein, wo der Klient potenziell sein könnte oder innerlich hin möchte. In diesem inneren Raum können wir uns mit der Realität eines inneren Erlebens verbinden, ohne uns mit den auftauchenden Emotionen zu identifizieren. Begegnet der Begleiter dem Klienten aus einer Position des inneren Raums, aus der Haltung des Zeugen und der Akzeptanz heraus, so teilt sich das nonverbal über Resonanz dem Klienten mit. Die Resonanz sorgt für eine Harmonisierung biologischer Rhythmen, die häufig unter der Bezeichnung Entrainment (Phasenkoppelung) auftaucht. Entrainment als subtile Form der Kommunikation und des zwischenmenschlichen Ausgleichs ergibt eine Synchronisierung, durch die wir uns verstanden fühlen. Diese Art der Verbundenheit erlaubt unserem tiefsten Selbst, erfahrbar zu werden. So gelangen wir Schritt für Schritt in eine sich immer mehr vertiefende Intimität mit uns selbst und dem anderen.

Haltung des Zeugen

Das tiefe Selbst

Es ist nicht einfach, über unser tiefstes Selbst zu sprechen. Je mehr wir die Entfaltung unseres inneren Prozesses beobachten und je weiter wir uns von unserer unmittelbaren Wahrnehmung absetzen, desto weniger persönliche Grenze oder »Selbst« treffen wir an. Zu begreifen, dass wir im Grunde »teilnehmende Kontakthalter« sind, wenn nur unsere Wahrnehmung klar genug ist, um das anzunehmen, ist keine neue Einsicht. Als Generation, die ihre eigene zeitgemäße Ausdrucksform finden muss, um große Wahrheiten aktuell zugänglich und lebbar zu machen, können wir uns das Werk von Otto Scharmer et al. ansehen. Die Autoren versuchen, diesen paradoxen Punkt verständlich zu machen, indem sie sich auf Ryosoke Ohashi beziehen. Sie schreiben:

> »Ryosoke Ohashi, Schüler des bedeutendsten japanischen Zen-Philosophen des 20. Jahrhunderts, Kitaro Nishida, gebraucht das Wort ›fremdes Selbst‹, um zu beschreiben, was entsteht, wenn der ortsgebundene Begriff des Selbst verblasst: Etwas, das mir gänzlich fremd ist, ermöglicht mein Sein.«[35]

Diese Sachlage geht über intellektuelles Begreifen hinaus. Sie kann nur erfahren oder gefühlt werden. Man möge daran denken, wie schwierig es ist, den Geschmack von Knoblauch, das Gefühl beim Walzertanzen oder den Geruch von Holz zu beschreiben. Um wie viel schwieriger muss es also sein, die Seinsqualität eines teilnehmenden Wesens zu vermitteln, das als Selbst nicht existiert, wenn wir über die Möglichkeit sprechen, innere Realitäten zu erfahren? Sobald wir die Kontrolle in einer behutsam regulierten Art und Weise aufgeben und allmählich die volle Entwicklung der Wiederverbindung mit dem Selbst zulassen, verschmilzt der Beobachter des Selbstprozesses mit dem, was er beobachtet. Wir sind eins mit dem, was da ist. Unser tiefstes Selbst ist kein Selbst mehr, da ein beobachtendes Selbst nicht mehr existiert. Unser tiefstes Selbst lässt sich nicht benennen, sondern allenfalls in so unklaren Begriffen wie »mystische Partizipation«

Eins mit dem, was da ist

oder »Leere«, »reine Präsenz« oder »universelles Bewusstsein« beschreiben. Aus dieser Perspektive betrachtet, öffnet ein gebrochenes Herz oder eine traumatische Verletzung unsere Sinneskanäle für eine über die Sinne hinausgehende Partizipationserfahrung. Auf diese Weise wandelt sich Trauma in einen Segen, in dem wir die gewaltige Tiefe als möglich erleben. Gemeint ist unser Teilhaben an transpersonalen Kräften, die unmittelbar nicht zu greifen sind; eine Verbindung zu Kräften, deren Ursprung sich nicht klar ermitteln lässt; eine Verbindung zu Kräften, deren direktes Erfahren zutiefst aufwühlend, beunruhigend, bewegend ist. Ihre Beschreibung liegt jenseits unserer sprachlichen Ausdrucksfähigkeit. Die meisten Menschen erleben diese mystische Partizipation als von religiöser Natur, d.h. sie entspringt einer Wiederverbindung mit der Quelle. Sie wird von einer gefühlten Gewissheit, einem inneren, ehrfurchtgebietenden Wissen begleitet, das durch kein Debattieren auflösbar oder herbeiführbar ist. Mir ist keine mächtigere Heilkraft bekannt als das Gefühl, von einer milden, sanften Präsenz eingehüllt zu sein, die tröstend auf unsere Seele, beruhigend auf unseren Geist und wärmend auf unser Herz wirkt. Unsere Empfindungslosigkeit gegenüber solchen Realitäten zeigt unsere Verarmung deutlicher als alles andere. Carl Gustav Jung bezieht sich auf dasselbe Thema, indem er sagt:

Wiederverbindung mit der Quelle

> »Das ganz allgemeine Vorurteil gegen Träume ist nur eines der Symptome einer sehr viel ernsteren Unterbewertung der menschlichen Seele überhaupt. Die großartige Entwicklung von Wissenschaft und Technik wird auf der anderen Seite aufgewogen durch einen erschreckenden Mangel an Weisheit und Introspektion.«[36]

Diese Ausführung macht deutlich, welche Anforderungen an den Therapeuten gestellt sind, wenn er Traumaheilung ermöglichen und Menschen helfen will, sich der Tiefe ihrer inneren Dimensionen zu öffnen. Die allererste dieser Anforderungen ist die Anerkennung der inneren Realität des Klienten als einer gültigen und relevanten Erfahrung. Wir dürfen nicht länger nur äußere Wirklichkeit gegenüber innerer Wirklichkeit anerkennen, nur weil wir keine Führung zu inneren Erfahrungswelten mehr finden. Wir müssen eine Menge Weisheit und direkte Erfahrung im Hinblick auf unsere unmittelbarste, innere und in diesem Sinne psychologische Wirklichkeit »nachholen«. Wir müssen anerkennen, dass das Erlebte für den Klienten in allen Dimensionen einen Ernst und hohe Relevanz hat, auch wenn wir es nicht verstehen oder nachvollziehen können. Die ungefilterte, erlebte Unmittelbarkeit dieser inneren Realität schafft den Bedarf an tieferer Erforschung, beobachtender Introspektion und Anerkennung der jeweiligen Qualität der inneren Situation.

Innere »Landschaft«

Wenn das bisher Gesagte angekommen ist, dann wird der Leser auch die enorme Bedeutung verstehen, die es für die Erziehung und den Umgang mit Kindern hat. Die volle Anerkennung der Wirklichkeit der inneren »Landschaft« und der phänomenologischen Erfahrensqualität einer Person ist ein wichtiger Teil der Aufgabe. Es geht darum, einer Realität Raum zu geben, die gewöhnlich wenig Anerkennung erfährt, über die schnell hinweggegangen oder die reduktionistisch bagatellisiert wird. In den meisten Fällen werden traumatische Erfahrungen in einem hilflosen Versuch, sie ungeschehen zu machen, ihren gefühlten Aufprall zu mindern, mit Beschwichtigung, Trost und harmonisierender Verharmlosung übertüncht oder schlimmstenfalls mit positivem Denken beinah negiert. Das geschieht so schnell, dass von der Qualität der traumatisierenden Situation selbst selten ausreichend Notiz genommen wird. »Das Leben geht weiter«, noch bevor die Situation überhaupt als eigenständige Realität gespürt werden konnte und in ihrem Effekt erlebbar wird. In kaum einer anderen Situation werden Gefühle so wenig anerkannt und zur Kenntnis genommen wie in einer traumatischen. Wenn Sie einen Menschen unter der Auswirkung von Trauma stehend antreffen, und es besteht keine unmittelbare Gefahr, dann erlauben Sie seinem Körper, die Situation voll zu erforschen und zu begreifen. Er wird diese Erfahrung dann später leichter als Startpunkt für die Vervollständigung der Erfahrungsabläufe und für die Entwicklung des inneren Heilungsplans seines Körpers nutzen können. Die Anerkennung der unmittelbaren inneren Situation, das Angebot von äußerem und innerem Raum ohne eingreifende Absicht, vorsätzliche Forderung oder anderes Bedrängen stellen einen sicheren Explorationsrahmen für die Traumaheilung dar.

Diese schnell gelesene Aussage kann die tatsächliche Komplexität der Situation nicht wirklich ausdrücken. Raum anzubieten bedeutet hier, dass der Begleiter selbst mit seiner Aufmerksamkeit für einen Moment den Raum möglicherweise verlassen muss. Wenn der Klient in Gegenwart des Begleiters das Bedürfnis hat zu dissoziieren, so kann das ein Zeichen dafür sein, dass der Therapeut sich innerhalb der Grenzen des Klienten aufhält, die infolge der Schwere der Grenzverletzungserfahrung weit weggeschoben worden sind. Obwohl der Therapeut den Raum nicht verlassen kann, um dem Bedürfnis seines Klienten nach Grenzerweiterung voll gerecht zu werden, kann er doch, ähnlich der Dissoziation des Klienten, seine Aufmerksamkeit abziehen und sie irgendwohin weit weg verschieben, während er physisch an Ort und Stelle bleibt. Er begleitet den Klienten in seiner Dissoziation und schafft dadurch den Raum, den der Klient innerlich braucht, um hier sein zu können. Wenn das geschieht, fühlt sich der Klient sofort sicherer und besser in der Lage, in der Realität des Hier und Jetzt zu bleiben. Die Dissoziation des Klienten ist dann oft nicht mehr notwendig, da der Raum von Aufmerksamkeit und Absicht befreit und für die forschende Achtsamkeit des Klienten verfügbar ist. Es besteht jedoch nur ein schmaler Grat zwischen dem guten Gefühl des Klienten angesichts dieser Haltung des Begleiters und dem Gefühl des Verlorenseins angesichts des Begleiters, der sich mit seiner Aufmerksamkeit zu weit entfernt hat und dessen Präsenz nicht mehr spürbar ist. Mit der Zeit und einiger Erfahrung wird der Begleiter lernen, wohin er seine Aufmerksamkeit bringen muss, um die Fähigkeit des Klienten, anwesend zu bleiben, zu entwickeln. Wenn ich vor Ausbildungsgruppen mit einer Person arbeite, fordere ich gelegentlich die Gruppe auf, ihre Aufmerksamkeit vom Klienten abzuziehen, um ihm mehr Raum zu geben. Die physiologische Reaktion beim Klienten ist sofort sichtbar und spürbar. Unsere Fähigkeit, die Aufmerksamkeit zu lenken und abzuziehen, ist ein wesentlicher Faktor bei der Bereitstellung eines heilenden Raums für unsere Klienten. Frankel beschreibt in ihrem Buch *Sacred Therapy* den Beginn der

Aufmerksamkeit abziehen

Schöpfung als den Rückzug Gottes, um Raum für die Schöpfung zu geben. Der allgegenwärtige Gott musste sich zurückziehen und verbergen, um Raum zu schaffen, in dem der Mensch sein kann. Wir kamen und kommen dadurch ins Sein, dass jemand oder etwas den Raum dafür zur Verfügung stellt. Das Geschenk des Raums an uns und das, was wir sind, ist ein heiliger Akt. Er erlaubt uns, uns auf unsere spirituelle Natur auszurichten und die Aufhebung des Wahrnehmungsdualismus und die Verbundenheit und das Einssein mit aller Schöpfung zu erfahren.

Qualität von Raum

Angesichts dieser besonderen Qualität von Raum sind die meisten Klienten überrascht und berührt davon, wie sie den Kontakt mit dem Begleiter erleben, ohne dass etwas Offensichtliches getan wird. Sie beginnen, Gefühle zu spüren, die sie seit Langem verloren geglaubt hatten. Sie erleben, dass sie ohne sichtbaren Grund weinen oder sich akzeptiert und willkommen fühlen. Sie bemerken oder bekommen Zugang zu Teilen, von deren Existenz sie wohl gewusst hatten, die aber lange Zeit verborgen waren.

Raum ist heilig, denn er schafft uns neuen Zugang zur Quelle, der Wurzel und innersten Verbindung mit unserem Sein. Innerer und äußerer Raum ist die unabdingbare Voraussetzung für die Entfaltung eines jeden organischen inneren Prozesses. Er ist ein großes Geschenk, das wir einander zu Verfügung stellen können. Diese Möglichkeit, uns zu erfahren, brauchen wir besonders in Zeiten der Unruhe und der Spannung. Je mehr wir diesen Raum und eine innere Realität in uns selbst entwickeln, desto besser werden wir in der Lage sein, ihn für uns selbst zur Verfügung zu halten und auch für andere bereitzustellen.

So gesehen ist die Arbeit an persönlicher Traumageschichte ein Segen. Unser Gefäß wird geschüttelt, gereinigt und geöffnet für die tiefsten möglichen Erfahrungen. Im Grunde hat Trauma das Potenzial, uns ganz zu Menschen zu machen und unsere tiefste Teilnahme an der ewigen Seinsweisheit ins Leben zu bringen. Die tiefsten Erfahrungen, die Menschen machen können, manchmal als göttliche Erfahrungen beschrieben, werden als »fascinosum et tremendum« erlebt. »Fascinosum« bedeutet tiefe Sehnsucht, Seelenhunger, heftige

Liebe zur Verbindung mit der Quelle. Diese Liebe übertrifft alles, was wir in dieser Welt erhalten können. Es ist die Sehnsucht, heimzukehren zu einer tief erahnten Geborgenheit, die hier keine vollständige Ruhe findet. Und gleichzeitig lässt uns die überwältigende Größe der Erfahrung erzittern – »tremendum«. Das ist mehr, als unser Gefäß halten kann, und es erschüttert unsere Grundfesten. Wir müssen darauf vorbereitet sein, dass dieses Geschehen den Klienten in das gewaltige Reich transpersonaler Kernerfahrungen wirft, die erfahrene Begleitung erfordern. Wir müssen also sehr offen und aufmerksam bleiben, ohne absichtsvoll zu agieren. Wir müssen einladen, anerkennen, Zeuge sein, beobachten, beruhigen und die Wirklichkeit der sich entfaltenden Erfahrung bestätigen.

Transpersonale Kernerfahrungen

Als Begleiter richten wir folglich unsere Aufmerksamkeit nicht direkt und eingreifend und somit übergrifflich auf den Klienten. Wir halten Kontakt zu unserem eigenen Prozess und dem umgebenden größeren Feld. Mit unserem empfangs- und teilnahmebereiten Körper nehmen wir die Information über den »Klienten« aus dem uns umgebenden Feld auf. Indem wir so verfahren, achten wir das Bedürfnis des Klienten nach Schutz, Intimität mit sich selbst und Diskretion. Unsere Aufmerksamkeit bleibt bei uns selbst, und wir sammeln die Information über den Klienten auf, die er an das Feld aussendet. Das ist die höchste Form respektvoller Kommunikation, die ich kenne. Wir sind unseren eigenen Reaktionen gegenüber aufmerksam und bleiben in unserer Seinsnatur verwurzelt. In dieser indirekten Kommunikation ist es möglich, mit unseren inneren Ressourcen in Kontakt zu kommen. Und dieses innere »Schöpfen« wird sich ebenfalls auf den Klienten übertragen. Wir helfen dem Klienten mit der Qualität unserer Präsenz, in seinen eigenen Zustand innerer Teilhabe zu gelangen und dadurch sein eigenes Heilwerden einzuladen.

Verletzung auf Seinsebene

Die Erfahrung früher Bedrohtheit erschwert den Weg zu den Prozessen unseres tiefsten Selbst. Eine solche Erfahrung begründet sich nicht notwendigerweise auf ein wirkliches traumatisches Ereignis, sondern vielmehr auf die Empfindsamkeit des Organismus während seiner Entwicklung im vorgeburtlichen und geburtlichen Bereich und natürlich auch darüber hinaus. Frühe Schock- und Traumaerlebnisse treffen auf einen in Formung begriffenen Organismus. Seine Abwehrreaktionen sind sehr begrenzt. Häufig besteht die einzige Art, mit einer solchen Verletzung umzugehen, in Gewebekontraktion, um die gefährdete Oberfläche zu verkleinern. Die hochgradige Hilflosigkeit des sich entwickelnden kleinen Menschen lässt die Bedrohung zur gefühlten potenziellen Vernichtung seiner Existenz werden – mit strukturellen Folgen für das spätere Erleben der Welt.

GESAMTAKTIVIERUNG

Globale Erregungszustände

In Verbindung mit Verletzungen auf der Seinsebene tritt ein physiologischer Zustand auf, in dem der gesamte Körper in starke, globale Erregungszustände versetzt wird. Dieses allgemeine Körperphänomen, zu dem massive Ängste und Dissoziation gehören, kommt aus verschiedenen Gründen zustande.

Am Anfang unseres Lebens verfügen wir nur über rudimentäre Verteidigungsreaktionen. Embryonale Abwehrmechanismen bestehen aus Bewegungen im Rumpf. Es sind amphibische, sozusagen frühe Pendelbewegungen entlang unserer Längsachse, deren Zentrum in der Wirbelsäule liegt. Ein Neugeborenes kann noch nicht rollen, sich umdrehen oder Arme und Beine organisiert bewegen. Sobald der Embryo einen unangenehmen Reiz erlebt, der ihn zu sehr stört, setzen die Pendelbewegungen ein, mit denen er zu entkommen versucht. Da er sich aber in einem begrenzten Raum befindet, kann er den Reiz nicht vermeiden. Da die Pendelbewegungen den angestrebten Schutz nicht schaffen können, muss der Embryo eine andere Methode finden, sich gegen Gefährdung abzuschirmen. Er ist in der Lage, seinen Körper in einer Art energetischer und emotionaler

Abwehr hart zu machen, um sich gegen weitere unangenehme Gefühle zu schützen. Diese Kontraktion kann sehr intensiv geschehen und sich anfühlen wie eine komplette Erstarrung des Körpers. Später kann sich dieser Vorgang auf die Verdauung auswirken und möglicherweise sogar zur Verschiebung emotionaler Themen in andere Organe führen.

Wenn all diese Verteidigungsversuche gegen den überwältigenden Vorgang scheitern, kann der Embryo schließlich die Verbindung zur Umwelt durch die Nabelschnur unterbrechen. Über den hypogastrischen Plexus unterdrückt ein Zusammenziehen dieser Lebensader die Nahrungszufuhr. Durch die Verbindungsunterbrechung in der Nabelschnur erhält der Körper des Embryos zu wenig Sauerstoff. Folglich steigt der CO^2-Gehalt des Blutes an und löst eine heftige Notreaktion aus. Der Embryo gerät durch den Sauerstoffmangel in Panik und versucht, die Nabelschnur noch dichter zu verschließen. Eine positive Rückkoppelungsschleife wird in Gang gesetzt. Je höher der CO^2-Gehalt im Blut, desto stärker schließt sich die Nabelschnur, desto mehr steigert sich die Panik, desto mehr Gefahr nimmt der Embryo im Körper wahr, desto stärker gerät er in einen dissoziativen Prozess. Am Ende steht ein körperlicher Kollaps, der für den Embryo Kontrollverlust bedeutet und letztendlich die Nabelschnur wieder öffnet. Obwohl das Einströmen des Sauerstoffs dem Embryo zunächst Erleichterung verschafft, bahnt sich durch die Erfahrung ein bestimmter neuronaler Pfad. Später im Leben wird diese früh geprägte Verteidigungsreaktion zu einem Gewohnheitsmuster, mit dem die Person Herausforderungen begegnet.

Ganzkörpererregung

Für solche Menschen fühlt sich der Körper nicht sicher an, denn die Bedrohung sitzt dort. Daher provoziert gefühlter Kontakt mit dem eigenen Körper schnell beängstigende Ganzkörpererregung, die sich erst im Kollaps löst. Ähnliche Dynamiken finden sich bei anderen Invasionen, die den ganzen Organismus betreffen, z.B. wenn Kinder sich durch das Trinken von Reinigungsmitteln vergiften, Erwachsene sich Chemotherapie unterziehen oder beim Erleiden elektrischer Schocks. Andere Ursachen sind hohes Fieber, die bei Kindern häufiger vorkommende Erfahrung des Ertrinkens, Ersticken, frühe Operationen, Mandelextraktion und Anästhesie, Geburtstrauma, Sauerstoffmangel, Vergiftungen im Uterus oder intrauterine Operationen. In jedem Fall ist der ganze Körper betroffen, und die Gefahrenquelle wird als aus dem Körper selbst kommend wahrgenommen. Die scheinbar einzige Lösung aus Sicht des Klienten ist die Dissoziation vom Körper als dem Träger der unmittelbaren Sinneserfahrung. Es ist solchen Menschen unmöglich, in sich zu ruhen und volle sinnliche Lust bzw. volle Verkörperung zu erleben. In ihrem Zustand löst die Kontaktaufnahme zum eigenen Körperprozess ständig unangenehme (Über-)Erregung aus.

Kontakt nach außen

Bei dieser Form von ganzkörperlicher Erregung liegt die Lösung in einer bestimmten Qualität von Kontakt nach außen, d.h. wenn sie über die Körperperipherie, die Haut, zur Außenwelt Verbindung aufnehmen. Menschen in diesem Zustand verschaffen sich dadurch Erleichterung, dass sie durch Umarmen und behutsamen Körperkontakt zu einem anderen Menschen Verbindung aufnehmen, anstatt den eigenen Körper zu fühlen. Das Fühlen des anderen, des Nicht-Ich, der Umwelt ist der Schlüssel. Das kann auch Kontakt mit der Natur, Tieren, dem eigenen Bett oder anderen Menschen, Situationen und Gegenständen sein, die ein Nicht-Ich darstellen.

Wird der Vorgang der Gesamtkörper-Erregung ausgelöst, dann sind die Empfindungen oft so beherrschend, der Vorgang so schwer zu stoppen und die begleitenden Gefühle so überwältigend, dass der Zustand schwer zu regulieren ist. Die Aufmerksamkeit auf die Aktivität des Körpers zu richten, führt dabei zu immer mehr Aktivierung. Zu spüren, wahrzunehmen, mit der Aufmerksamkeit beim Körper zu bleiben, bedeutet immer und immer mehr Erregung auszulösen. Deshalb ist Ablenkung der Aufmerksamkeit weg vom Körper der erste Schritt in Richtung gelungener Regulierung.

Ich erinnere mich an eine meiner Klientinnen, die an einem meiner Seminare teilnahm. Sie war so erregt, dass sie mit den Zähnen klapperte, ihr Körper schlotterte, und keiner wusste mehr, was tun. Die einzig verbleibende Option in dieser Situation war eine warme Ganzkörperumarmung, die sie körperlich und emotional beruhigte. In solchen Situationen kommt Sicherheit von außen, und es bedarf der behutsamen Körperarbeit und eines starken Kontakts zu äußeren Ressourcen, um nach und nach Vertrauen aufzubauen und im eigenen Körper Beständigkeit zu erleben. Es ist schrecklich, mit dem Kontrollverlust, der Teil dieses Körperzustands ist, zu leben. Der Betroffene wird im Nu zum Opfer seiner eigenen inneren Abläufe. Es gibt keinen Ort, an dem er sich sicher fühlen, keinen Menschen, dem er trauen, nichts, worauf er sich verlassen kann. Der Körperzustand formt das psychische Erleben der Welt. Hinzu kommt noch, dass wir uns bewusst nicht an die vergangene Ursache unseres Zustands erinnern können und damit keinen verständlichen Bezugsrahmen haben, um dieses auftretende »Symptom« einordnen zu können. Die ständige Wachsamkeit, um vor sich selbst sicher zu sein, verbraucht viel Energie und strapaziert so unsere Fähigkeit, im Alltag zu bestehen.

Bevor wir zwei Jahre alt sind, verfügen wir weder über bewusstes Erinnerungsvermögen noch über verbale Sprachfähigkeit. Dadurch können wir die aktuell ablaufende Erfahrung mit keinerlei bewussten Erinnerungsspuren in Verbindung bringen, wenn später im Leben die Prozesse autonomer somatischer Fehlregulation die Regie übernehmen. Diese kognitive Dissonanz führt zu erheblichen Angst- und Panikgefühlen und der Sorge, angesichts des Mangels an Erklärung verrückt zu werden. Diese ganzkörperliche Reaktion des Körpers stammt jedoch aus einer frühen Erinnerung, die bestenfalls körperlich, aber nicht kognitiv abgespeichert ist. Wenn wir deshalb Ausdruck und Sprache des Körpers verstehen wollen, müssen wir uns mit den inneren Regulationsprozessen des Körpers vertraut machen. Dies erfordert, mit uns selbst und der innewohnenden Wirklichkeit unseres Körpers in eine funktionale Beziehung zu kommen. Diese Kontaktaufnahme passiert weniger verbal als vielmehr in einer inneren Haltung, mit der wir unserem Körper als Träger einer speziellen Erfahrungswelt begegnen. Franklyn Sills[37] beschreibt diese besondere Haltung:

Hören

»Hör zu, schau nicht hin. Hören erweitert, Schauen verengt. (...) Finde die Stille, die dich über die Form hinaushebt. Wahrheit findet sich aus einer inneren Stille heraus, die bewegungslos und doch dynamisch ist. (...) Unsere Absicht ist, für die Gesundheit, die nie verloren geht, präsent zu sein und mit ihr Beziehung aufzunehmen. Es ist Ziel der Arbeit, Zugang zur Gesundheit zu finden, die das Zentrum der Störung oder des Widerstandes bildet, und diese Gesundheit freizusetzen. (...) Hör zu, hör zu, hör zu. Lass Bilder kommen, aber begrenze dich nicht im Schauen. Nutze eine weiträumige Art des Hörens (Raum und Geduld). (...) Nimm Kontakt auf zur Gesundheit im System. Finde sie im Horchen, und hör ihr zu.«

Gesundheit im System

Die erwähnte Fähigkeit zum Hören fordert von uns, dass wir unsere Empfindsamkeit dem menschlichen Sein gegenüber steigern. Wir müssen anerkennen, dass unser Körper mehr Erfahrung trägt, als wir spontan abrufen können, dass er zur Herausgabe dieser Information nur unter der Voraussetzung bereit ist, dass wir eine respektvolle, zuhörende Haltung annehmen. Es gilt, das Samenkorn der Gesundheit im Körper zu finden und diesen Keim der Heilung mit dem Vergrößerungsglas unserer Aufmerksamkeit zu betrachten. Da unsere bewusste Wahrnehmung das, worauf sie fokussiert, mit Energie anreichert, vergrößern wir damit den Anteil, der gesund funktioniert. Auf diese Weise erweitern sich nach und nach Gesundheit, Wohlbefinden und Kohärenz im System des Körpers.

Die Achtsamkeit des Therapeuten

Sobald es um Trauma geht, muss jeder Begleiter besondere Sorgfalt und Behutsamkeit an den Tag legen, auch wenn keine Verletzung auf Seinsebene und keine Situation umfassender höchster Erregung vorliegt. Angesichts der Tatsache, dass der Klient Übererregung und Hilflosigkeit gepaart mit der Neigung, zu dissoziieren oder zu erstarren, erlebt, braucht der Begleiter innere Stabilität und Sanftheit der Wahrnehmung, die die Mehrheit von uns weder gewohnheitsmäßig ausüben noch gelernt hat. Die Körperwahrnehmung des Begleiters muss feinfühlig sein. Er darf sich keinem Aktionismus hingeben, sondern muss zentriert bleiben und in einer Art präsent sein, die als mitschwingende Wertschätzung erfahrbar ist. Hier und da wirft er eine verbale oder haptische Rettungsleine aus, um den Klienten im Hier und Jetzt zu erden. Er darf nicht vorzeitig helfend herbeispringen, um das Leiden des Klienten zu beenden. Er muss in der Lage sein, die Spannung und Anstrengung des inneren Kampfes auszuhalten, ohne sich hineinziehen zu lassen. Seine Aufgabe ist es, draußen zu bleiben, um von dort aus zu ermutigen, zu befähigen und zur sicheren Erforschung und Differenzierung dieses inneren Kampfes einzuladen.

Wenn das gegeben ist, wird der gesunde Kern, der Wendepunkt, an dem das Problem zur Heilung wird, sich offenbaren und den Weg aus dem inneren Gefängnis zeigen. Aufmerksame Behutsamkeit und stabiler, ermunternder Kontakt helfen, die inneren Erregungsmuster in kleinen und kleinsten Schritten, die wie unter einem Vergrößerungsglas als riesig erscheinen, aufzulösen. Durch die behutsame Energiefreigabe kommt der Körper zu seinem natürlichen Vibrationsmuster zurück. Die Anregung des körpereigenen Heilrhythmus, seines natürlichen Schwingens und Vibrierens auf allen Ebenen, führt zu einem Gefühl von Gesundheit, Wohlbefinden und angemessener Reaktionsfähigkeit. Nur im Zusammenspiel von Achtsamkeit und Körperreaktionen kann die eingefrorene Aktivität aus ihrer Erstarrung erlöst werden. Durch die Freisetzung zurückgehaltener Energie an Ort und Stelle, die nicht entweichen konnte, als das Trauma sich ereignete, werden die Kanäle für frei schwingende Resonanz geöffnet.

Qualität der Sicherheit

Den Vorgang der Traumalösung nannten wir weiter oben nach Peter Levine Titration. Was im Labor im Reagenzglas abläuft, geschieht bei der Traumaheilung im Körper. Deshalb gilt es, Vorsicht in der Bemessung der freizusetzenden Energiemengen walten zu lassen, die der Körper auf einmal verarbeiten kann. Den Prozess absichtlich zu beschleunigen, nach dem Motto je mehr freigesetzte Energie, desto mehr Effekt, hat eher retraumatisierende als heilende Wirkung. Die Kapazität des Körpers, Energiemengen zu prozessieren bzw. zu metabolisieren sowie die Qualität der Sicherheit, die durch die Beziehungsinteraktion entsteht, bestimmen die mögliche Quantität metabolisierbarer Energie. Diesen Fluss kann man nicht anschieben. Man kann nur die Ufer des Flusses in Ordnung halten, um sicher zu stellen, dass er zu seiner eigenen Kraft, zu seinem Strom finden kann und dass er all das mitnimmt, was nicht hierher gehört. Wenn sich die Energie dieses Flusses ins Meer ergießt, wird seine wirbelnde Kraft in einen größeren Behälter aufgenommen, der mit Leichtigkeit die Fließkraft dieses Stroms halten kann.

Die Kunst der Traumaheilung liegt in der richtigen Einschätzung des Potenzials einer therapeutischen Situation. Sie besteht darin, zu wissen, wie viel Energie der Klient metabolisieren kann, ohne überwältigt oder retraumatisiert zu werden.

Für die meisten Klienten ist es verblüffend und neu zu erleben, wie in einer Sitzung ein Beziehungs- und Interaktionsfeld entsteht. Als Begleiter sind wir vielleicht nicht damit vertraut, wie viel Rücksicht und Behutsamkeit hier notwendig sind, um Prozesse einzuladen anstatt zu triggern bzw. auszulösen. Wir verfügen nicht über den richtigen Bezugsrahmen dafür zu ermessen, wie vorsichtig und aufmerksam die winzigen Körperaussagen einzuschätzen sind. Achtsamkeit steht in Verbindung mit einem klaren Gefühl für persönliche Grenzen. Sie können physisch, emotional, energetisch oder sogar ethisch sein. Achtsamkeit kann auch bedeuten, das »Werkzeug« aus der Hand zu legen, das aus einem Menschen einen gut funktionierenden Therapeuten macht, der sich routinemäßig an vorgegebene Protokolle hält, um die eigene Verletzlichkeit und Empfindsamkeit im Hintergrund zu halten. Eine gute, Halt gebende Umgebung zu schaffen, erfordert vom Therapeuten, dass er stattdessen sich selbst als die Person in den Prozess geben kann, die er ist. Das ist ein Akt der Hingabe und der Bereitschaft, die eigene Zerbrechlichkeit einzugestehen. Der Therapeut muss ein Risiko eingehen, was vom Klienten sehr deutlich wahrgenommen wird.

Risiko eingehen

Achtsamkeit bedeutet also den Verzicht auf jegliche mit der beruflichen Rolle oder dem dazugehörigen Status verbundene Macht und die Bereitschaft, dem Klienten auf menschlicher Ebene zu begegnen und für ihn Raum, Zeit, Aufmerksamkeit, Mitgefühl und Liebe bereitzustellen. Traumatisierte Menschen betonen immer wieder, dass sie keinen Therapeuten brauchen. »Ich brauche einen Menschen«, »ich brauche einen Freund«, »ich brauche jemanden, der wirklich da ist«, »ich brauche wirklichen Kontakt und einen, der sich nicht verstecken muss, wenn er mir begegnen soll«: Solche Sätze höre ich regelmäßig. Um diesen Bedürfnissen zu begegnen, brauchen wir Herzensgüte, die zart, wohlwollend und verletzlich ist. Wir müssen lernen, von unseren Klienten etwas anzunehmen. Es gibt ihnen Kraft, wenn sie sehen, dass sie etwas zu geben, zu lehren haben und dass ein »Professioneller« Gewinn aus dem Kontakt mit ihnen ziehen kann. Sie fühlen sich gut mit der Erfahrung, dass das, was sie zu tun oder zu sagen haben, eine Wirkung auf den Therapeuten hat. Sie genießen es, wenn während der Sitzung ihre Worte Nachdenklichkeit oder Fragen beim Therapeuten hervorrufen. Es ist für sie eine heilsame Erfahrung, mit dem geschätzt zu werden, was sie beizutragen haben. Häufig ist dies genau das Gegenteil zu unangenehmen früheren Erfahrungen, in denen ihr Beitrag, ihre Äußerung abgelehnt oder entwertet wurde.

Annehmen

Ressourcen

Ein zentraler erster Schritt in der Traumaarbeit ist es, den Klienten an das Erkennen heranzuführen, was sein physisches, emotionales und spirituelles Überleben ermöglicht hat und wie er sich tagtäglich innerlich reguliert. Jeder, der zu uns kommt, muss Zugang zu unterschiedlichsten Ressourcen gehabt haben, denn sonst wäre er nicht mehr am Leben. Es mag wie eine banale Feststellung klingen, aber die Tatsache, dass diese Person uns aufsucht, beweist unzweifelhaft, dass sie überlebt hat, ganz gleich, welche Situation oder traumatische Überwältigung sie hat erleben müssen, und ganz gleich, wodurch im Einzelnen ihr Überleben gesichert wurde. Sie hat es geschafft und das häufig trotz widrigster Umstände. Oft ist es eine verblüffende Frage für einen Menschen, wenn er gefragt wird, was ihn hat überleben lassen. Er braucht dann eine Weile, bis er herausfindet, was ihm geholfen hat, mit schwierigen oder womöglich sogar lebensbedrohlichen Situationen bis zum heutigen Tage fertig zu werden.

Die Beantwortung dieser Frage gelingt nur durch ein wahrhaftiges Anerkennen dessen, was unser Überleben im äußeren Umfeld und in unserer inneren Realität unterstützt hat. Und das waren ganz sicher nicht nur äußere Ressourcen wie Freundschaften, Nahrung, Obdach, Geld oder Urlaub. Auch Hoffnungen, Träume, Wünsche und Gefühle, vielleicht von außen durch Dinge wie Musik, Farben, Natureindrücke oder Ähnliches angeregt, wirken als starke Überlebenskräfte. Auch unsere Fähigkeit, in einer Situation aktiv zu werden, und das Wissen darum, wann es gut ist, uns aus einer Situation zu lösen, spielen eine Rolle. Viele Menschen berührt es sehr festzustellen, wie stark sie abhängig sind und getragen werden von Ressourcen wie guten Freunden, Partnern, Natur, Nahrung, frischer Luft, Wasser, Wärme, Freude und Lachen, Mitgefühl, Bildung, Hobbys, Singen und Tanzen, Kontakt, Zugehörigkeit und Glück, Blumen, Farben, schönen Dingen, guten Büchern, Filmen, Arbeit und wesentlichen Gesprächen. Die einfachen Dinge im Leben tragen uns und bringen uns mit der nährenden Grundlage unseres Seins in Kontakt. Es ist eine Tatsache, dass wir in jedem Moment unseres Lebens eine Vielzahl von Ressourcen anzapfen.

Die Frage nach Ressourcen mag uns erneut unser Bedürfnis nach Zugehörigkeit und Kontakt zu einer Realität zu Bewusstsein bringen, die außerhalb des Zugriffs unserer Alltagsabsicht liegt. In Zeiten von Verzweiflung und Einsamkeit nehmen wir Zuflucht zu anderen, oft tieferen Ressourcen. Aber ganz gleich, welche das genau sein mögen, allein die Beschreibung der Ressourcen und das Vergegenwärtigen in unserer Aufmerksamkeit verändert unser Körpergefühl. Diese gefühlte Veränderung bildet den Beginn von Sicherheit, wie sie für die spätere Traumabearbeitung unabdingbare Voraussetzung ist.

Zugang zu Ressourcen

Ohne Zugang zu Ressourcen keine Traumaheilung. Der Nutzen der Ressourcen entspringt der gefühlten Erfahrung, die sie im Körper schaffen. Sie helfen uns, uns im übererregten Zustand zu beruhigen und Kraft zu schöpfen, wenn unser Energieniveau niedrig ist. Wir haben kein Recht, mit jemandem Traumaarbeit zu machen, nur weil wir ein Trauma entdecken. Die Frage ist, ob wir genügend Ressourcen generieren können, die eine Traumabewältigung möglich und Heilung wahrscheinlich macht.

Es ist die Wirkung von Ressourcen, die sich als Wohlbefinden, Erleichterung oder Sicherheit im Körper ausdrückt und so einen Gegenpol zum aufkommenden physiologischen Traumasog darstellt. Dieser Ressourcenpool kann sich als ein Zustand des inneren Fließens, des Glücks, des Humors oder des Trostes zeigen. Der Körper verändert seinen physiologischen Zustand in Reaktion auf nährende Ressourcen und ermöglicht dadurch ein neues Erleben der unmittelbaren Situation. Maryanna Eckberg[38] schreibt über Heilressourcen, die als Gegengewicht zu traumatischer Erfahrung genutzt werden können:

> »Der Verlauf (der Arbeit) ist, dem Kern des traumatischen Ereignisses immer näher zu kommen und gleichzeitig immer mehr kraftvolle Heilbilder und heilsame Körpererfahrungen hinzuzuziehen. Je mehr der Betroffene sich dem Kern der Traumaerinnerung nähert, desto spiritueller und archetypischer werden die einbezogenen Heilreaktionen. Ich habe oft Ehrfurcht angesichts dessen empfunden, was das Unbewusste eines Klienten als Gegengewicht zu dem entsetzlichen Ereignis zur Verfügung stellte, mit dem der Klient hier nochmals umgehen musste.«

Wirksamkeit von inneren Ressourcen

Die Wirksamkeit von inneren Ressourcen liegt in ihrer gefühlten Qualität. Ressourcen können nur dann die Körperphysiologie verändern, wenn sie innerlich real gespürt werden. Die Einschätzung, ob sie vom Körper wirklich erlebt werden, ist ausschlaggebend für die Entwicklung ihrer Heilkraft. Es ist zunächst erstaunlich, dass Ressourcen sich ständig parallel zu unserem inneren Zustand verändern. Da wir aber in uns verschiedene, voneinander unterscheidbare Zustände inneren Funktionierens wahrnehmen können, ist es eigentlich klar, dass Ressourcen zur Qualität eines inneren Zustands passen und sich deshalb im Verlauf eines Prozesses ständig wandeln müssen. Eine Ressource muss unserem gegenwärtigen inneren Bedürfnis genügen, und was gerade eben noch eine Ressource war, muss sich im nächsten Augenblick mit unserer emotionalen Landschaft mit verändern. Wenn wir große Mengen von etwas essen, was wir eigentlich sehr gern mögen, so wird klar, dass es relativ an Geschmack verliert.

Das Entscheidende für die Traumaheilung ist nicht so sehr die Schwere der gemachten Erfahrung, sondern die Möglichkeit, sich Zugang zu unterschiedlichen Ressourcen zu verschaffen, die innerlich gefühlt werden können. Die Fähigkeit, diese Verbindung herzustellen oder manchmal einzuladen, ist der Schlüssel zur Heilung von Trauma.

Distanzierung als notwendige Ressource

Die Beschreibung einiger der typischen Verhaltensweisen traumatisierter Menschen soll die Bedeutung der bisherigen Ausführungen vertiefen. Es ist an dieser Stelle besonders wichtig zu verstehen, welcher Art die Interaktion ist, in die man sich mit einer Person im traumatisierten Zustand begibt. Im vorigen Kapitel wurde gesagt, dass eine solche Person weniger auf die gegenwärtige Situation als vielmehr auf ihren veränderten inneren Zustand reagiert, der noch auf die Situation in der Vergangenheit bezogen ist. Ein unbedeutendes Ereignis kann plötzliche Übererregung mit akuter Angst, Panik, dem beängstigenden Gefühl von Entfremdung oder tiefer Verzweiflung auslösen. In einer solchen Situation undifferenzierter plötzlicher Erregung ist die genaue Betrachtung der aktuellen Situation nicht mehr möglich. Die Intensität des Erlebens wirkt wie eine überflutende Welle innerer Erregung, die Kontakt mit dem Innen erzwingt. Die Person ist dann überwältig von ihrem Innenzustand und hat keine Aufmerksamkeitskapazitäten für äußere Wahrnehmung. Wir müssen daher dafür sorgen, dass die Erlebniskomponenten der aktuellen Situation im Hier und Jetzt voneinander differenziert und »verdaubar« gemacht werden. Sie müssen nebeneinandergestellt werden, sodass wir herausarbeiten und validierend anerkennen können, was der Klient erlebt und worauf er reagiert. Das wird gewöhnlich durch die Einführung einer Metaperspektive erreicht. Wir arbeiten mit der menschlichen, reflexiven Fähigkeit eines inneren Beobachters oder des »beobachtenden Selbst« im Gegensatz zum »erlebenden Selbst«. Gelegentlich hilft die Vorstellung des »verletzten Kindes« neben dem kompetenten »Erwachsenen« sehr gut dabei, Kontakt zum verletzten, sensiblen Teil in sich selbst aufzunehmen. Auch andere Metaphern haben sich als nützlich erwiesen, um zu vermitteln, dass wir nicht der Inhalt unserer Wahrnehmung sind: der »Dirigent« und das »emotionale Orchester«, der »innere Zeuge« und der »handelnde Akteur«, das »wahre Selbst« und das »protektive Selbst«. In einer Situation schonungsloser Gefühlsüberwältigung ist es notwendig, sich innerlich von dieser Sturzflut an Eindrücken zu distanzieren. Dazu brauchen wir diesen distanziert-wahrnehmenden Vermittler. Aus Sicht des Begleiters ist es ein Zeichen akuter Gesundheit, wenn wir uns von unserer Wahrnehmung loslösen und innere Distanz zur unmittelbaren Erfahrung schaffen können. Wäre dies nicht der Fall, so könnten wir uns auf keine Aufgabe konzentrieren, denn Konzentration bedeutet die innerliche Distanzierung von umgebenden Umweltreizen.

Die Fähigkeit, die Aufmerksamkeit von einer bestimmten Erfahrung abzuziehen und diese aus einiger Entfernung zu betrachten, ist also eine Schlüsselressource für den Traumaverarbeitungsprozess. Diese innere Distanz gibt uns die Möglichkeit zurück, den Lauf unseres inneren Prozesses zu verändern und nicht mehr länger Opfer einer automatisch immer weiter wachsenden Erregung zu sein, die nur in Zusammenbruch und Erschöpfung ihr Ende finden kann. Es ist nicht wichtig, welchen Begriff, welches Bild oder welche Metapher wir nutzen, um Abstand von unserer inneren überwältigenden Erfahrung zu gewinnen. Wichtig ist nur, dass wir durch reflektierende Bewusstheit und korrektiven Felt-Sense in einer Realität verweilen können, die jenseits der schmerzhaften Wirkung des Traumas liegt.

Innere Distanz

Grenzen

Die Loslösung aus der eigenen Wahrnehmung ist im alles beherrschenden Zustand der körperlichen Übererregung schwierig. Da dieser Vorgang so viel Aufmerksamkeit und Energie braucht, werden häufig andere Mittel zur Loslösung benutzt. Alkohol, Drogen, Glücksspiel, Sex etc. sind Ablenkungsmöglichkeiten, um die Aufmerksamkeit davor zu bewahren, in einen dominierenden inneren Prozess verwickelt zu werden, oder um die ständige innere Übererregung zu dämpfen und endlich kurzfristig Entspannung zu finden. Meist wird der zugrunde liegende Zustand gar nicht als traumatische Störung der inneren Regulation erkannt. Der Ehemann, der seine Partnerin ständig zum Sex im Sinne einer regelmäßigen Entladung drängt, oder die Frau, deren Ruhelosigkeit sie unfähig macht, die inneren Bedürfnisse ihrer Kinder sensibel wahrzunehmen, sind alltägliche Beispiele für Fehlregulationen des autonomen Nervensystems.

In diesem Zustand nehmen Menschen persönliche Grenzen kaum wahr und merken oftmals nicht, wie sehr ihre nicht gefühlten Grenzen verletzt werden. Gleichzeitig ist im Zustand innerer Übererregung das Sicherheitsempfinden stark beeinträchtigt. Die Betroffenen fühlen sich schnell bedroht, angegriffen oder hilflose Opfer. Sie sind ständig auf der Hut und neigen zu situativer Überreaktion. Sie flüchten sich in übersensibilisierte Verteidigungsreaktionen und vorschnelle Aggression. Sie versuchen, jede Situation unter Kontrolle zu behalten und begrenzen damit ihre Möglichkeit, an Glück, Tiefe und Risiko des Lebens teilzuhaben. Ihr Leben verwandelt sich in eine Wiederholungskette aus Situationen, die kontrolliert werden müssen. Fluss und Flexibilität gehen verloren. Die Notwendigkeit vorgreifender Kontrolle verschiebt die Aufmerksamkeit nach außen, und es findet keine bewusste Selbstwahrnehmung mehr statt. Die innere Situation gehört dann nicht mehr zur Eigenwahrnehmung. Das Tor zum inneren Selbst und innerer Navigationsinformation ist verschlossen. Damit ist die Differenzierungslinie zwischen innen und außen, ich und anderen nicht mehr verfügbar und authentisch gefühlter Kontakt wird unmöglich.

Notwendigkeit vorgreifender Kontrolle

Das hat wiederum weitreichende interaktionale Konsequenzen, da Grenzen so vielfältig in ihrer Natur sind. Grenzen lassen sich physikalisch, energetisch, emotional, physisch oder kommunikativ beschreiben. Ihre Ausprägung ändert sich situativ von Augenblick zu Augenblick. Sie müssen klar wahrgenommen werden können, um ihren Zweck zu erfüllen, gegenseitiges Verhalten zu koordinieren und das Konzert aus individuellen Rhythmen zu synchronisieren. Das ist wichtig, denn die Aufgabe von Grenzen ist nicht allein zu trennen, sondern es sind Orte, wo Verbindung, Kontakt und Begegnung möglich ist. Grenzen sind Linien, an denen wir uns koordinieren, harmonisieren und synchronisieren, um unsere Felder in Resonanz zu bringen. Fritz Frederick Smith[39] erläutert das Phänomen folgendermaßen:

Synchronisation

»Kommunikation verbessert sich, sobald das Feld des Zuhörers mit den Worten des Sprechers mitschwingt. (...) Wenn Vibrationen sich synchronisieren, entsteht ein Gefühl der Vollständigkeit; dagegen besteht ein Gefühl der Trennung, wenn sie nicht vorhanden oder unharmonisch sind. Die beste Kommunikation beginnt damit, auf energetischer Ebene auf den anderen zu reagieren. Sobald wir jedoch offener werden und mit den Vibrationen anderer Menschen mitschwingen, wird unsere eigene Klarheit und Zentriertheit immer wichtiger. Ist unsere Vibration hingegen desorganisiert oder dezentriert, so nimmt die Wahrscheinlichkeit zu, dass wir uns mit den Misstönen des anderen synchronisieren.«

Wir können uns nur vorstellen, was das für Menschen bedeutet, die in ihrem unsteten dysfunktionalen Traumaregulationsprozess gefangen sind. Sie können keine klare Grenze aufrechterhalten. Die Welt ist für sie nicht mehr zugänglich, denn sie sind nicht in der Lage, sich auf strukturierte, geordnete und dadurch koordinierte Interaktion zu beziehen. Aufgrund der Verschwommenheit ihres inneren Zustands und ihres unklaren Selbstgefühls können sie keinen wirklichen Kontakt zur gegenwärtigen Situation oder zu anderen Personen empfinden. Daraus ergeben sich natürlicherweise Entfremdung und Einsamkeit. Schließlich bewirkt ihre innere Übererregung, dass sie sich von der Situation dissoziieren und sich noch weiter von sich selbst entfernen. Wird die körperliche Konstriktion noch intensiver, so können sie auf den anderen überhaupt nicht mehr zugehen. Bezogenheit bedarf einer Gegenseitigkeit mit Fokus, Rhythmus und Gleichzeitigkeit. Sie setzt voraus, dass ich bei mir bleiben kann, während ich auf einen anderen reagiere. Aber genau diese Fähigkeit, ich selbst zu sein, meinen Platz zu halten und einen Felt-Sense bzw. ein Felt-Self meiner selbst als wohlregulierte Einheit zu haben, ist nicht vorhanden. Gespürte Grenzen vermitteln uns ein Gefühl von Einheit, Integrität und Selbst. Auch die Fähigkeit eines Kindes, die Welt zu erkunden sowie zwischen sich selbst und der Welt zu unterscheiden, beruht im Wesentlichen auf dem Gefühl für die eigenen sicheren Grenzen. Robert C. Scaer[40] legt dar:

Gespürte Grenzen

> »Die zerstörerischste Form von traumatischem Stress geschieht daher, wenn unsere Bezugspersonen in ihrer Eigenschaft als intrinsischer ›sicherer Hafen‹, die unser Grundgefühl für Grenzen schaffen, zur existenziellen Bedrohung werden. Wenn die Mutter, die im einen Moment Bezugsperson ist, im anderen Moment zur zornentbrannten, alkoholisierten Quelle von Missbrauch wird, wenn der liebevolle Vater gleichzeitig der ist, von dem Inzest oder Gewalt ausgehen, dann bleibt weder der sichere Hafen noch eine gesicherte Begrenzung zwischen dem Kind und seiner Außenwelt erhalten.«

Der Traumaheilungsprozess bewegt sich hier um verschiedene Verhandlungsprozesse herum, die dazu dienen, einen Felt-Sense der persönlichen Grenzen zu entwickeln. Ziel ist, funktionierende Grenzen zu schaffen, die sich flexibel an reale Lebenssituationen anpassen können und dadurch ihren Zweck erfüllen, Kontakt, zwischenmenschliche Verbindung, aufmerksame Verbindlichkeit und Anerkennung der gegenseitigen Existenz zu ermöglichen. Grenzen sind heilbar und zwar durch die Arbeit mit Ressourcen und die respektvolle Anerkennung ihres Raumes. Durch diese Heilung kann das Wahrnehmungsfeld wieder in Besitz genommen werden, das möglicherweise vor vielen Jahren zusammengebrochen ist, als wir mit dem

Fahrrad an eine Wand gefahren, die Treppe hinuntergestürzt oder in die Glastür eines Geschäfts gelaufen sind. Dieser Aufprall ließ uns damals unsere Wahrnehmung von Teilen unseres Körpers und von Teilen der 360°-Sphäre um den Körper herum abziehen.

In Seminaren ist es immer wieder erstaunlich zu sehen, wie viel die Teilnehmer erleben, sobald sie für die Existenz ihrer persönlichen Grenzen sensibilisiert werden. Meistens äußern sie sich überrascht über ihre Erkenntnis, dass diese persönlichen Grenzen viel weiter gesteckt sind, als sie dachten. Es ist eine neue Erfahrung, Grenzverletzungen sehr deutlich spüren zu können, selbst wenn sie im normalen Alltag gar nicht darauf achten und in ihre gewöhnlichen Abläufe eingebunden sind. Aber der Körper registriert die Verletzung und aktiviert sich oder »macht zu«, um sich zu schützen. Robert Scaer[41] erklärt die Natur der Grenzbildung so:

Grenzbildung

> »All unsere Sinne – Riechen, Sehen, Hören, Gleichgewichtssinn, Geschmack, Tastsinn, Schmerz- und Selbstwahrnehmung – sind an der Ausbildung der Grenzen beteiligt, die uns irgendwann wahrnehmen lassen, wo wir als wahrnehmendes Ganzes aufhören und die restliche Welt anfängt. Die unbewusste Wahrnehmung dieser Grenzen befähigt uns, uns in der Welt zu bewegen, ohne buchstäblich mit Hindernissen zu kollidieren, die nicht Teil unseres Selbst sind. Als heranwachsender Säugling und als Kind nehmen wir positive und negative Information durch Sinneserfahrungen auf, die ebenfalls zu unserer unbewussten Grenzwahrnehmung beitragen. Schmerzhafte oder unangenehme Rückmeldung veranlasst uns, die Bewegung über die Grenze hinaus zu vermeiden, die durch die vorangegangene Erfahrung definiert wurde, wohingegen positives Feedback uns dazu bringt, das Grenzgebiet näher zu erforschen. Über diese sinnliche Rückkopplungsschleife formen wir unsere Grenzen immer wieder neu auf der Grundlage unserer Lebenserfahrungen und der Sinnesmeldungen, die wir dabei erhalten. Aus diesen Erfahrungen bilden wir ein ganz spezifisches Bewusstsein über den Rahmen, innerhalb dessen wir die Welt um uns in Sicherheit herausfordern dürfen. Theoretisch kann also das Wahrnehmungskonzept unserer Grenzen zumindest teilweise mit unserem Selbstgefühl gleichgesetzt werden.«

Ein klares Gespür für Grenzen stellt die unabdingbare Voraussetzung für relevanten und klar definierten Kontakt zu einer anderen Person dar. Grenzen sind Orte des Kontakts und der Bedürfnisbefriedigung. Es ist eine eindrückliche Lernaufgabe, die somatische Reaktionsfähigkeit und feine Empfindsamkeit unseres Körpers an seinen Grenzen zu erfahren. Wir müssen unsere Vorstellung von körperlicher Empfindsamkeit überdenken, die mit Sicherheit bedeutend größer ist, als wir im Alltag zumeist annehmen. Die Befriedigung und verständliche Äußerung von Bedürfnissen bedarf der gefühlten Integrität. Diese Integrität intakter Grenzen erlaubt uns, unsere Bedürfnisse zu spüren und sie als real zu betrachten. So können wir unser inneres Erleben fühlen und halten und auf klare und verlässliche Weise bei uns bleiben.

Integrität intakter Grenzen

Erinnern wir uns daran, dass auch der Therapeut sich seiner eigenen Grenzen auf empfindsame Weise bewusst sein und respektvolles, auf Übergriffe verzichtendes Verhalten gegenüber seinem Klienten lernen muss. In unseren Ausbildungsseminaren sehen wir immer wieder Therapeuten, die, auf der Kante ihres Stuhls sitzend, ihren Oberkörper in Richtung des als Klient fungierenden Übungspartners vorbeugen. Ihre Aufmerksamkeit greift nach dem Klienten wie eine sprungbereite Katze. Ein solches Verhalten missachtet Grenzen und dringt grenzüberschreitend in den Raum der anderen Person ein.

Auch für Eltern, Freunde oder Partner erscheint es manchmal als schwere Aufgabe, die Grenzen ihrer Nächsten und Liebsten wahrzunehmen und zu achten. Wir verstehen allzu leicht Liebe und Fürsorge als Umgang mit dem anderen auf übergriffliche und dadurch entmachtende Art und Weise. Das Kommunizieren klarer Grenzen, der respektvolle Umgang damit und die sensible Entscheidung darüber, wie die Kontaktaufnahme zum Gegenüber sich gestalten soll, sind höchst bedeutende und wesentliche Lerninhalte sowohl in der Traumaarbeit als auch in Intimbeziehungen.[42]

Meines Erachtens vermittelt die bloße Lektüre dieses Kapitels kein wirkliches Gefühl für das, worüber ich hier spreche. Es bedarf der tatsächlichen Erfahrung. Manchmal brauchen Menschen Monate und sogar Jahre, um die volle Bedeutung dessen zu erfassen, was auf dem Papier klar und logisch erscheint. In der Praxis überrascht es die Studierenden immer wieder, wie viel sie in einem einzigen Augenblick an Erfahrungen machen, wenn der Grenzabstand sich leicht verändert oder der Übungspartner seinen Abstand zu dem Ort verändert, an dem sie sich während der Erforschung ihrer Grenzen befinden. Die Aufnahmeempfindlichkeit unseres Körpers ist absolut erstaunlich. Sie registriert jede einzelne Bewegung um uns herum und informiert uns augenblicklich darüber, welcher Schluss daraus zu ziehen ist. Auch wenn diese Schlussfolgerung auf einer längst vergangenen Situation basiert, die mit der Gegenwart überhaupt nichts zu tun hat, so zeigt sie sich doch in der vorliegenden Situation verblüffend lebendig und akut.

In meiner Arbeit mit Menschen habe ich gelernt, dass die Fähigkeit, einem anderen respektvoll zu begegnen, gleichbedeutend damit ist, mit sich selbst im Kontakt zu bleiben und in der Lage zu sein, den eigenen inneren Zustand zu regulieren. Wir können nur dann Respekt für andere empfinden, wenn wir mit der Welt in Verbindung sind, die sich in uns entfaltet. Wir müssen mit unserer sinnlichen Wahrnehmung verbunden sein. Wir können anderen im positiven Sinn aufmerksam begegnen, wenn wir uns in uns selbst niederlassen, zur Ruhe kommen und ausruhen, d.h. in uns selbst zentriert, zu Hause sein können. Dadurch entsteht zunächst ein Felt-Sense und ein Felt-Self unserer Identität. All das ist Voraussetzung dafür, dass wir den inneren Zustand und die Zwangslage des anderen fühlen können. Sobald wir aber zu dieser respektvollen Felt-Sense-Verbindung zu uns selbst gefunden haben, verändert sich die Welt. Wir finden Frieden in uns, und unsere Kämpfe kommen zur Ruhe. Erst dann klärt sich unser Empfinden für Grenzen, und wir nehmen die Menschen um uns herum anders wahr. Wir bleiben innerhalb der eigenen Grenzen bei uns und sind dadurch gleichzeitig getrennt von und im respektvollen Kontakt mit dem Gegenüber. Wir können auf einmal wahres Mitgefühl und Herzensverbindung erleben, statt im anderen das erlösen zu wollen, was in uns selbst noch unerlöst ist. Und wirkliches Mitgefühl hat immer damit zu tun, den anderen in

Felt-Self

seinem Potential und seinen Möglichkeiten wahrzunehmen – auch in Anbetracht seiner Grenzen und Begrenzungen.

Es ist nicht immer ganz einfach, zwischen lösungsorientiertem therapeutischen Engagement und respektvollem persönlichen Zuhören hin und her zu wechseln. Sich zurückzuhalten und die dienende Haltung eines Zeugen anzunehmen, ist ohne eigene Verwurzelung nicht möglich. Andernfalls können wir keine Haltung des Nicht-Tuns und der Absichtslosigkeit dauerhaft aufrecht erhalten. Die Bemühung des Klienten wird am besten durch den wahrnehmenden Beobachter unterstützt, der mit wohlwollender Aufmerksamkeit den Prozess begleitet. Diese wohlwollende, meist ungerichtete, absichtslose Beobachtung ist wie eine Einladung, die ermutigt, das zu zeigen und zu betrachten, was sonst verborgen bleibt oder nicht gezeigt werden kann. Aufmerksamkeit energetisiert den Prozess der Traumaheilung derart, dass er aus der Stagnation in den Fluss, aus der Starre in die dynamische Selbstregulation kommt. Es kann nicht genug betont werden, dass in erster Linie unser innerer Zustand, unsere Fähigkeit zu wohlwollender Beobachtung und unser Angebot eines weiten Wahrnehmungsraums den Rahmen für die Entfaltung innerer Prozesse bilden.

Ungerichtete, absichtslose Beobachtung

Verknüpfungsdynamiken

Die Einsicht in persönliche Grenzen ist insofern wichtig, als sie einen inneren subjektiven Raum umreißt, der Platz schafft für die Differenzierung der unterschiedlichen sinnlichen Aspekte, die in traumatischen Erfahrungen miteinander verknüpft oder vielleicht sogar wie verklebt erscheinen. Vereinfacht könnte man sagen, dass die Überwältigung durch sinnliche Eindrücke eines traumatischen Ereignisses zwar unseren Körper, nicht aber unser Bewusstsein erreicht. Die Erfahrung kann deshalb nicht durch analytisches »Nach-Denken« in bewusst zu unterscheidende Einzelteile zerlegt werden. Daniel J. Siegel[43] führt aus:

»Wenn wir uns auf das Gehirn beziehen, müssen wir bedenken, dass wir niemals das Gehirn vom Körper trennen können. Das Gehirn ist fester Bestandteil des Körpers, der zur Schaffung des ›Selbst‹ beiträgt. Manchmal zerbricht die Einheit von Gehirn und Körper als ein Aspekt von Traumafolgen.«

An anderer Stelle schreiben Daniel J. Siegel und Marion F. Soloman:[44]

Schädigung der Selbstregulation

»Bei beeinträchtigter Integration (als Traumafolge) zeigt sich der Geist in seiner Fähigkeit zur flexiblen Reaktion eingeschränkt. Diese Einschränkungen können sowohl als nicht integrierte Gedächtnisprozesse als auch als Schädigung der Selbstregulation auftreten.«

Die Erfahrung der traumatischen Überflutung ist im Körper »steckengeblieben« und führt dort ein buchstäblich aufregendes Eigenleben. Der Körper ist energetisch überladen, so dass ein geringer Auslöser eine ganze Kette von wiederholten Durchläufen durch ein und denselben neuronalen Zyklus in Gang bringt. Wir stecken in einer sich wiederholenden Kettenreaktion des Nervensystems fest, die keinen Raum für Selbstbestimmtheit oder Selbstverwirklichung lässt. Das physiologische Reaktionsmuster ist repetitiv, es wiederholt sich in jeder Situation quasi gleich. Wir sind in uns selbst eingesperrt. Ein weiteres Bild, um dieses Phänomen zu verstehen, ist die Vorstellung, dass unsere Erfahrung mehrfach ge- oder überkoppelt ist. Stellen Sie sich vor, Sie betreten ein Krankenhaus und riechen den typischen Geruch. Augenblicklich und ohne, dass das Bewusstsein dabei mitspielt, können unangenehme Erinnerungen hochkommen, schmerzliche Gedanken sowie ungewollte Wahrnehmung in verschiedenen Sinneskanälen. All das färbt Ihre gefühlte Realität. Die aktuelle Wahrnehmung (Geruch) einerseits und deren Verbindung mit vielen anderen Sinneskanälen und Wahrnehmungskomponenten der Erfahrung aus der Vergangenheit andererseits koppeln und überkoppeln sich. Ein Aspekt, z.B. der Geruch, ist eng verbunden mit einem emotionalen Aspekt. Die verschiedenen Wahrnehmungskomponenten können Gedanken, Bilder, Gefühle, Körperempfindungen, Verhaltenstendenzen und besonders die Unfähigkeit zum Halten einer Beobachterposition sein. Wir werden Opfer unserer eigenen inneren Kettenreaktionen, und die körperlichen Reaktionen sind schneller als jede Möglichkeit zur bewussten, absichtsvollen Überlegung und innerer Distanzierung. Die Physiologie ist der Psychologie klar voraus, und einmal mehr zeigt sich, dass der Körper noch auf eine Erfahrung aus der Vergangenheit eingestellt ist. Diese überwältigende Erfahrung war so bedrohlich, dass die präventive Reaktion des Körpers vor erneuten ähnlichen Erfahrungen schützen will.

Ressourcen und Werkzeuge zur notwendigen Differenzierung der verschiedenen überkoppelten Wahrnehmungskomponenten müssen gefunden werden. Dazu gehört drastische Verlangsamung der inneren Abläufe, Stärkung des Beobachterstatus, immer wieder Zeit und integrative Pausen, achtsame Steuerung der Aufmerksamkeit, Wahrnehmung des Hier und Jetzt im Vergleich zum Da und Damals. Die dicht gepackten Reizüberflutungspakete in einer behutsamen und ressourcenunterstützten Weise aufzuschnüren, braucht Achtsamkeit, Behutsamkeit und immer wieder die Nutzung von Zeit als Anker in der aktuellen Situation. Zeit für diesen Differenzierungsprozess gibt dem traumatisierten Körper seinen Kopf zurück und hilft, die Erfahrung schrittweise zu differenzieren und zu integrieren. Das Ergebnis ist ein Gefühl der Integration, der körperlichen Ganzheit und der persönlichen Kompetenz.

Differenzierungsprozess

Überkoppelung ist jedoch noch nicht das Ende der Traumatisierung. Unser Körper und das Nervensystem haben begrenzte Kapazität, um Energie zu halten und zu speichern. Je nach Grad der erlebten Bedrohung, Sensibilität des Organismus und Überflutung der sinnlichen Aneignungsmöglichkeiten erreicht der Körper einen Punkt, an dem seine physiologische Möglichkeit des Energiemanagements überschritten wird. In diesem Moment muss unsere Wahrnehmung sich vom erlebten Geschehen abkoppeln, damit nicht »die Sicherung durchbrennt«. Ohnmächtig zu werden ist eine Art, die Verbindung zur Überflutung akut abzubrechen; Dissoziation, d.h. das Auskoppeln der Sinneserfahrung von der direkten Körpererfahrung, wohl die am häufigsten vorkommende Reaktion. Dissoziation erlaubt uns, uns vom unmittelbaren Sinneseindruck innerlich zu distanzieren. Sie stellt eine Form innerer Loslösung dar, die wir im Alltag beinahe gewohnheitsmäßig benutzen.

Es gibt nicht nur eine einzige bestimmte Dissoziation, sondern eine ganze Palette dissoziativer Erfahrungen, die von Tagträumen über Freud'sche Versprecher, Orientierungs- oder Koordinationsmangel bis hin zu »Symptomen« wie geringer Aufmerksamkeitsspanne, in die Leere starren, Gedächtnisverlust, Halluzinationen, Depersonifizierung, Derealisierung, Zwangs- oder dissoziativer Identitätsstörung reichen. Der Begriff der Dissoziation ist also als mehr oder weniger ausgeprägte Partialisierung und Fragmentierung der Wahrnehmungskohärenz zu verstehen. Der Sprung in den dissoziativen Selbstschutz ist in der Regel mit einem Verlust von Verteidigungsreaktionen wie Kampf-oder-Flucht und anderem aggressivem oder selbstsicherem Verhalten gekoppelt. Er geht auf der polyvagalen hierarchischen Leiter nach Stephen Porges einher mit einer Bewegung in Richtung Erstarrung und Immobilisierung. Die Allgegenwärtigkeit der Teildissoziation zeigt, wie ungewöhnlich es für uns ist, mit all unseren Sinnen in der Gegenwart weilen. Meist sind wir nur teilweise da und merken es nicht einmal. Wer craniosacrale Therapie ausübt, weiß nur zu gut, wie viele Menschen mit starker Komprimierung in der Wirbelsäule und den Kiefergelenken herumlaufen. Diese oftmals geburtsbedingte Komprimierung repräsentiert Taubheit in der Wahrnehmung. Diese Taubheit wiederum ist Anzeichen für die Dissoziation von einer frühen Überforderungserfahrung.

Fragmentierung der Wahrnehmungskohärenz

Obwohl Dissoziation vorübergehend als Ressource dienen kann, um eine unerträgliche Situation zu überstehen, fühlen sich Menschen auf lange Sicht einsam und empfinden ihr ständiges Getrenntsein vom bereichernden, sinnlichen Genuss des Lebens als unangenehm. Die Rückkehr von dieser dissoziativen Einsamkeit verlangt jedoch eine durch den Begleiter vermittelte Sicherheit, Behutsamkeit und vorsichtige Freisetzung der Energie, die wir im Alltag in aller Regel nicht bereitstellen können. Die Auflösung von Dissoziation verlangt sämtliche bereits genannten therapeutischen Fertigkeiten. Dies ist ein behutsamer, langsamer und empfindlicher Prozess, da auf verschiedenen Körperebenen eine Sicherheit bereitgestellt werden muss, damit wir wieder zu (den) Sinnen kommen können. Dabei ist nicht zu vergessen, dass sich Dissoziation grundsätzlich gut anfühlt. Es besteht also nicht immer eine direkt spürbare Notwendigkeit, voll in den Körper zurückzukehren. Der Embryologe Jaap van der Wal vertritt sowieso die Auffassung, dass wir bei jedem Einatmen in den Körper kommen und ihn mit jedem Ausatmen wieder – zumindest teilweise – verlassen. Wir inkarnieren und sterben ständig. Insofern ist eine teilweise Einkörperung als natürlich anzusehen. Die Seele in die volle Verkörperung zu führen, war schon immer der schwierigste Teil schamanischer Reisen und ist nicht frei von Risiken. Dementsprechend sollte klar sein, dass die Arbeit mit stark dissoziierten Zuständen mit äußerster Feinfühligkeit, mit Respekt und in kleinsten, sorgfältig bedachten Interaktionsschritten zu geschehen hat. Mehr als einmal wurden mir Klienten nach einem Einkörperungserlebnis krank bzw. durchlebten eine Heilungskrise oder empfanden erhebliche Ambivalenz bezüglich ihrer neu gefühlten Körperlichkeit.

Körperrhythmen und Kohärenz

Abgesehen von der Integration aller Sinne in ein ganzheitliches Zusammenspiel als Felt-Sense hängt Gesundheit auch von ungehinderter, auf subliminaler Ebene frei schwingender Vibration im Körper ab. Vielleicht fühlen wir nicht direkt das glückliche Summen unseres aufgetauten Körpers. Ganz sicher aber fühlen wir uns gut, leicht, offen, warm und lebendig, wenn unsere Resonanzfähigkeit zurückkehrt. Lebendigkeit wird fühlbar, wenn wir in unserem Körper zu Hause, also völlig verkörpert sind und unser autonomes Nervensystem situationsangemessen reguliert. Mittlerweile dürfte klar geworden sein, dass die unerwünschte Festsetzung überschüssiger Energie im Körper unsere Vibrationsnatur beschränkt und stört. Daraus ergeben sich Steifheit, Festgefahrenheit, Taubheit und Gleichgültigkeit.

»Selbstheilung«

Heilung bedeutet die Wiederherstellung des eigenen, einzigartigen, verkörperten Vibrationsmusters.

Zur praktischen Illustration dieses Sachverhaltes möge die Schilderung einer von mir erlebten invasiven Zahnoperation dienen. Im Verlauf dieser Operation brach der Zahnarzt in die Kieferhöhle durch und die mechanischen Manipulationen in meinem Mund wurden von mir als stark grenzüberschreitende »Vergewaltigungen« erlebt. Ich fühlte mich überwältigt und verletzt, ausgesetzt und meiner Selbstbestimmung bis hin auf Gewebe-Ebene beraubt. Zusätzlich waren die ständigen Versuche, Backenzahnreste aus meinem Knochen zu entfernen, schrecklich. Knirschgeräusche, Blutgeschmack, mechanische Hebelwirkungen, gepresste Wangen, eingeklemmte Lippen und ein angestrengter, unglücklich aussehender Zahnarzt, der sein Bestes gab, um die Situation zu meistern. Und als wäre das noch nicht genug, riss auch noch beim Nähen der Faden und der Zahnarzt begann zu fluchen, bevor er versuchte, die Naht zu retten. Nach diesem Eingriff musste ich dann vier Stunden lang mit dem Zug in einen Ort fahren, in dem ich in einem Hotel untergebracht war, um am folgenden Tag ein Seminar zu geben. Als ich in der Nacht gut mit Schmerzmittel ausgerüstet im Bett lag, entwickelte sich ein heftiger Kopfschmerz im Hinterkopf. Mein Körper war angespannt, und ich konnte meine Aufmerksamkeit nicht von der Verletzung in meinem Mund fernhalten. Ein Teil von mir war wütend, ein anderer den Tränen nahe, und ein dritter befand sich in gleichgültiger Verleugnung. Ich nahm sehr klar wahr, welche gravierende Verletzung meiner Grenzen stattgefunden hatte, obwohl ich natürlich meine Zustimmung für die Operation gegeben hatte. Ich versuchte, auf meinen Körper zu hören und die Kontrolle meines bewussten Denkens aufzugeben. Aufgrund all der Qualen, die mein Körper erlitten hatte, stimmte ich innerlich zu, dass der Körper die Kontrolle übernehmen sollte, um seinem eigenen Heilungsplan zu folgen. Als ich diese innere Hingabe erlauben konnte, erlebte ich plötzlich eine leichte Seitwärtsbewegung meines Kopfes. Ich hörte auf, gegen das anzukämpfen, was geschehen wollte, und überließ mich der langsamen Kopfbewegung nach links. Dabei begann mein Kopf eine ganz leichte

Schaukelbewegung von links nach rechts und zurück. Die Bewegung glich einem zarten Hin-und-Herpendeln. Während dieser vorsichtigen Schwingbewegung fühlte ich, wie der Operationsschmerz wiederkehrte. Ich erlebte ein Gefühl der Erniedrigung durch den Übergriff der Operation. Meine Hilflosigkeit im Zahnarztstuhl, die Unmöglichkeit, dem invasiven Eingriff aktiv zu begegnen, das Gefühl des Machtverlusts und der Unfähigkeit, die Situation in einer mich selbst beschützenden Art und Weise zu meistern, die die Unverletzbarkeit meiner Grenzen gesichert hätte, verursachten blanke Not. Einzelne Teile des Eingriffserlebnisses kamen wie in einem dreidimensionalen Film wieder hervor, wie das Geräusch des reißenden Fadens oder das Gefühl des Durchbrechens in die Kieferhöhle. Dann schaltete sich überraschend mein Kopf ein mit dem Gedanken ein, dass diese Operation zwingend notwendig gewesen war und nicht hätte vermieden werden können. Dieser Gedanke wurde immer klarer und raumgreifender, während das Schwingen des Kopfes stark verlangsamt weiterging. Die damit einhergehende emotionale Färbung der Erfahrung veränderte sich vollkommen. Plötzlich waren der innere Film und die dazugehörigen Gefühle wie koloriert von einem tief empfundenen Mitgefühl. Da lag ich mit leicht schaukelndem Kopf in meinem Bett und empfand Mitgefühl mit mir selbst dafür, dass ich mich dem Eingriff hatte unterziehen müssen und wie tapfer ich und vor allem mein Körper ihn ertragen hatte. Es war ein sanftes, weiches Mitgefühl, das wie aus dem Nichts kam und in dem Moment mein ganzes Sein einhüllte. Mein verletzter Kiefer strahlte Wärme ab. Ich erinnerte mich an das beunruhigende Geräusch des Bohrers, wie sehr er meine Ohren geschmerzt hatte und mir auf den Nerv gegangen war. Während mein Kopf sich weiter wiegte, zog sich diese störende Erinnerung zurück, und es war, als entspannte sich das Gewebe in meinem Mund und fühlte sich angenehmer an. Auch der Geschmack änderte sich, das Bild meines abgetöteten, betäubten Gaumens wandelte sich und erschien in einem angenehmen Rosarot. Ich hatte den Eindruck, dass mein Mund seinen eigenen Vibrationsrhythmus wieder aufnahm, der die Erfahrung des eindringenden Tones und der Kraft des Bohrers sowie das Stechen der Nadel ausglich. Der Kopfschmerz verflog, meine Stimmung besserte sich, und mein Körper wurde warm. Die rosarote Farbe, die wahrgenommene Veränderung im Mundgewebe sowie das Mitgefühl mir selbst gegenüber veränderten vor allem auch meine Emotionen und führten mich in einen tiefen Schlaf. Am nächsten Morgen fühlte ich mich erstaunlich gesund und war sehr gut in der Lage, das anberaumte Seminar zu geben. Als ich einige Wochen später meinem Zahnarzt von diesem Erlebnis berichtete, verstand er sofort. Er erzählte mir, dass er eine Zeitlang mit einem Craniosacraltherapeuten zusammengearbeitet hatte, um es seinen Patienten zu ermöglichen, unmittelbar nach der Operation ihren Körperrhythmus wiederzufinden.

Kohärenz

Der häufig gebrauchte Begriff für die Wiedererlangung von Körperrhythmen ist Kohärenz. Kohärenz beschreibt nicht nur die Koppelung der verschiedenen physiologischen Körperrhythmen wie Atmung, Herzschlag oder Flüssigkeitsresonanzen, sondern sie zeigt sich auch in der Geschmeidigkeit von Körperbewegungen und in der Weichheit eines natürlichen und leichten Körperausdrucks. Der Begriff lässt sich auch verstehen als die geschmeidige Expansion und folgende Kontraktion einer (Atem-)Welle im Körper. Nach einer Weile resultiert sie im Nullpunkt, um sich dann ganz von selbst umzukehren, bevor der ganze Prozess von Neuem beginnt. Die einzelnen Körpersysteme, Organrhythmen und Pulse sind miteinander synchronisiert. Sie arbeiten reibungslos und mit Beständigkeit zusammen. Sie pulsieren mit der Fähigkeit, sich auf gesunde Weise in Reaktion auf veränderliche Lebenssituationen einzustellen und anzupassen. Die meisten Menschen fühlen größere Stabilität und besseren Kontakt zu sich selbst und anderen, wenn sie Kohärenz erfahren. Daraus lässt sich folgern, dass wir Gesundheit dadurch fördern können, dass wir wirkungsvoll für Ausdruck und Synchronisation der verschiedenen Körperrhythmen sorgen und den Körper an die Möglichkeit erinnern, zu seinem eigenen Rhythmus zurückzukehren. Dazu gibt es unterschiedliche therapeutische Wege und Ansätze. Das allerbehutsamste und am stärksten Ressourcen bildende Verfahren, das ich derzeit kenne, ist die Craniosacrale Biodynamik nach James Jealous.

Heilende Zutaten

Ganz gleich, welche Art der traumatischen Beeinträchtigung ein Mensch erlebt, ist es wesentlich zu verstehen, dass wir die Welt in der Weise erleben, wie wir unseren Körper erleben. Trauma ist nicht nur das Erleben von Schock, sondern auch die Wirkung unserer frühesten Umgebung, das Erleben der Situation im Uterus, längerfristiger, mangelhafter Fürsorge und Feinfühligkeit sowie viele andere andauernde Unangemessenheiten für das sich entwickelnde Nervensystem. Wir sind uns dessen so wenig bewusst, dass wir unseren beeinträchtigten Zustand als normal betrachten, da uns ein gesunder Bezugsrahmen fehlt. Im Alltag sind wir so in unserer täglichen Routine und unserem vertrauten Erlebnisbezugsrahmen gefangen, dass wir kein Gefühl dafür haben, wie wir innerlich funktionieren, handeln und uns regulieren. Wir merken nicht, dass unsere Unfähigkeit, zu vertrauen, Beziehungen aufzunehmen oder uns selbst oder andere einzeln wahrzunehmen, wenig mit Interaktionsqualitäten, mit der Psychodynamik in unseren Herkunftsfamilien oder mit anderen psychologischen Sichtweisen zu tun hat.

Fürsorge und Feinfühligkeit

Unser inneres Erleben formt sich weitgehend in Beziehung zu unserem Körpererleben. Wir erarbeiten uns unseren Körper, richten uns darin ein und er wird uns zur Last oder wir machen ihn uns vertraut und zu eigen. Schauen wir nach physiologischen Anzeichen und beobachten körperliche Funktionsweisen, dann werden wir überraschend viele Leute (einschließlich uns selbst) finden, die im andauernden Zustand von Übererregung, übertriebener Wachsamkeit und innerer Anspannung leben.

Ich will daher dieses Kapitel mit einer Liste abschließen, die zeigt, was wir brauchen, um uns selbst voll und ganz in unsere Sinne zurückzubringen und dadurch unsere Beziehungslosigkeit und unsere Entkörperung zu heilen. Michael Shea erklärt, dass »Schock und Trauma durch Reassoziation mit dem eigenen Fühlen in einer therapeutischen Beziehung aufgelöst werden können«.[45] Das ist ganz sicher wahr, und es lohnt sich, genauer auszuführen, wie das gelingen kann. Welches sind die Bedingungen für die Heilung der geschä-

(Selbst-) Regulation

digten Körperweisheit und für den Übergang vom inneren Wiederholungszwang einer bedrohlichen Situation aus der Vergangenheit zum Erleben von Sicherheit im Hier und Jetzt? Shea führt einige wesentliche Fähigkeiten beim Klienten auf:

> »Der Therapeut muss einschätzen können, wie bereit und fähig ein Klient dazu ist, Kontakt mit seinem Schock- und Traumaerlebnis aufzunehmen. Wichtige Kriterien sind unter anderem:
> Die Fähigkeit des Klienten zu Körperbewusstsein. Richtet sich seine Aufmerksamkeit in den Körper oder nach außen?
> Die Fähigkeit des Klienten, starke Emotionen auszuhalten.
> Die Fähigkeit des Klienten, Grenzen zu wahren, indem er nicht vorzeitig tiefere Themen angeht.
> Das emotionale Alter, aus dem heraus der Klient agiert.
> Die bewusste Verfügbarkeit des Beobachtenden-Selbst des Klienten. Hat er eine Beziehung zwischen der Situation und einem inneren neutralen Beobachter oder Zeugen aufgebaut?«

Was den Therapeuten betrifft, so braucht er eine große Bandbreite an Fertigkeiten und Erfahrung, um ein gutes Gleichgewicht zwischen angemessener Interaktion und vorsichtigem Halten einerseits und maßvollem Risiko zugunsten physiologischer Entladung andererseits zu schaffen. Ich erinnere daran, dass außer Techniken speziell die Grundhaltung des Therapeuten die Sicherheit schafft, in der Traumaheilung geschehen kann. Diese Haltung setzt sich aus den folgenden Aspekten zusammen:

- Aufbau eines sicheren Beziehungsfelds zwischen Therapeuten und Klienten. Der Klient muss gehört werden.
- Bereitstellung von Zeit und Raum, Ruhe und respektvoller Aufmerksamkeit für die Ausdrucksfülle des Klienten, ohne ihm zu erlauben, nochmals in die Überwältigung einzutreten.
- Die respektvolle und behutsame Führung des Klienten zu dem Punkt, an dem er die bewusste Kontrolle über den Körper aufge-

ben kann und zwar auf regulierte, sichere und gehaltene Art und Weise.

- Echte Wertschätzung für die uneingestandenen Gefühle des Klienten als wesentliche Bestätigung der Wirklichkeit des Ereignisses und seiner Wirkung auf den Klienten.
- Die Bewusstheit, dass kein Berater, kein Arzt, kein Therapeut heilen kann. Die Klarheit darüber, dass Heilung anderswo herkommt und dass sie sich in einem heilenden und manchmal heiligen Raum durch den inneren Behandlungsplan des Körpers manifestiert. Dies verlangt eine demütige Präsenz, die auf die Anzeichen von Gesundheit lauscht, wo auch immer sie anzutreffen sind.
- Intakte innere Navigation, d.h. die Fähigkeit zur aufmerksamen Verfolgung der wirkenden Kräfte im eigenen und im Körper des Klienten während des Prozesses. Diesen Kräften folgen und vertrauen, auch wenn der Verstand es in diesem Augenblick nicht versteht. »Nach-Denken« kommt später.
- Die Fähigkeit, die Geschwindigkeit des inneren Prozesses beim Klienten durch Niederlassen im eigenen Körper zu verlangsamen; darüber hinaus die unparteiische, mitfühlende Beobachterhaltung des Therapeuten, die auf absichtsvollen Zugriff, Änderungs- und Heilungsintention verzichtet.
- Ein breiter Hintergrund eigener Heilung. Der Therapeut sollte den Schrecken von Trauma und die Heiligkeit seines eigenen Heilungsprozesses erlebt haben. Auflösung freigesetzter Traumaenergien in eine kohärente, mitschwingende Welle aus Fluss und Flexibilität sollte nicht Lehrbuchwissen, sondern direkte Erfahrung sein.
- Eine gute Verwurzelung im Hier und Jetzt verbunden mit der Bereitschaft, das Wahrnehmungsfeld im Sinne der Bedürfnisse der inneren Situation des Klienten zu erweitern und anzupassen.
- Die Fähigkeit, sich der eigenen Hilflosigkeit zuzuwenden und zu erkennen, dass der Therapeut auf Achtsamkeit, Verbindung zu einer spirituellen Quelle und manchmal dem demütigen Gefühl von Ohnmacht, Hilflosigkeit und Gnade angewiesen ist, um tiefste Verwundung halten zu können.

- Die Bereitschaft, professionell »nackt« zu sein, d.h. jegliche professionelle Überlegenheit loszulassen und dem Klienten von Wesen zu Wesen zu begegnen. Dies bedarf eines intimen Vertrautseins mit den Bedingungen des Menschseins und einer Weisheit, die Kommunikation auf Denkebene zugunsten einer Kommunikation von Herz zu Verstand oder von Herz zu Herz aufgeben kann.
- All das soll in einer einladenden, respektvollen und achtsamen Haltung ohne übergriffige oder gar heilen wollende Absichten enthalten sein. Beobachterhaltung, Zuhören sowie das Anbieten von Raum und Zeit sind ausschlaggebend für die Entwicklung eines nach innen gerichteten Lösungsprozesses, der auf scheinbar spektakuläres Ausagieren verzichten kann.

5. ÜBER DAS NERVENSYSTEM HINAUS

»Wir haben keine Zeit mehr, uns zu beeilen.«

Maria Baeck

»Der Körper des Therapeuten wird zur Antenne, mit der er den geflüsterten Botschaften des Göttlichen in allen Körpern innerhalb Zeit und Raum lauscht. (…) Am Anfang war der Kern des Heilens tiefes Horchen.«

Michael Shea

In den Kapiteln 2 und 3 ging es vorzugsweise um das Nervensystem als dem ersten und wichtigsten Vermittler von körperlicher Lebendigkeit und Wohlbefinden. Es ist ganz sicher ein nützlicher »Türöffner«, über die Funktionen des Nervensystems Bescheid zu wissen und für die neurozeptive Art des Kontakts zur Umwelt aufmerksam zu werden. Sobald aber die Tür zu unserem Körpergefäß offen ist und wir mehr und mehr in Berührung mit der Grundlage unseres Seins kommen, können wir nicht umhin, eine neue Art der Beziehung kennenzulernen. Der biodynamische Craniosacraltherapeut Michael Shea spricht davon, dass »das Nervensystem die Vergangenheit in die Gegenwart bringt« und dass der Umgang mit dem Nervensystem allein noch nicht ausreicht, um Gesundheit zu verstehen.[46] Nur auf das Nervensystem zu schauen und zu versuchen, die dort gehaltene Energie freizusetzen, bezieht sich völlig auf die Vergangenheit und nutzt in keiner Weise gegenwärtige und zukünftige Ressourcen. Wissenschaftliche Bestätigung eines Bewusstseins jenseits des Nervensystems erhalten wir von Mae-Wan Ho. In ihrem bahnbrechenden Buch *The Rainbow and the Worm* widerlegt sie zahlreiche biologische Annahmen und wissenschaftliche Glaubenssysteme. In ihrem wissenschaftlichen Kommentar folgert sie, was viele Körpertherapeuten schon lange aus der Realität ihrer Erfahrung heraus wissen. Mae-Wan Ho schreibt:

Körperbewusstsein

»Es gibt keinen Zweifel, dass ein Körperbewusstsein dem mit dem Nervensystem verbundenen ›Hirnbewusstsein‹ vorangestellt ist. Das Körperbewusstsein verfügt auch über ein Gedächtnis. DAS AUSSCHLAGGEBENDE ÜBERTRAGUNGSSYSTEM NENNT SICH PROTONENSPRUNG-ÜBERTRAGUNG, GEHÖRT ZU EINER HALBLEITERFORM IN KONDENSIERTER MATERIE UND FUNKTIONIERT VIEL SCHNELLER ALS DIE ELEKTRISCHE SIGNALÜBERTRAGUNG DER NERVEN (Hervorheb. von JBS). Die Grundsubstanz des gesamten Körpers besitzt also ein weit besseres Kommunikationssystem als das, was das Nervensystem allein zu bieten hat.«[47]

Die Verbindung mit dieser umfassenderen Form von Körperbewusstsein scheint ein wesentlicher Zugang zu einem Felt-Sense und schließlich Felt-Self sowie dem Erleben von Selbst und Ganzheit. Das Wiederfinden dieses Felt-Sense und -Self bzw. von erlebter Ganzheit und Heilsein führt zu Gesundheit.

Der niederländische Embryologe Jaap van der Wal nimmt an, dass wir von unseren Anfängen an, schon im einzelligen Stadium unserer Entwicklung, ganz sind.[48] Gesund zu werden bedeutet also, uns wieder mit den embryonalen Formkräften zu verbinden, die einst die Entfaltung unserer menschlichen Form und beseelten Natur hervorgebracht haben. Heilung ist Wiederverbindung mit den spirituellen Kräften, die uns im Mutterleib geformt haben. Gale Loveitt[49] sagt:

»Gesundheit ist der Teil in uns, der sich unserer Perfektion, des ganzen, einfachen Bildes unseres Seins, erinnert. Sie ist die ganze Kenntnis unseres Selbst, unserer ursprünglichen embryonalen Blaupause, zu der wir immer wieder zurückkehren, wenn Traumata heilen und wir die Auswirkungen unseres Lebens überstehen. Diese Gesundheit, obwohl sie viele Namen trägt, ist wissendes Bewusstsein außerhalb unseres Nervensystems.«

Heilung heißt, erneuten Zugang zu finden zur Beständigkeit der Schöpfung in jedem Moment des Hier und Jetzt. Aus dieser Perspektive gesehen wird klar, dass die energetische »Entladung« des Nervensystems nur der erste Schritt sein kann, der hilft, unsere Teilhabe an einem größeren Feld transparenter zu machen. Daher gründet sich tiefe und nachhaltige Heilung und damit volle Teilnahme am größeren Ganzen, das uns transzendiert, auf unsere Fähigkeit, unsere gesamte Bewusstheit, all unsere Sinne und Aufmerksamkeit, in den gegenwärtigen Augenblick zu bringen. Der angeborene embryonale Bauplan, unsere Heilmatrix, existiert noch in uns. Der Kontakt dazu kann durch vorsichtige Körperarbeit, z.B. in biodynamischer craniosacraler Behandlung oder durch Anknüpfung an ein größeres Energiefeld um uns herum geschehen. Die daraus entstehende Heilung und Verbindung mit den tiefen Schichten unseres Seins ist eine extrem nährende und friedenbringende Erfahrung, die tiefen Gleichmut nach sich zieht. Diese Art der Heilung kann nur durch ganz behutsame, defokussierte und achtsame Beziehung zu unserem eigenen Körper erreicht werden. Sie kann nicht gemacht werden, sondern sie wird empfangen, wenn sie zu uns kommt. Gefühlte Verbindung zu unserem Körper ist für diese Ganzheit unabdingbar. Auf diese Weise wird in uns schlussendlich die gefühlte Erfahrung unserer teilhaftigen Natur erwachen, die über die Begrenztheit unserer Körpererfahrungen hinausgeht und uns eine neue Wahrnehmung eröffnet.

»Information«

Wir sind ständig auf subtilen Ebenen mit der Welt um uns verbunden und können der »verkörperten Natur des erfahrenden Selbst« nicht entkommen. Wo wir die Energie in unserem Körper lediglich entladen, steht sie für den tiefgreifenden, metabolisierenden Veränderungsprozess, der tief in unsere Physiologie eingreift, nicht mehr zur Verfügung. Wir brauchen aber eine Form von In-formation, um in eine andere Beziehung mit uns selbst und der Welt zu kommen.

Die teilnehmende Natur des Seins

Der Philosoph David Abram erinnert uns daran, dass Wahrnehmung ein teilnehmender Akt ist. Wir sind ständig mit der Welt um uns auf subtilen Ebenen verbunden und können der »verkörperten Natur des erfahrenden Selbst« nicht entkommen. Abram erinnert an den Philosophen Maurice Merleau-Ponty, der an wichtiger Stelle sagt:

> »... andere Menschen oder Subjekte manifestieren sich in meiner subjektiven Erfahrung als sichtbare, lebendige Körper, und ich selbst bin nur als Körper für andere sichtbar und spürbar. Gerade der Körper ist meine Eingabe ins allgemeine, intersubjektive Erfahrungsfeld. (...) Wenn dieser Körper meine Präsenz in der Welt ist, wenn es allein der Körper ist, der mich befähigt, mit anderen Präsenzen in Beziehung zu treten, wenn ich ohne diese Augen, ohne diese Stimme, ohne diese Hände unfähig wäre, Dinge zu sehen, zu schmecken, zu berühren oder mich von ihnen berühren zu lassen – wenn es, in anderen Worten, ohne diesen Körper keine Möglichkeit der Erfahrung gäbe –, dann ist der Körper selbst das wahre Erfahrungssubjekt. Merleau-Ponty beginnt dann, um das Subjekt, das erfahrende Selbst zu definieren, mit dem Organismus des Körpers.«[50]

Wahrnehmung

Es gilt zu verstehen, dass unsere Wahrnehmung in jedem Moment teilnehmend ist. Durch unsere sinnliche Wahrnehmung sind wir ständig in einer größeren Realität gehalten, die für uns jeden Augenblick zur Verfügung steht, um Gesundheit wiederherzustellen. Unser Wohlergehen geht nicht nur von der Klärung des geladenen Nervensystems aus, sondern auch von unserer Fähigkeit, uns mit einer größeren Realität zu verbinden. Abram geht noch tiefer auf dieses Phänomen ein:

> »Wahrnehmung ist in Merleau-Pontys Werk genau diese Gegenseitigkeit, der fortlaufende Austausch zwischen meinem Körper und den Entitäten, die ihn umgeben. Ich führe eine Art stiller Konversation mit den Dingen, ein ständiger Dialog entfaltet sich weit unterhalb, oft sogar unabhängig von meiner verbalen Bewusstseinsgrenze, wenn meine Hand sich beispielswei-

se geschickt im Raum zwischen diesen geschriebenen Seiten und der Kaffeetasse am anderen Ende des Tischs bewegt, ohne dass ich darüber nachdenken muss, oder wenn meine Beine beim Wandern sich permanent auf die wechselnde Steilheit der Gebirgshänge hinter diesem Haus einstellen, ohne dass mein verbales Bewusstsein diese Anpassung steuern müsste. (...) Merleau-Pontys Arbeit deutet jedoch darauf hin, dass Teilnahme eine definierende Eigenschaft der Wahrnehmung selbst ist. Mit der Behauptung, dass Wahrnehmung, phänomenologisch betrachtet, von Natur aus teilnehmend ist, meinen wir, dass Wahrnehmung immer auf intimster Ebene die Erfahrung aktiven Zusammenspiels oder Kontakts zwischen dem wahrnehmenden Körper und dem Wahrgenommenen beinhaltet.«[51]

Diese konstante Beziehungsaufnahme mit dem unmittelbaren Umfeld, der teilnehmende Kontakt mit den Quellen der Gesundheit, erhält uns und schafft Ordnung in unserem Körper, unserem Selbst und unserer Umwelt. Gesundheit ist Kontakt und Erhaltung der Verbindung zu den Quellen der Gesundheit, die nicht nur in unserem Körper, sondern auch außerhalb der Begrenztheit des Körpergefäßes zu finden sind. Diese Vorstellung deckt sich auch mit den Ideen von James Jealous, der eine spezielle, naturverbundene Haltung von Craniosacraler Biodynamik lehrt.

Vielleicht fällt das Verständnis dieses Themas leichter, wenn wir es unter Bezug auf die wirkenden Kräfte, die Dynamik, die Einflussgebiete wie Felder oder andere primär nichtmaterielle Verbindungen betrachten. Unser Geist scheint durch unsere Identifikation mit dem intellektuellen Erbe Francis Bacons (1561–1626), eines der Begründer des Empirismus, und René Descartes (1596–1650), dem Urheber der modernen Philosophie, konditioniert zu sein. Der Erstere lehrt uns, unseren unmittelbaren Sinnen zu misstrauen und vielmehr als Realität nur Resultate unparteiischer und von unserem Bewusstsein unabhängiger Experimente anzuerkennen; der Letztere setzt unsere Fähigkeit zum Zweifeln als einzige Realität über alle anderen Dinge und zieht daraus den Schluss »Ich denke, also bin ich«. Das ist die Grundlage von viel Elend, mit dem ich mich in der psychologischen Beratung zu befassen habe. Diese kartesianische intellektuelle Denkweise leugnet so viel von unserer unmittelbaren sinnlichen Realität, dass sie sich in weiten Teilen persönlicher Veränderungsprozesse als nutzlos erweist. Für einen Therapeuten ist es eine schwierige Aufgabe, Vertrauen und Sicherheit zu vermitteln, um Menschen dazu zu ermutigen, ihre Überidentifikation mit dem mentalen Denken und Argumentieren loszulassen.

Teilnehmende Natur des Seins

Ziel ist, Menschen zu helfen, andere Quellen der Einsicht, der Gesundheit und körperlichen Neuordnung nutzbar zu machen – ihren Felt-Sense, ihre Intuition und unmittelbare Sinneserfahrung und darüber hinaus die Realität eines fühlenden Herzens und eines Gehaltenseins in einem größeren Ganzen. Die teilnehmende Natur des Seins ist mit Entstehung unserer Faszination für die Manipulation der objektiven äußeren Realität verloren gegangen. Gleichzeitig ist diese teilnehmende Natur in anderen Kulturen viel mehr anerkannt. Die hinduistische Welt betrachtet das Chakrensystem mit seinen unterschiedlichen Energiezentren im Körper als wesentlichen Zugang einer Person zu den Quellen der Gesundheit. Diese energetische Versorgung nährt unsere gesamte Existenz. Nach Meinung moderner Heiler sollen die Chakren weißes Prana aufnehmen und es in verschiedene Lichtkomponenten aufspalten. Die entstehenden Farben schaffen einen besonderen Metabolismus im physischen Körper und sorgen dadurch für Gesundheit. Richard Gerber[52] erklärt:

»Wie Akupunkturpunkte sind auch die Chakren spezialisierte Energiezentren in unserem Körper, in denen eine einzigartige Form subtiler Lebensenergie aus der Umwelt absorbiert und in unsere Zellen, Organe und Körpergewebe verteilt wird. Der Fluss dieser Energie, von den Hindus Prana genannt, wird jedoch stark sowohl von unserer Persönlichkeitsstruktur und unseren Emotionen als auch von unserem spirituellen Entwicklungsstand beeinflusst. Die Yogatradition des alten Indien hat vor mehreren hundert Jahren diese Präsenz spezialisierter Zentren spiritueller Energie im Körper erstmals beschrieben. Obwohl hinduistische und Yogagelehrte in Indien deren Existenz seit Jahrhunderten erkannt haben, hat das Wissen um die Chakren erst seit kurzer Zeit die westliche Welt erreicht. Nach alter Weisheit und neuer Forschung ist jede der großen Chakren direkt mit einer bestimmten Körperregion sowie einer bestimmten Hormondrüse und einem System von Körpernerven verbunden.«

Prana beschreibt eine subtile Form reiner Energie, deren Ursprung die Sonne mit ihrem kosmischen Licht ist. Von den Chakren wird das Prana, diese »subtile, nährende Lebensenergie-Komponente des Sonnenlichts«,[53] an die verschiedenen Organe und Körpergewebe weitergegeben. Prana ist nicht sichtbar, lässt sich aber aus dem Atmungsprozess schließen. Sein Sitz ist das menschliche Herz, von dem aus 101 Energieleitbahnen, Nadis genannt, sich in den Körper ausbreiten. Jedes Nadi verzweigt sich in 100 Unter-Nadis, die ihrerseits wiederum 72.000 Zweig-Nadis besitzen. Der Körper wird also buchstäblich überall vom kosmischen Licht des Pranasystems belebt. Das stimmt mit den Befunden von Mae-Wan Ho überein, die von der Vorstellung spricht, dass »das lebendige System ein zusammenhängendes, an lebende Materie gebundenes Photonenfeld darstellt«.[54] Es ist sehr gut möglich, dass genau diese teilnehmende Natur an einem viel größeren Feld der Grund dafür ist, dass lebende Organismen eine innere Ordnung, Kohärenz und Funktionalität aufrechterhalten können. Lebende Organismen zeichnen sich im Gegensatz zu toter Materie eben dadurch aus, dass eine innere Ordnung aufrechterhalten wird.

Innere Ordnung

»Während die physikalische Welt gemäß dem zweiten Gesetz der Thermodynamik funktioniert, nach dem sich verwertbare Energie kontinuierlich in Hitze oder zufällige Molekularbewegung abbaut (Entropie), scheint die biologische Welt zum genauen Gegenteil in der Lage zu sein, indem sie Organisation durch den Fluss von Energie und Materie erhöht.«[55]

Das verdeutlicht, warum eine ständige Wiederverbindung zu einem Energiefeld den Zusammenbruch der inneren Struktur eines lebenden Organismus verhindert. All diese Aussagen legen nahe, dass eine wichtige Quelle von Gesundheit außerhalb des Körpers zu finden ist und dass wir uns überlegen müssen, wie wir zu dieser scheinbar flüchtigen, aber essenziellen Quelle innerer Ordnung und Versorgung Beziehung aufnehmen. John Chitty sprach während eines Workshops im Jahre 2003 in der Schweiz davon, dass es das Verständnis craniosacraler Heilarbeit erleichtern kann, sich vorzustellen, dass die mit dem Siebbein gliedartig verbundene Siebplatte, durch die die Luft bei der Einatmung strömt, das Prana aus der vorbeiströmenden Luft »abschöpft«. Dieses Prana wird dann zum dritten Ventrikel im Gehirn weiterbefördert, in dem »der Händedruck zwischen Geist und Materie« stattfindet. So erhält der dritte Ventrikel eine Ladung, die mit der Luft im Zusammenhang steht, und auf diese Weise nehmen wir ein Feld auf, das eine sofortige unentbehrliche Wirkung auf uns hat. Des Weiteren scheint der dritte Ventrikel mit der Zirbeldrüse, dieser wichtigsten der endokrinen Drüsen, verbunden zu sein. Nach Ansicht von Chitty ist es sinnvoll, das endokrine, das neuronale und das Immunsystem als ein System anzusehen und dabei seine enge Verbindung zum dritten Ventrikel zu beachten. Nach seinem Transport in den dritten Ventrikel, wo die Rückenmarksflüssigkeit entsteht, trägt das Prana diese Form flüssiger Lichtenergie in die Rückenmarksflüssigkeit, durch die sie dann im Körper verteilt wird. Das Prana tritt also in den Körper ein und erneuert ihn von innen.

Felder außerhalb des Körpers

Das Konzept einer Kraft, einer Energie oder eines Feldes außerhalb des Körpers, die Gesundheit vermitteln und uns von außen versorgen, hat größere Implikationen für den Begriff des wahren Selbst und für unsere Art der Beziehung zu Gesundheit. Sie ist nicht etwas, das einzig und allein im Körper gefunden werden kann, sondern sie scheint auch etwas mit der Art und Weise zu tun zu haben, in der wir Kontakt zu dem Feld lebenserhaltender Energie um uns herum halten und mit unserer Umwelt in Beziehung treten.

Schauen wir uns an, wie wir uns embryologisch, d.h. in den ersten zehn Lebenswochen bis etwa zur Größe einer Erbse entwickeln. Die vergleichende dynamische Morphologie lehrt uns, dass der Empfängnis eine Woche der scheinbar »leblosen« Entwicklung folgt, in der die Zygote sich teilt und eine Morula bildet. Während dieser Woche findet keine räumliche Ausdehnung statt, sondern es wächst lediglich die Anzahl der Zellen an. Es geschieht kein expansives Wachstum, kein

Stoffwechsel, keine Metamorphose, bis es dann plötzlich zu einer großen Ausdehnung in die Umwelt, nämlich zur Implantation der Blastozyste in die Uterusschleimhaut kommt. Erst wenn aus diesem Keim eine expandierende, raumgreifende Blastozyste geworden ist, die sich mit dem Uterus verbindet und abgegrenzten Raum um den zukünftigen Embryo schafft, kann die tatsächliche Körperentwicklung beginnen. Zu Beginn des Lebens breiten sich Zentrifugalkräfte aus und vereinigen sich mit einem größeren Feld. Im leeren Innenraum entstehen quasi Zentripetalkräfte, die langsam die Versorgung der embryonischen Keimscheibe einleiten. Wir wachsen von außen, d.h. von der umgebenden Umwelt in unseren (Zentral-)Körper hinein. Wir entstehen nicht aus einem Spermium oder einer Eizelle, sondern wir wachsen aus dem trophoblastischen Umfeld, besser bekannt als die spätere Nachgeburt, in unseren Körper hinein. Dieses Prinzip der externen Verkörperung dreht sich später bei der Geburt um, wenn wir aus unserem Körper heraus in die Umwelt ausgreifen.

Wir selbst werden

Geburt bedeutet daher, wie Jaap van der Wal erklärt, dass wir aus unserer Umwelt herauswachsen und wir selbst werden. »In diesem Entwicklungsstadium ist unser ›peripherer Körper‹ (d.h. der Trophoblast, Anm. JBS) der primäre, unser ›wirklicher‹ Körper aber der sekundäre!«[56]. Diese Beziehung zu unserer embryonalen Umwelt betrachte ich als eine archetypische, die wesentlich unser späteres Erleben formt. In Zeiten der Erneuerung, der inneren Wandlung und Veränderung scheint es mir relevant, dass wir wieder an den spirituellen Trophoblasten unserer Existenz andocken können, um von einem größeren Ganzen gehalten und genährt zu werden, wie der Embryo in der Entwicklung, der durch einen kleinen Haftstiel, der späteren Nabelschnur, gehalten wird und dadurch mit dem riesigen Universum des Trophoblasten, der späteren Placenta, in Verbindung bleibt. Dieser als archetypisch erlebte Vorgang findet sich nicht nur in der metaphorischen Beschreibung der Genesis wieder, sondern bildet auch unser Erleben jeglicher spiritueller Erneuerung.

Spirituelle Erneuerung im späteren Leben hat viel mit der Durchlässigkeit und Empfänglichkeit unseres Körpers für die immaterielle Wirklichkeit, unsere spirituelle Umwelt oder Plazenta, zu tun. Wir erleben spirituelles Gehaltensein ähnlich wie der embryonale Zentralkörper im Mutterleib die Versorgung und Verbindung mit der umgebenden Plazenta. Die tiefste Verletzung, das schwerwiegendste Trauma ist die Trennung von der Quelle. Sie hinterlässt ein Gefühl tiefer Verlassenheit, Fremdheit in der Welt und manchmal Desorientierung. Die tiefste Traurigkeit ist die Trauer um das Getrenntsein von der grundlegendsten Spiritualität, die unser Leben durchdringt. Gesundheit und die Synchronisierung mit dem, was wir sind, sind abhängig von der Erkenntnis, dass die Grundquelle des Lebens nicht in erster Linie im Körper zu finden ist, obwohl unser Körper das einzige Medium ist, über das wir die Wirkung dieses Felds erfahren können. Es ist unsere Beziehung zur umgebenden Matrix, zum spirituellen Zytoplasma, für das wir rezeptiv und sensibel werden müssen, um wieder zu den tiefen spirituellen Erfahrungen kommen zu können, ohne die es keine Gesundheit gibt. Körperliche Ertüchtigung ohne spirituelle Verbundenheit ist buchstäblich »arm-selig« bzw. wir landen dann beim Orthopäden und einem anderen Sportarzt.

Trennung von der Quelle

Die Vorstellung von Gesundheit und Kräften, die uns von außen erreichen, spielte auch schon in der westlichen Welt eine Rolle. Das Konzept externer Kräfte, die nötig sind, um Gesundheit im menschlichen Körper herzustellen, scheint sogar der ursprüngliche Ansatz der vorhippokratischen Medizin zu sein. Rudolf Steiner (1861–1925), der Gründer der Anthroposophie, beschäftigte sich lebenslang mit der Ankoppelung des Geistes in einer verkörperten Existenz. Während einer Lesung im Jahr 1920 über anthroposophische Medizin formulierte er den Gedanken, dass Gesundheit nicht nur auf den Körper beschränkt sei. Viele seiner Befunde waren Schlussfolgerungen aus vergleichenden morphologischen Beobachtungen, die ihm die Frage aufgaben, wie es kommt, dass Menschen trotz ihres Körpergewichts zum aufrechten Gang in der Lage sind. Steiner legte in seinem Ringen um Verständnis der Menschlichkeit im Menschsein den Fokus auf die waltenden Kräfte.

Ich stelle diese Betrachtungen deshalb so ausführlich dar, weil wir unser Verständnis von Realität und Selbst verändern müssen. Gesundheit kommt von außen und wird über den Körper innerlich erfahrbar. So kann eine umfassendere und ergiebigere Sicht von Gesundheit entstehen, wenn wir über den physischen Körper hinaus denken. Dieses Hinausgehen über den physischen Körper im Alltag hängt stark von der Richtung ab, die wir unserer Aufmerksamkeit geben, die damit Energie dynamisiert. Sie auf Ressourcen zu lenken, belebt uns. Sie vom Körper wegzulenken, kann in vielen Situationen helfen, in denen der Körper zu überladen oder zu furchterregend ist, um Kontakt mit ihm zu halten. Wenn wir mit der Bewusstmachung von Empfindungen und Gefühlen im Körper arbeiten, können wir an einen Punkt gelangen, an dem es schwerfällt, dem Körper genug Ressourcen zu geben, oder direktes Körpererleben zu schmerzvoll ist. Häufig ist das der Fall, wenn wir an einer frühen Verletzung, einem Schock leiden oder innerlich auf die tiefe Trauer um die Trennung und Ablösung von der Quelle stoßen. Im frühen Stadium des Lebens als Embryo und Säugling reagieren wir als integrales somatisches Ganzes. Der ganze Körper nimmt das Schockerlebnis auf und formt dadurch auch unsere psychische Erfahrung. Die Tatsache, dass unsere Seele, unser Bewusstsein, unsere Aufmerksamkeit, ihre Ursprungsquelle verlassen musste, um sich zu verkörpern, ist in sich ein traumatisierender Prozess. Jeder, der das durch eine Rückführung schon einmal erleben konnte, weiß darum. Von der luftigen Qualität des freischwebenden Geistes in die beengende und Widerstand bietende Qualität embryonaler Flüssigkeit zu kommen, ist wirklich keine Luxusreise. Die Konsequenz dieses Trennungsschmerzes ist, dass tiefe und frühe Verletzung einzig und allein in einem sakralen Raum gehalten werden kann, der über die physiologische Entladung des Nervensystems weit hinausgeht. Nur in einem sakralen Raum können wir über die Verbindung mit dem größeren Feld, aus dem wir kommen, Trost finden. Dieser Trost, dieses Eingehülltsein in eine andere Sphäre, ein anderes Feld, erlaubt uns das Gefühl, genauso gehalten, im Kontakt und in Sicherheit vor der gefürchteten Vernichtung zu sein wie damals, zu Beginn unseres Lebens im Mutterleib. Dieser Kontakt nimmt die schreckliche Furcht vor Vernichtung von uns.

Sakraler Raum

Das Gefühl, gehalten und in dem sicheren Umfeld aufgehoben zu sein, das letztendlich ja aus uns selbst und unserer wahren Natur besteht, erlaubt die erlösende Implosion ins Selbst. Wir erfahren so den Grund unseres Seins durch das Prisma unseres Selbstprozesses als Emanzipation in ein verbundenes, ganzheitliches Selbst-Sein. Der Ausdruck und das Spüren unserer Einzigartigkeit ist eine berührende Erfahrung. Wir entdecken unsere Teilnahme am göttlichen Seinsgrund und bleiben dennoch einzigartig in unserer Erlebnis-, Verhaltens- und Seinsausprägung. Das ist eine demutsvolle Erfahrung von Gnade, Dankbarkeit und Ehrfurcht. Unser tiefstes Leiden hebt sich hier auf, und wir erkennen unsere teilnehmende Natur als unser wahres Wesen, das immer im Kontakt ist mit etwas Größerem. Wie im Mutterbauch wachsen wir aus einer umgebenden Quelle in uns selbst hinein. Selbstwerdung heißt die Verbindung zur inspirierenden Quelle wiederzufinden. Wenn Gott einatmet, atmen wir aus. Wenn wir einatmen, atmet Gott aus. Präziser ist Intimität wahrscheinlich kaum beschreibbar.

Was in geschriebener Form möglicherweise abstrakt klingt, wird für eine wachsende Anzahl von Menschen heutzutage zur gefühlten Erfahrung. Ich staune, wenn ich miterlebe, wie bereitwillig sich Menschen auf diese Realität einlassen. Viele fühlen sich im Eintauchen in diese Erfahrung ruhig, genährt und berührt. Wiederanknüpfung zu erleben, liefert den faktischen Nachweis, neben dem Worte banal und flach klingen, denn die tiefe innere Nahrung ist vor allem eine gefühlte Realität, deren Konsequenz, Gleichmut, keiner Erklärung bedarf. Der geheimnisvolle Kern und die Wahrhaftigkeit einer solchen Erfahrung sind mit Begriffen kartesianischer Rationalität nicht erklärbar, wie ja auch die gefühlte Erfahrung eines Walzers oder der Geschmack von Knoblauch verbal nicht mitgeteilt werden kann. Gefühlserfahrungen lassen sich eben nur erleben.

Risikobereitschaft zum Fühlen

Wir können uns nur durch die Risikobereitschaft zum Fühlen der Realität wandeln. Veränderung ist Veränderung und nicht Diskussion über Veränderung. Diana Fosha versucht, Grundlagen für persönliche Veränderungsprozesse zu beschreiben. Sie zielt, wie sie es ausdrückt, darauf ab, zu einem »Kernzustand« oder eher zur Erfahrung eines Kernzustands zu gelangen.

»Der physische, physiologische Ausdruck für Heilaffekte beinhaltet eine zittrige Stimme, wenn Emotionen kontrolliert und Tränen zurückgehalten werden. Die Augen sind klar und voller Licht und gewöhnlich tränenfeucht. Der Blick ist eher nach oben gerichtet. (...) Obwohl der Ausdruck von bewegten, berührten oder emotionalen Gefühlen sowie von tiefer Liebe oder Dankbarkeit normalerweise von Tränen begleitet ist, drücken Patienten sehr klar aus, dass sie weder Trauer noch Schmerz erleben; gelegentlich sprechen sie sogar davon, dass sie glücklich oder voller Freude sind. Auch dann, wenn zu anderen Zeiten die Reaktion sich mit Traurigkeit oder emotionalem Schmerz mischt, lässt die Person den Schmerz zu und nimmt ihn als etwas an, das es wert ist, ohne Furcht und Vermeidung gefühlt und willkommen geheißen zu werden. Heilaffekte sind von Einfachheit, Klarheit, Unschuld, Frische, Süße und Schärfe gekennzeichnet. Die Person befindet sich im Zustand der Offenheit und Verletzlichkeit, die aber strahlt und der Angst und Abwehr entbehrt. Die Stimmung (oder die vorherrschende Gefühlslage) kann dabei entweder feierlich, ergriffen und weich oder aber freudig und staunend sein, oft begleitet von einem vorsichtigen, beinahe schüchternen Lächeln.

Heilaffekte

Genauso wie bei den Kernaffekten treten auch im Kernzustand weder Angst noch die Neigung zur Abwehr auf; ganz anders als beim Kernaffekt aber wird der Körper auch nicht von spezifischen Emotionen geschüttelt. Stattdessen treten Ruhe, Fluss, Offenheit, Lebendigkeit, Entspannung, Leichtigkeit und Klarheit ein. Kernzustand bezeichnet einen veränderten Zustand der Offenheit und des Kontakts, in dem das Individuum im tiefen Kontakt mit den wesentlichen Aspekten der eigenen Erfahrung ist; es berührt seine eigene emotionale Wahrheit. In diesem Zustand ist die Erfahrung intensiv, tief gefühlt, unmissverständlich und erklärt sich selbst; das Spüren ist verstärkt, innere Bilder sind lebhaft, Sprachdruck fehlt, Bewegungen geschehen mit Leichtigkeit. Auch Fokus und Konzentration ohne Anstrengung gehören zu den Merkmalen dieses Zustands. Der Kontakt ist tief und klar, da die Einstellung zu sich selbst und die Empfänglichkeit für andere problemlos miteinander einhergehen. Kernzustandsphänomene sind unter anderem: (1) das Gefühl der Stärke, Klarheit und Verfügbarkeit von Ressourcen, die als Folge von angepassten Handlungsimpulsen zum

Tragen kommt; (2) Kern-Beziehungserfahrungen wie Liebe, Zärtlichkeit, Mitgefühl, Nähe, die aus einer Haltung der Achtsamkeit und Selbstbeherrschung heraus entstehen; (3) Kern-Selbsterfahrung dessen, was Individuen subjektiv als ihr ›wahres Selbst‹ betrachten; (4) körperliche Kernzustände wie Entspannung, Offenheit und Lebendigkeit, die in Folge der Körperveränderung entstehen; (5) Zustände klaren und authentischen Wissens, Kommunikation über die eigene subjektive Wahrheit, aus der Großzügigkeit, Empathie, Selbstempathie und Weisheit hervorgehen. Im Kernzustand kann Selbstreflexion ihre volle Kraft entfalten.«[57]

Kern des inneren Navigierens

Hier kommen wir zum Kern des inneren Navigierens. Es geht mit frei fließender, nicht an Konzepte oder emotionale Vorurteile gebundener Aufmerksamkeit einher. Es geht mit der Fähigkeit einher, frei in die Realität des Moments einzutauchen, sich mit dem Jetzt zu verbinden, ohne zu blockieren oder fixiert, befangen, emotional getrieben oder vom Felt-Sense getrennt zu sein. Es geht mit Präsenz einher, die wir halten können, und mit unserer Fähigkeit, in Verbindung mit einem größeren Seinsgefühl zu bleiben. Es ist ein inneres Gespür für die Wahrheit einer Situation, selbst wenn diese Wahrheit bis zu einem gewissen Grad durch unsere Wahrnehmung gefärbt ist. Wir können der Realität des Moments lauschen, ohne uns hineinziehen zu lassen. Wir bleiben auch dann neutral, wenn wir Gefühlshinweise über die Realität des Moments erhalten. Wir können unsere Aufmerksamkeit lenken, ohne bewertend zu sein oder vorschnelle Schlüsse zu ziehen. Wir können eine Situation aufnahmebereit offen halten. Wir verengen nicht unsere Wahrnehmung durch Fixieren mit unseren Augen. Wir bleiben dadurch offen, dass wir nach innen und nach außen lauschen. Wir nehmen uns Zeit, um die Botschaften des Körpers zu spüren, zu lesen und aufzunehmen. Wir bleiben uns auf defokussierte, aufmerksame und absichtslose Weise verschiedener Aspekte einer Situation bewusst, in der Begegnung mit Menschen, während Meetings oder wenn wir unseren Kindern zuhören, die in einer misslichen Lage sind. Dies ist genau das Gegenteil von dem, was in der traumatischen Überflutung passiert, in der sich unsere Sinne auf eine bestimmte Wahrnehmung verengen und daraus die einzig mögliche stattfindende Realität machen. Wir warten darauf, dass das Außen, die Realität einer Situation, zu uns spricht. Wir lassen die Information auf uns zukommen und sich in unserer Präsenz entfalten. Wir hören auf unser Herz, das integrative somatische Gehirn, das seine Information so freigebig mitteilt, wenn wir uns ihm freundlich zuwenden. Dies ist eine integrative Funktion, denn es ermöglicht das Zusammenkommen innerer und äußerer Information in unserem Herzen, in unserem Felt-Sense, in unserem durchlässigen Gefäß, das in eine größere Verknüpfung eingebunden ist. Es ist eine Art ganzheitlicher Informationssammlung und -verarbeitung, die über unsere sequenzielle Großhirnaktivität hinausgeht. Es ist eine andere »Methode«, uns selbst den nächsten angemessenen Schritt mitzuteilen. Es ist ein feiner, innerer Kompass, der unserem Leben Richtung, Klarheit und Übereinstimmung mit dem inneren Plan geben kann.

Die innere Erfahrung als real betrachten

Aus der Erfahrung in meinen Ausbildungskursen für prozessorientierte Aufstellungsarbeit weiß ich, wie viel Zutrauen es am Anfang von den Lernenden verlangt, die innere, gefühlte Erfahrung als real zu betrachten. Viele Menschen spüren, was sie in einer gegebenen Situation tun sollten oder könnten, trauen aber dieser klaren Information nicht. Sie nehmen sie nicht als ausreichend real an, um sich entsprechend zu verhalten. Wenn ich Paare im Endstadium ihrer Beziehung frage, ob es einen Zeitpunkt gegeben hat, an dem sie sich hätten trennen sollen, dann erhalte ich eine klare und sofortige Antwort, die fast immer zwischen beiden Partnern übereinstimmt. Wenn ich erfolgreiche Leiter von Familienunternehmen frage, wie sie Entscheidungen in ihren Firmen treffen, dann berichten sie über Bauchgefühl-Strategien der einen oder anderen Art und zeigen erstaunliche Sensibilität für das Ganze.

All diese Beispiele lehren mich ein ums andere Mal, dass wir uns selbst ernster nehmen müssen. Wir sollten gewahr sein, dass es eine Intelligenz gibt, die den Körper und seine Verbindung zu größeren gefühlten Realitäten mit einbezieht. Das Ergebnis ist eine wirklichere und größere Übereinstimmung mit der Realität, als nur Gedanken in unserem Kopf kreisen zu lassen, von einer vorausgesetzten objektiven

Realität auszugehen oder die eigene Verbindungslosigkeit als Verzicht auf Einmischung zu deuten. Ich weise nochmals darauf hin, dass wir nicht gewohnt sind, die innere Realität genauso ernst zu nehmen wie die äußere. Bevor wir uns zu einer bestimmten Handlung entscheiden, ist ernsthafte Aufmerksamkeit für den inneren Felt-Sense angezeigt.

Ich erinnere mich daran, wie ich meine Krankenkassenzulassung als Verhaltenstherapeut in Deutschland zurückgab. Ich fühlte einfach, dass ich in diesem repressiven Gesundheitssystem depressiv, möglicherweise korrupt und zutiefst unglücklich werden würde. Obwohl ich eine Menge Geld und viel wertvolle Lebenszeit dafür verwendet hatte, mich zur Teilnahme an diesem System zu qualifizieren, wusste ich doch schon fast in dem Augenblick, als ich die Zulassung erhielt, dass dies eine Fessel war, die mir auf persönlicher Ebene nicht dienlich war.

Innere Navigation

Innere Navigation bringt uns in eine mitschwingende Beziehung mit der wirkenden Realität eines beliebigen Moments. Sie lässt uns unsere subjektive, lenkende, unumgängliche Wahrheit fühlen. Dieses freie Resonanzgefühl für die wirkende Realität erstreckt sich auf Menschen, Tiere, Pflanzen, »unbeseelte Materie«, jeglichen Aspekt der Natur und die umgebende Lebenswelt ebenso wie auf jedes andere Phänomen wie innere Wahrnehmung, spirituelle oder Höhepunktserlebnisse, die Wirkung von Beziehungsthemen auf uns, und was immer hier für Sie zutrifft. Diese Art der integralen zuhörenden Haltung dämmt die Beurteilungen, vorzeitigen Schlussfolgerungen und intellektuellen Vorurteile ein, die wir manchmal hervorbringen. Sie gebietet unserem schnellen Geist Einhalt. Wir erweitern gewissermaßen unser Wahrnehmungsfeld, um zu einer ganzheitlichen Einschätzung eines Moments zu gelangen. Dieses defokussierte, integrale Schwingen mit einer Situation ist eine Ganzkörpererfahrung, die einen Realitätsbezug einbringt, der seinerseits wiederum Orientierung bietet. Der innere Navigationsprozess steht im Gegensatz zu Beschleunigung, schnellem Sprechen, Beeilung oder anderen Methoden, nicht zu bemerken, was gerade ist. Meine belgische Bekannte, Maria Baeck, sagt dazu: »Wir haben keine Zeit mehr, uns zu beeilen.«

Uns uns selbst zuzuwenden, anstatt unsere Aufmerksamkeit ausschließlich nach außen wandern zu lassen, führt zu einer ruhigen Einsicht der Art und Weise, wie wir uns selbst erschaffen. Sie zeigt, wie wir die einen Wahrnehmungen zugunsten anderer missachten, welche Bilder wir für uns selbst kreieren und womit wir uns identifizieren.

Mit dieser stimmigen und gesamtheitlichen Wahrnehmung in Berührung zu kommen, bereichert unser Leben stark. Man könnte sagen, dass wir in gewissem Sinne gegen das, was auf uns zukommt, keinen Widerstand mehr leisten. Wir handeln aus einer Position von Verbundenheit, Wechselseitigkeit und Teilnahme heraus und erhalten gleichzeitig unsere Einzigartigkeit und Integrität. Wir wehren uns weniger gegen die auf uns zukommende und uns verändernde und heilende Liebe. Wir lassen uns verändern ohne Angst, Gegenwehr oder Scheu. Die Wechselseitigkeit hat einen bereichernden Effekt auf unsere Beziehungen zu Menschen. Die Begegnung mit anderen wird gehaltvoller und lohnender. Gleichzeitig können wir vor dem Hintergrund unserer teilnehmenden Eingebundenheit für unsere Mitmenschen das werden, was Diana Fosha »den wahren anderen« nennt. Damit meint sie eine Person, die kongruent auf die momentanen wirklichen Bedürfnisse des Gegenübers reagiert. Sie führt aus, dass der wahre andere nicht etwa perfekt in sich selbst ist, sondern vielmehr auf perfekte Weise das im anderen ausfüllt, was bisher nicht ausgefüllt war. Fosha sagt:

> »Der wahre andere ist eine externe Präsenz, die uns ermöglicht, der zu sein, der wir zu sein glauben, der wir sein sollen, also jemand, der als Medium dafür dient, einen Aspekt des wahren Selbst zu aktualisieren. (...) Der wahre andere ist der Geburtshelfer unseres wahren Selbst.«[58]

Wahrnehmungsklarheit

Die Ausstrahlung unseres wahren Selbst geht mit Heilaffekten einher. Mit intakter innerer Navigation gelingt es uns plötzlich, auch die innere Navigationserfahrung des anderen zu erkennen. Diese Wahrnehmungsklarheit erlaubt uns, uns stimmiger um diejenigen Aspekte im Gegenüber zu kümmern, die wir noch nicht anerkannt, bestätigt oder gesehen haben. Unser im Ansatz vorhandenes Vermögen zur Hellsichtigkeit intensiviert sich und verbessert unsere Wahrnehmungsfähigkeiten. Damit verfügen wir wieder über unsere kongruente Resonanzfähigkeit.

Aufgehobensein

Die Veränderung in unseren Beziehungen verdeutlicht auch die Grenzen in dieser Wechselseitigkeit. Führen wir die Idee tiefster Bedürfnisse noch einen Schritt weiter, dann können wir sagen, dass der wahre andere einfach eine stets vorhandene Reminiszenz des Aufgehobenseins darstellt, das wir, eingebettet in unsere spirituelle Quelle, erleben durften. Sogar dann, wenn andere unsere Bedürfnisse voll erfüllen, können wir noch immer tiefes Verlangen erleben, das in der dyadischen Beziehung nicht erfüllt werden kann. Vielleicht müssen wir akzeptieren, dass unsere tiefste Sehnsucht nicht durch unsere Mitmenschen gestillt werden kann. Das ist vermutlich eine ernüchternde Einsicht in die Natur persönlicher Beziehungen. Wir müssen also einen noch tieferen Weg finden, um uns selbst zu begegnen. Dieser Weg erfordert, dass wir in die Selbsterforschung eintreten, d.h. dass wir die Aufmerksamkeit auf unseren inneren Selbstprozess lenken und uns mit der Frage beschäftigen, »wie wir uns selbst erschaffen«, oder mit anderen Worten, wie wir sein müssen, um die verlorene Verbindung zur größeren Realität, zur Quelle oder zum allumfassenden Eingebettetsein zu fühlen. Veränderung hin zum wahren Selbst zeigt sich in einer Veränderung von Gefühlsqualitäten in Richtung auf mehr Wärme, mehr Gegenseitigkeit und mehr Mitgefühl in Bezug auf sich selbst und auf andere.

Übereinstimmung mit dem wahren Selbst wird als Zustand des Gleichmuts erlebt, der uns erlaubt, die auftauchenden Gefühle zu lesen, ohne sie zu werden. Folglich bedeutet Kontakt zum wahren Selbst, die Identifikation mit Gefühlen und Empfindungen loszulassen. Wir sind ihre bezeugenden Beobachter, sehen sie kommen und wieder gehen wie Wolken am Himmel und verstehen instinktiv ihre Botschaft. Und, was besonders wichtig ist, wir haben die Freiheit, nicht nach ihren »Weisungen« zu handeln, sondern die innere Flexibilität zu behalten, unser Wahrnehmungsfeld zu erweitern und das größere Bild ihres Zustandekommens zu betrachten. Durch die Fähigkeit, die Identifikation mit diesen Gefühlen aufzugeben, werden wir in die Lage versetzt, emotional gesteuerte Kommunikation mit anderen zu entgiften. Wir beginnen, uns mehr um die Bedürfnisse der wahren Person zu kümmern, als um emotional geladene Reaktionen, die häufig nicht aus gegenwärtigen, sondern aus früheren Erfahrungen heraus entstehen. Die Fähigkeit, uns von der unmittelbaren Erfahrung zu »des-identifizieren«, setzt den Startpunkt für eine Transformation des Selbst in einen flexiblen Selbstprozess.

Es mag seltsam klingen, aber in diesem Stadium entsteht ein Gefühl der Auflösung all dessen, was wir für naturgegeben hielten. In einen Selbstprozess einzutreten, der uns verlässliches inneres Navigieren einbringt, verlangt von uns, die Identifikation mit dem, was wir zu sein glauben, aufzugeben. Ich weiß nicht, wer oder was ich bin, aber ich stelle mich natürlich und ohne Anstrengung neu auf jede Situation ein. Ich wehre mich nicht und nehme keine vordefinierte Position ein. Ich bewege mich mit erweiterter Wahrnehmung in einem größeren Realitätsfeld, das mir hilft, in jeder (relevanten) Situation schlüssig herauszufinden, was erforderlich ist. Auf der Basis dieser integrativen Wahrnehmung kann ich greifbare Ergebnisse erzielen und verliere mich nicht in endlosen intellektuellen Gedankengängen. Je mehr Felt-Sense und innere Orientierung wir entwickeln, desto natürlicher und anstrengungsloser gebrauchen wir sie auch. Sie werden zum inneren Kompass und zu einer verlässlichen Form der Navigation.

Der Verlust unserer Identifikation mit Wahrnehmungsinhalten erfordert, aufmerksamer zu verfolgen, wie wir wahrnehmen und wie sich uns Information übermittelt. Dieses reflektierende Abstandnehmen von dem, was wir zu sein glauben, verlagert unser Grundgefühl von einer feststehenden Identifikation, die sich in Standpunkten ausdrückt wie »Das bin ich« oder »Ich vertrete diese oder jene Meinung«, zu einer fließenden Teilnahme. Dadurch verschiebt sich auch das Zentrum der persönlichen Integrität. Es muss sich von einer egozentrischen zu einer teilnehmenden Position mit Verbindung zu einem größeren Ganzen oder einem umfassenderen Umfeld verschieben. Das zieht eine neue Form der Beziehung zu sich selbst nach sich.

John Firman und Ann Gila zitieren den Psychoanalytiker Erich Neumann, der die neu entstehende Situation so beschreibt:

> »Dies führt zu einer paradoxen Form der Intimität, die sich häufig in Symbolen der Freundschaft und Verwandtschaft zwischen dem Ego und dem Selbst ausdrückt, und die die Isolation des Menschen im Kosmos kompensiert.«[59]

Was hier formuliert wird, ist eine Bestätigung unserer spirituellen Natur. Ähnliche Gedanken finden wir an vielen Stellen. Otto Scharmer et al. drücken in ihrem Buch *Presence* ihre Besorgnis darüber aus, wie groß die notwendigen Veränderungen im Individuum und in der ganzen Gesellschaft sein müssen. Die Autoren bemühen sich um ihre eigene Sprache, um auszudrücken, was nicht leicht in Worte zu kleiden ist. Sie zitieren Varela, um verständlich zu machen, was der Begriff »zerbrechliche Flotation von Kommen und Gehen« bedeuten soll, nämlich ein Konzept, das erklärt, dass die Dinge, die unsere Identität erschaffen, schwebend auf uns zukommen. Wir müssen unsere innere Struktur nicht aufrechterhalten, sondern das Gegenteil: Wir müssen loslassen. Die Autoren schreiben:

Zerbrechlichkeit des Selbst

> »Varela erklärte, dieser Prozess sei wie ein ständiges Reframing der eigenen Person in von Moment zu Moment realer erscheinender Weise. ›Wissen Sie, das Paradoxon, realer zu sein, bedeutet, virtueller und daher weniger substanziell und definiert zu sein.‹ Er fügte hinzu: ›Ein Leben in Weisheit besteht darin, sich andauernd mit dem Loslassen zu beschäftigen und die Virtualität oder Zerbrechlichkeit des Selbst sich manifestieren zu lassen. Wenn wir mit einer Person zusammen sind, die diese Fähigkeit wirklich voll und ganz besitzt, dann hat das einen Einfluss auf uns. Indem wir dieser Art von Menschen begegnen, kommen wir mit ihnen in Resonanz. Wir entspannen uns, und diese Art, zu sein, hat etwas sehr Genussvolles. In dieser Art Leben steckt Freude.‹«[60]

Erinnern wir uns an das, was Jaap van der Wal über die menschliche Natur sagt. Seiner Meinung nach ist ein spezifisches Merkmal des

Menschseins im Vergleich mit allen anderen Arten auf der Erde, dass wir der unentwickelten und undifferenzierten Embryonatur noch nahe sind. Die Entwicklung eines Menschen ist aufgrund ihres Mangels an Spezialisierung, wie man sie bei vielen der Umwelt stark angepassten Tieren findet, etwas Besonderes. Daher haben wir eine einzigartige Offenheit, Flexibilität und Anpassungsfähigkeit, durch die wir höhere Funktionen besitzen können und sich unsere Entwicklung über die Person hinaus entfalten kann.

Praktische Aspekte von Veränderungsprozessen

In der praktischen Prozessarbeit mit meinen Klienten konnte ich miterleben, wie Veränderungsprozesse zu tiefgehenden Veränderungsprozessen wurden, wenn besonders zwei Punkte gegeben waren:

Zum einen, dass wir körperlich arbeiteten. Das bedeutet, die Weisheit des Körpers den Weg zeigen zu lassen, statt Konzepte wie entkörperte Imaginationsstrategien, stereotype Behandlungsprotokolle oder Rezepte wie »positives Denken« anzuwenden. Praktisch gesprochen verlangt das, sich dem Körper und seinen subtilen Botschaften zuzuwenden und zu horchen, indem z.B. mit den Händen gearbeitet wird, Gefühle verfolgt und körperliche Ressourcen genutzt werden, während frühere Traumaerlebnisse in ressourcierender und ausbalancierter Weise durchgearbeitet werden. Das bedarf der Fähigkeit zur intimen Kommunikation. Die volle Integration des Körpers als der einzigen Form, in der ich in der Welt sein kann, zielt darauf ab, dieses Körpergefäß noch durchlässiger für die gefühlte Teilnahme an einer größeren transpersonalen Realität zu machen. Dieser größeren Realität liegt die Funktion unserer ungeschliffenen Sinne zugrunde. Die ästhetische Wahrnehmungsverfeinerung führt uns schließlich in die Erfahrung, uns berühren zu lassen und staunen zu können über die einfachen, natürlichen, unspektakulären Dinge, aus denen die Matrix unseres Lebens besteht. Körperarbeit berücksichtigt diese Ursprungsmatrix.

Innerer Embryo

Durch die zugrundeliegende energetische Matrix führt uns die tiefe Arbeit mit Menschen zurück zu dem inneren Embryo, der (zumindest energetisch und in der Erfahrung) in unserem Körper noch vollständig zugänglich ist. Die frühen wirkenden Kräfte, die in der Empfängnis und im frühen umgebungsabhängigen Formungsprozess enthalten sind, scheinen uns unser ganzes Leben lang zu erhalten. Persönliche Erneuerung, tiefe Veränderung und profunde Transformation sind mit einem Zurückgehen zu diesen frühen Kräften verbunden, die uns von innen heraus neu erschaffen. Sie lassen in uns neue Möglichkeiten entstehen. Wir »stolpern«, »brechen zusammen« und »implodieren« psychologisch, d.h. zumindest erleben wir uns so, und »sterben« schließlich in die Urmatrix der lebenserhaltenden Energien hinein. Bezogen auf den Menschen drückt Michael Shea das konkreter aus:[61]

> »Solange sie den Naturgesetzen des Embryos folgt, wird jede Heilmethode richtig sein. Der Embryo wächst und entwickelt sich in natürlichen axialen Prozessen aus Flüssigkeits- und Membraninteraktion. Dies ist sowohl ein biokinetischer Prozess als auch ein biodynamischer Flüssigkeitsprozess. Der erwachsene Körper enthält diese Urmatrix oder Blaupause für Gesundheit und Heilung. Der Körper heilt sich selbst nach Naturgesetzen, die in ihm selbst zu finden sind. Die Ursprünglichkeit des Embryos mag verborgen oder inaktiv sein, und trotzdem ist sie anwesend.«

Sobald wir mit der verkörperten Matrix des embryonalen Systems in uns arbeiten, wird Veränderung tief und dauerhaft. Bedenken wir jedoch auch, dass die Behutsamkeit, Feinheit und Zartheit, die wir brauchen, um uns auf diese Arbeitsebene einzuschwingen, von einem vorher durchlaufenen persönlichen Entwicklungsprozess abhängt – und meist auch von einem gebrochenen Herzen.

Zum anderen müssen wir einen »Tieferen Willen«, einen »Tieferen Geist«, eine transpersonale Intelligenz oder wie auch immer man diese allumfassende Realität, in die wir eingebettet sind, nennen mag, anerkennen, akzeptieren und den Kontakt zu ihr zulassen. Die

Erfahrung, sich mit einer außergewöhnlichen, umfassenden Realität zu verbinden, ist für viele Menschen wichtig, heilsam und ressourcenspendend. Im Rahmen der Traumaarbeit mit Klienten brauchten viele von ihnen immer wieder einen behutsameren, kraftspendenden und feineren Ansatz als das einfache Verfolgen ihrer Körperempfindungen oder einfache Entladungen des Nervensystems, so wichtig und revolutionär diese Schritte für unser Traumaheilungsverständnis sind. Oft erwies es sich aber als zu viel verlangt, sich auf diese Art dem Körper zuzuwenden. Es braucht eine feinere Art, in Beziehung zu treten, die mehr beruhigende Behutsamkeit, Gelassenheit und »natürliche Heiligkeit« spüren ließ. Der Ansatz der craniosacralen Biodynamik nach James Jealous machte mich mit einer weitaus einfühlsameren, respektvolleren Arbeitsweise bekannt, um ein Beziehungsfeld mit dem (Göttlichen im) Gegenüber zu schaffen. Auch Franklyn Sills wiederholte Betonung der Fähigkeit zum Zuhören, der Aufmerksamkeit gegenüber jeglichen Interaktionsgrenzen schafft in sich selbst einen heiligen Raum unter den Menschen. Die achtsame Annäherung an eine andere Person, das »Verhandeln« der richtigen physischen und emotionalen Distanz und eine neutrale Haltung bringen den tiefsten Kern eines Menschen hervor, das Tiefste an Verlangen, Leiden, Hoffnung und Bedürfnis. Hier geht es nicht um die Absicht, etwas hervorzubringen oder tiefe Veränderung zu erlauben; das kann nicht »gemacht« werden. Es kann nur empfangen werden. Es geht darum, angemessene Interaktionsbedingungen zu schaffen, damit das, was sich zeigen will, sich manifestieren kann. Es geht darum, günstige Bedingungen zur Verfügung zu stellen, damit sich die Wirklichkeiten manifestieren können, selbst wenn es sich dabei um unseren spirituellen Kern handelt, den heiligen Raum in uns, der unsere tiefste Verletzung hält.

Angemessene Interaktionsbedingungen

Trennung von der Quelle ist auch für den »modernen« Menschen schmerzhaft. Wir brauchen die Erlaubnis, wieder mit unserer spirituellen Heimat Verbindung aufzunehmen. Dieses Bedürfnis muss in einen sicheren und respektvollen Rahmen ohne irgendeine Einmischung eingeladen werden. Wir brauchen den unverstellten, unberührten, unverletzten Kontakt mit der tiefsten Quelle, was das auch immer für den Einzelnen heißen mag. Ohne spirituelle Wurzeln gibt es keine Inspiration. Wir sind viel mehr als nur ein physischer Körper. Die Verbindung zu unserer spirituellen Einbettung will eingeladen und authentisch in uns selbst belebt werden und nicht aufgrund einer Lehre oder Religion geglaubt werden. Diese Verbindung, Rückbindung oder *religio* ist wesentlich für unsere persönliche und kollektive Gesundheit und Integrität. Unser wahres Selbst zu finden, heißt im Wesentlichen, alle Konzepte, Vorstellungen, alle Abwehr gegen unsere wahre authentische Natur, die in ihrer Essenz göttlich ist, loszulassen. Oder wie es ein Inder ausdrückte: Wir müssen den Mut haben, die Religion zu säkularisieren, die Wirtschaft sozialer zu machen und die Politik zu spiritualisieren!

Ich erinnere mich an eine tief berührende Übung während eines meiner Workshops für Aufstellungsarbeit in Organisationen.[62] Ich bat die Teilnehmer, einen Stellvertreter für sich selbst und einen für ihre Lebensaufgabe aufzustellen. Was dann geschah, war eine ehrfurcht- und demutgebietende Erfahrung für die meisten Anwesenden. Die »Lebensaufgabe« nahm ganz von selbst eine numinose Qualität an, vor der die meisten Stellvertreter zurückscheuten. Die Konfrontation mit der relevanten Aufgabe in ihrem Leben verlangte dringend eine Anerkennung ihrer eigenen spirituellen Natur. Ich spreche von Hingabe an eine viel größere Realität, als die des oft kleingeistigen persönlichen Strebens nach erwünschten Positionen, Gehältern oder Reputationen. Es war höchst verwunderlich zu erleben, dass sobald das Hindernis der egozentrischen »Selbst«-Erhaltung in einem trauernden und risikofreudigen Prozess der Hingabe aufgegeben wurde, die Lebensaufgabe die Person auswählte. Diese Wahl durch die Lebensaufgabe wurde psychologisch wie ein Hineinsterben in das wahre Selbst erlebt. Die meisten Menschen können ihren wahren Lebensplan nur voll begreifen, fühlen und ihn voll verkörpern, wenn sie eine transpersonale Realität anerkennen, die gefühlte, vollständig erfahrene und ganz verkörperte Teilnahme am Göttlichen. Diese Ausbildungsübung brachte den Teilnehmern nahe, wie sehr wir alle gehalten sind und dass die Trennungserfahrung auf

»Lebensaufgabe«

gewisser Ebene eine Illusion darstellt, eine Erfindung unseres verschleierten Geistes.

Es ist für eine verlässliche innere Navigation eine notwendige Voraussetzung, die gefühlte Verbindung zu diesem göttlichen Kern einzugehen. Innere Navigation kommt nicht allein aus einem isolierten »Innen«. Sie entsteht vielmehr aus einem aufmerksamen Kontakt, einer Achtsamkeit in der gegenwärtigen Realität des Hier und Jetzt. Sie entsteht aus der soliden Verbindung mit der gefühlten, erfahrenen und geschaffenen Realität jeder einzelnen unmittelbaren Situation. Sie entsteht aus unserer Fähigkeit zur Erschaffung heiliger Räume in unserem Leben, und zwar in sehr praktischem Sinne.

Kontakt

Ich werde nie vergessen, wie meine Partnerin sich in einem schwierigen Beziehungsprozess dazu entschloss, ihre Schwangerschaft zu beenden und das Kind abzutreiben. Der gesamte Vorgang war eine der spirituellsten Erfahrungen, die ich seit Langem gehabt hatte. Als wir vor einer Untersuchung im Wartezimmer der Abtreibungsklinik saßen, konnten wir die Präsenz all dieser ungeborenen kleinen spirituellen Wesen fühlen. Die Menschen in diesem Gebäude, einer Abtreibungsklinik, waren so offen, so verletzlich, so durchlässig für eine andere Präsenz. Als eine der Frauen aufgerufen wurde, sprangen zwei Männer, vermutlich ihr Partner und ihr Vater, auf, noch bevor die Frau auf den Aufruf reagieren konnte. Sie brauchten einige Sekunden, um zu realisieren, dass sie absolut nichts tun konnten, dass die Frau allein gehen musste. Die Männer ließen sich also hilflos auf ihre Stühle zurückfallen. Es war verblüffend, die tiefe Liebe in ihnen zu sehen und gleichzeitig das spirituelle »Gewicht« der Frau zu fühlen, als sie aufstand, um zu tun, was sie tun musste. Die Unmittelbarkeit der beinahe unwillkürlichen männlichen Reaktion berührte mich. Ich wandte mich an meine Partnerin und sagte, dass Frauen nicht die geringste Ahnung davon hätten, wie tief Männer sie liebten. Es war heilsam, ihre Bestätigung zu erhalten, indem sie sagte: »Das ist wahr.« Und es brachte auf heftige Art und Weise zum Ausdruck, dass es trotz aller Liebe in der Welt Gründe geben kann, ein Kind nicht zu gebären. Manchmal ist unser Leben komplexer, als schnelle, einfache Antworten uns glauben machen wollen. Wir brachen beide in Tränen aus, und da war eine andere Präsenz fühlbar, eine unausweichliche, zwingende Realität, die jenen Augenblick und die folgenden Wochen unseres Alltagslebens erfüllte. Wir erlebten noch weitere bewegende Szenen in diesem Wartezimmer. Die durchscheinende Spiritualität dieser besonderen Momente war greifbar. Der Umgang der Ärzte und Mitarbeiter dieser Klinik mit der Gesamtsituation verdiente meinen tiefsten, innigsten Respekt. Wie sie in diesen besonderen Momenten die Menschen in ihrer Verletzlichkeit und Offenheit behandelten, war wunderschön. Ich bin heute noch dankbar dafür, wie diese Menschen durch ihr warmherziges, praktisches Handeln eine bewertungsfreie, aufgeschlossene, warme und haltgebende Umgebung für die Besonderheit der Situation schafften. Wieder zu Hause versicherte ich mich, dass alle Telefone ausgeschaltet waren, und sorgte für einen sicheren, störungsfreien Raum. Durch Weihrauch und Musik von Johann Sebastian Bach schufen wir zwei stille Tage lang einen heiligen Raum im Zimmer und in uns. Dieser innere und äußere Raum wirkte wie eine Kathedrale. Eine beruhigende Präsenz durchdrang den Raum. Die Größe des darauf folgenden Aborts reichte bis in unsere Seelen. Wir fühlten den Kontakt zu etwas, das größer war als wir. Es war ein seltener, wertvoller, tief berührender Moment im Leben. Wir sind noch immer dankbar für die enorme Tragweite der Erfahrung einer tiefen Begegnung, die in uns etwas Großes berührte.

Heilung und heiliger Raum

Heilige Räume zu erschaffen erfordert Aufmerksamkeit gegenüber der eigenen inneren Realität. Wir müssen eine reflektierte, beobachtende Haltung einnehmen, um bei dem bleiben zu können, was ist, ohne es durch Hast zunichtezumachen. Wir brauchen die gefühlte Erfahrung unserer ungeteilten, achtsamen Präsenz. In Seminaren ist

Stille

es erstaunlich zu sehen, wie Stille, Bewegungslosigkeit und Zentriertheit der Teilnehmer eine Atmosphäre kreieren, in der neue und unerwartete tiefe Bewegungen zwischen all den Menschen im Raum geschehen können. Die Erschaffung inneren Raums und innerer Räume ist für jeden Menschen heilsam. Sie sind sehr wichtig, um Menschen zu ermutigen, ihre Aufmerksamkeit freundlich ins Hier und Jetzt zu bringen. Sie helfen, Menschen dazu einzuladen, auf die verschiedenen »Gespräche« in sich selbst zu lauschen.

Stille spricht zu uns! Und gleichzeitig ist es wichtig, dass die Stille uns über uns selbst hinausträgt. Stille bringt uns mit den subtilen Feldern, die uns umgeben und einbetten, in Kontakt. Wir werden uns bewusst, wie viele Dinge jeden Moment tief aus uns selbst auftauchen, die sonst unbemerkt bleiben. Unter der Voraussetzung, dass wir auf Verhaltensebene still werden, öffnet sich innerhalb unserer Wahrnehmung ein Feld feiner interaktiver Verbindung. Physisch still zu werden, amplifiziert die inneren Prozesse, die in den Vordergrund treten können. Unsere inneren Kämpfe und im Konflikt stehenden Energien präsentieren sich deutlicher und können sich dadurch, dass wir uns neu mit diesen feinen Energien verbinden, wieder auf die äußere, ordnende Energie ausrichten. Deshalb ist es so überaus wichtig, im Kontakt mit dem Körper und dem größerem Feld zu bleiben. Das ähnelt einem Zustand geteilter Aufmerksamkeit. Wir können uns selbst und gleichzeitig das »haltende Feld« um uns herum spüren. Wir können fühlen, wie wir gehalten werden. Diese Erfahrung macht demütig, indem wir spüren können, wie wir von außen gesund erhalten werden. Das erscheint paradox. Der Kontakt mit dem größeren Ganzen lässt uns tiefer in uns selbst eintauchen. Man kann sich darunter vorstellen, dass man tiefer in den Körper hineinschlüpft und gleichzeitig durchlässig für eine subtile äußere Realität bleibt. Die Erfahrung, von außen gehalten zu werden, wird präsenter und bewusster. Sie scheint mit der teilweisen Auflösung des Selbst im Sinne eines festen Charakters einherzugehen. Tatsächlich ist es aber ein viel tieferes Spüren dessen, was wir sind, nämlich im Wesentlichen »Teilnahmekanäle«, die ständig neu durch wirkende kreative äußere Kräfte geschaffen und erhalten werden. An diesem Punkt sind diese Kräfte nicht mehr wirklich äußerlich, denn die Trennung zwischen äußeren Kräften und inneren Zuständen verschwimmt.

»Haltendes Feld«

Gesundheit ist zum Teil das Einsetzen und die Erfahrung dieses Teilnahmeprozesses. Die Wiederausrichtung auf dieses Feld ist in einer mitschwingenden Beziehung zu den waltenden feinen Kräften im Körper spürbar und weist auf die Synchronisierung mit einer höheren Organisationsform hin. Wir reagieren nicht mehr aus einem kleinen Ausschnitt des begrenzten Selbst heraus, sondern aus einem verkörperten Selbstprozess, der Zugang zu einem nährenden, transpersonalen Zustand hat. Wir berücksichtigen den doppelten Ursprung des Menschen: von der Erde genommen, vom Himmel inspiriert. Wir realisieren, dass in jedem Moment ein Reichtum an innerer Navigationsinformation aus uns heraussprudelt, den wir nur bemerken und klar genug empfangen müssen. Wenn wir unsere gewohnte Reaktion für einen Augenblick zurückhalten und uns Zeit nehmen, wirklich unsere Gefühle zu fühlen, unsere Körperempfindungen wahrzunehmen, unsere Gedanken zu beobachten und, anstatt uns mit ihnen zu identifizieren, sie einfach zu erleben, sie vorüberziehen zu lassen und Zeugen der vorübergehenden inneren Realität zu werden, dann werden wir entdecken, wie eng die innere Realität mit der äußeren »realen« Weltsituation verknüpft ist. Wir können einen Erfahrungszusammenhang, eine Wahrnehmungseinheit fühlen, die gewöhnlich dann eintritt, wenn wir gelernt haben, mit unserem Herzen wahrzunehmen, statt mit unserem Kopf zu denken oder uns rasch auf unsere Emotionen einzulassen. Es gilt zu verstehen, dass es eine feinere, beinahe zerbrechliche Wirklichkeit gibt, die innere und äußere Realität in zusammenhängenden Wellen miteinander verbindet. Für diese Zwischenrealität gibt es ebenso viele Beweise wie für alles andere im Leben, wenn wir nur lernen, einfühlsam genug zu sein und mit uns selbst auf milde, freundliche und wertschätzende Weise umzugehen. Mit der Zeit erreichen wir ein verkörpertes Gefühl für diese Fähigkeit zum Zuhören. In religiöser Sprache ausgedrückt könnten wir sagen, dass kein leibhaftiger Christus mehr kommen wird. Denn die Christusnatur und -qualität ist in jedem Menschen innerlich anwesend. Diese Qualität muss durch die Art und Weise der Selbstbeziehung belebt, aktiviert und gelebt werden.

Selbstbeziehung

Craniosacraltherapeuten kennen einen Zustand, den sie »dynamische Stille« nennen. Das könnte der therapeutische Begriff für das »Nullpunktfeld« der Physiker sein. Es gilt die Auffassung, dass Bewegung und Beweglichkeit aus einer Grundstille heraus entstehen, einem dynamischen Feld, das aller Bewegung zugrunde liegt. Dieses Feld stellt die Verbindung von wirkenden Grundkräften an der Basis unserer Existenz dar. Dieses Horchen auf das, was sinnlich kaum gehört werden kann, ist die Tätigkeit der Craniosacraltherapeuten. Im besten Fall ist es ein verkörpertes, somatisches Gebet. Es ist nicht einfach zu beschreiben, was mit Menschen geschieht, die dem zu lauschen beginnen, was sich in ihnen entfaltet. Der amerikanische Craniosacraltherapeut James Jealous nennt das unseren Instinktkörper, der mit einem ganzheitlichen Lebensgewebe zusammenhängt. Die Verbindung damit bringt Gesundheit und Heilung. Ganz sicher jedoch erfordert das Wiederverbinden mit dieser Gesundheit eine Veränderung der Wahrnehmung und ein Durchlässigwerden für sich selbst. Diese Durchlässigkeit macht uns immer empfänglicher für die gegenseitige Durchlässigkeit zwischen uns und der Welt um uns herum. Wir spüren plötzlich eine Verbindung mit subtilen Feldern, wenn wir auf unser denkendes Gehirn verzichten und uns auf die integral-instinktive, nicht-intuitive Wahrnehmung unseres Körpers verlassen. Das ist eine Wahrnehmungsverschiebung, die mit Worten schwer zu beschreiben ist. Vielleicht hilft eine Analogie zu beleuchten, was ich sagen will. Vor Jahren versuchte ich, ein hoch abstraktes Buch zu lesen. Es hieß *Soziale Systeme*, verfasst von dem deutschen Soziologen Niklas Luhmann. Ich versuchte mich zweimal an diesem Werk und scheiterte jedes Mal an seiner Abstraktheit und Allgemeinheit. Obwohl ich sehr bemüht war, die Aussage des Texts zu begreifen, wurden mir weder seine Worte noch seine Gedankengänge wirklich klar. Schließlich gab ich auf. Nach einer Weile entdeckte ich jedoch ein interessantes Phänomen. Wenn ich Menschen begegnete oder wenn ich sah, wie Menschen einander begegneten, dann nahm ich anders, subtiler wahr, was im Raum zwischen ihnen passierte. Die Lektüre jenes Buches hatte mich auf seltsame Weise für eine Realität zwischen und um Menschen und ihr soziales System herum sensibi-

Durchlässigkeit

lisiert. Obwohl ich nicht wusste, was da vor sich ging, hatte ich doch eine plötzliche, verschwommene Ahnung von etwas, das mir eine neue Wahrnehmung von Zwischen- und Innenräumen ermöglichte. Ich hatte einen Realitätssinn, den ich nicht definieren kann, da er nicht verständlich war, sondern einfach geschah. Mir wurde bedeutend klarer, dass Beziehung, Kontakt und Begegnung im Raum zwischen uns geschieht. Die Sensibilität für die »Zwischen«-Räume macht uns innerlich reich.

Mein Beruf bringt es mit sich, dass ich mir Gedanken über die Natur des Menschen und seiner Begegnungen mache. Wenn wir das Thema noch weiter ergründen wollen, so müssen wir tiefer nachfühlen, spüren und verstehen, welche Bedingungen erfüllt sein müssen, um das Auftreten dieses »Zwischen-Mysteriums« als Ausdruck des tief verbundenen Selbstprozesses wahrscheinlich zu machen. Wiederum weist Michael Sheas Weisheit den Weg zu den zentralen, einladenden Orientierungspunkten zur Erschaffung eines heilenden Selbstkontakts, den er »Archetyp« oder »das Göttliche« nennt. Er stellt dar, dass diese Art des Kontakts oder der Initiation »eines rituellen Prozesses und spiritueller Regeln bedarf«.[63] Zu allererst meint er damit einen heiligen Raum, der um eine Mitte herum angeordnet ist. Ohne diese Mitte oder Achse, wie beispielsweise der Totempfahl in Urgesellschaften oder unsere Körperachse in der Craniosacraltherapie, kann heilende Ausrichtung von Energien nicht stattfinden. Der heilende Kontakt zu Kräften ist nicht möglich ohne sorgfältiges Ordnen und Richten dieser Kräfte. Diese heilenden Feldkräfte des nicht-kartesianischen »Zwischen« reichen bis hinunter in unsere physiologische Ausstattung und erhalten Struktur in lebenden Systemen aufrecht. Sie ist als Energie oder sogar als numinose Energie erfahrbar, die ordnend wirkt. Shea benutzt den Begriff »Circambulation« oder »Umkreisen«, um die Ausrichtung auf diese manchmal sublimen, manchmal auch mächtigen Kräfte zu beschreiben, die, z.B. in der craniosacralen Körperarbeit, um eine Achse herumwirbeln, sich bewegen und die erhaltenden Kräfte einladen, sich mit dem Körper und im Körper auszurichten. Diese Energien werden von unserem physischen, flüssigen Körper übertragen. Diese ruhige und

Orientierungspunkte

häufig unspektakuläre Reorganisation und erneute Verbindung unserer inneren Realität zu einem größeren Organisationsfeld ist ein kraftvoller körperlicher Vorgang, der klar umrissene Grenzen und sicheren Halt erfordert. Die wirkenden Kräfte erfordern einen stillen und gesammelten heiligen Raum voller Achtung, Stille und Respekt, ohne eingreifen zu wollen. Unser innerer Beobachter erschafft einen einladenden Raum um uns, der auf andere einladend wirkt. Dieser Raum erfordert aber auch konkrete physische Grenzen, die den Ort sicher machen. Man denke an die dicken Mauern alter Kathedralen und daran, wie man beim Eintreten gleichsam in eine stille, verinnerlichte Wirklichkeit tritt. Der heilige Raum braucht undurchdringbare Grenzen, die sicheren Schutz für einen verletzlichen Prozess bieten, der unseren innersten Kern berührt. Sichere Räume mit klaren Grenzen helfen uns, in einem verletzbaren Zustand berührbar bleiben zu können. Solch eine Sicherheit kann das Auftauchen unseres innersten Wesens ermöglichen. Je stabiler die äußere Situation ist, desto eher können wir riskieren, die verletzliche Seite in uns zum Vorschein kommen zu lassen. Wir können im Außen zulassen, was sich in uns schon lange zeigen will. Was sich in uns und durch uns schon lange Gehör verschaffen wollte, kann zum Sprechen kommen. Die Stabilität des Halts erlaubt uns, in dieser Zartheit zu verweilen. Das Auftauchen dieser verletzlichen Seiten in uns braucht eine warme, wertschätzende Haltung, die willkommen heißt und auf Urteil verzichtet. Diese Haltung aufmerksamer, mitfühlender, wohlwollender Wärme ist nichts anderes als Liebe. Gefühlen oder gar »negativen« Gefühlen wie Trauer, Kummer, Hass oder Eifersucht zu erlauben, sich auszudrücken, ist für viele Menschen eine beängstigende Erfahrung. Indem wir jedoch einfach Eigenbeobachter dieses Ausdrucks innerer Wahrheit werden, helfen wir bei der Entstehung einer Verbindung zu den wirkenden außerordentlichen Kräften des größeren Feldes.

Zartheit

Durch die Qualität unserer Präsenz unterstützen wir Menschlichkeit. Unsere Präsenz wirkt heilend! Wir machen das Unerträgliche dadurch darstellbar, dass wir die spannungsreiche Polarität unterschiedlicher, widersprüchlicher innerer Kräfte halten. Dadurch, und indem wir helfen, die Verbindung zum stillen dynamischen Feld unglaublicher Energie aufrechtzuerhalten, ohne dabei aktiv zu werden, ohne etwas zu tun, kann eine innere, autonome und tief heilende Neuordnung von Kräften entstehen, die jeder, der anwesend ist, als Erleichterung erlebt. Eine Gelassenheit, die nährend und beruhigend wirkt, breitet sich aus. Eine innere Gelassenheit und beinah grundlose Freude schafft sich Raum. Sie entlässt uns aus der Notwendigkeit, unsere inneren Kämpfe nach außen zu projizieren und unsere Themen an anderen Menschen auszulassen. Sie bringt innere Lösung von Konflikten von einem Ort, der jenseits unseres Begreifens liegt. Die schlichte Schlussfolgerung: Aus irgendeinem Grund geschehen dann gute Dinge und das Leben und Erleben wird einfach. Ein Ex-Manager beschreibt es so: »Die Dinge können so einfach sein, wenn du sie nur wahrnimmst. Nach nur zwei Tagen in ›De Volksabdij‹ [Seminarort] erlebe ich mehr Wohlgefühl, Kraft und Weisheit als nach 25 Jahren, in denen ich den knallharten Manager gespielt habe.«

6. SYSTEMISCHE AUFSTELLUNGS-PROZESSARBEIT

»Der Körper ist die zweite Plazenta.«

A. T. Still

»Nach 42 Jahren spüre ich zum ersten Mal meinen Bauch.
Das tut so gut.«

M. H. (weint vor Freude und Erleichterung)

Grenzen der klassischen Aufstellungsarbeit

Seit einigen Jahren hat sich Aufstellungsarbeit in der ganzen Welt verbreitet und uns Mut gemacht, versteckte systemische Bindungen, ausgesprochene Familienloyalitäten und über Generationen hinwegreichende Verstrickungen zu bearbeiten. In der Tat hat der Schritt von persönlichen Problemen zu der wechselseitigen Wirkung einer größeren Familie oder eines Organisationssystems unseren Blick erweitert, unsere Bewusstheit geschärft und unsere Sensibilität für hochgradige Gegenseitigkeit trainiert. Wir scheinen verstanden zu haben, wie sehr wir Teil eines größeren Ganzen sind und dass unser persönliches Wohlbefinden beziehungsabhängig, d.h. an die Menschen um uns herum geknüpft ist. Der Satz »In der Würdigung des anderen erhalte ich mich selbst« von Bert Hellinger ist zum Leitprinzip geworden, und wir hatten überwältigende Erfahrungen, als wir zu verstehen begannen, wie die Wirksamkeit interpersonaler Bindungen durch Aufstellungsarbeit erleb- und erfahrbar gemacht werden konnte. Wir sahen, wie sehr unsere eigene angenommene Identität von dem Beziehungsfeld geformt wird, von dem wir ein Teil sind. Viele

Leser dieses Buches werden Literatur über Aufstellungsarbeit gelesen oder die Bedeutung der Achtung vor Ahnen, Eltern oder früheren Partnern in einer Aufstellung selbst erlebt haben. Sie werden die Qualitäten von Gefühlen, von Bindung und Beziehung erkannt haben, die uns realisieren lassen, wie wir eingebettet in Beziehungen existieren. Sie werden erlebt haben, wie die Dynamik von Gewissen und Ausgleich im Guten oder im Schlechten wirkt.

Im Laufe der Zeit haben wir jedoch auch Gelegenheit gehabt, kritisch festzustellen, wann Aufstellungsarbeit nicht erfolgreich ist. Wir haben realisiert, dass es Menschen gibt, die mit gewisser Wahrscheinlichkeit weniger von einer Familienaufstellung profitieren. Wir haben begonnen, uns zu fragen, warum das so ist. Wir haben versucht zu verstehen, was wir eigentlich tun, wenn wir eine Aufstellung durchführen, um damit ein gegenwärtiges Thema eines Klienten lösen zu helfen. Und wir haben angefangen zu begreifen, dass es einen verständlichen Grund für jene situative Unwirksamkeit im Aufstellungsgeschehen gibt. Bei genauerem Hinsehen sah es so aus, als ob gelungene Aufstellungsarbeit bestimmte Bedingungen erfordert, um wirksam zu sein. Wir hatten Aufstellungsarbeit immer als Werkzeug betrachtet, einen Prozess zu initiieren, der irgendwo in einem bestimmten Entwicklungsschritt oder irgendeiner schwierigen Situation steckengeblieben war. Wir hatten systemische Aufstellungen genutzt, um Menschen dabei zu helfen, Festgefahrenheit wieder in Fluss zu bringen. Wir hatten gehofft, ihrem System einen Energieschub zu versetzen, um es aus der Stagnation zu befreien. Wir waren dabei von den Möglichkeiten der Aufstellungen selbst so fasziniert, dass wir nicht genügend darauf achteten, wie sehr der innere Zustand des Klienten mit der Entfaltung der Aufstellung zuverlässig im Kontakt sein muss. Diese Verbindung zwischen innerer und äußerer Realität ist es, die im Wesentlichen über die Wirksamkeit der Aufstellung entscheidet.

Verbindung zwischen innerer und äußerer Realität

Vor allem jedoch waren wir uns der Tatsache nicht ausreichend bewusst, dass traumatisierte Menschen nicht noch mehr Dynamisierung ihrer inneren Vorgänge brauchen, sondern eine wirksame Unterstützung darin, innerlich zu verlangsamen und ihre gefühlte

Realität zu restrukturieren und zugänglich zu machen. Sie befinden sich in einem Sturm flüchtiger Wahrnehmungen und autonomer Eindrücke, der es schwierig bis unmöglich für sie macht, in diesem ganzen dynamischen Gefühlschaos eine Erlebnisbasis zu finden. Sie brauchen nicht mehr Dynamisierung und Stimulation, sondern genau das Gegenteil. Sie benötigen eine gefühlte, sichere Grundlage sinnlicher Verlässlichkeit, die einen soliden Ausgangspunkt dafür bildet, sich aufs Gebiet der Heilung und der Traumalösung zu wagen. Solche Menschen sind in einem inneren Zustand der Überaktivierung gefangen, der nach dem genauen Gegenteil von noch mehr Energetisierung verlangt. Übererregten Menschen, die einen vorgeburtlichen Schock oder invasive medizinische Behandlung, Unfälle oder Beziehungskatastrophen erlitten haben mögen, befinden sich in einer Situation, in der ihr persönlicher Prozess leicht außer Kontrolle gerät. Sie verbrauchen viel Aufmerksamkeit und Energie, um einen gewissen Grad persönlicher Stabilität und Funktionalität aufrechtzuerhalten. Dadurch ist die Bandbreite zwischenmenschlicher Resonanz eingeengt, und ganz gleich, wie anscheinend sicher die Umwelt ist, erleben sie einen Grad von Gefahr und Feindseligkeit, der es schwierig macht, die Annehmlichkeiten des Lebens zu genießen und als solche zu erleben. Die Stärke der Beeinträchtigung kann sich lähmend anfühlen, während sie sich innerlich in einem Zustand ständiger Übererregung befinden. Traumatisierte Personen ängstigen sich leicht, geraten grundlos in Panik, sind routinemäßig gestresst, auch wenn kein erkennbarer Grund besteht. Einige von ihnen vermeiden soziale Zusammenkünfte und versuchen, Meetings bei der Arbeit zu entrinnen, sie bleiben lieber zu Hause und führen ein zurückgezogenes, »vernünftiges« Leben ohne allzu viel positive Aufregung. Sie versuchen, eine rationale Kontrolle zu behalten, und sie brauchen dieses Gefühl der Kontrolle über alles, was sie tun, auch dringend.

Sinnliche Verlässlichkeit

Sie sind so sehr auf ihren inneren Prozess eingestellt, dass sie nicht einfach das annehmen oder sich mit dem verbinden können, was eine normale Familienaufstellung ihnen vermittelt. Sie können sich damit einfach deshalb nicht in Beziehung bringen, weil eine Beschleunigung der internen Vorgänge stattfindet, die eine körperliche Erstarrung auslösen kann, wenn die Wirkung des Aufstellungsprozesses noch auf den ohnehin beschleunigten inneren Vorgang aufgepfropft wird. Denn beim Erleben einer Aufstellung wird der Klient weiter aktiviert und traumatisierte Menschen reagieren entsprechend mit Abschottung oder Rückzug. Auch Verleugnung, Aggression, Taubheitsgefühle oder völlige Anpassung an den Begleiter sind häufig anzutreffende Verhaltensweisen. Ich habe nicht wenige Beispiele von Retraumatisierung erlebt.

Innere Regulationsmöglichkeiten

Wir müssen daher den Klienten nicht nur in Bezug auf Familiendynamik, sondern unter Aspekten seiner inneren Regulationsmöglichkeiten betrachten. Wie reguliert sein autonomes Nervensystem? Es kommt hinzu, dass viele Menschen überhaupt nicht wissen, dass sie traumatisiert sind und eine dysfunktionale Steuerung des Nervensystems vorliegt. Noch dazu können sie sich an kein traumatisches Erlebnis erinnern. In ihrem verzweifelten Bedürfnis, ihren unverständlichen inneren Zustand zu verstehen, suchen sie händeringend nach psychologischen Begründungen und Rechtfertigungen für die eigene Situation, die oft an Konfabulation grenzen.

Wenn wir überwältigende Erfahrungen in unserem frühen Lebenszeitraum, d.h. von der Konzeption bis hin zum 3. Lebensjahr, machen, so wird unsere gesamte Sicht der Welt, unsere Art, die Umwelt wahrzunehmen, und unsere Weise, in Kontakt zu gehen (oder auch nicht), von unserem Körpergedächtnis, oder einfacher gesagt, von unserem physiologischen Zustand beherrscht. Die Traumaspuren sind im Körper grundgelegt und beginnen, ein Eigenleben zu führen. Viele von uns hatten früh im Leben Operationen, fühlten sich verzweifelt und hilflos angesichts elterlicher Belastungen oder wurden durch andere Ereignisse geschockt, die in Kinderaugen extrem dramatisch erschienen. Ertrinken, Fallen oder andere stresshafte Erlebnisse und unbemerkte Reizüberflutung geschehen häufiger, als man denken möchte. Tatsächlich ist der nachgeburtliche Schock in unserer »medizinisierten« Gesellschaft so alltäglich, dass wir kaum noch einen gesunden Bezugsrahmen für die normale Entwicklung von Kindern haben. Nabelschnüre werden viel zu früh durchgeschnitten, während sie noch pulsieren, da nicht verstanden wird, dass dieses Herzsystem eine große Wirkung auf unseren Felt-Sense bei der Ankunft auf dieser Welt hat. Ich habe in letzter Zeit in Traumaaufstellungen so viele »kleine Kinder«, »Babys« oder »erstarrte Persönlichkeitsanteile« gesehen, die sich noch immer im Schock- und Erstarrungszustand befanden oder in einen Zustand von Taubheit und komprimierter Energieüberladung eingesperrt waren, dass ich mich oft gefragt habe, warum diese Fakten so wenig Aufmerksamkeit erhalten. Diese abgespaltenen Körperteile sind unfähig, Beiträge zum erwachsenen Leben zu leisten; vielmehr führen sie ein betäubtes, gelähmtes und isoliertes Eigenleben in unserem Körper. Ihre Aktivitäten stören unser »reifes«, alltägliches Funktionieren und beeinträchtigen die Kontinuität unserer Wahrnehmungskohärenz. Sie machen sich beispielsweise als Wutausbrüche, Schlafstörungen, Kopf- und Rückenschmerzen und andere Somatisierungen, als natürliche Auswirkung körperlicher Fehlregulation bemerkbar. Fehlendes Spüren von Körperregionen, ein geschädigtes (soziales) Nervensystem und eine Amygdala, die immer noch auf äußersten Notalarm eingestellt ist, all das beruht auf einem Funktionsmodus, der auf innerer Fehlbalance und nicht auf reibungsloser Anpassung an die äußere Realität basiert.

Was hier auf der Körperbühne gespielt wird, hat seine äußerliche Entsprechung in Beziehungsproblemen, Gefühlen der Entfremdung und Abkehr von gewöhnlichen Erfahrungen wie Menschen zu begegnen, Intimität zu genießen oder sich eines Kontakts zu freuen. Es ist das Ziel systemischer Aufstellungsprozesse, diese Zustände dauernder, höchster Alarmbereitschaft aufzuschließen und die abgespaltenen Anteile unserer Persönlichkeit zu integrieren. Diese Art von Aufstellungen unterscheidet sich von den gewohnten Familienaufstellungen beträchtlich und erfordert Grundwissen über die Natur unserer Prozesse und die alltäglichen Phänomene von traumatischer Beeinträchtigung, aber auch über die Segnungen, die ein Trauma in sich trägt.

Grundwissen

Während Aufstellungsleiter sich in der Vergangenheit auf die faszinierende Positionsarbeit innerhalb einer Aufstellung konzentriert haben, hat sich dabei der Blick von der einzelnen Person und den inneren Prozessen des Klienten fortbewegt. Bei der Durchführung von Aufstellungen habe ich mich manchmal gefragt, ob nicht dieser ganze Fokus auf das Betrachten von Familiensystemen gelegentlich zur Ablenkung vom Blick auf den inneren Prozess des Klienten führt. Ich habe immer wieder die Teilnehmer meiner Ausbildungsseminare angeleitet, sich nicht zu sehr von der Aufstellungsanordnung beeindrucken zu lassen, sondern sich von der Gesamtsituation im Raum, der inneren Realität des Klienten, der eigenen inneren Navigation und der sensiblen Gesamtwahrnehmung im Hier und Jetzt leiten zu lassen. Oder anders gesagt: Solange wir ausschließlich nach außen ins Feld der Familie, Organisation oder anderer vermuteter Beziehungsentitäten schauen, verschenken wir einen großen Teil des vorhandenen Veränderungspotenzials, nämlich die Navigation in der inneren Landschaft, die innere Art und Weise, sich selbst zu erschaffen, und die Veränderung der inneren Organisation. Wir sind keine Persönlichkeiten, sondern dynamische, sich selbst erhaltende und organisierende Prozesse, die sich jede Minute unseres Lebens entfalten. Die Möglichkeit, ein Werkzeug oder die Lesefähigkeit zu haben, um diesen inneren Prozess zu beobachten, wäre eine sehr lohnende Erweiterung unseres Selbst-Verständnisses. Es könnte vielen Menschen helfen, schneller und effektiver zu verstehen, was sie brauchen, um sich von ihrem Leiden am Leben zu befreien und ihrer Erfüllung näher zu kommen, wenn die innere Entfaltung nicht nur kognitiv-bewusst, sondern sichtbar, greifbar und anschaulicher gemacht werden könnte. Und genau das ist der beispiellose Nutzen systemischer Aufstellungsprozessarbeit.

Innere Realität des Klienten

Körperarbeit hat mich die einfache und eindrucksvolle Tatsache gelehrt, dass die Weise, in der wir die Welt erfahren, der Art entspricht, in der wir unseren Körper erfahren und bewohnen. Oder andersherum: Wir können nur dann die Freigebigkeit des Lebens und den Kontakt zur Welt erfahren und ein wirkliches Gefühl für unser Selbst bekommen, wenn wir unseren Körper tatsächlich fühlen können, wenn wir einen Felt-Sense unserer Verkörperung entwickeln, der in unserer sinnlichen Wahrnehmung wurzelt. Die Arten und Weisen, wie wir mit uns selbst in Beziehung treten, wie wir unseren Körper spüren, wie wir es wagen, uns tatsächlich auf unsere Gefühle, Empfindungen und verschiedenen Wahrnehmungen einzulassen, werden uns einen Felt-Sense des Zusammenhangs, der greifbaren Realität und des gefühlten Kontakts mit anderen Menschen vermitteln. Ohne diese gefühlte Beziehung zu unserem Körper ist es fast unmöglich, das Erleben zu entwickeln, dazuzugehören, Teil einer Familie, einer Generation oder eines anderen, größeren, natürlichen oder spirituellen Systems zu sein. Mit sich selbst in Verbindung zu sein, das wahre Selbst als sinnliche, physische Realität des eigenen Körpers zu fühlen, ist auch Vorbedingung für die Fähigkeit, sich mit der Realität einer Aufstellungsarbeit oder des Lebens selbst zu verbinden. Wir müssen uns also versichern, dass Klienten zu einer Aufstellung und dem sich entfaltenden, heilenden Feld in Kontakt kommen können. Wir werden dann nicht mehr nur Familiendynamik sehen. Es wird nicht länger so sein, dass unser einziges Werkzeug ein Hammer (Familienaufstellung) ist und daher jedes Thema, das ein Klient präsentiert, als Nagel (Problem in der Familiendynamik) erscheint. Wir werden uns vielmehr noch tieferer Schichten des körperlichen Erlebens unserer Klienten bewusst werden. Wir werden deutlich wahrnehmen, wie schwierig es manchmal ist, die Verbindung einer Person zur Aufstellung und zum damit einhergehenden emotionalen Prozess halten zu helfen. Manchmal schauen wir eine Person und ihren Körper an und haben den Eindruck, dass »niemand zu Hause« ist, und damit gibt es gar niemanden, der mit dem Prozess in Beziehung sein kann, solange der äußerliche Prozess nicht sorgfältig auf die interne Realität des Klienten zugeschnitten und abgestimmt wird. Was heißt das nun im praktischen Sinne? Wie erreichen wir das? Schauen wir uns das folgende Beispiel an, um die Vorgehensweise besser zu begreifen.

BEISPIEL: DIE EIGENE ZARTHEIT IN BESITZ NEHMEN

Eine ziemlich korpulente Frau Anfang 40, auf ihr Äußeres bedacht und bemüht, eine gewinnende Atmosphäre um sich herum zu schaffen, hatte mehrere Erfahrungen mit sexueller Gewalt gemacht. In Gruppen strahlte sie verführerische Attraktivität aus und erregte Aufmerksamkeit. Durch kleine Interaktionsepisoden geriet sie schnell in eine intensive Aufregung, die nicht leicht zu kontrollieren war. Diese Übererregung zeigte sich manchmal als tranceartige Distanziertheit, wandelte sich aber in scharf abschätzenden, stechenden Blickkontakt, sobald sie sich zum Kontakt gezwungen fühlte. Obwohl sie innerlich übererregt war, blieb sie äußerlich ruhig und stark verhalten. Ihre Augen machten einen kontaktlosen, ihr Blick einen starren Eindruck. Sie war nicht in der Lage, Emotionen auszudrücken, und ihr Gesicht zeigte stereotypes Lächeln und wenig mimische Reaktion. Gelegentlich hatte es eine gefrorene Qualität, und Interaktion mit ihr fühlte sich nicht voll im Kontakt, sondern steif und ohne Resonanz an. Bei dem Versuch, ein klareres Gefühl für ihre persönlichen Grenzen zu bekommen, klagte sie darüber, dass die Leute um sie herum sie nur als starke und kraftvolle Frau sehen könnten, die ihr Leben erfolgreich meistere. Sie selbst könne jedoch diese kraftvolle Qualität nicht fühlen. Sobald sie dabei sei, ihre Aufmerksamkeit auf ihre körperliche Vitalität, ihre physische Kraft oder den Zugang zu ihrem Zorn zu lenken, scheue sie ausnahmslos zurück. Sie fühle sich der eigenen Kraft so müde, dass sie sie lieber ganz aufgäbe, als irgendeine Form aktiver Selbstbehauptung wieder in Besitz zu nehmen. Sie sei es leid, als erfolgreiche Selfmade-Frau betrachtet zu werden. Sie brachte eine seit Langem bestehende Sehnsucht zum Ausdruck, mit ihrer Zartheit, Weichheit und Sanftheit in Berührung zu kommen und diese Qualitäten in eine gelebte Realität zu bringen, die nährend für sie sein und ihren durch scheinbare Selbstsicherheit erreichten Selbstschutz verändern könnte, auch wenn dieser ihr geholfen hatte, zu überleben. Während eines Seminars bat sie um einen Aufstellungsprozess, der ihr helfen sollte, weitere Einsicht in den versperrten Zugang zu ihrer Weichheit und Zartheit zu gewinnen.

Zunächst wählte die Frau Repräsentanten für ihren »starken« und ihren »weichen« Teil. Da wir reflektierende Wesen sind, können wir bis zu einem gewissen Grad Zeugen unserer eigenen inneren Prozesse sein. Daher ließen wir sie als Nächstes den »Beobachterteil« auswählen. Dieser Teil erhält manchmal auch je nach Funktion andere Namen, wie Fokus, erwachsener Teil, etc. Nachdem die Stellvertreter im Raum platziert waren, schaute die Klientin sich die gesamte aufgestellte Repräsentation ihrer inneren Situation an. Der »weiche Teil« stand nahe bei, aber ein wenig hinter dem »Beobachter«. In gewissem Abstand dazu, in einer Linie mit dem »Beobachter«, hatte sie den »starken Teil« gestellt, der in die gleiche Richtung blickte wie der »Beobachter«. Nach diesem sehr zügigen Aufstellen setzte sich die Klientin hin, um ihren eigenen inneren Prozess zu beobachten. Sie konnte sich zurücklehnen, wie um eine Sendung im Fernsehen anzuschauen, und sie konnte bei jedem Schritt entscheiden, ob es in Ordnung für sie war, weiterzumachen, oder den Prozess zu verlangsamen, wenn es ihr zu viel wurde. Sie konnte sich von der Situation zurückziehen oder in die Aufstellung hineingehen und eine der Positionen übernehmen. Größter Wert wurde darauf gelegt, dass jeder einzelne Schritt langsam und behutsam verhandelt wurde, damit die Klientin auch im Falle einer überwältigenden Situation innerlich verbunden bleiben konnte. Ohne hier den gesamten Prozess niederzuschreiben, sollen einige Kernaspekte betont werden, um das Verständnis eines systemischen Aufstellungsprozesses zu fördern:

Aufstellungsschritte

1. Beim Beobachten der sich entwickelnden Dynamik wurde der Klientin schnell klar, dass der »starke Teil« kein integraler Teil ihrer selbst, sondern der zudringliche Teil des sexuellen Angreifers war. Dieser Teil schien in ihr durch einen Identifikationsprozess in der Vergangenheit weitergelebt zu haben. Der Stellvertreter dieses Teils äußerte mehrfach, er habe mit den beiden anderen Teilen nichts zu tun, fühle sich beschämt und habe das Bedürfnis, sich aus den persönlichen Grenzen der Klientin zurückzuziehen. Er wandte sich nach und nach ab und konnte schließlich den persönlichen Raum seines Opfers verlassen. Er war kaum aus dem gefühlten Raum der »Beobachterin« und des »weichen Teils« gegangen, als die »Beobachterin« zum ersten Mal ihre eigene Existenz wahrnehmen konnte. Auch die beobachtende Klientin konnte das fühlen, obwohl sie noch immer auf ihrem Stuhl saß. Es gab tatsächlich so etwas wie persönliche Grenzen! Das ereilte diese Frau, die bislang die Welt zumeist angelächelt hatte, um potenzielle Angreifer, Vergewaltiger und Täter abzuwehren, als eine tiefe, erkenntnisreiche Erfahrung. Darüber hinaus war sie unendlich erleichtert, endlich zu verstehen, warum sie nie in der Lage gewesen war, in Kontakt mit der Wut und der Kraft in ihrem Körper zu kommen. Diese Kraft konnte sie nicht in Besitz nehmen, da sie in dieser Form nicht zu ihr gehörte. Die Kraft fühlte sich an, als sei sie in einem Moment tiefer und rücksichtsloser Verletzung ihrer heiligsten Grenzen »übernommen« worden. In dem verzweifelten Versuch, die eindringende Macht zu neutralisieren, ihre Selbstachtung zurückzubekommen und den Vorfall in ihre innere Realität zu integrieren, nahm sie einen Teil auf, der zu jener Zeit nicht vertrieben werden konnte, der aber eingekapselt werden musste, um ihn irgendwie innerlich auszuhalten. Es dauerte übrigens etwa 60 Minuten in diesem zeitlupenartigen Aufstellungsprozess, bis sich der »starke Teil« langsam zurückziehen konnte. Das gleichzeitige Entstehen einer fühlbaren persönlichen Grenze, eines Intimbereichs, war mehr als beeindruckend zu erleben. Allein dies wäre zu der Zeit als Erfahrung für die Klientin mehr als genug gewesen. Allen Anwesenden wurde klar, dass die Klientin nicht in der Lage war, ihre physiologischen Verteidigungsreaktionen zu aktivieren, wie es in Traumaheilungsprozessen angezeigt ist, denn diese waren buchstäblich vom gewaltsamen Teil des Täters vergewaltigt, okkupiert und überwältigt worden. Diesen zudringlichen Teil innerhalb der Grenzen ihrer persönlichen Sphäre zu haben, machte es schwierig oder gar unmöglich für sie, voll und ganz zu unterscheiden und zu identifizieren, was sie war und was sie nicht war. Für die Klientin war der Kern ihrer Erfahrung dieses Aufstellungsprozesses bis zu diesem Punkt die Tatsache, dass diese Art machtvoller Kraft und Energie kein Teil ihrer eigenen Lebendigkeit und Lebenslust war. Sie war sehr erleichtert, da sie sich endlich verstanden und anerkannt fühlte in ihrem Recht, diese Form der Energie und Stärke nicht in Besitz zu nehmen, die ihr von ihren Mitmenschen immer wieder zuerkannt worden war. Diese Tatsache bestärkte und bestätigte sie und ließ sie vor Erleichterung und Glück strahlen.

2. Die »Beobachterin« reagierte nur wenige Sekunden, nachdem sie aufgestellt worden war, mit Starre, Zittern der Gliedmaßen und schließlich Schlottern am ganzen Körper. Der Blick war gebannt auf einen Punkt im Nirgends gerichtet, und letztendlich wurde der gesamte Körper kataleptisch. Die Abfolge der Körperreaktionen legte nahe, dass wir hier die körperlichen Reaktionen zum Zeitpunkt der Vergewaltigung zu sehen bekamen. Die Klientin erlebte den Vorgang mit bestätigendem Kopfnicken. Sie schien den vorgeführten Zustand der »Beobachterin«, die völlig unfähig war, mit dem »weichen Teil«, der so nahe stand, in Kontakt zu gehen, klar wiederzuerkennen. Nach einer freundlichen Einladung, die Aufmerksamkeit auf den »weichen Teil« zu richten, gab es ein paar schüchterne Versuche, ihn überhaupt zu bemerken. Diese einladende Ermutigung hatte Wirkung auf den »starken Teil«, der noch stärker in einem extrem behutsamen, vorsichtigen, achtsamen Zeitlupenprozess weggetrieben wurde, je mehr er die Präsenz von so großer Zartheit realisierte. Schließlich wurde es möglich, nachdem der »starke Teil« den persönlichen Bereich der anderen beiden Teile verlassen hatte, dass sich langsam zwischen der »Beobachterin« und dem »weichen Teil« ein scheuer, vorsichtiger Kontakt entspann. Die Klientin beobachtete den sich entfaltenden Kontaktversuch mit ungläubigem Staunen. Sie war gleichzeitig berührt, bewegt, glücklich und scheu, und es schien für sie ein wichtiger Moment zu sein, da viele Fehlannahmen über sie beseitigt waren.

3. Der »weiche Teil« war gleich zu Beginn der Aufstellung, als sie gerade begann, ihre Dynamik zu entfalten, auf den Boden geglitten. Die Repräsentantin dieses Teils saß da und versteckte ihr Gesicht auf den Knien, nahm keinen Kontakt mit der Umgebung auf und zeigte klare Anzeichen von Immobilisierung und Stupor. Der völlige Rückzug von allem Kontakt in einem verzweifelten Versuch der Selbsterhaltung war allen im Raum bewegend offensichtlich. Sie schien wie in einem Kokon eingeschlossen. Dies war eine verzweifelte Art, den innersten Kern zarter Integrität, Gesundheit und Wohlbefindens zu schützen und zu behüten. In diesem Stadium war es hilfreich, den sich entfaltenden Aufstellungsprozess als mögliches Abbild des inneren Prozesses der Klientin im Moment der Vergewaltigung zu betrachten. Was da geschah, konnte als letzter Versuch gelten, die Integrität des Selbst zu schützen und der übermächtigen Wirkung missbräuchlicher Vernichtung zu entkommen. Die natürliche Vibration persönlichen Selbstausdrucks gefror und trennte sich von der unmittelbaren Umwelt. Die Klientin nahm diese Verkapselung eines wichtigen Anteils ihrer selbst absolut nicht wahr, sodass sie ihn gar nicht als wichtig oder zu ihrer Existenz gehörig betrachtet hätte. Das unstillbare Verlangen danach, diese mögliche Sanftheit wieder zu sich zu nehmen, diente jedoch als eine Art Katalysator für die Wieder-Inbesitznahme des Selbst. Da dieser sanfte Teil in ihr nie erkannt worden war und sie sich überhaupt nicht der Tiefe bewusst war, in der die Antwort auf ihr Verlangen in ihr Innerstes eingeprägt war, hatte sie Jahre damit verbracht, nach dem richtigen Partner zu suchen, über den sie in Berührung mit dieser schwingenden, zarten Seite kommen konnte. Schließlich hatte sie sich mit der frustrierten Überzeugung begnügt, dass es nicht den Richtigen für sie gab. Wir müssen uns klar darüber sein, dass der Vollbesitz unserer Schwingungsfähigkeit mit der Aktivierung unseres vollen somatischen Beziehungspotenzials und der Fähigkeit zum Kontakt mit unserem tiefsten Selbst und mit der Umwelt einhergeht. Wir können unabhängiger und zugänglicher sein, was als größere Lebendigkeit und Autonomie in Beziehungsfragen erlebt wird. Insofern ist die »Wiederbelebung« erstarrter Persönlichkeitsprozessteile ein bedeutender Anteil der heilenden Wiedergewinnung abgespaltener Teile unseres Selbstprozesses. Stephen Porges zeigt in seiner polyvagalen Theorie, dass solche Teile mit der parasympathischen Selbstschutzreaktion des Totstellens verknüpft sind. Der Mangel an Vertrauen, Beziehungs- und Reaktionsfähigkeit führen dazu, dass sie schwer zu greifen sind. Wir werden uns daher noch damit beschäftigen, wie erstarrte Persönlichkeitsanteile »wiederbelebt« werden können.

»Wiederbelebung«

Nachdem wir ziemlich lange damit beschäftigt waren, den »weichen Teil« der Klientin aus der Erstarrung zu lösen, begann ein erster Kontakt mit dem Beobachterteil, der so lange unerreichbar gewesen war. Dies war an diesem Punkt der letzte Schritt im Aufstellungsprozess. Wir überließen den Rest der inneren Arbeit der Klientin in der Privatsphäre ihres »wirklichen Lebens«. Sie kam am folgenden Tag in die Gruppe und fühlte sich leicht, glücklich und enorm erleichtert. Sie erwähnte nochmals, wie wertvoll es für sie gewesen war, sich in der Authentizität ihrer Zartheit ebenso wie in der Trennung von diesem mächtigen invasiven Teil, der als Stärke und Kraft missverstanden worden war, verstanden und erkannt zu fühlen. Sie berichtete, dass eine Menge für sie geschehen war, dass die Erfahrung weitaus reicher gewesen war, als sie es im Verlauf des Prozesses hatte erkennen lassen. Den ganzen Tag über konnte man sie im Kontakt mit anderen Seminarteilnehmern sehen und ihre Entspannung beobachten. Ein paar Wochen später vertraute sie mir an, dass die Aufstellung auch eine Wirkung auf das Erleben ihres Frauseins gehabt hatte. Sie hatte ihre Selbsterfahrung korrigiert und sah sich in Bezug auf Männer nun in einem anderen Licht. Sie mochte sich selbst mehr und genoss es, sich nicht mehr so stark zu kontrollieren wie bisher, als sie fast zwanghaft schon im Voraus jede Begegnung mit dem anderen Geschlecht hatte dominieren müssen, um sich vor potenzieller Vergewaltigung zu schützen. Stattdessen konnte sie nun »weiblich« sein, weich, zart, empfänglich, umworben, vorsichtig aufreizend und konnte viel mehr die Feinheiten spielerischen Flirts zwischen Mann und Frau genießen. Als ich sie sechs Monate später traf, um mit ihrem Aufstellungsprozess weiterzuarbeiten, bestätigte sie immer noch, wie wichtig diese Aufstellung für sie gewesen war. Die folgende zweite Aufstellung bestätigte ihren Fortschritt im Kontakt zu ihrer Weichheit und sogar in der Öffnung zu transpersonalen Gefühlen spiritueller Demut. Die Klientin fühlte sich wie in einem sakralen Raum der Heilung, der ihre sexuell-spirituelle Wunde in einer fühlbaren heiligen Hülle schloss. Sie fühlte sich positiv geleitet durch etwas, das über ihr persönliches Streben hinausging, und konnte ihren Kontakt zu jener größeren Präsenz sich entfaltender Realität genießen. Sie war berührt, konnte die Tränen nicht zurückhalten und konnte die letzten Spuren ihres Kampfes um Selbsterhalt einerseits und des Felt-Sense einer erleichternden Hingabe an einen größeren, allumfassenden Kontext andererseits deutlich beobachten und spüren.

Orientierungspunkte in der Aufstellungsprozessarbeit

Es soll an dieser Stelle nochmals angemerkt werden, dass Menschen, die einen Übergriff auf ihre persönliche Sphäre oder ein Eindringen und eine Missachtung dessen, was sie als ihre Kernidentität erleben, erlitten haben, einen Prozess brauchen, der zu einer drastischen Verlangsamung des übererregten inneren Arbeitens des Selbsterhaltungsprozesses führt. Die Aufstellung dient dabei als Vergrößerungsglas, um mit Achtsamkeit, Zeit, Raum und Sorgfalt einen invasiven Hochgeschwindigkeitsprozess zu betrachten, der bisher keine angemessene Differenzierung, Integration und eigenständige Reaktionsfähigkeit erlaubt hat. Stattdessen hat er eine Dichte aus Energie, Emotionen, Gedanken und verzweifelter Aktivität geschaffen, die nährende Gelassenheit und heitere Entspanntheit unmöglich macht. Das Plus, das systemische Aufstellungsprozessarbeit dem Gebiet der Traumaheilung und der persönlichen Entwicklung bringt, ist die Möglichkeit, die treibenden Kräfte unseres inneren Prozesses in einer deutlichen, systemischen, dreidimensionalen Orchestrierung aus miteinander verbundenen Teilen zu differenzieren. Die geschickte Leitung dieser Aufstellungsprozesse verlangt jedoch die Fähigkeit, mit der Aufstellung anders umzugehen, als es in den Entstehungsjahren der Familien- und Organisationsaufstellungen üblich war. Die folgenden Vorschläge können als Orientierung für die Arbeit mit Traumaheilungsprozessen mit Aufstellungen dienen:

Autonomie

1. Beginnen Sie den Prozess mit möglichst wenigen Stellvertretern. Zumeist wird ein einziger, gelegentlich zwei oder höchstens drei für den Anfang ausreichend sein. Achten Sie darauf, immer einen Teil aufzustellen, der ein höchstmögliches Maß an Autonomie hat, z.B. das »erwachsene Selbst«, den »Beobachter« oder die »aktuelle« Person, wie sie sich gegenwärtig im Raum befindet und mit ihrer Geschichte umgeht. Weitere Möglichkeiten sind die »heilende Kraft«, die »Quelle«, etc.

Experte seines eigenen Prozesses

2. Geben Sie dem Klienten so viel Kontrolle und Mitbestimmung wie möglich. Nutzen Sie ihn als den Experten seines eigenen Prozesses und bitten Sie ihn, als Ihr Supervisor zu fungieren, der immer in Ihre Vorgehensweise eingreifen kann. Er kann jederzeit Fragen stellen, Veränderungen einfordern oder in eine bestimmte Richtung gehen, die ihm wichtig zu sein scheint. Durch diese Art der Leitung veranlassen wir den Klienten, den jeweils nächsten Schritt vorzuschlagen, und geben ihm das Gefühl der Kontrolle. Meist nutzen die Klienten diese Kontrolle sehr begrenzt, da sie froh sind, dass jemand zumindest teilweise übernimmt. Aber das Zugeständnis, die Möglichkeit von Kontrolle gibt dem Klienten Sicherheit. Ich sehe meine Traumaklienten gerne als meine Lehrer oder Supervisoren, die mich darüber unterrichten, wie ich für sie am besten nützlich sein kann. Gewöhnlich gibt diese aktive Teilnahme am Prozess dem Klienten auch ein Gefühl, etwas »tun« zu können, vermittelt also die subjektive Erfahrung der Ermächtigung. Die Erfahrung zeigt jedoch, dass bedeutend weniger Klienten tatsächlich in die Aufstellung eintreten und sie aus erster Hand erleben wollen, als das in klassischen Formen der Aufstellungsarbeit der Fall ist. Das ist sehr verständlich, wenn man bedenkt, dass der Klient normalerweise ständig an seiner inneren erratischen Regulation leidet. Der Vorteil der Aufstellung ist ja genau sein vorübergehend eingenommener Abstand von diesem unaufhörlichen physiologischen Ziehen in die Traumaregulationsschleifen. Diese Distanzierung und Externalisierung eröffnet oft zum ersten Mal neue Möglichkeiten, sich zu dem Geschehen in Beziehung zu setzen.

Körperliche Reaktionen des Klienten

3. Der Fokus des Begleiters sollte nicht in erster Linie auf der Aufstellung, sondern auf den körperlichen Reaktionen des Klienten liegen. Prüfen Sie die physiologischen Informationen Ihres Klienten und nehmen Sie sie als Orientierungspunkte für Ihre innere Prozessnavigation ernst. Insbesondere schauen wir nach den Kennzeichen für Traumatisierung, wie Peter Levine sie beschreibt: Übererregung, körperliche Anspannung, Dissoziation und Leugnung sowie Immobilisierung (Einfrieren). Wir bemühen uns, uns diesem inneren

Zustand behutsam zu nähern, sodass es dem Klienten möglich wird, sich aus seiner akuten Hilflosigkeit und Angststarre zu lösen. Dazu ermutigen wir ihn zu einer inneren Distanzierung, die ihm hilft, eine Beobachterposition zu finden, die ein Einfließen heilender Energie in das verdichtete Feld traumatisch gebundener Energie ermöglicht.

Verlangsamen

4. Ich betone immer wieder: Verlangsamen Sie den Prozess! Wenn Sie ein Bild in extremer Zeitlupe fördern, in dem jeder einzelne Aspekt vom Bewusstsein des Klienten begriffen und von ihm kontrolliert, geprüft und verhandelt werden kann, sind Sie der befähigenden Inbesitznahme des Selbst auf der Spur. Akute Langsamkeit ist ein zentraler Schlüssel für diese Art von Prozess. Der Schwerpunkt liegt nicht auf der psychischen Erfahrung der Stellvertreter, sondern auf dem viel langsameren somatischen Prozess im Körper des Klienten. Der Therapeut konzentriert sich auf die Neurozeption des Klienten und darauf, wie Erregung in seinem Körper verarbeitet wird. Das heißt, wir arbeiten explizit mit der Körperregulation des Klienten! Wir arbeiten mit der physiologischen Geschichte, die hinter der psychischen zu finden ist. Diese Geschichte mag sich von der verbal kommunizierten Erfahrung des Klienten unterscheiden. Häufig finden wir uns im Kontakt mit einer nonverbalen, gefühlten, somatischen Realität, die schon bei der Empfängnis, vorgeburtlich, direkt nach der Geburt oder im Säuglingsalter angelegt worden sein kann, als reflexives Bewusstsein und Verbalsprache der Person noch nicht zugänglich waren. Die Arbeit mit diesen sehr frühen Prozessen stellt eine klare Ausweitung unserer Aufstellungsperspektive dar und weicht erheblich von der Arbeit mit Familiendynamik ab.

Raumausdehnung und persönliches Territorium

5. Behalten Sie Raumausdehnung und persönliches Territorium im Auge. Die Stellvertreter innerer dynamischer Zustände brauchen viel Raum, um sich in ihren oft dichten Emotionen fühlen und wahrnehmen zu können. Sehr oft sind diese inneren Teile und Realitäten sonst nicht fühlbar. Der Aufstellungsprozess verdeutlicht aber, dass sie Schwierigkeiten haben, ihre eigenen Grenzen zu definieren, und daher in Verteidigungsnotlagen befangen sind. Während es normalerweise in der systemischen Aufstellungsarbeit üblich ist, Teile durch physische Annäherung in Kontakt zu bringen, rituelle Sätze sprechen oder sie sich gelegentlich würdigend voreinander verneigen zu lassen, ist in dieser Arbeit das Gegenteil der Fall. Zu allererst werden die Teile weiter voneinander entfernt, um mehr Raum zwischen ihnen zu erzeugen, damit sie ihre eigene Identität und ihre Grenzen fühlen können. Erst wenn diese Grenzen da sind, kann die damit verbundene Gefühlslage entstehen und Ihnen wichtige Information darüber vermitteln, was zur emotionalen Erstarrung geführt hat. Meistens zeigen sich die Teile durch den größeren Abstand erleichtert. Sie können nun erstmals in einen verteidigungsfreien Zustand kommen und dadurch ihre eigene Integrität und das bisher ausgeschlossene Gefühl wahrnehmen.

Abstand

6. Da der Körper langsamer reagiert als unsere Kognitionen und der Schwerpunkt auf der inneren Verarbeitung von Erfahrungen im Körper liegt, ist es notwendig, der inneren Arbeit des Körpers viel Zeit, Wertschätzung und Aufmerksamkeit einzuräumen. Folglich arbeiten wir, ausgehend von der Verbindung mit der gefühlten Erfahrung des Körpers, in starkem Maße mit prozessualer Interaktion zwischen den Teilen und achten auf die somatische Wirkung jeder kleinen Aktion, die einer von ihnen ausführt. Kleine Bewegungen und Gesten, einfache Worte haben oft amplifizierte Wirkung. Die enge Wechselseitigkeit der Teile ist beeindruckend zu erleben. Das Gewahrsein für diese Verbindung untereinander reflektiert, wie die systemische Integrität und der funktionale Zusammenhang dieser inneren Prozesse sich zu einem stimmigen, kohärenten Prozess entwickeln, der letztendlich ein gesundes Ganzes bildet.

7. Im Verlauf des Prozesses können erstarrte Teile eine Art der Ressource benötigen, die in ihrer Qualität dem damaligen inneren Verarbeitungszustand entsprechen muss. Das passiert, wenn präverbale Entwicklungsstadien erschlossen werden, die mit Worten nicht auszudrücken sind. Um Stellvertretern in sehr frühen Entwicklungsstadien zu ermöglichen, sich in ihrer Körperlichkeit zu orientieren, um darüberhinaus im Verlauf mit der äußeren Wirklichkeit in Kontakt zu kommen, benutzen wir »Babylaute« wie ganz leises Summen, Singen, leise Schmatz- und Sauggeräusche mit Lippen und Zunge, um den erstarrten Stellvertreter über das Ohr zu stimulieren und das soziale Nervensystem zu erreichen. Es handelt sich hier um zumeist klangliche Einladungen an die Person, entweder ins Hier und Jetzt direkter angenehmer Körpererfahrungen zu kommen oder ihre Augen zu öffnen und in eine Orientierungsreaktion zu gehen, die die unmittelbare Realität der Umwelt aufnimmt. Eine andere häufig genutzte Möglichkeit, diesen geschockten oder traumatisierten Teilen Ressourcen zu liefern, ist, ganz behutsamen Körperkontakt mit versuchsweise leichter oder fester Berührung anzubieten. Das hilft, die Seinsnatur dieses Teils zu bestätigen und ihn fühlen zu lassen, dass er über Berührung auf physischer Ebene »gesehen« wird. Damit einhergehende Empfindungen wie Wärme oder Hautkontakt unterstützen die Wahrnehmung der Wirklichkeit von Körper, Innenraum oder dem tatsächlichen Grad des inneren Rückzugs. Diese fühlbare Bestätigung des Selbst und der eigenen Seinsnatur ermutigt zu weiterer Selbsterforschung und aktiviert Beziehungsfertigkeiten. Im Laufe dieses Prozesses werden oftmals die wiederkehrenden Körperrhythmen erkennbar, die sich als zarte, selbstberuhigende Schaukelbewegung zeigen, die den Körper in geringer Amplitude schwingen lässt. Auch dies verstärkt die Selbstbewusstheit. Ich möchte betonen, dass wir bei dieser Art innerer systemischer Aufstellungsprozessarbeit die Stellvertreter so viel wie möglich von innen, d.h. über den körperlichen Felt-Sense, ressourcieren und nicht über weitere Stellvertreter. Das hat einen einfachen Grund. Der Körper ist für die meisten Menschen immer präsent. Seine Verfügbarkeit ist universell, außer in Situationen tiefer Dissoziation. Die Einführung »äußerer« Ressourcen, wie z.B. in Form weiterer Stellvertreter, stellt normalerweise nur eine zweite Wahl dar. Mit diesem Ansatz kann die Anzahl der Stellvertreter klein gehalten werden, sodass der Prozess seine Intensität behält und nahe an den Körperempfindungen bleibt.

Berührung auf physischer Ebene

Grundhaltung des Begleiters

8. Die Grundhaltung des Begleiters ist sehr wichtig. Wir müssen innerlich aus dem Weg gehen, um die autonome Entfaltung der Prozesse nicht zu stören. Der Kontakt des Therapeuten zu sich selbst und sein Versuch, Interventionen in Form von Einladungen einzusetzen, sind ausschlaggebend für die Prozessqualität. Absolut alle Interventionen sollen Einladungscharakter besitzen und auf die somatische Realität der inneren Erfahrung des Klienten abgestimmt sein. Bei Familienaufstellungen scheinen die Therapeuten sich mehr auf Emotionen oder auch die Atmung des Klienten zu konzentrieren als auf seine neurozeptive Verarbeitung, die für ihre Entfaltung viel mehr Raum und Anerkennung braucht.

9. Der innere, physiologische Prozess des Klienten stellt den endgültigen und unerlässlichen Leitfaden für das Navigieren durch diesen Aufstellungsprozess dar. Die Navigation anhand dieses roten Fadens wird über Kommunikation oder psychologische Interventionen vermittelt. Im Grunde zeigt sich die persönliche Bedeutung des Prozesses jedoch in der Menge positiver physiologischer Reaktionen wie Energieentladungen, die fühlbare Entspannung des Körpers und die Gelassenheit des Klienten. Klienten, die zuvor an ihrem »Denkzwang« verzweifelt sind, erleben häufig die Wirkung des Prozesses in Form von »Leere im Kopf«. Halten Sie sich daher so nah wie möglich an die Spur der persönlichen Bedeutung für den Klienten, denn sie sorgt für die Wirksamkeit der Intervention. Die Aufgabe des Therapeuten, abgesehen vom Halten des Raums für die Entfaltung des Prozesses, besteht darin, so nah wie möglich am Gespür für die persönliche und somatische Bedeutung für den Klienten zu bleiben. Eine Hilfe für den Klienten bei der Entdeckung der Wirklichkeit seiner inneren Regulation kann sein, die persönliche Bedeutung mittels vorsichtiger Einladungen, Interventionen und kurzer Feedback-Schleifen zu erforschen. Wir zielen darauf ab, dem Klienten bei der Vorwärtsbewegung im Prozess zu helfen, damit er nicht in unangenehmen, überlastenden oder kontaktlosen Zuständen steckenbleibt. Indem wir das tun, geben wir ihm das Gefühl der Selbstermächtigung zurück, da er sich frei entscheiden kann, wie und wohin er seine Auf-

Persönliche Bedeutung für den Klienten

merksamkeit richtet. Von dieser Erfahrung innerer Wahlfreiheit und Navigationsfähigkeit ausgehend, kann der Klient im wirklichen Leben Entscheidungsfreiheit entwickeln. Die Kombination deutlich gefühlter Grenzen, persönlichen Raums und der Möglichkeit zu wählen ist in sich eine willkommene und eindeutig befähigende Erfahrung für den Klienten.

10. Um sicherzugehen, dass wir unsere Navigation entlang der Relevanz für den Klienten ausrichten, halten wir während des gesamten therapeutischen Prozessverlaufs in unterschiedlichen Formen Kontakt mit ihm. Wir sorgen dafür, dass wir uns nicht zu sehr auf den oftmals faszinierenden und eindrucksvollen Aufstellungsprozess konzentrieren, sondern unsere Aufmerksamkeit mit Bedacht immer wieder zurück auf die physiologische Realität unseres beobachtenden Klienten lenken. Seinem jeweiligen Zustand beim Erleben und Verarbeiten der gegenwärtigen Situation entsprechend moderieren wir Tempo und Intensität des Aufstellungsprozesses, indem wir ihn verlangsamen oder den Fokus auf Ressourcen verlagern.

Kontakt

11. Durch die Arbeit in diesem moderierten, achtsamen Tempo entfaltet sich die Realität eines fühlbaren Feldes im Raum. Der Zusammenhang zwischen Aufstellung, Klienten und den Beobachtern wird zu einer beinahe greifbaren, dichten Präsenz im Raum. Diese Präsenz schafft eine Gleichzeitigkeit der Phänomene, die die Trennung von Aufstellung hier, Klient da, Begleiter dort nicht länger als real oder sinnvoll erscheinen lässt. Allerdings gelangt der Entfaltungsprozess gelegentlich erst mit zeitlicher Verzögerung ins gefühlte Bewusstsein. Aber das Pendeln von Gefühlen und Empfindungen innerhalb dieses Feldes, dieses Gebietes wechselseitiger Beeinflussung, wird zusätzlich offensichtlich in der Entladung heilender Energien sowie bei der Durchführung ressourcenspendender Interventionen. Das Feld, das sich unter ständiger Einbeziehung der Beobachter über den gesamten Raum erstreckt, kann sich sogar auf den Kontakt zu größeren Realitäten und Feldern wie universaler Liebe, Mitgefühl oder spiritueller Wahrnehmungen ausdehnen, was dem entstehenden (Innen-)Raum eine sakrale Essenz verleiht. Durch diese »Essenz« kann das Feld sich in einen gefühlten, riesengroßen, haltenden Raum, ein »Heilgefäß« verwandeln, das das Individuum mit sanften Gefühlen von Mitgefühl, Liebe und warmem Kontakt zu einer größeren Quelle umschließt. Auch die oft ehrfürchtigen direkten oder späteren Reaktionen anderer Beobachter dienen als Bestätigung dafür, dass sich hier universellere Realitäten als Familiendynamiken entfalten. Worte versagen hier oft, und stattdessen herrschen Stille und Schweigen im Raum. Instinktiv erlebt jeder, dass die Wirklichkeit von Worten eine deutliche Grenze hat. Das Feld der Resonanz mit der wahrhaftigen Realitätsbetrachtung eines Menschen, der nicht absichtlich gewisse Aspekte ausschließt oder bestimmte Themen nicht sehen will, steht letztendlich in Verbindung mit Heilkräften, die mit Ganzheit, Heilsein und in letzter Konsequenz auch mit Heiligkeit zu tun haben. Der Umgang mit der Gesamtrealität ist jedoch Voraussetzung für das Eintreten der Heilkräfte. Sich der gesamten inneren Realität auszusetzen wird dann möglich, wenn der Prozess langsam, behutsam, mit Ressourcen versehen und ausreichend begleitet ist, um Überflutung und übermächtigen Schmerz zu verhindern. In diesem Prozess manifestieren sich der zum System gehörige Behandlungsplan und die im Problem enthaltene Gesundheit in ihrem natürlichen Streben nach Integrität, Gelassenheit und Heiterkeit. Es ist eine universale Gesundheit und Integrationsenergie, die den Prozess zur Lösung bewegt, nicht die lösungsorientierte absichtsvolle Intelligenz eines Therapeuten.

Eintreten der Heilkräfte

12. Obwohl man in Versuchung sein könnte, eine volle Lösung des Heilungsprozesses anzustreben, hat die Verarbeitungskapazität des Körpers Grenzen. Weniger kann mehr sein, wenn dadurch eine organische Integration des Prozesses und damit eine gefühlte Verkörperung des erfolgten Schrittes möglich wird. Letzten Endes ist es dieses Gefühl der Verkörperung, das eine bleibende Wirkung erzielt, die nicht nach einigen Tagen verlorengeht. Die tief verkörperte Arbeit mit dem ganzen Prozess bewirkt tatsächlich gefühlte Veränderungen der persönlichen Wahrnehmungsrealität, statt nur ein flüchtiges

Übergangsphänomen brüchiger psychologischer Realität heraufzubeschwören. Der häufig auftretende starke Drang des Klienten, »es« durchzuarbeiten und abzuschließen, ist meist der Effekt eines starken traumatischen Sogs, dem schwer zu widerstehen ist. Aber bleibende Lösungen gehen mit einer Neuorganisation komplexer somatischer Regulationsprozesse einher, die nicht willentlich verändert werden können. Wir können nur Bedingungen schaffen, die eine autonome Reorganisation der Regulation ermöglichen. Genau über diesen Sachverhalt wandelt sich schließlich der Schrecken traumatischer Verletzung in den Segen, einen weiten Erfahrungs- und Erlebnishorizont zu erlangen, der uns mit etwas in Kontakt kommen lässt, das meist in spirituellen Worten beschrieben wird.

Reorganisation der Regulation

Fraktionierte Prozessschritte

13. Diese Art des therapeutischen Prozesses erlaubt nicht nur, sondern erfordert sogar fraktionierte Prozessschritte. Das mögliche Voranschreiten mit dem Aufstellungsprozess wird geprüft an den physiologischen Reaktionen des Klienten. Die Aufstellung ist sekundär, der physiologische Prozess des Klienten primär. Es wird ein separater Schritt nach dem anderen mit Hilfe der Repräsentanten der Aufstellung gemacht. Manchmal wird ein und dieselbe Aufstellung in mehrtägigen Workshops Stück für Stück sukzessive weitergeführt und immer wieder angehalten, damit die Physiologie des Klienten Zeit hat, sich aus der Fixierung des Verteidigungs- oder Erstarrungszustands zu lösen. Die Aufmerksamkeit des Klienten wird entfesselt von der Traumaphysiologie. Stattdessen wird der Fokus darauf gerichtet, die Wahrnehmung von Ressourcen, Gesundheit, Überlebensfertigkeiten und persönliche Wahlmöglichkeiten zu erweitern – manchmal sogar, während er gleichzeitig die traumatische Erfahrung in seinem Aufmerksamkeitsfeld hält. Das Ganze geschieht in überschaubarer, kontrollierter und achtsamer Weise unter respektvoller Anerkennung jedes einzelnen Schrittes, der gemacht wird.

14. Angesichts der erhöhten Aufmerksamkeit für Körperprozesse ist es wichtig, besonders auf die Entlassung der Stellvertreter aus ihren

Repräsentationen zu achten, um sicher zu gehen, dass sie sich aus ihren intensiven Körpererfahrungen lösen. Das Eintreten in so nahe Körperprozesse wirkt oft intensiv auf den Repräsentanten ein, nicht selten mehr als bei einer Familienaufstellung. Nach meiner Erfahrung sind hier kleine Ablöserituale noch mehr geboten als bei der Aufstellung »äußerer« Familiendynamiken. Gelegentlich ist die Repräsentation so intensiv, dass sie beim Stellvertreter einen eigenen Parallelprozess auslösen kann. In diesem Fall genügt die einfache Entlassung nicht. Es ist dann notwendig, dieses persönliche Thema aktiv zu bearbeiten, um die Ruhe des Stellvertreters wiederherzustellen. Wird die Entlassung jedoch mit Sorgfalt und Achtung durchgeführt, dann ist die Rolle des Stellvertreters eine Bereicherung für diesen, die eine tiefe und lohnende Erfahrung mit sich bringt.

Ablöserituale

Ablösungsprozesse

Wie gesagt ist die Ablösung von der eigenen Wahrnehmung ein wichtiges Thema in der Traumaarbeit. Dem Klienten dabei zu helfen, sich von seiner Verstrickung mit dem traumatischen Prozess und seiner zudringlichen Bildersprache, seinen beunruhigend vorherrschenden Emotionen und scheinbar unkontrollierbaren Übererregungszuständen zu trennen, ist ein wesentlicher Schritt dahin, sicheren Boden zu fühlen, von dem aus der innere Prozess moderiert werden kann. Wenn eine Person ständig von einer bestimmten Emotion überwältigt oder von einem wiederkehrenden Gedanken beherrscht wird, dann ist es schwer, den Weg zurück zur normalen Regulation zu finden.

Während eines Aufstellungsprozesses begann meine Frau eines Tages, die ständige Angst eines Klienten aufzustellen, indem sie den Abstand zwischen dem Stellvertreter des Klienten und der Angst vergrößerte. Der Klient berichtete, er fühle sich besser, bemerkte aber, wie Wut in ihm aufstieg. Als diese Wut in Form eines weiteren Stellvertreters in einiger Entfernung aufgestellt wurde, nahm der Klient

Traurigkeit wahr. Nachdem auch diese in großer Distanz aufgestellt worden war, spürte der Stellvertreter des Klienten, wie er »schrumpfte«. Schließlich lag er in der Haltung eines Säuglings auf dem Boden. Er konnte nicht mehr sprechen, erlebte aber einen Zustand der Einsamkeit, aus dem heraus er keinen Kontakt zur Umwelt erlebte. Eine Ressource musste hinzugefügt werden. Der Stellvertreter dieser Ressource saß neben dem kleinen, zusammengerollten Baby und berührte sanft seinen Rücken. Das gab dem Baby ein Wohlgefühl im Bauch. Nach und nach konnte es beginnen, sich selbst zu fühlen. Sein Bauch entspannte sich, und es wurde ruhig. Die Brust weitete sich, die Atmung wurde tiefer, und der Körper schien Spannung loszulassen. Irgendwann stand das »Baby« wieder auf und konnte endlich authentischer mit der Welt in Verbindung treten. Es konnte sehen, berühren und seine Sinne voll in Gebrauch nehmen. Diese Wieder-Inbesitznahme seiner Sinne wurde ermöglicht, da die vorherrschende Wahrnehmungsweise entwirrt worden war. Meine Frau nannte das »Entkoppelungsaufstellung«. Wir wenden sie an, wenn ein Klient derart im Inhalt seiner Wahrnehmung befangen ist, dass er nicht mehr Beobachter sein kann, sondern voll und ganz von einem bestimmten Teil seiner Wahrnehmungserfahrung eingenommen ist. Das sichere Fundament für die Beobachtung durch ein Beobachter-Selbst existiert nicht mehr.

»Entkoppelungsaufstellung«

Wie bereits erwähnt, sind wir nicht der Inhalt unserer Wahrnehmung. Wir können unsere Aufmerksamkeit lenken und Zeugen unserer Gedanken, Gefühle, Empfindungen und anderer Wahrnehmungen sein. Unsere Fähigkeit wahrzunehmen, wie wir wahrnehmen, unterscheidet uns von allen anderen Lebewesen und gibt uns bewusste Wahlmöglichkeiten, wohin wir unsere Aufmerksamkeit richten wollen. Es ist einer der Kernprozesse des Selbst, dass wir die Freiheit haben, unseren Aufmerksamkeitsfokus bewusst zu lenken und so die Möglichkeit besitzen, Wahrnehmung zu selektieren. Sobald diese Wahlfreiheit von einer Überkoppelung mit einem bestimmten traumatischen Inhalt überlagert ist, erleben wir keine Freiheit mehr. Dann spüren wir keine Autonomie und erleben uns stattdessen gefangen und getrieben, mehr reagierend als agierend, mehr antwortend als in der Initiative. Wir erleben uns wie eine Marionette, deren Fäden von jedem kleinen Ereignis gezogen werden.

Aus diesem Grund nutzen wir den Aufstellungsprozess, um innerliche Ablösung durch äußerliche Aktion zu ermöglichen. Wir versuchen also einem traumatisierten Klienten zu helfen, einen flexiblen Wahrnehmungsfokus wiederzuerlangen und sich aus dem Gebundensein an eine bestimmte Erlebniskomponente zu lösen. Die Externalisierung einer Wahrnehmungskomponente ist dabei eine Hilfestellung. Dadurch kann der Klient sich von dem vorliegenden, seine Aufmerksamkeit belagernden Phänomen lösen und sich durch die Rückkehr seiner Wahlmöglichkeiten und frei fließender Aufmerksamkeit erden. Die Erfahrung, sich aus der traumatischen Wahrnehmungseinengung lösen zu können, schafft überhaupt erst die Möglichkeit, sich selbst und den eigenen Selbstprozess in den Fokus zu nehmen. In der Aufstellungsarbeit wird, um diese Auflösung der Wahrnehmungseinengung zu erreichen, zunächst ein Stellvertreter für den Klienten in den Raum gestellt. Schon dieser erste Schritt schafft Distanz und öffnet einen ungewohnten Beobachtungsfokus. Die Person sieht sich außerhalb ihrer selbst nicht nur gespiegelt, sondern auch als wahrnehmbare Einheit repräsentiert, während sie sicher am Rand sitzt und ihren Selbstprozess bei seiner Entfaltung beobachtet. Darüber hinaus erweitert schon ein einziger Stellvertreter das Wahrnehmungsfeld des Klienten. Er zieht die Aufmerksamkeit vom Körper des Klienten und von der Unmittelbarkeit der Situation ab. Die Wahrnehmungsverlagerung führt vom Klienten weg und in den Raum hinein und hilft der zutage tretenden Energie, zu fließen. Die emotionale Belastung wird also auf zwei Paar Schultern verteilt, sodass der Klient oft augenblicklich Erleichterung erfährt und reagibler wird für ein weiteres Vorgehen. Die bisherige Spannung verteilt sich im Raum und liegt auf dem Stellvertreter oder den Stellvertretern. Meistens tritt dadurch etwas Neues oder die nächste darunter liegende Empfindung, das nächste Gefühl oder der nächste Gedanke in den Mittelpunkt. Durch die aufeinanderfolgende Aufstellung von Stellvertretern wird der gesamte Wahrnehmungsinhalt sukzessive nach »draußen« gestellt, bis der Klient »leer« und

Wahlmöglichkeiten

Grundebene der Wahrnehmung

eine Grundebene der Wahrnehmung erreicht ist. In diesem Stadium taucht kein weiterer Inhalt mehr auf. Stattdessen kann der Klient sein So-Sein erleben. Er kann sich aus einer relativ sicheren Position heraus all die Stellvertreter anschauen und sein eigenes Sein in Beziehung zu ihnen betrachten. An dieser Stelle kann eine unterstützende Ressource eingebracht werden, wo es notwendig erscheint. Das kann helfen, eine gesunde Selbststruktur aufzubauen, aus der heraus das volle Potenzial der Person wachsen und fließen kann. Tiefe und tiefste Sehnsüchte oder das uns Menschen innewohnende Streben nach Integration und Gesundheit, die Ahnung von unserem vollen Potenzial liefern den notwendigen Antrieb für das Streben, sich selbst genauer zu erfahren und kennenzulernen. Das wird genutzt, um die Beziehung zu den abgelösten Teilen zu verhandeln und zu verändern. Meiner Erfahrung nach wird in der Entkoppelungsaufstellung eine ordnungsstiftende Heilkraft offenbar, die nach und nach die überkoppelte Wahrnehmungserfahrung löst und »entbindet«. Die Ausdehnung der auftauchenden, körperlich gehaltenen Spannung in den physischen Raum hinein wird erlebbar. Auf diese Weise reicht die Spannung nach außen, wodurch der Klient sich weiter in sich selbst, und besonders in seinem Körper, niederlassen kann. Diese Wiederverbindung mit dem Körper ermöglicht die Erfahrung von persönlicher Wirksamkeit und Kompetenz. Das folgende Beispiel mag als Illustration des Loslösungsprozesses in einer Aufstellung dienen.

Ein Mann Anfang 30 kommt zur Beratung. Er arbeitet als Buchhalter in einer großen Firma und ist unzufrieden mit seiner Leistung. Seine Stimme ist schwach, sein Gesichtsausdruck zeigt wenig Reaktion und drückt Traurigkeit aus. Seine Körperhaltung ist gebeugt. Er fühlt sich von irgendetwas zurückgehalten und hält sich für einen Versager angesichts aller seiner Kollegen, die mehr Ehrgeiz an den Tag legen. Seine Erklärung ist, dass er sich weder zeigen noch »verkaufen« kann und daher ein Außenseitertum lebt. Auf gewisse Weise ist der Mann ein trauriger Anblick. Er wirkt freundlich und gutaussehend, wie einer, dem zu begegnen eigentlich ein Vergnügen sein müsste. Aber der Ausdruck von Elend und geringem Selbstwertgefühl in seinem Gesicht, die Überzeugtheit von seiner Schwäche und der Unfähigkeit, sein persönliches Potenzial zu entfalten, lassen ihn wenig ansprechend erscheinen. Er berichtet, dass er weder seinen Platz einnimmt, noch sein Geschick in die eigenen Hände nimmt. Auf Nachfrage schätzt er, dass er ungefähr 50% seines Potenzials ausschöpft. Als Begleiter fühle ich, dass er so sehr mit seiner Überzeugung verstrickt ist, nicht vorwärtszukommen, dass die restlichen 50% seines Potenzials zu diesem Zeitpunkt überhaupt nicht spürbar werden. Ich könnte nun erörtern, erklären und ihn mit dialektischer Expertise davon überzeugen, dass die Welt anders ist, als er sie zurzeit erlebt, und dass er also sein schlafendes Potenzial proaktiv anzapfen soll. Da aber die emotionale Komponente seines elenden Zustands so vorherrschend ist, gehe ich vielmehr davon aus, ihn mithilfe eines Ablösungs-Aufstellungsprozesses zu einer neuen Einsicht führen zu können, die das wirkliche Erleben einer andersartigen Erfahrung der Welt möglich macht. Ich bitte ihn also, mich als Repräsentanten zu nehmen und aufzustellen wie in einem Aufstellungsprozess zur schnellen Bestandsaufnahme (siehe unten).

Ich stand noch nicht richtig, da fühlte ich Traurigkeit und sogar noch stärkere Angst, die mich klein werden und mich zurückhalten ließ. Ich konnte mich stabilisieren, indem ich in die andere Richtung schaute und meine Augen durchs Fenster nach draußen in den Garten wandern ließ. Aber auch das hatte nur eine Zeitlang Erfolg. Da ich keinen ressourcenvollen Zustand fühlen konnte, der gut genug gewesen wäre, um mir eine solide Arbeitsgrundlage zu bieten, entschied ich an diesem Punkt, eine Entkoppelungsaufstellung durchzuführen. Ich nahm ein Kissen als Stellvertreter für »das, was mich quält«. Ich legte es auf den Boden, und mit der Einführung dieser Differenzierung ging es mir schlagartig besser. Auch der Klient konnte den Unterschied bemerken. Er setzte sich aufrechter hin, wurde neugieriger und wollte weitermachen. Um eine wirkliche Entkoppelung zu erreichen, bat ich den Klienten um Erlaubnis, das Kissen noch weiter weglegen zu dürfen. Mit seiner Zustimmung legte ich es auf die andere Seite des Zimmers. Der gefühlte Effekt war eine sofort spürbare Zunahme von Raum und Atemluft. Ich, als sein Stellvertreter, hatte Platz, mich zu bewegen, mich zu drehen, zu handeln. Das fühlte sich sehr gut an. Als ich jedoch diese neuen Möglichkeiten betrachtete, war ich auf seltsame Weise unfähig, die Gelegenheit zu ergreifen, und nach einer Weile überfiel mich eine lähmende Benommenheit. Der Klient schien das zu erkennen und war noch immer sehr froh, von seinem Stuhl aus so klar den Unterschied zwischen der weiter entfernten Position »dessen, was mich quält« und derjenigen direkt neben ihm wahrnehmen zu können. Der gefühlte Unterschied in seinem Körper überraschte ihn, und einige seiner Lebensgeister kehrten zurück. Da die Schläfrigkeit einen großen Teil der neuen Freiheit zu agieren, einzunehmen schien, entschied ich mich an diesem Punkt, ein Stellvertreterkissen für die Schläfrigkeit hinzulegen, damit der Klient sich auch von diesem Gefühl lösen konnte. Als ich das tat, nahm ich Energie wahr, und mein Blick klärte sich. Es schien so, als könnte ich zum ersten Mal die Welt um mich herum »sehen«. Es war seltsam, mich augenblicklich in einer anderen, sehr anziehenden Welt neuer Gelegenheiten wiederzufinden. Der Klient bekam Lust, das selbst zu erleben. Als er seinen Platz einnahm und in der Position stand, die ich gehalten hatte, begannen seine Augen zu leuchten. Trotzdem war die Schläfrigkeit noch fühlbar. Er sah sich um, und obwohl er genoss, was er spürte, war es doch zu neu und vielleicht auch zu schnell für ihn, sodass er eine Weile brauchte, um die Neuartigkeit der Situation zu realisieren. Ich stand neben ihm und wunderte mich über seine gesamte körperliche Erscheinung.

»Zündung«

Ich erinnerte mich an den Begriff der »Zündung«, der in der craniosacralen Therapie wohlbekannt ist. Man kann sich das als Energieschub vorstellen, der während der Empfängnis und bei der Geburt, wenn die Nabelschnur durchtrennt wird, durch den Körper läuft. Dieser Vorgang erlaubt uns, uns völlig zu verkörpern, lebendig zu werden und unsere Lebenskraft in Besitz zu nehmen. Mir erschien der Mann, den ich vor mir hatte, nicht in vollem Ausmaß »gezündet«. Er stand da mit einer Neigung zur Schläfrigkeit wie ein Baby, das nicht in der Lage ist, voll auf die Welt zu reagieren, sondern sich stattdessen in eine surreale Traumwelt döst. Das zu sehen, ließ in mir den Impuls auftauchen, dem Klienten einen plötzlichen Klaps zu geben, einen leichten Schlag, um ihn zur Lebendigkeit zu bringen. Nachdem ich einige Zeit abwartete, um zu spüren, ob diese Art der Intervention angemessen und zielführend sein würde, entschloss ich mich schließlich, das Risiko einzugehen und schlug ihn ohne Ankündigung mit der flachen Hand auf die Schulter. Er schien ein Schaudern zu spüren, und als ich ihn fragte, was geschah, sagte er, es habe sich angefühlt wie ein »Weckruf«. Ich bestätigte seine Wahrnehmung, und das Glänzen in seinen Augen wurde stärker, Aktivität und Lebendigkeit breitete sich in seinem Körper aus und er stand plötzlich deutlich aufrechter. Er wirkte vitalisiert, tat tiefe Atemzüge, orientierte sich im Raum durch Drehen des Kopfes und wirkte aufgehellt und aktiv. Er genoss den neu erlebten Raum, die Wahlfreiheit darüber, wohin er mit seiner Aufmerksamkeit gehen wollte, und nach einer Weile war er in der Lage, aus einer gewissen Entfernung und, noch wichtiger, aus einer selbstbestimmten Haltung heraus, sich das anzusehen, »was ihn quälte«. Die Tatsache, dass wir diesen quälenden Teil »entkoppelt« oder zumindest zeitweise distanziert hatten, ermöglichte es dem Klienten, der so sehr voller gefühlter Inkompetenz, Rückzug und Scheu gewesen war, sich kompetent und selbstbestimmt zu erleben.

Der nächste Schritt war, »das, was ihn quälte« zu explorieren. Auch das ist ein wesentlicher Punkt, den es im Zusammenhang mit Entkoppelung zu betrachten gilt. Wenn wir von der Tatsache reden, dass wir verkörperte Prozesse sind, müssen wir anerkennen, dass wir Funktionsmodi in diesen Prozess aufnehmen, die nicht aus uns selbst stammen, sondern vielmehr das sind, was Psychoanalytiker Introjekte nennen. Wir übernehmen Funktions- und Reaktionsformen, die nicht zu unserer eigenen Ausstattung gehören. Zu irgendeinem Zeitpunkt schien es jedoch angemessener, diesen auferlegten Funktionsmodus anzunehmen, als sich an die eigene Ursprünglichkeit zu halten. Andererseits fallen dieser Vernachlässigung der eigenen Ursprünglichkeit andere Funktionsmodi, die uns selbst kongruenter sind, zum Opfer und »überwintern«. Diese desintegrierten Teile führen ein Schattendasein und überleben in uns. Im Laufe unseres Lebens ist es z.B. so, dass für viele Menschen, die 40 werden und zweifelsohne in die zweite Hälfte ihres Lebens eintreten, weiterer Er-

Introjekte

folg, Zufriedenheit und Erfüllung entschieden von ihrer Fähigkeit abhängen, diese schlafenden, vernachlässigten Anteile wieder zu sich zu nehmen. Gleichzeitig können sie nur dann die Beziehung zu sich selbst voll leben, wenn sie es schaffen, innerlich zu unterscheiden, was ihres ist und was sie im Laufe des Lebens »angenommen« haben, um zu überleben. Man könnte sagen, dass der Entkoppelungs-Aufstellungsprozess eine Möglichkeit ist, zu klären, was zu uns selbst gehört und was aus dem System entfernt werden muss, da es kein Teil der eigenen Ursprünglichkeit ist. Dies ist eine höchst relevante Aufgabe für jeden, der nach persönlicher Erfüllung und voller Lebenszufriedenheit strebt. Wenn wir nicht auf das zurückgreifen, was ursprünglich unseres ist, dann wird genau dieses unser »So-Sein« von innen heraus demontieren. Diejenigen, die bewusst und achtsam sind mit dem, was sie im Leben tun, können diesen Differenzierungsprozess gar nicht vermeiden. Prozessarbeit mit Entkoppelungsaufstellungen hilft, das Ungreifbare in der Unmittelbarkeit des Hier und Jetzt greifbar und erlebbar zu machen.

Volle Verkörperung und Empfängnistrauma

Das Leben als Abstraktion im Kopf

Nach einem Entkoppelungsprozess finden viele heraus, dass sie nicht wirklich im Kontakt sind mit ihrem Körper und dem Wahrnehmen durch die Sinne. Das Leben findet als Abstraktion im Kopf statt. Es erstaunt sie herauszufinden, wie konfliktreich und ambivalent es sich anfühlt, ein Geistprinzip in einer Körperumhüllung zu sein, und wie entkörpert sie ihr Leben oft leben. Manchmal trifft man Menschen, die trotz mehrerer Familienaufstellungen nicht weitergekommen sind mit dieser Art von Prozess. Sie wirken nicht gut im Körper, sind blass, ohne viel Aktivität, zurückgehalten oder sehr zurückgezogen. Sie zeigen wenig Reaktion und eine leere, dissoziierte Präsenz oder, besser gesagt, Abwesenheit. Sie haben beträchtliche Schwierigkeiten, sich in ihrem Körper zu orientieren. Der Körper wird als fremd betrachtet, eher eine Last denn eine Quelle sinnlicher Lust. Die Reaktionsarmut der Person macht es dem Begleiter nicht leicht, ein Maß an innerem Engagement zu generieren, das einen dynamischen oder auch ruhigen Prozessfortschritt erlaubt. Die Gesichtsmuskeln zeigen wenig Mimik, erscheinen leblos und flach. Direkter Blickkontakt ist ihnen zu bedrängend und oft unmöglich. Sie fühlen sich häufig von »spirituellen Welten« angezogen und haben sichtbare Mühe, im tatsächlichen Hier und Jetzt geerdet und anwesend zu sein. Der Mangel an Befähigung, ihr eigenes Leben zu lenken, hat oft seinen Ursprung in einer frühen Schwierigkeit, sich voll in der materiellen Realität zu verkörpern, zu orientieren und zu navigieren. Wenn wir in uns selbst gut niedergelassen sind, fühlen wir uns gewöhnlich vom Becken getragen, während der Kopf frei drehbar und offen für Aufnahme ist und die Aufmerksamkeit mit Leichtigkeit von einer Wahrnehmungserfahrung zur nächsten gelenkt werden kann. Wir versinken nicht in grüblerischem Nachdenken und suchen nach Ursachen und Erklärungen für alles und jedes. Im eigenen Becken zu ruhen vermittelt ein Gefühl von »zu Hause sein«. Und dieses Zuhause-Gefühl befähigt uns, Verbindung zu anderen und zu uns selbst zu erleben. In der dreidimensionalen Aufstellung ist es eine eindrückliche Erfahrung, spürend zu realisieren, wie unsicher und verwirrt Menschen sich ihr Leben lang in ihrem Körper fühlen können und wie schwer es für den Geist sein kann, mit dem Körper im Kontakt zu sein und in ihm zu wohnen. Das folgende Beispiel bietet eine Erläuterung, wie ein solcher Prozess aussehen kann.

Eine lesbische Frau Mitte 50 bat um eine Aufstellung, und nach einleitender Exploration wurden sie selbst und ihre Einsamkeit aufgestellt. Nach einigen Versuchen, mit dieser Einsamkeit Beziehung aufzunehmen, erschien sie irgendwie reaktionsarm und gleichgültig, und eine wachsende Dissoziation war zu spüren. Dabei war Bewegungslosigkeit in ihrem Gesicht zu beobachten. Während ich ihre leblose Haltung und die irgendwie farblose Atmosphäre um sie herum betrachtete, fiel mir das Phänomen des Empfängnistraumas ein. *Empfängnistrauma* Als ich darüber sprach und den Vorschlag machte, eine Eizelle, ein Sperma, die Quelle des Lebens und sie selbst aufzustellen, wurde ihr Gesicht sofort wieder lebendig. In kürzester Zeit stellte sie auf und beobachtete dann aufmerksam die sich entfaltende Szene. Eizelle und Sperma standen weit auseinander. Sie und die Quelle standen näher zusammen und dem Sperma und der Eizelle gegenüber. Die Eizelle fühlte sich sehr groß, als ob sie den gesamten Raum füllen könnte. Das Sperma spürte seine schwindende Energie, und die Stellvertreterin der Klientin hielt sich nahe an der Quelle, die ihrerseits wollte, dass sie fortging. Um die Beschreibung dieser fast anderthalb Stunden dauernden Aufstellung kurz und bündig zu halten, mag die folgende Darstellung genügen, um die wichtigsten Punkte zu beleuchten. Während das Sperma kurze Zeit später mit der Stellvertreterin der Klientin Kontakt aufnahm, um sie zur Eizelle zu bringen, fühlte sich diese negativ und reaktionslos und konnte die Vorfreude der anstehenden Befruchtung nicht teilen. Sie fühlte sich duldsam, schwach und mehr tot als lebendig. Sie hatte ihr Volumen und ihre Kraft verloren, als das Sperma die Initiative ergriffen hatte, und sie leistete Widerstand gegen die Annäherung des Spermas und der Stellvertreterin der Klientin. Während die Quelle die Verbindung abbrechen und für sich selbst sein wollte, wurde klar, dass die Eizelle verzweifelt Ressourcen, Unterstützung, Schutz und Nahrung brauchte, um das Sperma zu empfangen. Der Eierstock wurde hinter der Eizelle aufgestellt, und das half vorläufig, deren Zwangslage zu entlasten. Als die Eizelle ermutigt wurde, den Eisprung anzutreten und den Eierstock zu verlassen, verlor sie augenblicklich wieder ihre Energie. Sie hatte einfach keinerlei Kraft, sich auf die Befruchtung, das Sperma und den sich inkarnierenden Geist der Klientin einzulassen. Der Eierstock begann, zu zittern und zu beben. Sämtliche Beobachter im Raum waren völlig von dem fasziniert, was sich vor ihren Augen abspielte. Der archetypische Charakter des Vorgangs fiel allen auf. Die tiefe Verletzung des Weiblichen wurde offenbar. Zur Heilung des Eierstocks wurden dringend Schutz, Sicherheit, Trost und Unterstützung benötigt. Es schien, dass diese Heilung paradoxerweise nicht vom Weiblichen selbst gebracht werden konnte. Wir brachten also einen Mann hinein, der sehr vorsichtig anbot, den Eierstock behutsam zu berühren und in seine Arme zu nehmen. Der Eierstock begann, am ganzen Körper zu zittern, ihr kamen die Tränen, und die schmerzhaft gebeugte Haltung veränderte sich zurück in eine aufrechte Position. Je mehr der Eierstock die Wärme der Umarmung aufnehmen konnte, desto ruhiger wurde sie innerlich. Mitfühlende Stille breitete sich über den Raum, als die Heilung stattfand. Die Klientin äußerte später, wie sehr es ihr geholfen hatte, zu sehen, wie das Männliche wirklich geben konnte, was das Weibliche in dem Moment brauchte. Die Qualität der männlichen Fürsorge für den Eierstock zu sehen, war für sie ein sehr wertvolles und berührendes Geschenk. Der Eierstock wurde immer ruhiger und sicherer. Und je ruhiger er wurde, desto ruhiger wurde auch die Eizelle, und desto mehr konnte sie sich dem Sperma zuwenden. Nach ein paar Minuten konnte man sehen, wie der Mann und der Eierstock miteinander verschmolzen. Sie bildeten eine Einheit, und Wärme breitete sich zwischen ihnen aus. Sie fühlten sich sicher, warm und tief verbunden, fast eins miteinander. Der Eierstock ermutigte schließlich die Eizelle, dem Sperma zu vertrauen. Er flüsterte Sätze wie: »Nimm es, das Geschenk und das, was du da bekommst. Es ist sicher. Das Männliche ist sicher. Nimm das Geschenk, Geschenk, Geschenk, Geschenk, Geschenk.« Die Eizelle brauchte ziemlich lange, bis sie sich dem Sperma hingab. Sie ließ ihren Kopf auf seine Schulter sinken. Das Sperma durfte sie halten, und sie fühlte die Sicherheit dieses Halts und seiner Präsenz. Nach einer Weile wurde das »Kind« in Form der Stellvertreterin der Klientin aufgenommen. Das war ein außergewöhnliches Bild. Das Sperma, die Eizelle und das »Kind« vereinigten sich zu einer großen Masse menschlichen Wesens. Diese drei Menschen hingen in fast heiliger Stille aneinander. Im Raum war eine besondere Achtsamkeit fühlbar. Die Klientin erklärte sich einverstanden, den Prozess hier zu beenden. Alle Seminarteilnehmer wurden nach draußen an die frische Luft geschickt, um die Intensität des Aufstellungsbefruchtungsprozesses zu »lüften«. Die Klientin teilte mit, sie fühle sich viel besser und lebendig, und die Vereinigung der drei Stellvertreter am Ende habe sie auf einer Ebene jenseits aller Worte tief bewegt. Sie konnte die Wirkung in ihrem Körper spüren. Auch die Stellvertreter waren sehr beeindruckt, und es bedurfte einiger Zeit, sich aus diesem tiefen Prozess zu lösen.

Verkörperung scheint kein einfacher Prozess zu sein. Die »In-Spiration« kann viele Störungen erleiden. In Anbetracht der Verletzlichkeit des Prozesses scheint es ein Segen zu sein, dass wir die Fähigkeit haben, uns davon zu dissoziieren und manchmal den Körper zurückzulassen. Die Vogelperspektive einzunehmen und dadurch unsere Bewusstheit von der Komplexität des Körpers zurückzuziehen, kann eine frühe Komplikation bei dem Versuch darstellen, unseren ursprünglichen Weg der Verkörperung zu finden. Tatsächlich sind nur wenige von uns voll in Verbindung. Es kommt häufig vor, dass der vorliegende Verbindungsmangel aufgrund eines gewohnheitsmäßigen Bezugsrahmens nicht gespürt werden kann. Würden wir uns tatsächlich erlauben, ganz anwesend zu sein, so würde dadurch die Dualität des Spirituellen und des Materiellen aufgehoben. Wir würden uns selbst als verkörperte spirituelle Wesen erfahren, deren jegliche Lebensäußerung von einer größeren, umfassenderen Realität gehalten wird. Wären wir im Hier und Jetzt völlig anwesend, so würde die Hingabe an einen größeren Kontext unsere Aufgabe der eigenen Navigation und unser Einverständnis erfordern, uns von einem größeren Kontext der Teilnahme leiten zu lassen. Wir würden uns nicht mehr länger einsam, abgetrennt und entfremdet von der Welt um uns herum fühlen, sondern unsere teilnehmende Natur in unserer einzigartigen Seinsart erleben. Aber durch unsere Dissoziation von einer größeren Realität müssen wir unseren eigenen exzentrischen Weg finden, um zurechtzukommen, und fühlen uns oft trotz unseres Lebens in materiellem Wohlstand vom Leben und seinen Gaben verlassen.

Was wir in dieser Art der Aufstellung häufig sehen, ist, wie verletzt die Eizelle ist oder zum Zeitpunkt der Empfängnis war. Sie ist nicht bereit, mit dem Sperma in Kontakt zu treten und zu verschmelzen. Sie ist im Schmerz des verwundeten Weiblichen gefangen und scheint ein verkümmertes Leben zu führen. In einer solchen Situation ist die Heilung des Weiblichen dringend notwendig. Es wird überdeutlich, wie sehr das Weibliche die Trägerin des Lebens und das Männliche der »Inspirator« ist, der das »Geschenk« in den Mutterleib bringt. Hier kommen alle Arten interaktiver Rituale zur Anwendung, die

Trägerin des Lebens

einer Heilung des Weiblichen zuträglich sind. Das kann so aussehen, dass ein Frauenkreis oder eine Frauenkette gebildet wird oder dem Becken der Stellvertreterin der Eizelle besondere Aufmerksamkeit zukommt, in der Bewegungen im eigenen Rhythmus möglich werden, durch die Selbstheilung geschehen kann. Die innere Schaukelbewegung des weiblichen Beckens scheint mächtige Heilqualitäten zu besitzen. Heilung kann auch durch die Stimme der Frauen in Gang kommen, die die Eizelle ermutigen, sich zum Sperma zu bewegen. Am wichtigsten ist jedoch die Tatsache, dass das Männliche, das Sperma und seine Kraft, als sicher für die Frau erlebt werden. Ich erinnere mich an eine Situation, in der eindrucksvoll zu sehen war, dass das Sperma zuerst die weibliche Qualität warmer Empfangsbereitschaft annehmen musste, bevor es die Eizelle in seine Arme nehmen konnte. Die Eizelle sagte, sie sei verwirrt, weil etwas ihr seltsam erschiene. Es war die Umkehrung männlicher und weiblicher Qualitäten, der männlichen Empfangsbereitschaft und der weiblichen Bewegung hin zum Sperma, die ihr schließlich Sicherheit gab und sie gleichzeitig spüren ließ, dass etwas »seltsam« war. Als sie jedoch in den Armen des Spermas lag, fühlte sie sich komplett und gut. Ein »dissoziierter Teil« konnte sich ihnen anschließen, und die Vereinigung der drei erschien beinahe heilig. Nach dieser Aufstellung hörte ich am nächsten Tag, dass die Frau zum ersten Mal seit Jahren mit ihrem Sohn in einer Weise hatte sprechen können, die für sie bezogen und gut war und auch von ihrem Sohn als erstaunlich verbunden wahrgenommen wurde.

Es ist bewegend zu sehen, dass das Stellen von Eizelle und Sperma den Aufstellungsprozess auf eine Ebene tiefer Heilung bringt. Obwohl die gezeigte Dynamik auf den ersten Blick derjenigen einer gewöhnlichen elterlichen Paarbeziehung ähnlich sein kann, scheinen hier andere Kräfte am Werk zu sein. Die Heilung des Weiblichen und des Männlichen scheint eine Qualität zu haben, die Merkmale von etwas Heiligem, Universellem trägt, das über den Prozess der individuellen Person hinausgeht. Im Hinblick auf das Austragen von Babys müssen wir möglicherweise unsere Beziehung zu diesem Prozess insgesamt revidieren. Bettina Alberti berichtet in ihrem Buch

Geburt eines Kindes

Die Seele fühlt von Anfang an,[64] wie Kinder in einem afrikanischen Stamm empfangen werden. Wir dürfen nicht vergessen, dass die Geburt eines Kindes auch die Geburt einer Mutter ist. Daher überrascht es nicht, dass die innere Bereitschaft und Haltung der Mutter in Beziehung zum Kind ausschlaggebend für die Einrichtung einer warmen, haltgebenden Umgebung für das Wesen ist, das empfangen werden soll. Alberti berichtet, dass der Moment, in dem die Mutter zum ersten Mal an das ankommende Kind denkt, als Geburtsdatum des Babys betrachtet wird. Das ist ein besonderer Moment, in dem das Baby sich der Mutter ankündigt und der als Ankunftstag gesehen wird. Mit ihrer Bereitschaft, das Kind zu empfangen, verlässt die Mutter das Dorf, um einen Baum zu finden, der in vielen Kulturen das Symbol für die Plazenta ist, und sich darunterzusetzen. Dort lauscht sie aufmerksam, um »das Lied dieses besonderen Kindes« zu empfangen. Wenn sie das Lied gehört und gelernt hat, kehrt sie nach Hause zurück und lehrt es den Vater des Kindes, damit sie dieses Lied zusammen singen können, während sie beim Lieben das Kind körperlich empfangen. Das Lied wird von der Mutter während ihrer Schwangerschaft gesungen, und sie bringt es auch den Frauen und der Hebamme im Dorf bei. Es wird während der Wehen und des Geburtsprozesses gesungen, um das Kind willkommen zu heißen, es wird später gesungen, wenn das Kind sich verletzt, während Initiationen und Ritualen und bei der Hochzeitszeremonie des Kindes. Am Ende des Lebens dieser Person wird das Lied von allen Dorfbewohnern zum letzten Mal angestimmt. Diese Melodie trägt die Person durch ihr ganzes Leben und schenkt eine intime, schwingende und Schwingung anregende Beziehung zwischen Kind und Mutter, die in der Schwangerschaft und den ersten beiden Lebensjahren von höchster Bedeutung ist.

Männer, Frauen und Initiationsrituale

Einen Aufstellungsprozess zu erleben, kann eine bewegende und wertvolle Erfahrung sein. Abgesehen von inneren emotionalen Realitäten kann man auch bestimmte (traumatisierte) Körperteile stellen und Einblick in ihre Weisheit nehmen. Ich persönlich habe viele tiefe Lektionen aus solchen Stellvertreter-Erfahrungen gelernt. Ich weiß noch, wie ich das Becken einer Frau nach einer zweiten Fehlgeburt Anfang 40 repräsentierte. Als ich für diesen Teil ihres Körpers stand, beeindruckte mich am meisten die Wiederverbindung mit einer größeren, umfassenden, universellen Kraft. Ich realisierte – während ich für das Becken dieser Frau stand und seine »Information« aufnahm –, wie sehr dieser Frau mütterlich-weibliche Unterstützung gefehlt hatte, da ihre Mutter nicht verfügbar gewesen war. Als mir diese Tatsache unmissverständlich klar wurde und ich voller Kummer über dieses Fehlen war, drehte sich mein Kopf zum Fenster, und ich schaute in den Garten. Es war frühes Frühjahr, der Boden vollgesogen mit Wasser, das Gras noch teilweise schneebedeckt, und ich fühlte plötzlich die universale Energie des Lebens. Ich konnte spüren, wie diese Energie das Gras in diesem kalten, matschigen, sumpfigen Boden seine Wurzeln tiefer in die dunkle Erde treiben lässt. Es fühlte sich an wie eine natürliche, intuitive Bewegung des Grases, als ob es gar nichts anderes tun könnte. Dieses Gras fühlte sich getrieben von einer intelligenten, belebenden Kraft, die es dazu bewegte zu tun, was es tat. Als ich mich dieser Erfahrung aussetzte, wurde mir klar, dass ich als Becken einer Frau und als ganzer weiblicher Körper nicht nur an dieser Energie teilhatte, sondern in gewisser Weise mit dieser Energie leibhaftig war. Eine enorme Erfahrung. Ich konnte mein Heilpotenzial in mir selbst, in meinem Becken spüren. Ich war dieses Heilpotenzial. Ich fühlte, wie Wärme durch den Beckengürtel aufstieg. Es verwandelte sich in eine Ganzkörpererfahrung, und das verfügbare Heilpotenzial zu diesem Zeitpunkt übertraf bei Weitem die körperliche, psychische und sakrale Wunde der Fehlgeburt. Ich fühlte mich erhoben, erfüllt mit Entzücken, Wärme und Freude. Ich begann, hin und her zu schaukeln und mich zu wiegen. Langsam und vorsichtig wurde

Universelle Kraft

ich zur Stellvertreterin der Frau gezogen, umarmte sie von hinten, indem mein Becken in Berührung mit ihrer Rückseite kam, und wir gingen beide in ein synchronisiertes Wiegen und Schaukeln. Die andere Stellvertreterin wurde ebenfalls ganz warm, und echte Freude tauchte zwischen uns in dieser gefühlten Heilprozedur auf. Es fühlte sich an, als ob eine freudvolle Heilkraft durch meine Füße auf »vegetativer« Ebene hereingekrochen kam, begleitet von einem veränderten Bewusstsein: eine durch und durch positive, starke weibliche Ermächtigung, die mir ein Gefühl von Ganzheit, Kraft und Unabhängigkeit gab, ein Gefühl wie eine richtige Frau. Die Männer erschienen in diesem elementaren vegetativen Zustand wie ein nützlicher, aber entbehrlicher Zeitvertreib. Das fühlte sich, aus der vorhergegangenen Erfahrung dieser Frau heraus, mehr als gut an, vermittelte so viel gefühlte Freiheit und Unabhängigkeit und machte einen wesentlichen Unterschied. Für mich als Stellvertreter war dieses Erlebnis der Teilnahme an jener universalen Kraft eindrucksvoll und sehr lehrreich, respekteinflößend und bewegend.

Ein anderes Mal hatte ich die Gelegenheit, mit einer Frau eine Demonstration durchzuführen und mit ihr an ihrer Weiblichkeit zu arbeiten. Sie stellte ihr Becken, ihre Brüste und sich selbst auf, und ich demonstrierte, wie man eine Situation repräsentiert, wenn man im Einzelsetting arbeitet. Als ich für ihre Brüste stand, war es auffallend für mich als Mann zu erleben, wie es sich anfühlt, weibliche Brüste und ein großes Herz zwischen ihnen zu haben. Aus diesem Herzen heraus floss ein starker Strom bedingungsloser Liebe in den Raum, zu meinen Kindern und allen anderen, die bedürftig waren. Ich hatte als Mann noch nie eine solche Intensität bedingungsloser Liebe gespürt, zumindest nicht in Verbindung mit einer so klar gefühlten Stelle in meinem Körper. Das einfach zu fühlen schien mir die Augen für die Weise zu öffnen, wie eine Frau die Welt erlebt und wie sie sich durch ihre Lebenswelt mit einer Art Radar für bedingungslose Liebe in ihrer Brust bewegt. An diesem Punkt bedeutete das für mich, dass Männer ihre weibliche Seite entwickeln müssen, um dieser Form der Erfahrung näherzukommen. Als die Klientin von meinem Fühlen hörte, tat sie einen tiefen Seufzer und sagte, dass sie diese Situation

Bedingungslose Liebe

sehr gut kannte. Sie fühlte sich jedoch fast als Opfer ihrer eigenen, ständig anwesenden bedingungslosen Liebe. Diese Haltung, es anderen recht zu machen, war zu Beginn erfüllend gewesen, hatte aber so viel Raum in ihrem Leben eingenommen, dass sie sie nicht mehr ertragen konnte. Der tiefe Seufzer verriet, wie sehr sie nach einem eigenen Leben verlangte. Als Nächstes stellte ich mich »in« ihr Becken. Sofort spürte ich, wie sich mein eigenes Becken bewegte. Eine erotische und sexuelle Lust kam in meinem Körper auf. Ich fühlte mich wie leicht betrunken, erotisch »schmutzig« und von meiner »schnüffelnden« Vagina gelenkt. Es war ein wundervoll schmutziges Vergnügen, und ich spürte gewisse stimulierende Qualitäten in meinem Becken. Eine dunkle, sündhafte, gierige, selbstsüchtige, perverse Macht schien direkt aus den unergründlichen Tiefen meines »Schattens« aufzusteigen. Indem ich dies schreibe, wird mir klar, dass meine Worte bei Weitem nicht stark genug sind, um die kraftvolle Befriedigung und seelennährende Qualität zu beschreiben, die mit der Erfahrung einherging. Es fühlte sich einfach durch und durch gut, richtig, schon lange überfällig und wie die erleichternde Verwirklichung eines riesigen weiblichen Potenzials an. Die Klientin strahlte. Als wir langsam Becken und Brüste zusammenbrachten, füllte sich der gesamte Aufstellungskörper voller Energie, begann sich zu wiegen, zu tanzen und zu schaukeln, und ein authentischer Rhythmus ihres lebendigen Seins entstand. Das zu sehen, war ein kraftspendendes Vergnügen, und keiner der anwesenden Teilnehmer im Raum konnte der Schönheit und Kraft dieser Inbesitznahme und Verwirklichung des Selbst entgehen.

Verwirklichung eines riesigen weiblichen Potenzials

Erinnern wir uns nochmals, dass Kompetenzerfahrung ein wichtiger Teil der Traumaheilung ist. Ein Trauma zu heilen ist damit verbunden, ein Desaster in einen Segen zu verwandeln und bis in die volle Tiefe unserer Selbst- und Seinsnatur zu greifen. Es ist damit verbunden, die unentdeckten Schätze und eingesperrten Kräfte zu heben, die unser volles Potenzial ausmachen und in unsere »Persönlichkeit«, in unseren Selbstprozess integriert werden wollen. Der folgende Prozess spielte sich ab, als ich für einen unserer Ausbildungskandidaten eine Aufstellung durchführte. Er war seit fast zwei

Jahren in der Ausbildung, als sich das Folgende ereignete. Er wollte eine Aufstellung für sich selbst haben und bat in beinahe unterwürfiger Weise darum. Der Eindruck seiner Unterordnung und seines inneren Rückzugs passte zu der Tatsache, dass man ihn, wenn er als Stellvertreter in einer Aufstellung gewählt worden war, mehrfach bitten musste, lauter zu sprechen, damit der Rest der Gruppe ihn hören konnte. Sein Mangel an Sprachvolumen war für einen erwachsenen Mann von fast 55 Jahren ungewöhnlich. Auf die Frage nach dem Thema seiner Aufstellung berichtete er von Schwierigkeiten mit seiner Tochter, die er aber nicht klar benennen konnte, als er nach Einzelheiten gefragt wurde. Alles, was er über seine Tochter erzählte, zeugte davon, dass sie ihr Leben und ihr Studium erfolgreich im Griff hatte. Während er sprach, sah er müde, fast resigniert aus, was irgendwie seinem Wunsch nach einer Aufstellung widersprach. Seine Unfähigkeit, ein ausdrückliches, klar definiertes und greifbares Thema zu benennen, war auffällig und schien der Tatsache Rechnung zu tragen, dass etwas auf dem Grund seiner Seele lauerte, zu dem er keinerlei bewussten Zugang hatte. Als ich neben ihm saß, nahm mein Körper auf, dass er wahrhaftig in etwas war, das er nicht benennen konnte. Es schien, als würde eine Art präverbaler Prozess sich ins Hier und Jetzt ausdehnen. Von meinem Stuhl aus konnte ich seine innere Unruhe und die Unfähigkeit spüren, mit der inneren Erregung klarzukommen, die ihm zu schaffen machte. So ein Zustand kann beim anfänglichen Gespräch vor der Aufstellung auftauchen. Irgendwie ist spürbar, dass etwas Wichtiges vor sich geht. Eine solche entstehende Dynamik bedarf des Vertrauens in diese Unruhe und in den autonomen sich in die Aufmerksamkeit bringenden Körperprozess. Eine präverbale, im Körper gespeicherte Erlebnisdynamik kann sich von selbst entfalten, indem sowohl Vertrauen als auch Hingabe in begleiteter und kontrollierter Weise geschehen. Da ich den besagten Mann von mehreren Workshops her kannte, hatte ich nicht den Eindruck, dass er Aufmerksamkeit auf sich lenken wollte oder ohne Grund eine Aufstellung machen wollte. Er hätte ohne wirklichen inneren Antrieb nicht um eine Aufstellung gebeten. Ich hatte aber trotz meiner Nachfragen nicht in Erfahrung bringen können,

Präverbaler Prozess

was hier der Ansatzpunkt war, da er keinen Hinweis geben konnte. Ich versuchte daher, mein bewusstes, rationales Wachzustandsdenken »auszuschalten«, indem ich auf nichts Besonderes fokussierte, sondern mich in einen defokussierten Zustand versetzte und mein Wahrnehmungsfeld erweiterte. Ich horchte auf etwas, das zu mir sprechen würde, sobald ich eine Art ganzheitlicher Wahrnehmungshaltung einnahm, um Information von anderswoher einzuladen. Ich ließ einfach meinen Geist und meine Augen abdriften, was in mir eine empfindsame Bewusstheit für meinen Körper aufkommen ließ und das Auftauchen innerer Empfindungen erlaubte, ohne dass rationales Denken sich vorzeitig formte. Das Loslassen bedarf einigen Vertrauens in diesen Prozess, von dem man nicht weiß, wohin er einen trägt oder wie man selber im Wachzustand darüber denken wird. Tatsächlich schien ich in einen Zustand einzutreten, in dem ich offen für die Aufnahme weiterer Information war, die aus dem gemeinsam geschaffenen Verbindungsfeld kam, aus dem heraus der Klient seine Bitte geäußert hatte. Ich kann meinen Zustand nicht richtig beschreiben, denn ich schien auf eine andere Form der Informationssammlung eingestellt zu sein. Als ich mit der Aufstellung für den Klienten begann, achtete ich in dem Moment nicht besonders auf meine eigenen Gedanken, sondern nahm, was mir gerade einfiel, was ich »auffangen« konnte. Ich versuchte, im Kontakt mit jeder spürenden Faser meines Körpers und mit all dem zu bleiben, was der Klient gesagt hatte. Ich versuche übrigens immer, offenzubleiben für das, was hochkommt, als wäre da eine Information verfügbar, sobald die eigene Wahrnehmung und Achtsamkeit aufnahmefähig genug und bereit ist, ohne Urteil, vorzeitige Bewertung oder Vorahnung zu empfangen.

Auftauchen innerer Empfindungen

In der Begleitung des folgenden Aufstellungsprozesses zielte ich darauf ab, meiner inneren Navigation zu folgen, unterstützt durch den Input des voranschreitenden Prozesses. Instinkt, Intuition, Gefühle und Ideen, die sich in meinem Körper und Geist meldeten, ließ ich in mir selbst in de-fokussierter Weise zu Handlungen synthetisieren. Der Prozess des Teilnehmers wurde schließlich mit zwei Stellvertretern aufgestellt. Einer war er selbst, und er stand auch für sich selbst. Der andere war ich, der ich das repräsentierte, »was in seinem Leben erfolgreich gewesen war«. Er stellte mich eine Armlänge von sich entfernt, und wir standen einfach, stellten uns auf die Realität seiner inneren Arbeit ein und warteten, was geschehen würde. Als »was in seinem Leben erfolgreich gewesen war« folgte ich einem Impuls, mich ihm zu nähern und bei ihm zu stehen. Nachdem ich ihn um Erlaubnis gebeten hatte, stand ich zu seiner Rechten und folgte wenig später dem Impuls, meinen Arm um seine Taille zu legen. Wir kamen ziemlich gut miteinander klar und fühlten uns in dieser Nähe zueinander wohl, als wir da in starker Einheit mit meinem Arm um ihn herum standen. Man konnte die Aufmerksamkeit und die Wachheit für das, was kommen sollte, in der Gruppe spüren. Eine gewisse belebende Spannung kam auf und war im Raum fühlbar. Ganz plötzlich, übergangslos und ohne erkennbaren Grund fielen mir höchst abwertende Schimpfwörter für Weiblichkeit und Frauen ein. Zunächst bemerkte ich sie mit erschreckter Ungläubigkeit und wagte nicht, sie auszusprechen. Da sie aber stärker wurden und immer mehr in nicht mehr zu unterdrückender Prägnanz hochkamen, wurde meine Zwangslage bald für die Zuschauer sichtbar. Trotz meiner mentalen Gegenwehr ergossen sich weiterhin die entsetzlichsten Schimpfwörter über Weiblichkeit in meinen Kopf und schließlich auch aus meinem Mund. Ich muss eine ganze Anzahl von Ausdrücken wie »Drecksfotze« gerufen und dabei geschwitzt, gestampft und heftig geatmet haben. Ich versuchte, zentriert bei mir zu bleiben und das, was vor sich ging, nicht weiter durch Beurteilung oder Bewertung der Situation zu unterbrechen bzw. nicht auszuagieren, sondern geschehen zu lassen. Keine einfache Grenze. Nach kurzer Zeit folgten in schneller Folge weitere heftige Schimpfwörter, und gleichzeitig spürte ich, dass die Atmung des Klienten, den ich noch immer fest in meinem linken Arm hielt, immer tiefer von der Brust in den Bauch sank. Jedes Mal, wenn ich das äußerte, was sich aus meinem Mund Bahn in den Raum zu brechen schien, vertiefte sich sein Atem. Es klang, wie wenn ein lebhaftes Zeugnis dessen abgelegt würde, wodurch die Seele dieses Mannes durch die ständige Nähe zu Frauen sein Leben lang gegangen war – zu seiner Mutter, Schwester, Ehefrau, Tochter oder zu anderen.

Während der Prozess noch im vollen Gange war, beobachtete ich aus dem Augenwinkel, wie mehrere Dinge gleichzeitig im Raum passierten. Zunächst einmal veränderte sich die Atmosphäre unter den anwesenden Frauen von Fassungslosigkeit und anfänglichem Widerwillen hin zu offener mimischer Zustimmung zu dem sich entfaltenden Geschehen. Aus der Sicht der Zuschauer wurde immer klarer, dass etwas Wesentliches vor sich ging, das so gut wie nichts mit Weiblichkeit oder Frauen an sich zu tun hatte, sondern vielmehr mit der Befreiungsbewegung der Seele und dem Bewusstsein eines Mannes, der viel zu lange mit dem psychischen Dunstkreis des Weiblichen verstrickt gewesen war, hin zu einer Haltung der Autonomie, der Kraft und der Selbstverwirklichung. Diese Nähe zum Reich der Frauen hatte ihn seiner eigenen männlichen Kraft und Stärke beraubt. Sein Leben lang hatte er aus Gründen des Selbstschutzes und der Selbsterhaltung seine Befreiungsimpulse unterdrückt. Jetzt aber konnte ich beobachten, wie der gesamte Ausdruck von Gesicht und Körper dieses Mannes sich veränderte. Seine Gesichtsfarbe wurde lebhafter und strahlte vor Kraft und Vitalität. Seine Atmung hatte sich beträchtlich vertieft, und ich hatte das Gefühl, dass ein großer Einflusskreis sich um ihn herum gebildet hatte. Ich konnte sein persönliches Territorium um seinen Körper herum spüren, und sein Lächeln wurde zu einem Lachen, als er es zu wagen begann, dieses neu erworbene Gefühl der Kraft zu genießen. Wir brachen beide in erlösendes Gelächter aus und fühlten uns wie zwei pubertäre Angeber, die in ihrem Ungestüm schwelgen. Es muss offensichtlich ein schöner Anblick gewesen sein, denn die Frauen, die auf ihren Stühlen um die Szene herum saßen, lächelten und gaben tiefe Seufzer der Erleichterung und des Wohlgefallens von sich. Ihre Augen strahlten, und sie genossen ganz offensichtlich die unerwartete Darbietung purer männlicher Kraft. Die Frau des Klienten war bei der Aufstellung ebenfalls anwesend und verfolgte den Prozess aufmerksam, während sie erleichtert und zustimmend mit dem Kopf nickte. Sie schien von den Vorgängen nicht überrascht zu sein, vielmehr erschienen sie ihr als Erlösung, die schon lange fällig gewesen war. Bei der schrittweisen Entfaltung aufkeimender Kraft wurde spürbar, dass damit die Ein-

Persönliches Territorium

setzung eines männlichen Territoriums einherging. Es war, als ob das Strahlen seiner Kraft zu einer Einflusssphäre wurde, die als »Auftreten« oder »Präsenz« wahrnehmbar war, die über seinen physischen Körper hinausging und ein integraler Teil seines neuen Erscheinens zu sein schien. Um die Wirkung dieses ungreifbaren, aber doch spürbaren Phänomens zu testen, stellte ich eine Frau auf die Grenze dieser kreisrunden Einflusssphäre. Fast sofort begann die etwas zurückhaltende Frau, über das ganze Gesicht zu strahlen, war wie ergriffen von einer Welle der Erregung und dem Effekt der präsenten männlichen Energie. Sie lächelte gewinnend, und während sie ihre Lippen befeuchtete, war die Luft erfüllt von offensichtlich köstlicher, koketter Anziehung. Sie konnte ihre Augen nicht von diesem Mann abwenden, der noch vor Minuten, abgesehen von schüchtern reserviertem Lächeln, kaum eine Wirkung auf seine Umgebung ausgeübt hatte. Die Frau sprach aus, wie toll sie den Mann fand und wie sehr sie sich zu ihm hingezogen fühlte. Sie genoss es, seine Kraft zu spüren. Gleichzeitig reagierte sie auf diese Ausstrahlung, indem sie ihre eigene weibliche Kraft und den Wunsch spürte, sich der Übermacht zu überlassen, die die Teilnahme an etwas ankündigt, das größer ist als sexuelle Anziehung zwischen den Geschlechtern. Indem diese Kraft von den beiden Besitz ergriff, konnten sie fühlen, dass sie Teil einer größeren Polarität waren, die als Transzendenz zweier einzelner Personen unterschiedlichen Geschlechts erlebt wird.

Dies war das Ende der Aufstellung, nicht aber das Ende des Prozesses. Drei Monate später hatte ich Gelegenheit, mit dem Mann und seiner Frau zu sprechen. Seine Erscheinung und Haltung war noch immer deutlich kraftvoller und strahlender, und man sah innere Zufriedenheit und kraftvollen Frieden. Eine Ausstrahlung von Würde und Stolz, seine strahlenden Augen und der lebhafte Ausdruck machten ihn zu einem erfreulichen Anblick, und ein neuer Sinn für Humor und kokettes Auftreten gaben ihm neue Anziehungskraft. Es war eine Freude, ihm nahe zu sein, ihn umgab eine Aura, in der man sich wohlfühlte. Er berichtete, dass der Prozess, der durch die Aufstellung losgetreten worden war, sich noch in vollem Gange befand, und dass er bemerkte, wie er sich immer noch weiter veränderte.

Archetypischer Prozess

Was in diesem Aufstellungsprozess berührt wurde, kann man als Ausprägung eines archetypischen Prozesses mit Richtung auf die Vollendung von Männlichkeit verstehen. Wir erreichen hier eine Ebene von wirkenden Kräften, die unsere persönliche Entwicklung in der Tiefe komplettiert, wo unser Verstand allein nicht begreift oder handeln kann. Aufstellungsprozesse bieten reichhaltige Möglichkeit, die Dynamiken tiefer innerer Vorgänge anschaulich und erlebbar zu machen, die jenseits des kognitiven Wollens liegen und hingebende Aufmerksamkeit verlangen. Es wird eine andere Form von Aufmerksamkeit und Bewusstsein benötigt. Ein tiefes gefühltes Verständnis, ein dunkles Bewusstsein, ein Mitgehen mit der Weisheit des Körpers ist hier mindestens genauso gefordert wie das von uns so einseitig betonte analytisch-kognitive Wach- oder Tagbewusstsein. Wir begegnen den sich entfaltenden Elementen eines von der Seele bewegten archetypischen Individuationsprozesses, der auf volle Inbesitznahme dessen abzielt, was wir sein können. Erich Neumann beschreibt in seinem aufschlussreichen Buch *Zur Psychologie des Weiblichen*[65] die Entwicklung des menschlichen Bewusstseins im Verhältnis zu seinem Urzustand, dem »Uruboros«. Das »Uruboros« ist durch eine zusammengerollte Schlange symbolisiert, die in ihren eigenen Schwanz beißt. Das »Uruboros« stellt einen Zustand der Unbewusstheit dar, der den Primärzustand zu Beginn der Individuation repräsentiert. Aus diesem Primärzustand heraus strebt »Es« nach Differenzierung und Verwirklichung seiner innewohnenden dynamischen Kraft, dargestellt in Form der lebensspendenden Schlange. Das Bild dieses Tieres enthält die beiden gegensätzlichen Körperprinzipien, das Schwanzende und den Kopf, die durch das schwanzbeißende Tier eng miteinander verbunden sind und noch nicht in ihrer individuellen Kraft begründet stehen. Neumann legt dar, dass in diesem Primärzustand das menschliche Bewusstsein von Frauen und Männern gleichermaßen als Urbeziehung zur Mutter in der Gesamtheit all ihrer vielfachen Aspekte erfahren wird. Er schreibt, dass »in der Urbeziehung mehr transpersonale als personale Faktoren wirksam sind, da das Kind vor der Abgrenzung und Stabilisierung des ›Ich‹ einem Übergewicht transpersonaler archetypischer Wirkungen ausgesetzt ist«.[66] Das ist ein wichtiger Punkt, der zeigt, dass wir nicht sehr weit kommen, wenn wir die Konzepte psychologischer Behandlung auf die Veränderung des Mutter- und des Vaterbildes oder den Schwerpunkt von Aufstellungen auf persönliche Beziehungen beschränken, wie sie aus dem Genogramm hervorgehen. Größere Kräfte sind wirksam, die sich auf verschiedenen Ebenen manifestieren. Es ist unumgänglich, dass wir unser Betätigungsfeld auf physiologische, archetypische, geschichtliche und evolutionäre Prozesse ausweiten, wie sie in der menschlichen Seele vertreten sind.

Obwohl, so Neumann, die Erfahrung der Mutter das Primärbild für den Zustand in Beziehung und Kontakt darstellt, kommt doch die dynamische Kraft, die den männlichen Individuationsprozess steuert, aus einem Bedürfnis der Seele, sich bis zu einem gewissen Grad aus dem zugrundeliegenden Archetyp der Mutter zu »entstricken«. Als Männer müssen wir also ausgerechnet den Archetypus, der die eine einzige solide Basis für jeden Menschen zum Eintauchen ins Leben bietet, ausgerechnet den Archetypus, der den Übergang vom unbewussten zum bewussten Handeln kennzeichnet, überwinden. Hier begegnen wir zum ersten Mal dem Hauptunterschied zwischen Männern und Frauen. Er liegt in erster Linie in der Erfahrung des Mannes, dass er sich in den tiefen Schichten seiner Seele nicht mit seiner Hauptfürsorgerin identifizieren kann, der Quelle aller wohltätigen Annehmlichkeiten wie Nahrung, Wärme, Beachtung, sinnlicher Stimulation und Anregung im frühen Stadium seines Lebens. Mutter ist eine »Sie« und folgt daher einem anderen archetypischen Lebensansatz, der seine tiefen Bedürfnisse nach männlicher Individuation nicht befriedigt. Neumann erklärt, dass dieses Dilemma zu einer baldigen Trennung des männlichen Kindes von der Mutter führt, die auf archetypischer Ebene gleichzeitig auch eine Trennung der (männlichen) Entwicklung von Bewusstsein von dem (weiblichen) unbewussten »Uroboros« darstellt. Vielleicht ist es an dieser Stelle gut, daran zu erinnern, dass sich das nicht auf Mann und Frau als Individuen bezieht, sondern auf unsere allgemeine Betrachtungsweise der uns umgebenden Realität als besagte Gegensätze. Neumann erklärt:

Differenzierung von Mann und Frau

»Innerhalb der Menschheitsgeschichte gehört die Differenzierung von Mann und Frau zu den frühesten und eindringlichsten Gegensatzprojektionen, und männlich und weiblich gelten dem Frühmenschen als Prototyp des Gegensatzes überhaupt. Deswegen nimmt jede Gegensatzposition archetypisch leicht die Symbolik von männlich und weiblich an, und so wird auch das Gegensatzprinzip von bewusst und unbewusst unter dieser Symbolik erfahren, wobei das Männliche mit dem Bewusstsein, das Weibliche mit dem Unbewussten identifiziert wird.«[67]

Wichtig ist, dass ziemlich früh in der Kindheit Jungen und Mädchen zwei völlig unterschiedliche Lektionen über Beziehungsaufnahme lernen. Dieser unterschiedliche Erfahrungsverlauf stellt zwei verschiedene Arten und Weisen dar, der Welt zu begegnen. Erich Neumann drückt das so aus:

»Dass sich die Urbeziehung, die Identifizierung mit einem Du, als ›falsch‹ herausstellt, ist eine Urerfahrung des Männlichen. Sie bleibt in der Tendenz zur Objektivierung mit ihrem notwendigen Gegenüberstehen, zur Bezogenheit aus der Distanz, in der Bewusstseinswelt des Logos, wie in der Tendenz, sich nicht unbewusst mit einem Du identifizieren zu wollen, wirksam. Sie führt zu einer stärkeren Isolierung des Männlichen, aber ebenso zu einer gesteigerten Ich- und Bewusstseinsbildung und -festigkeit, alles dies in einem gewissen Gegensatz zur Psychologie des Weiblichen. Als Beziehungsangst steht sie im Hintergrund vieler männlicher Neurosen. (...) Das heißt, das männliche Individuum kommt zu einer Identifizierung seines Ich mit dem Bewusstsein und seiner archetypischen männlichen Rolle und identifiziert sich mit der menschheitsgeschichtlichen Entwicklung des Bewusstseins.«[68]

Ich bin nicht einig mit Neumanns Zuschreibung des Unbewussten zum Weiblichen, sondern finde die Vorstellung von zwei verschiedenen Arten des Bewusstseins reizvoller. Die Unterscheidung zwischen geistigem und körperlichem Bewusstsein stimmt mit meiner Erfahrung der täglichen Praxis mehr überein. Die allgemeine Vorstellung, dass Männer eher mit Wachbewusstsein und mit dem identifiziert sind, was sie mit ihren Händen und ihrem Kopf tun können, erweist sich als nützliche Richtlinie, um besser die Schwierigkeiten in der Interaktion zwischen Männern und Frauen im Alltag zu verstehen.

Wichtig erscheint im Hinblick auf die vorangegangene Beschreibung des Aufstellungsprozesses das Bedürfnis innerlich unabgeschlossener archetypischer Initiationsprozesse nach Vollendung. Die Kraft authentisch erlebter Rituale hilft uns, Kontakt mit den Tiefenkräften in uns selbst aufzunehmen und unsere volle Kraft und unser ganzes angeborenes Potenzial wieder in Besitz zu nehmen bzw. uns mit kollektiven und spirituellen Kräften zu verbinden. Aufstellungsprozessarbeit füllt diesbezüglich für viele Menschen eine wichtige Lücke und das erklärt wohl auch ihre Popularität. In unserem nach außen gerichteten Leben finden sich kaum noch Rituale oder ein sozialer Rahmen, wo sich ausdrücken wollende innere Prozesse kollektiv gehalten werden. Wir bieten für persönliche innere Dynamiken keine haltende Umgebung und agieren die uns bewegenden Kräfte in unseren Alltagsbeziehungen aus. Der Aufstellungsprozess kann einen Rahmen dafür schaffen, dass Anteile in uns endlich »nach Hause« kommen. Wäre das nicht der Fall, so würden wir nicht so viele tiefe und positive Veränderungen in Menschen sehen, die sich dem Aufstellungsritual ausgesetzt haben. Es bedarf der besonderen Aufmerksamkeit, wirksame Rituale zu finden, in denen Jungen und Mädchen ihre sexuelle Identität integrieren können, denn es besteht eine enge Verbindung zwischen Sexualität und Spiritualität. Mädchen und Jungen scheinen eine Initiation in ihrer eigenen besonderen Seinsweise zu brauchen. Uninitiierte Frauen sind ebenso verloren wie junge Männer, die nicht wissen, wie sie ihre Energien in einem (trans-)formierenden Ritual lenken sollen. Und Sexualität ohne Verständnis für die ihr innewohnende Spiritualität wird langweilig, schal und verliert ihr heilendes und beziehungsstiftendes Potential.

Haltende Umgebung

Als Beispiel für eine beinah zufällige weibliche Initiation erinnere ich mich an eine Aufstellung, in der eine Frau Anfang 40 über ihre regelmäßig schmerzhafte Periode klagte, die sie offensichtlich mit

Widerwillen und Ambivalenz betrachtete. Sie sah ziemlich anämisch und zurückgezogen aus. Ihre blasse Hautfarbe und das schüchterne Auftreten waren auffällig. Sie stellte Repräsentantinnen für ihre Mutter, sich selbst und den Menstruationsschmerz auf. Der Menstruationsschmerz spürte sofort den starken Drang, zu ihrer Mutter zu gehen, wohingegen die Stellvertreterin der Klientin mehr Ablehnung als Neigung dorthin fühlte. Wir stellten noch mehr Frauen hinter die Mutter: die Großmutter, die Urgroßmutter und schließlich die Göttin der Weiblichkeit, die sie alle von hinten umfasste. Nach einer Weile verlangte der Menstruationsschmerz, in diese Frauenlinie als integraler Teil dieses »weiblichen Körpers« aufgenommen zu werden. Sobald das geschehen war und der Schmerz seinen Platz am Ende der Reihe eingenommen hatte, fühlten alle Frauen mehr Kraft und aufsteigende Hitze im Körper. Mit dem Fühlen dieser Kraft stellte sich die Klientin anstelle der Repräsentantin auf und bewegte sich auf die Mutter zu, drehte sich vor ihr um und lehnte sich mit dem Rücken gegen sie. Sie spürte die Hitze der Frauen durch den vergrößerten »weiblichen Körper« strömen und konnte die Kraft, Stärke und Energie als anschwellende Woge im zyklischen Rhythmus der Frauen wahrnehmen. Sie seufzte und stöhnte wohlig, ihre Wangen röteten sich und ihr Gesicht und Körper wurden lebendig. Sie spürte die Hitze in ihrem Becken und wie es durch die fließende Energie wie von selbst bewegt wurde. Sie brauchte einige Zeit, um sich an diese energiegeladene Bewegung zu gewöhnen, die sich angenehm und unerwartet lebendig anfühlte. Ihr Kontakt zum größeren Körper des Weiblichen hatte sie mit den Grundrhythmen des Lebens verbunden, die in ihr pulsierten. Weiblichkeit erschien ihr nicht länger als Schmerz und Leiden, sondern als Teilnahme an einer größeren Kraft, die durch sie hindurchfloss. Sie empfand Freude, und das Bild eines größeren weiblichen Körpers war ihr wichtiger als die Begrenzung des Prozesses zur Mutter hin. Für sie war es gut, sich dem Weiblichen gleichwertig zu fühlen, statt darauf reduziert zu werden, die Tochter ihrer Mutter zu sein. Es erfüllte sie mit Stolz, dass auch sie ihren Anteil an Weiblichkeit besaß, der demjenigen ihrer Mutter gleichwertig war. Die Klientin strahlte.

Kontakt zum größeren Körper des Weiblichen

Aufstellungsprozesse können als rituelle Formen dienen, die uns helfen, unsere volle Seinsnatur wieder in Besitz zu nehmen. In dieser Weise verstanden, ist es auffallend, wie Menschen sich zu dieser Arbeit zur Vervollständigung innerer Seelenprozesse hingezogen fühlen. Ich erinnere mich an mehrere Fälle von Frauen, die in ihrer späten Pubertät aufstellten. In dieser ritualisierten Form wurde ihnen klar, dass sie keine Erfüllung in ihren Herkunftsfamilien mehr erwarten konnten; sie machten einen Sprung in ihrer persönlichen Entwicklung und konnten erstmals ihre volle Aufmerksamkeit auf die Außenwelt richten. Unsere postmodernen Zeiten verlangen angemessene Formen für Initiationsrituale, Traumaheilung und Verbindung mit unserer Seinsnatur. Das ist insofern wichtig, als wir unseren Selbstprozess nicht um unvermeidbare Entwicklungsverletzungen herum strukturieren dürfen, sondern um die aus der Entwicklung entstehende Verbindung mit den kreativen Lebenskräften. Eine Hebamme erzählte mir, dass sie eine rituelle nachmittägliche Kaffee-und-Kuchen-Party für ihre halbwüchsige Tochter gegeben hatte, als diese ihre erste Menstruationsblutung hatte. Sie deckte den Tisch ganz in Rot, machte Kuchen, der mit roter Lebensmittelfarbe eingefärbt war, schickte ihren Mann nach roten Rosen und bat alle ihre Freundinnen, zu kommen und rote Geschenke zu bringen, um den Beginn der Menstruation mit ihr und ihrer Tochter in einer lebhaften Nachmittagsparty zu feiern. Obwohl das für die Mutter eine natürliche und fröhliche Angelegenheit schien, begegnete die Tochter dem Ganzen doch mit Vorsicht und Unsicherheit darüber, wie sie mit ihrer neuen Rolle und den neuen Erwartungen umgehen sollte. Wir müssen vorsichtig mit der Art und Weise sein, in der wir Rituale begehen. Die den Übergang gestaltende und heilende Kraft, die sie entfalten können, tritt zutage, wenn die Rituale fast von selbst aus einem bedachten und sensibel gehandhabten Kontext auftauchen. Rituale, die wirken, entstehen von selbst, wenn wir für ihre Notwendigkeit offenbleiben.

Initiationsrituale

Einen Übergang zu gestalten, ist ganz sicher keine leichte Aufgabe, denn das Traumapotenzial unvermittelter Entwicklungsprozesse ist alles andere als klein. Es kann ein ganzes Leben zerstören und eine vielversprechende in eine gebrochene Person verwandeln, deren ganzes Leben sich innerlich um Schmerz, Verletzung und Furcht vor Vernichtung herum organisiert. Im Grunde ist ein Teil des Risikos der Reifung die Konfrontation mit der eigenen Verletzlichkeit, die uns das Herz bricht und uns für eine größere Realität öffnet. Initiationsprozesse drehen sich um eine bewusste Beziehung zur Welt, indem man das eigene Getrenntsein von den anderen und die Notwendigkeit erkennt, sich zu individualisieren, um dadurch ins eigene volle Potenzial hineinzuwachsen. Um diesen Schritt zu vollbringen, erscheint es notwendig, die Kruste kindlichen Verhaltens aufzubrechen und einen Weg zu finden, sich auf sich selbst als den Mittelpunkt der eigenen Welt zu beziehen, statt den Erwartungen anderer zu entsprechen.

Konfrontation mit der eigenen Verletzlichkeit

Der zentrale Punkt in der Suche nach Individuation und Reifung, wie auch für die meisten Formen persönlicher Entwicklung, ist die Notwendigkeit, eine Art der Selbstheilung und der Balance der eigenen Verletzlichkeit zu finden. Letzteres ist ein sehr wichtiges Phänomen, dessen Auftauchen der Hauptgrund für den Menschen ist zu erstarren, innerlich »zuzumachen« oder sich zurückzuziehen. Die Unfähigkeit, mit der eigenen Verletzlichkeit umzugehen, macht Beziehungen schwierig und verhindert Intimität in Paarbeziehungen und Freundschaften gleichermaßen. Verletzlichkeit, Schüchternheit, Behutsamkeit sind jedoch die Türöffner für tief empfundene Intimität, Begegnung und Spiritualität. Für diese Gäste einen Raum zu schaffen, wo sie sein können und wir in Beziehung mit diesen Gefühlen treten können, ist der Beginn tiefer Selbstbegegnung. Es ist für die persönliche Reifung und ebenso für erfüllende Beziehungen absolut notwendig, Erfahrung darin zu erwerben, wie persönliche Prozesse im Zusammenhang mit der eigenen Verletzlichkeit zu handhaben sind.

Viele Männer fürchten die Macht der Frauen, wenn sie sich nicht selbst von ihren wirklichen Empfindungen und Gefühlen abschneiden oder betäuben.[69] Nahe Begegnungen mit dem anderen Geschlecht berühren unseren tiefsten Beziehungskern und versorgen die sehr alten Muster und Erfahrungen aus unserer präverbalen Beziehungsbiographie. Die Prozessfertigkeiten der Traumaarbeit können Wunder wirken und einen Beziehungsrahmen setzen, wann immer eine tief intime Beziehung eingegangen werden soll. Wenn wir keine Möglichkeit finden, diese frühen Themen anzugehen, so werden Frauen immer das Gefühl haben, dass sie die »Beziehungsarbeit« leisten müssen, dass es irgendwie ihre Aufgabe ist, einen Weg zu finden, mit dem »Fremden im Haus« Kontakt anzubahnen. Viele Frauen fühlen, dass sie die Hauptlast der Beziehungsarbeit tragen. Wir müssen eine Möglichkeit finden, uns klarer zu orientieren, sobald einerseits Themen aus längst vergangenen Situationen und andererseits Themen hinsichtlich der aktuellen Beziehungs- und Interaktionsrealität im Hier und Jetzt aufkommen. Wir müssen lernen, in unserer Partnerbeziehung jene starken, wieder aufkommenden Gefühle in einer Weise zu halten, in der sie zugänglich und lösbar sind. Wir sollten in der Lage sein, präsent und mitfühlend zu bleiben und gleichzeitig innerlich reflektierend beobachten zu können, ohne dabei desinteressiert oder ablehnend zu reagieren.

Haltung des inneren Beobachters

Es ist eine wertvolle Fähigkeit, diesen hochsprudelnden emotionalen und energetischen Strömungen mitfühlend und mit Verständnis für eine größere Dimension der zugrundeliegenden Geschichte zu begegnen. Es ist weise, mit dem Prozess in Verbindung zu bleiben, ohne die Haltung des inneren Beobachters zu verlieren. Dieses Verbleiben auf der emotionalen Grenze des entstehenden Prozesses wird der betroffenen Person helfen, an ihre Gefühle in dosierter, schrittweiser Weise heranzukommen. Der Prozess wird dadurch Schritt für Schritt handhabbar und in erforschbare Stücke auseinandergezogen. Es ist ein berührendes Privileg mitzuerleben, wie uns nahestehende Menschen Seiten in uns erleben, die wir selbst noch nicht kennen. Einem anderen zu erlauben, unsere tiefste Wunde zu berühren und uns dadurch zu entblößen, ist ein wesentlicher, wenn nicht sogar der wesentlichste Teil von Intimität.

Die Erfahrung, dass der andere die volle Realität unseres Selbst tragen kann, vertieft die Bindung zwischen uns und wird als kostbares Geschenk empfangen. Wir werden nicht mit guten Ratschlägen überhäuft, unsere Gefühle werden nicht vorschnell »weggemacht«, wir werden nicht einer Flut von Schmerz, Furcht oder Ablehnung überlassen. Stattdessen werden wir emotional, verbal, physisch, spirituell und mental gehalten. Keine unaufgeforderte Verhaltensmaßregel stürzt auf uns ein und deckt unsere aufkeimenden Gefühle zu. Neben einer Haltung nahezu heiligen Respekts und sehr praxisbezogenen Fertigkeiten, um den anderen im Hier und Jetzt der Situation zu halten, ist es eine Fähigkeit, die Ausbildung und Übung braucht, Grenzen für die Exploration zu setzen und der Person nicht zu erlauben, in Selbstmitleid oder hysterischem Ausagieren Zuflucht zu suchen.

Partnerschaft

Umgang mit unserer existenziellen Verletzung bedeutet, unserem Partner und zugleich uns selbst auf der elementarsten Ebene zu begegnen. Dazu brauchen wir Mut, Fertigkeit und beständige Selbstzentriertheit. Schonungslose Ehrlichkeit und reife Gelassenheit bereiten den Weg für die tiefste Begegnung mit uns selbst und mit dem anderen. Die Handhabung dieser komplexen und herausfordernden Begegnung verlangt die Ausbildung in der Arbeit mit solchen existenziellen Prozessen ebenso wie Erfahrung im Umgang mit unseren eigenen Emotionen. Ein weiterer Teil dieser Ausbildung ist das Erlernen von Selbstheilung, das Umgehen mit unseren inneren Regulationsprozessen und der Aufbau eines verlässlichen Felt-Sense. Die Begegnung mit tiefen Emotionen, die auftauchen, wenn zwischenmenschliche Kontakte schwierig werden und die inneren Dämonen früher Verletzungen ihr unerwartet grausliches Gesicht zeigen, bedarf der Furchtlosigkeit. Ohne jedoch darauf vorbereitet zu sein, auch dieses Territorium kennenzulernen, können wir das volle Potenzial unserer Partnerschaft nicht zur Blüte bringen.

Verletzlichkeit und haltgebendes Umfeld

Wenn ich mir die vielen Menschen vor Augen führe, die ich in meiner Praxis treffe und deren Geschichten ich mir anhöre, dann komme ich zu dem Schluss, dass eines der größten Geschenke, die wir im Leben erhalten können, eine Umgebung ist, die uns erlaubt, unsere innersten Prozesse zu zeigen, ohne beurteilt, vorschnell bewertet oder mit gut gemeintem Rat versorgt zu werden. Präsent zu sein und mitfühlend und bis in die Tiefe zuzuhören ist viel, wenn auch meiner Ansicht nach noch nicht ausreichend dafür, den Prozess zur Entfaltung zu bringen. Wir müssen eine gesunde Balance dafür finden, unsere Verletzlichkeit zu zeigen und gleichzeitig Zugriff auf unsere natürlichen Abwehrreaktionen zu haben. Ohne verlässliche und intakte persönliche Verteidigungsreaktionen können wir unmöglich unser Leben leben!

Verletzlichkeit

Uns nur mit unserer Verletzlichkeit als solcher zu verbinden, genügt bei Weitem nicht, um in der Lage zu sein, für uns selbst einzustehen und gesunde Grenzen zu haben. Die Fähigkeit, uns selbst als Erfahrungsgefäß mit klaren Grenzen zu spüren, ist sehr wichtig für den Felt-Sense unserer Integrität, unser Felt-Self. Es ist traurig, Menschen zu sehen, die ihre natürliche, gesunde Aggression nicht in Besitz nehmen können, sondern stattdessen ein Leben der furchtsamen Vermeidung und des Rückzugs von einfachen alltäglichen Aktivitäten führen. In Kontakt zur eigenen Aggression zu kommen und sie als angemessene Verteidigungsreaktion zu integrieren, trägt eine Menge zu unserer Lebensqualität bei. Gerade die Balance zwischen der Fähigkeit, verletzlich zu sein einerseits, und der Fähigkeit zur Selbstsicherheit andererseits führt zur gesunden Integrität des Selbst und zu einem voll gelebten Leben.

Ich begegnete einmal einem Mann aus Israel, der mir voller Traurigkeit zu sein schien. Als wir uns kennengelernt hatten und ich das Thema ansprach, bestätigte er meine Vermutung und erzählte mir von seiner inneren offenen Wunde. Er spürte sie jeden Tag und musste auf die eine oder andere Weise in unterschiedlichen Lebenssituationen mit ihr umgehen. Als ich jedoch nachfragte, äußerte er auf kraftvolle Art seinen Anspruch auf diese Wunde und sagte mir, er würde sie sich niemals wegnehmen oder heilen lassen. Er sprach davon, dass diese Wunde zu fühlen ihm Sensibilität vermittelte, mit der er täglich die Schönheit und Kostbarkeit des Lebens sehen konnte. Er sagte wörtlich: »Meine Wunde hält mich am Leben, und ich werde niemandem erlauben, sie mir wegzunehmen.« Diese Gewissheit ist in einer Gesellschaft, in der Schmerzlosigkeit und die äußerliche Abwesenheit von psychischer Auseinandersetzung Trumpf ist, ein ungewöhnliches Konzept. Den Zugang zu unserer Verletzlichkeit und die Beherrschung zu erfahren, die nötig sind, um mit dieser Schicht unserer Realität in Berührung zu kommen, ist gewiss ein unbezahlbares Geschenk. Das Geschenk, das wir uns gegenseitig machen können, ist das Schaffen sensibler Begegnungs- und zwischenmenschlicher Kontakträume, in denen es uns möglich ist, unsere verletzlichste innere Realität zu zeigen.

Intimität

Ich erinnere mich an Momente größter Intimität in meinen Paarbeziehungen, in denen es keine Maske und keine Vorsicht mehr gab. Oft passiert das in Paarbeziehungen auf natürliche Weise in Krisenzeiten, z.B. während Scheidungs- oder Abtreibungsverhandlungen, wenn einer der Partner ernsthaft erkrankt, wenn Fremdgehen entdeckt wird, wenn ein Kind erwartet wird oder wenn jemand gestorben ist. Wenn die Trauer alles andere überwiegt und unser Herz bricht, dann öffnen wir uns einer tieferen Realität, die jenseits von Alltagsbestrebungen liegt. Es kann sich um jede aufwühlende, bewegende Erfahrung handeln, die tiefe, beispiellose Ehrlichkeit verlangt und uns die Grenzen unserer Existenz erahnen lässt. In Zeiten, in denen ich solche Situationen in meinem Leben erfuhr, musste ich zuerst mir selbst und dann meiner Partnerin mit rückhaltloser Ehrlichkeit begegnen. Am Höhepunkt dieser Erfahrungen bemerkte ich, dass ich mit leiser, intimer Stimme zu flüstern begann. Ich wagte, Dinge auszusprechen, die mir teuer waren, und fühlte mich meiner Partnerin gegenüber extrem nah, verletzlich und, abgesehen von dem Bedürfnis, die Grundwahrheit einer Situation herauszufinden, völlig ohne Absicht. Es war, als täte meine Stimme das von selbst. Sie flüsterte in einem leisen, gedämpften Ton, der die Tiefe der Erfahrung respektierte, und eine Welle der Ehrlichkeit kam über mich. Diese Ehrlichkeit ist nicht das Gegenteil von Unehrlichkeit. Es ist Ehrlichkeit hinsichtlich der eigenen Seinsnatur, sie eröffnet neue Einsichten und eine tief gefühlte Offenbarung, die in ihrer Klarheit in diesem Moment auch der Person selbst neu ist. Sie berührt die tiefere Seinsebene unserer Existenz. Diese Ehrlichkeit ist genau in diesem Augenblick eine Offenbarung, die beide Partner als neu empfundene Einsicht und Wahrheit erleben. Es ist ein Segen, zu dieser tiefen Erfahrung zu kommen. Aus dieser Offenbarung heraus sehen wir die Welt mit anderen Augen, und die Welt ihrerseits scheint uns anders einzubinden und zu halten.

Die Erstarrung frühkindlicher Traumatisierungen »auftauen«

Es war eine erstaunliche Erfahrung, dass je mehr Traumaaufstellungen wir machten, eine wohlwollende Atmosphäre der Beobachtung im Raum anboten und den Anwesenden halfen, ihre abgespaltenen und entfremdeten »Persönlichkeitsanteile« durchzuarbeiten, wir umso mehr auf früheste Säuglings-, Baby- und sogar Embryoteile trafen. Ein Stellvertreter in einer Aufstellung ging plötzlich zu Boden, nahm eine zusammengerollte Haltung ein, schloss seine Augen und erschien wie von seinem unmittelbaren Umfeld abgetrennt. Die Stellvertreter berichteten, sie fühlten sich wie im Mutterleib, in Dunkelheit und Wärme eingehüllt, und sie schlangen gelegentlich ihre Arme um sich selbst, um ihren Körper deutlicher zu spüren. Alle äußeren Reize wie Licht, Geräusch, Stimmen und Körperkontakt ließen sie zurückscheuen. Keine der gewohnten und in Familienaufstellungen als nützlich befundenen Interventionen schien zu wirken und der speziellen Situation dieser frühen Anteile gerecht zu werden. Wir mussten neue Ansätze finden, die diesen verkrampften kleinen Kreaturen zu Kontakt und Verbindung mit ihrer Umwelt und zu einem Felt-Self ihrer selbst verhelfen würden. Diese kleinen embryonalen

»Teile« standen anscheinend für ganz frühe Stadien in der individuellen Entwicklung, und einige von ihnen fanden sogar Berührung unerträglich.

Mit dem Körper arbeitende Menschen wie z.B. Craniosacraltherapeuten können tatsächlich in der Arbeit mit ihren Händen den inneren Säugling und embryonale Teile in uns ertasten und gehen davon aus, dass wir mehr mit Embryologie als Physiologie in Kontakt sind, wenn wir einen Menschen berühren. Diese Therapeuten sind der Ansicht, dass die ursprünglichen embryonalen Kräfte in unserem Körper von der Zeugung bis zu unserem Tod wirken. Für sie ist unser innerer Säugling oder Embryo körperliche Realität, die in uns gespürt, auf die reagiert und mit der gearbeitet werden kann. Wenn Menschen in stark emotionale Zustände geraten oder sich mit einem bestimmten inneren Zustand identifizieren (wie ständiger Scham, sich nicht gesehen fühlen, nicht sein zu dürfen, der man ist, verwirrt und orientierungslos sein, keinen Platz haben), sind es sehr häufig diese früh wirkenden Kräfte, die sich unseres inneren Organisationsprozesses ermächtigen, der unser Selbst ausmacht. Sie übernehmen das »Steuer«, und unsere Reaktionen auf unsere Umwelt werden aus der besonderen Sicht dieser embryonalen Teile heraus geleitet. Radikale Gefühle wie »Ich habe keinen Platz auf dieser Welt«, »Ich bin niemandem wichtig« oder »Egal, was ich tue, ich kann nicht erfolgreich sein« stammen oft aus dem extrem verletzlichen Zustand eines kleinen Wesens mit beschränkten Selbstbehauptungs- und Selbstverteidigungsmöglichkeiten.

Embryonale Kräfte

Hilflosigkeit und unangemessener Rückzug können aus der Tatsache erwachsen, dass eine Person das Gefühl hat, dass sie ihre volle Kraft nicht aus dem Rumpf in die Gliedmaßen bringen kann, denn dieses Gefühl hängt mit einer frühkindlichen Erfahrung zusammen. Diese Situation, in der der Zugang zur Energie versperrt ist, ist unerwartet häufig zu finden. Bei solchen Menschen kreist eine Menge Energie im Rumpf und kann nicht in Arme und Beine fließen. Eine angemessene, effektive und selbstermächtigende Kampf-oder-Flucht-Reaktion übersteigt die Fähigkeiten in diesem frühen Stadium. Der Zustand des Eingeschlossenseins im eigenen Rumpf stellt eine typische Entwicklungsbeeinträchtigung dar. Dieses Erleben koloriert unser Verhalten, Welterleben und unsere Interaktion mit anderen. Nicht nur in traumatischen, sondern ebenso in anderen emotional hoch geladenen Situationen wird dieser wehrlose und daher leicht zu verängstigende embryonale Teil in uns zum Zentrum unseres Selbstprozesses. Unsere gesamte Wahrnehmung dreht sich um diese formgebend wirkende Kraft, die unsere Art, die Welt zu erleben, dominiert. Genau diese Dominanz der frühen Selbstprozesse, von denen wir uns nicht lösen können, macht uns unfrei und lenkt unsere Impulse in unpassender Weise. Wir reagieren nicht auf die unmittelbare Situation im Hier und Jetzt, sondern wir erfahren die Welt durch eine Brille, die von einer Erfahrung im »Dort und Damals« getönt ist.

So ist es kein Wunder, dass wir, abgesehen von reinen Erstarrungsphänomenen, wie wir sie in Kapitel 2 beschrieben haben, auch Repräsentationen sehr früher Säuglingsanteile und damit auch die Repräsentation früher Entwicklungskatastrophen und -verletzungen finden. Ebenso kann es vorkommen, dass solche frühe Entwicklungsbeeinträchtigung überhaupt erst zur Grundlage für eine traumatische Situation wird. Im Normalfall wären angemessene (oder reflexhafte) Bewältigungsmechanismen verfügbar, um einen Sturz abzufangen, Schaden durch Kampf-oder-Flucht-Reaktionen zu verhindern oder andere Möglichkeiten zu nutzen, um Gefahr entgegenzuwirken.

Frühe Entwicklungsbeeinträchtigung

Frühe Entwicklungsbeeinträchtigung, wie mangelnde Reifung frühkindlicher Reflexe, kann der Angelpunkt sein, an dem das Ungleichgewicht entsteht, das später zur mangelhaften Bewältigung eines Traumas führt. Wenn wir uns mit Aufstellungsrepräsentationen vorsprachlicher Entwicklungsphasen beschäftigen, überrascht es nicht, dass absichtsgesteuerte verbale Interventionen beim primären frühembryonalen Teil nicht angemessen sind. Während Sinne und Selbstgefühl sich noch entwickeln, sind der kleine Embryo und sein entstehendes Bewusstsein vorzugsweise mit Prozessen des frühen Körperaufbaus, der somatischen Differenzierung und der damit einhergehenden Weise, die Welt zu erfahren, beschäftigt. Das Nervensystem ist noch nicht da oder noch nicht funktionsfähig, und der sich gerade einmal differenzierende spiritualisierte und sich organisierende Gewebekörper Mensch nimmt Reize aus der Umgebung über seine Oberfläche auf. Das Erleben der Welt in diesem Stadium ist eine Ganzkörpererfahrung, und eine klare Unterscheidung zwischen Reizen ist vermutlich eher über unterschiedliche Schwingungsfrequenzen möglich als über eindeutige Sinnesunterscheidungen, die bestimmte Reize bestimmten Reizquellen zuordnen. Insofern bedarf es spezieller Interventionen, die dem kleinen embryonalen Teil in der Aufstellung helfen, ins Leben zu kommen, seine sinnlichen Fähigkeiten zu öffnen und sich nicht nur innerhalb seines Körpergefühls, sondern auch zum Körper in Beziehung zum Hier und Jetzt zu orientieren. Wenn wir uns an die Annahme halten, dass Berührung das traumatische Thema noch tiefer in das Körpergewebe des Säuglings einprägen kann, müssen wir vorsichtig mit der Frage umgehen, wie wir Säuglingsteile berühren. Das Konzept sieht vielmehr vor, von innen nach außen zu arbeiten und der zusammengerollten kleinen Masse aus sich differenzierendem Körpergewebe zu helfen, ein Gespür für ihre eigene Entfaltung in die Realität des Hier und Jetzt zu entwickeln.

SUMMEN, MITSCHWINGEN UND RAUM

Um die Situation des embryonalen Teils und die Bedeutung einiger Interventionen besser zu verstehen, müssen wir uns klarmachen, dass unser aller Werden durch eine Bewegung der »Einfaltung« beginnt. *»Einfaltung«* In dieser Bewegung faltet sich das Gewebe ein, das unser Herz werden wird, seinen Ursprung am oberen Ende des Notochord hat und somit über dem Gewebe liegt, das später zu unserem Kopf wird, um seine endgültige Lage dort zu erreichen, wo sich später die Brusthöhle befinden wird. In dieser Einfaltung stellt die Einschließung von Raum einen integralen Teil des Prozesses dar, der die Morphologie unseres Somas und unser späteres Felt-Self dessen entstehen lässt, wer und wie wir sind. Wir können uns als umschlossene Räume betrachten, die schwingende Körper schaffen. In der Lage zu sein, miteinander auf primärster Körperebene mitzuschwingen, ist notwendige Vorbedingung dafür, sich mit Menschen im Kontakt zu fühlen. Diese Fähigkeit zum Mitschwingen hängt davon ab, wie wir unseren eigenen Körper und die schwingenden Räume spüren, die der Körper umschließt. Die Vibrationsnatur unserer Kommunikation und unser Sinn für den Zustand des Kontakts und der Verbindung hat sehr viel mit der Vibrationsfähigkeit unseres Körpers zu tun. Die Buddhisten glauben, die Erde sei durch Klang geschaffen worden. Dieser Klang wurde durch die Reibung zweier großer, halbkugelförmiger Schalen hervorgebracht, deren Ränder sich gegeneinander bewegten. Diese Reibung soll einen Klang abgesondert haben, der sich in Materie verdichtet und aus ihr die Erde erschaffen hat. So gesehen ist alles Leben, die gesamte Schöpfung, widerhallende Resonanz.

Klang und Vibration

Der menschliche Körper, dessen Atome zu mehr als 99% aus Leere bestehen, erhält seine Form durch eingeschlossenen Raum, der in Lebendigkeit mitschwingt und vibriert. Dieser schwingende Körper wird durch und in Antwort auf die Urquelle der Schöpfung geschaffen, die Klang und Vibration ist. Da wir diese Vorstellung unserer Vibrationsnatur ernst nahmen, begannen wir, mit leisem Summen zu arbeiten und den embryonalen Stellvertreter in eine Wolke sanfter Vibration einzuhüllen. Wir versuchten, das Summen in sehr zarter Weise anzuwenden, so als würden wir für uns selbst summen, für die eigenen Ohren, den eigenen Körper, nicht für einen anderen. Wir nahmen Kontakt auf zu unserem eigenen umschlossenen Raum und richteten die Töne absichtlich an uns selbst, damit der Embryo die Freiheit hatte, selektiv das aufzunehmen, was gut für ihn war. Mit dieser Art des intimen, kaum hörbaren Summens und der auf uns selbst gerichteten Aufmerksamkeit erlangen wir außerdem ein Maß an Nicht-Eingreifen, das dem Embryo die Möglichkeit gibt, in einem wehrlosen Zustand zu bleiben und sich neu mit den gefühlten Vibrationen in seinem Körper zu verbinden. Der Körper nimmt die ihn umgebenden Vibrationen auf und übermittelt sie an das erfahrende, bewusste, sich entwickelnde Selbstgefühl. Von ein paar Situationen abgesehen, in denen das Baby in gar keiner Weise angesprochen werden wollte, sondern einfach Zeit brauchte, um allein zu sein, zu horchen und die Stille und Sicherheit zu erforschen, die damit einhergeht, genossen die meisten unserer embryonalen und Säuglingsstellvertreter die Wärme, die sich in ihrem Körper ausbreitete, sobald sie dem Summen ausgesetzt waren. Sie fühlten, wie sie »fühlten«. Es war wie ein Erwachen aus etwas, das keiner kennt. Sie erkannten sich als verkörperte Erlebende. Sie konnten Schmerz, Wärme, Wohlbefinden, Befriedigung spüren, und meistens rollte sich ihr warmer Rumpf zusammen und wurde als vom Boden getragen wahrgenommen. Summende Vibration schafft normalerweise ein angenehmes Gefühl im Körper des Embryo und ruft Wohlgefühl, Entspanntheit und, nach einiger Zeit des Genusses und Behagens, Kontakt zur Umwelt in Form von Orientierungsreaktionen hervor. Da Embryonen nur über eine sehr einfache Verteidigungsstrategie verfügen, die im Grunde aus der Totstell- oder Erstarrungsreaktion besteht, gehen sie ganz natürlich in einen Zustand von Erstarrung oder Bewegungslosigkeit. Es ist nicht ganz einfach, sie daraus zu befreien, denn das hat die Schaffung einer völlig sicheren Umgebung zur Bedingung. Die Umgebung eines Babys scheint zumeist über Körperwahrnehmung erkannt zu werden. Das bedeutet, dass die ankommenden Reize ganzheitlich vom gesamten Körper aufgenommen werden. Daher scheinen Reize von allen Seiten zu kommen und den Körper einzuhüllen. Das Summen geht offenbar auf die Weise ein, in der der Embryo die Welt synergistisch, d.h., mit allen aufkeimenden Sinnen auf einmal, erlebt. Die klare Differenzierung der Sinne ist also nicht wirklich durch und durch klar. Diese frühen Aufstellungsprozesse zeigen, dass das Soma Reize aufnimmt und sie dem Erlebenden als Ganzkörpererfahrung vermittelt.

DIE EIGENSCHAFT DER BERÜHRUNG

Abgesehen von dieser leichtesten Form des Summens als Intervention zur Ermutigung des embryonalen Teils, sich zum Hier und Jetzt hin zu orientieren, hat sich auch behutsame Berührung als von den Babyteilen geschätzt erwiesen. Sie scheint ihnen zu helfen, überhaupt eine Bewusstheit für ihr Sein zu bekommen. Behutsame, respektvolle und unaufdringliche Berührung bestätigt offenbar die Seinsnatur des embryonalen und des Säuglingsanteils. Sie ist eine vorsichtige, non-

Unaufdringliche Berührung

verbale Form, ihr Dasein über eine gefühlte Erfahrung zu bestätigen. Auch hier ist es von äußerster Wichtigkeit, dass der Berührende seine Aufmerksamkeit bei sich behält. Sie dem Embryo zuzuwenden wird leicht als unerwünschte Grenzüberschreitung erlebt und kann Verkrampfung und Rückzug in tiefere Körpergewebe nach sich ziehen. Im Gegensatz dazu dient leichte, interesselose Berührung, die genügend Raum für das Baby lässt, bei sich selbst zu bleiben und seine Wahrnehmungsgrenzen zu erweitern, als starker Anreiz für Orientierung und Erforschung der Umwelt. Behutsamkeit, Raum, Ermutigung und Beruhigung durch Vibration sind kraftvolle Reize, um den erstarrten Babyteil in Orientierung und sozialen Kontaktmodus und -stimmung zu bringen.

Stimulation des sozialen Kontaktsystems

Angedeutete Nachahmung von Babyverhalten durch den Begleiter wie Summen, leichte Berührung, Imitation von Saugen, Schlucken und Zungengeräuschen wird als unbeschwerte Verführung zu frühkindlichem Lachen, Lächeln, Kichern, Gurgeln, Grunzen und Gurren erlebt. Dieser Ansatz des Gebrauchs von primären Lauten zur Stimulation des sozialen Kontaktsystems erweist sich als wirksam, solange er mit der nötigen diskreten Zurückhaltung und Unzudringlichkeit angewandt wird. Manche Babyteile fühlen sich von höheren Lauten mehr angesprochen als von tiefen Tönen. Das ist nicht vorauszusehen, sondern muss in jeder Situation neu geprüft werden. Alle Vibrationsreize sprechen den integrativen Felt-Sense des Babys an und erzeugen direkte Kommunikation von Soma zu Soma. Diese direkte Körperwahrnehmung dient als scharfes Überwachungsinstrument für die unmittelbare Realität, in der das Baby sich befindet. Sie ist seine Art, sich der Situation zu vergewissern. Was in besagten embryonalen und Babyteilen wirksam wurde, war die Anpassung an die erlebte Realität des Babys. Jene behutsame, einladende, die Sinne ansprechende Art der Ermutigung half diesen kleinen Teilen, sich zu öffnen. Gelegentlich dauerte das ziemlich lange und musste extrem langsam und achtsam geschehen. In anderen Fällen ging es wiederum überraschend schnell, und der kleine Teil schien im Nu zu wachsen und aufzuholen. Diese Teile können auf Berührung oder sogar auf Worte mit Abwehr reagieren, und das macht die Kontaktaufnahme

Summen

schwierig. Leises Singen von Vokalen dient als freundliche Einladung für den erstarrten, traumatisierten Teil, sich an die Möglichkeit zu erinnern und sie zu erwägen, sich anderen oder neuen Reaktions- und Kontaktmöglichkeiten zu öffnen. Das Baby kann durch das Spüren des Körpers und des Raums, den er umschließt, weitere Möglichkeiten zur Kontaktaufnahme und zur Öffnung für die äußere Umwelt erfahren. Normalerweise summen wir leise für solche erstarrten Teile und benutzen verschiedene Vokale, um unterschiedliche Vibrationen als Einladung, sich selbst zu fühlen, zu präsentieren. Wir summen die Vokale u, o, a, e, i in dieser Reihenfolge im Hinblick auf die Tatsache, dass sie unterschiedliche Körperzonen vom Beckenboden über den Nabel, das Herz und den Brustkorb, den Hals und die Halswirbelsäule bis hinauf zum Scheitelpunkt des Kopfes stimulieren.

Vokalsummen zur Stimulation des Nervensystems

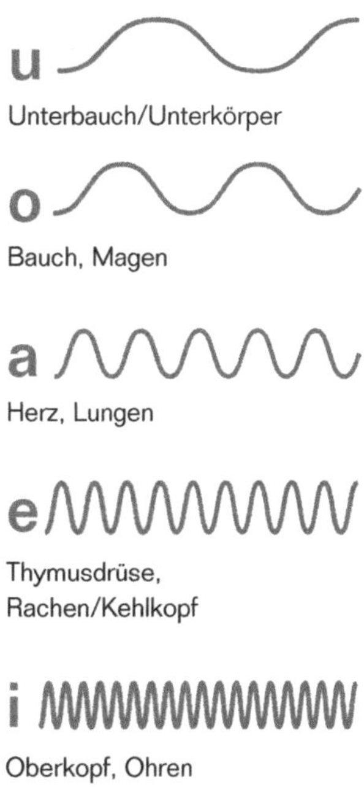

Indem wir die verschiedenen Vokale summen, können wir bestimmte Körperteile engagieren, mit den Vibrationen mitzuschwingen. Es kommt sehr oft vor, dass wir bei der Beschäftigung mit dem Stellvertreter eines embryonalen Teils über Phasenkopplung die entsprechende Empfindung des Stellvertreters im eigenen Körper wahrnehmen. Das hilft uns, den Prozess dieser Person zu verfolgen und in gezielter Weise darauf einzugehen, indem wir die Vokale entsprechend wählen. Die Sanftheit der Stimulation wird meistens von den kleinen Teilen gern angenommen. In seltenen Fällen ziehen die Babys einen anderen Ton vor, wenn sie einen Widerwillen gegen bestimmte Laute haben.

Summen hat einen beruhigenden, kraftspendenden Effekt auf Babys und unterstützt den Prozess in Richtung auf eine Orientierungsreaktion. Da Aufstellungsprozessarbeit oft in Gruppen geschieht, nutzen wir gern die ganze Gruppe als unterstützende Begleiter und verwandeln sie in einen vibrierenden Klangkörper. Das leise Summen der gesamten Gruppe schafft ein Vibrationsfeld, das das Baby und den ganzen sich entfaltenden Prozess umschließt. Gelegentlich kann eine weitere Intensivierung dieses nonverbalen Prozesses durch leises Obertonsingen erreicht werden. Obertöne entstehen, wenn man beim Singen von einem Vokal zum nächsten geht. Durch diese Übergänge werden die Obertöne effektiv, die jede gesungene Note begleiten, und stimulieren offenbar zusätzlich unsere inneren Resonanzräume. Obertöne werden nicht unbedingt von jedem Menschen klar gehört, und trotzdem sind sie wirksam. Sie haben einen harmonisierenden, reinigenden und raumöffnenden Effekt. Treffen sie auf einen betäubten, traumatisierten Körperteil, so fördern sie die Freisetzung von Energie aus dem Körpergewebe und dem Nervensystem. Das wird als abstrahlende Hitze und manchmal sogar als leichtes Schwindelgefühl oder als Wellen befreiender emotionaler Stimmungen wahrgenommen. Die Anwendung dieser Form der Klangresonanz ist, abgesehen von der Richtung unserer Aufmerksamkeit oder leichtester physischer Berührung, vermutlich eine der behutsamsten Interventionen überhaupt. Davon abgesehen scheint sie Teil einer sehr frühen nonverbalen Embryonalsprache zu sein, die nicht not-

Obertöne

wendigerweise eines Bewusstseins bedarf, da sie anscheinend auf Zellvibrationsebene aufgenommen wird. Das Bewusstsein nimmt ihre Wirkung offenbar nur sekundär wahr. Auch Klangschalen scheinen eine gute Art zu sein, das Gewebe zu wecken, vorausgesetzt sie werden auf vorsichtige, respektvolle und sehr achtsame Weise benutzt. Andernfalls, wenn sie auf den Körper einer Person gestellt oder zu stark angeschlagen werden, können sie als Reiz leicht zu zudringlich oder sogar aversiv werden.

Eine weitere Art, in der wir die Lösung erstarrter embryonaler Teile angehen, ist, den eigenen Behandlungsplan des Körpers zu respektieren. Sobald der Babyteil Töne hört, reagiert sein Körper gemäß seinen eigenen unmittelbaren Bedürfnissen. Sich zusammenzurollen, um sich mehr zu fühlen, seine Position zu verändern, um es bequemer zu haben, oder eine vorsichtige Schaukelbewegung zu beginnen, sind deutliche Ausdrucksformen innerer Gesundheit. Wenn wir sehen, wie solch eine Schaukelbewegung entsteht, ermutigen wir sie gewöhnlich mit Worten und lenken die Aufmerksamkeit des Babys auf sie. Das Achten auf diesen Körperrhythmus hat fast immer eine beruhigende und lebensspendende Wirkung auf das Baby. Die autonomen Ausdrucksformen des Repräsentanten eines Babyteils wie Schaukeln, Summen oder Körperdrehung, sind häufig Vorboten für die bevorstehende Orientierungsreaktion. Allgemein kann man sagen, dass es die Lösungsreaktion eines Repräsentanten verstärkt, wenn man ihm freundliche und respektvolle Achtsamkeit anbietet.

Ausdrucksformen innerer Gesundheit

Und schließlich ist der Joker im Prozess der Lösung und des Aufwachens ein gutes Gespür für ein spielerisches Element und Humor. Verspieltheit, Spaß und freundliches Necken sind starke und wirksame Impulsgeber für den Babyteil, ins Leben zu kommen und sich dem eigenen Felt-Self zuzuwenden. Warum sonst sollte dieses kleine Wesen sich entscheiden, mit der Welt oder ihren seltsamen erwachsenen Bewohnern Kontakt aufzunehmen?

Durch die Langsamkeit des Lösungsprozesses kann der beobachtende Klient, für den der Aufstellungsprozess stattfindet, mit dem dargestellten Prozess über Resonanz-Feldphänomene verbunden bleiben. Das heilende Feld ist für jeden beobachtenden Beobachter als unmittelbare Realität spürbar. Die Wahrnehmung des Feldes bestärkt die Heilkräfte noch mehr, in den Raum zu kommen und sich dem beobachtenden Klienten darzubieten. Die Körperreaktionen im Repräsentanten gehen auf den Klienten über und umgekehrt. Es ist, als ob der Stellvertreter einen Teil der Lösungsarbeit vom Klienten übernimmt. Da der Stellvertreter normalerweise aus einer ressourcevolleren Situation heraus handelt, ist für ihn diese Arbeit leichter als für den ressourcelosen, oft verängstigten Klienten selbst. Davon abgesehen ermöglicht es die Übernahme von Emotionen oder körperlichen Verkrampfungen durch Feldübertragung, dem Klienten schneller Ressourcen zuzuführen und ihn damit in die Lage zu versetzen, Körperspannungen und aufkommende Gefühle aus einer ressourcevollen Situation heraus selbst zu verarbeiten. Volle Lösung kann hierbei stattfinden, indem noch mehr Stellvertreter hineingebracht werden, die vom Klienten weitere Emotionen übernehmen.

Manchmal ergibt sich unter den Stellvertretern eine volle emotionale Pendelreaktion. Das bedeutet, dass man eine Emotion dabei beobachten kann, wie sie von einem Stellvertreter zum nächsten wechselt, was jedem von ihnen ermöglicht, zwischendurch Ressourcen aufzunehmen, bevor die Emotion zurückkehrt und auf einen ressourcierten Repräsentanten übergeht. Der Babyteil und der erwachsene Teil des Klienten »tauschen« also eine bestimmte Emotion mehrmals hintereinander. Auf diese Weise wechselt z.B. Traurigkeit vom Babyteil zum Stellvertreter des Klienten und wieder zurück zum Babyteil. Bei jedem Wechsel wird die Ressourcenausstattung stärker, und die Verbindung zwischen den Teilen intensiviert sich. Mit jeder Emotionsverschiebung zwischen den Teilen erlebt der wirkliche Klient einen fühlbaren Umschwung in seiner Körperwahrnehmung. Das mag zwischen Spannung, Emotion, Wärme, Kälte oder anderen Empfindungen variieren. Der Umschwung im Körper stimmt mit der äußeren Bewegung zwischen den Stellvertretern überein und stellt eine klare körperliche Verarbeitung restlicher Traumaenergie dar. Solche heilenden Felder ermöglichen auf aktive Weise die Freisetzung gestauter Energie und bereiten den Weg für die Wiederherstellung der körpereigenen, feinen Vibrationen.

Umschwung

Manchmal kann man beobachten, wie ein Baby sich in wenigen Augenblicken zu einer erwachsenen Person entwickelt. So etwas wird gewöhnlich vom beobachtenden Klienten mit Erleichterung, Überraschung und Freude begrüßt. Manchmal war es notwendig, die gesamte Gruppe der anwesenden Teilnehmer in ein leises Summen einzubeziehen, um ein heilendes Klangfeld zu schaffen, das als tief beruhigend erlebt wird. Die Vorsicht beim Berühren lohnt sich, denn sie gibt diesen Teilen ein Gefühl der Sicherheit und des Respekts, das ihnen hilft, die Verbindung zum heilenden Umfeld zu halten. Der Kontakt des Begleiters und der anwesenden Kursteilnehmer zu diesem Feld dynamisiert die heilenden Kräfte noch zusätzlich. Nachdem der sich entfaltenden Entwicklung und einer sorgfältigen Aufmerksamkeit für die wirkenden Kräfte einige Zeit eingeräumt worden war, stellten wir wachsende Neugier und Bereitschaft zum Kontakt bei den Babyrepräsentanten fest.

Defensives Selbst und wahres Selbst

Gefühle wie Scheu oder Scham kamen in aufgestellten Babyteilen häufig vor und zeigten sehr deutlich, wie solche frühen Emotionen eine besondere Art der Selbstorganisation auslösen. Der gerade einsetzende Selbstbildungsprozess entwickelt sich um diese emotionale Realität und den korrespondierenden Zustand des autonomen Nervensystems herum. Das Wirken dieses Selbstprozesses zielt auf die Integration emotionalen Geschehens in einen umfassenderen, sich selbst erhaltenden, dynamischen inneren Regulationsprozess ab. Frühe Verletzung, Zurückweisung ebenso wie intrauterine Erlebnisse sind die Quelle für die Organisation eines defensiven Selbstprozesses. Dieser Prozess ist darauf aus, den Schmerz und das Leiden einer ganzen Palette aversiver und invasiver Erfahrungen aus der frühen Säuglingszeit abzuwehren. Der Mangel an Krallen, Fell und anderer potenter Ausstattung zum Umgang mit Verletzlichkeit und Wehrlosigkeit zieht eine spezielle Art der Wahrnehmung, der Reizauswahl

Defensiver Selbstprozess

und der Beziehung zur ganzen Welt nach sich. All diese inneren Organisationsprozesse zielen auf die Sicherung der Integrität einer Person ab. Es ist bewegend zu sehen, wie die wachsenden und schnell reifenden Babyteile in einem Aufstellungsprozess nach Kontakt, Beziehung und Vereinigung suchen. Vorsichtiges Verhandeln der auftauchenden, eng miteinander verbundenen und oft undifferenzierten Gefühle hilft dem Stellvertreter des kleinen Kindes, sich auf die Realität der äußeren Welt einzulassen. Wenn es um behutsame Differenzierung von Gefühlen, Bedürfnissen und Benennung der inneren Realität dieser kleinen Empfindungswesen geht, zeigen die Babyteile eindrucksvolle Klarheit, Kompetenz und Geschick. Sie wissen genau, was sie brauchen, und suchen nach Verbindung und Kontakt zum Stellvertreter des erwachsenen Selbst. Der auftretende, wenn auch manchmal sehr langsam voranschreitende Integrationsprozess wirkt immer wieder wie ein kleines Wunder. Die innere Entwicklung hat eine innewohnende Richtung.

Innerpsychische Systeme

Die Einsicht, dass wir unser ganzes Familiensystem als Erlebnisqualitäten in uns tragen, hat uns bewogen, statt familiärer Verstrickungen lieber innerpsychische Systeme aufzustellen. Der Grund dafür war die Beobachtung, dass Klienten sich vom aufgestellten Familiensystem als äußere Größe derart faszinieren ließen, dass sie mit der Aufmerksamkeit im Außen gerichtet waren und damit das Aufstellungsgeschehen verdinglicht wurde. Aufstellung wurde immer wieder als Objekt oder objektives Geschehen da draußen in Kalküle und Überlegungen, als Argument oder Rechtfertigung eingesetzt. Das Verständnis einer Aufstellung als inneres Geschehen, als innere Struktur der Selbstorganisation wurde häufig zu wenig verstanden. Im Gegensatz dazu geht die Unmittelbarkeit der innerpsychischen Aufstellung über die Familiensituation hinaus und bietet mehr Gelegenheit, dem Klienten bei der Kontaktaufnahme mit seiner tatsächlichen inneren Prozessstruktur zu helfen. Diese Kontaktaufnahme mit der Art und Weise, wie wir uns als Kreation erleben, trägt das Potenzial für eine Lösung, die nicht auf nach außen gerichteten Veränderungserwartungen basiert. Stattdessen führt diese Form der Arbeit mit dem Eigenprozess nahe zu uns selbst und hinterfragt die

Art des Selbsterlebens. Sie bietet reichhaltiges introspektives Material zur Reorganisation von innen heraus. Sie fördert Verantwortlichkeit und Selbstaktualisierung, statt auf die anderen zu schauen und Erwartungen nach außen zu richten.

Die Integration vorsprachlicher Erfahrungen in systemische Aufstellungsprozesse stellt eine Erweiterung auf ein Seinsgebiet dar, zu dem der Zugang für viele Menschen ungewohnt ist. Das als dargestellte Realität in einem Aufstellungsprozess zu sehen und zu erleben, erweitert unsere Reichweite und macht uns aufmerksam für die Entwicklungswurzeln unserer erwachsenen Existenz. Wir verstehen dadurch besser, wie wir sind und wie unsere inneren Anteile in verschiedenen Stadien unseres alltäglichen Lebens miteinander interagieren und aktiv werden. Wir können leichter erkennen, wie der komplexe Selbstprozess sich organisiert und versucht, sich auf unterschiedliche Herausforderungsebenen einzustellen. Den inneren Teil zu sehen und zu erleben, macht uns deutlich, mit welcher Art der Aufmerksamkeit wir uns selbst begegnen müssen, um die Hinbewegung zu Gesundheit und persönlicher Integration zu unterstützen.

Zärtlichkeit, Behutsamkeit und Selbstliebe

Sehr oft begegnen Menschen in der Aufstellung einer Art der Freundlichkeit, die sie im wirklichen Leben noch nie erlebt haben. Es ist verblüffend, wie viel Ermutigung, Trost und Beruhigung nötig sind, um Menschen darauf aufmerksam zu machen, wie viel Zärtlichkeit, Behutsamkeit und Selbstliebe sie in sich selbst tragen. Sich diesem zarten Teil zu nähern und ihn voll in die eigene Art und Weise zu integrieren, die Welt zu erleben und mit ihr umzugehen, ist ein komplexer und manchmal zeitaufwändiger Prozess. Sehr häufig geht das Maß an Zärtlichkeit, das notwendig ist, um mit den vernachlässigten oder missbrauchten Teilen in Berührung zu kommen, weit über das hinaus, was der Klient sich zunächst selbst zutraut oder kognitiv vorstellen kann. Die allmähliche Annäherung an diese Qualität der Behutsamkeit ernüchtert die Menschen und erdet sie im Hier und Jetzt. Wie schon erwähnt, sind die Verlangsamung dieses Prozesses und der bedachte Umgang mit Selbsterforschung eine Lektion an sich. Menschen haben kaum je die Möglichkeit, solch achtsamer Wertschätzung gegenüber der Art zu begegnen, mit der sie sich selbst erleben. Es zeigt sich oft sehr deutlich, dass wir alle möglichen Arten seltsamen Verhaltens annehmen, um unser tiefes Seinsgefühl zu schützen.

Wir werden, was wir sind, durch ein inneres Streben nach Gesundheit, Integrität und Einzigartigkeit. Wenn wir in einer Aufstellung den sich selbst organisierenden inneren Prozess erleben, zeigt sich die Tendenz zu Integration und Selbstschutz als eine tiefe Liebe zu uns selbst und Teilhabe an spirituellem Vollzug. Es gibt etwas in uns, das unsere Seinsnatur so sehr schätzt, dass unsere Persönlichkeitsessenz nach größtmöglichem Schutz strebt. Das legt nahe, dass ein Wissen darüber existiert, wie wertvoll, einzigartig und lohnend unser Dasein trotz all der Widersprüchlichkeiten und Ambivalenzen ist. Dies geht über das Konzept evolutionären Überlebens weit hinaus. Es schließt eine psychische Erfahrung des Selbst ein, die in dieser Art ausschließlich für den Träger der erfahrenden Bewusstheit und damit nur individuell zugänglich ist. Unser Bedürfnis nach Selbstschutz kann als tiefes Wissen um die Kostbarkeit unseres Seins gesehen werden. Es ist ein Hoffnungsschimmer zu sehen, dass Eltern es sich heute leisten können, mehr Sensibilität, Respekt und Achtsamkeit in den Umgang mit den Bedürfnissen ihrer Kinder zu bringen, als es zu Zeiten der Prügelstrafe in der Schule üblich oder als es in den Jahren der Nachkriegsarmut möglich war. Wir haben die Art von Sensibilität und Achtsamkeit einfach nicht gelernt, die nötig ist, um vernachlässigte und missbrauchte Teile unserer selbst einzuladen, ins Leben zurückzukommen und sich in den Selbstprozess integrieren zu lassen.

Sensibilität und Achtsamkeit

»Schnelle Bestandsaufnahme«

Eine weitere nützliche Anwendung systemischer Aufstellungsprozessarbeit ist die »schnelle Bestandsaufnahme«, die genutzt werden kann, um sich kurz in die Felt-Self-Realität einer anderen Person einzuklinken. Man möge den Unterschied beachten. Es geht nicht um einen Blick in ein äußeres System wie eine Familie, eine Organisation oder eine abstrakte Fragestellung. Dieser Prozess wird als Tor zu den *inneren* Vorgängen eines Individuums genutzt. Man betrachtet den inneren Prozess bei seiner Entfaltung in dem betreffenden Menschen in diesem Moment des Aufstellungsvorgangs. Diese Möglichkeit, den Aufstellungsprozess für eine persönliche Frage oder eine besondere Situation anzuwenden, spart eine Menge kostbarer Lebenszeit. Lange und verwickelte Berichte über Situationen können auf eine einfache und erlebbare innere Realität auf aktuell Wesentliches verdichtet werden. Die Nutzung einer aufgestellten Darstellung informiert uns in die Tiefe über eine Situation, die sich allein durch Gespräch niemals in dieser Form ausdrücken lässt.

Tor zu den inneren Vorgängen

Die schnelle Bestandsaufnahme ist von hohem Nutzen in der Einzelberatung, im Coaching und in der Psychotherapie bei einer ersten Arbeit mit dem Klienten. Ebenso kann sie ein Thema verdeutlichen, über das bereits endlos gesprochen worden ist. Denn die allgegenwärtige und scheinbar vorherrschende Vorstellung, dass jeder Teil unserer innerlich gefühlten Realität in Worte gefasst werden kann, ist aus meiner Sicht ein trauriger Irrglaube. Sie stellt einen großen Mangel in unserer Art dar, mit unserer tieferen Realität umzugehen, sie anzuerkennen und ihre Schwingung aufzunehmen. Besonders in Firmencoachings finde ich mich oftmals in einer Situation wieder, in der ein Ingenieur eine Situation mit großem analytischen und intellektuellen Bedacht und akkurater Bewertung erforscht hat. Angesichts der Sorgfalt seines analytischen Denkens und der logischen Kraft seiner Argumentation sollte das Thema innerer und zwischenmenschlicher Beziehung längst abgehandelt sein. Aus irgendeinem Grund funktioniert jedoch die erdachte Lösung nicht, und der Ingenieur verfügt über kein angemessenes Verständnis seiner Rolle in einer Führungsposition. Dieser Umstand erfordert ganz klar einen anderen Ansatz, der unsichtbar existierende Verbindungen sichtbar macht, die vielleicht im Hintergrund gefühlt, aber nicht wirklich greifbar werden. Es bedarf eines anderen Mittels, um diese unwirkliche, doch wirksame Wirklichkeit darzustellen. Es gilt, eine »Zwischenrealität« anzuerkennen, die in sozialen Systemen existiert. Ein Felt-Sense der eher ungreifbaren Bearbeitung von Parallelinformation aus mehreren Quellen gleichzeitig muss zugänglich gemacht werden.

»Zwischenrealität«

Dazu brauchen wir einen Ansatz, der den sinnlichen Unterbau unserer erfahrenen oder empirischen Realität mit berücksichtigt. Diese Realität muss in ihrer Funktion verstanden werden, die auch dann existiert, wenn wir sie nicht anerkennen. Ihre Wirkung geschieht, ganz gleich, ob wir davon wissen oder nicht. Eine schnelle Bestandsaufnahme kann die Realität dessen hervorheben, was wir uns nicht getraut haben, als wirklich zu erachten, obwohl unser Bauchgefühl es geahnt haben mag. Manchmal wird die schnelle Bestandsaufnahme auch in eine größere Arbeit eingebettet, wie im folgenden Beispiel.

In einer Organisationsaufstellung wurde die Führungssituation des Produktionsleiters aufgestellt. Im Coaching dieses Mannes ging es um »seine Schwächen und die Frage, wie er sie in Stärken verwandeln könnte«. Wir stellten zunächst die Struktur seiner Arbeitsplatzsituation auf, und es wurde schnell offensichtlich, dass ein Mitarbeiter, der fünfmal länger in der Firma gearbeitet hatte als er selbst, sich ebenfalls für seine Stelle beworben hatte und abgelehnt worden war. Dieser Mann blieb danach sich selbst überlassen und nahm die Entscheidung sehr übel. Der Klient hatte schon immer einen Mangel an Kooperation bei diesem Mann bemerkt. Dieser ältere Angestellte hatte viel Macht in der Firma, wohingegen der Klient fühlte, dass er selbst die große Verantwortung der Firmenleitung nicht erfolgreich handhaben konnte. Im nächsten Schritt der Aufstellung erkannte der Manager die lange Erfahrung seines Kollegen an. Sofort danach gab der Stellvertreter des Klienten zu, er könne die Firma nicht ohne die

Kooperation und Unterstützung des älteren Kollegen leiten. Das bewirkte, dass der Stellvertreter der Arbeiterschaft einen Zuwachs an Motivation und Engagement sowie ein Gefühl der Erleichterung berichtete. An diesem Punkt war dem Klienten die gegenwärtige Struktur seiner Situation klar geworden. Trotzdem äußerte er den Wunsch, seine eigene Stellung in dem ganzen Bild noch tiefer zu erforschen. Er wollte wissen, wie er es anstellte, dass er durch selektive Wahrnehmung und »blinde Flecken« eine reibungslose Kooperation mit seinen Kollegen verhinderte.

Da ich diesen Coachee zum ersten Mal sah, schlug ich eine schnelle Bestandsaufnahme vor, um ein Bild davon zu erhalten, wie er selbst innerlich »aufgestellt« sei. Er nahm mich bei den Schultern und stellte mich, seinem Bauchgefühl gemäß, in den Raum. Dann setzte er sich wieder, um die Entfaltung seines inneren Prozesses zu beobachten. Dies war ein entscheidender Punkt in der Repräsentation. Um gültige Aussagen aus der schnellen Bestandsaufnahme zu erhalten, bedarf es unbedingten Vertrauens in die Handlung des eigenen Körpers und der Wahrnehmung. Jede Wahrnehmung muss buchstäblich genommen werden, auch wenn der Verdacht besteht, dass es »die eigene Geschichte« des Stellvertreters ist. Die Erfahrung zeigt, dass die Erfahrung des Repräsentanten erstaunlich genau über die Realität des Klienten Auskunft gibt. In diesem Fall drehte sich bei der »schnellen Bestandsaufnahme« mein Körper in eine bestimmte Richtung. Außerdem fühlte es sich sicherer an, in eine andere Richtung nicht zu schauen. Das Vermeiden dieser Richtung erwies sich als Neigung in der Wahrnehmung, einen bestimmten Teil der Realität mehr zu beachten als einen anderen. Als ich meine Wahrnehmungen berichtete, war der Klient wie gebannt von dem, was ich sagte. Ich fühlte immer noch klar und deutlich, wie ich meinen Blick beschränkte und ein bestimmtes relevantes Gebiet ausschloss. Das war die wichtige Information, die die schnelle Bestandsaufnahme ohne vorheriges Wissen des Stellvertreters zeigte. Eigentlich hätte das genügt, um dem Klienten die Selektivität und Verneinung der Realität in seiner Situation nahezubringen. Er konnte die Realität meines Berichts auf Felt-Self-Ebene bestätigen, aber er konnte noch nicht benennen, was er so konsequent aus seiner Wahrnehmung herauszuhalten versuchte.

Wir hätten hier aufhören können, aber die Information weckte eine ganze Reihe weiterer Fragen, und der Klient bat um eine Fortsetzung der Arbeit. Tatsache schien zu sein, dass wir etwas berührt hatten, was schwierig oder gar unmöglich verbal auszudrücken war. Nachdem ich den Klienten erneut um Erlaubnis gebeten hatte, den ausgeschlossenen Bereich weiter zu erforschen, drehte ich mich langsam um und richtete meine Aufmerksamkeit darauf, während ich ihn immer wieder fragte, ob es in Ordnung war, weiterzumachen. Ich musste mehrmals tief durchatmen, denn es war nicht einfach, mich dem Bereich voll zuzuwenden. Ich fühlte deutlich etwas in dem Raum, dem ich mich zugewandt hatte, und bat den Klienten, eine weitere Person zu wählen, die repräsentieren sollte, was da war, auch wenn wir nicht wussten, was es war. Nachdem er eine Frau als Stellvertreterin für das ausgesucht hatte, »was ihm nicht bekannt war«, schien es mir, als ob ich einen Teil meiner selbst anschaute, der nicht akzeptiert, anerkannt, gesehen oder geschätzt worden war. Ich spürte, dass diese Frau meinen eigenen emotionalen Teil darstellte. Der ausschließliche Gebrauch von Denken und analytischen Fähigkeiten diente als Hauptwerkzeug, um mit den Schwierigkeiten in der Firma und seiner Arbeiterschaft umzugehen. Dieser Arbeiterschaft mit einer Haltung der Wertschätzung und des Bezugs zu ihrer Situation zu begegnen, fiel ihm aufgrund des völligen Ausschlusses dessen, was anscheinend seine Emotionalität war, schwer.

Dieser ausgeschlossene Teil stand nun vor mir und brauchte einen Weg, mit meiner inneren Realität in Beziehung zu treten. Der Klient wurde rot und sah sehr bewegt aus. Der Prozess schien für ihn so relevant zu sein, dass er mich drängte weiterzumachen. Ich bewegte mich ganz langsam zur Repräsentantin der Emotionen. Währenddessen fühlte ich eine Vielzahl von Emotionen in meinem Körper. Jedes Mal, wenn eine Emotion aufkam, verlangsamte ich meine Bewegung. Verschiedene Bilder tauchten auf, die mit Mutter, Ehefrau, Gefühlen und einem angeborenen Lebensplan zu tun hatten. Auf halbem Weg zur Emotionalität veränderte sich etwas sehr tief. Ich konnte den emotionalen Teil nicht mehr anschauen und fühlte eine Veränderung in der Aufstellung, die mit einer fast undenkbaren Intimität einherging. Ich fühlte mich wie auf der Schwelle zu einem heiligen Raum. Als ich dem Klienten dieses Gefühl von Heiligtum berichtet hatte, veränderte sich sein Gesichtsausdruck erneut, und er kämpfte mit den Tränen. Ich konnte schließlich die Annäherung an die andere Repräsentantin nicht mehr länger aushalten. Ich fand keine Worte und musste mich wegdrehen. Von dort aus ging ich rückwärts auf die Repräsentantin der Emotionalität zu. Als unsere beiden Körper endlich aufeinandertrafen, fühlte ich mich ganz, glücklich, wohl, und mein Blick in die Welt erweiterte sich augenblicklich. Ich hatte ein klares Empfinden von Verbindung mit der Umwelt und spürte, dass ich in der Lage war, Kontakt mit der Arbeiterschaft aufzunehmen. Der Klient war sichtlich berührt und bewegt. Nach einer Pause bat er um Hilfe beim Verstehen des letzten Prozessteils. Er hatte das Bedürfnis, mehr vom möglichen Gehalt des Vorgangs zu verstehen, um auch auf mentaler Ebene damit in Beziehung zu treten. Da ich weiß, wie wichtig es für Menschen ist, auch einen intellektuellen Zugang zu unverständlichen Situationen zu bekommen, um sich orientieren zu können und Frieden zu bekommen, bot ich ihm eine Auswahl gefühlter Erfahrungen an, die mehrere Realitätsebenen beinhalteten. Der Klient ging zufrieden, berührt und dankbar nach Hause. Vier Wochen später erreichte mich die Nachricht, dass er seinen älteren Kollegen zum Essen eingeladen hatte. Dieser verriet ihm sehr bald, dass er seit langer Zeit auf diese Einladung gewartet hatte.

Tiefere Intelligenz

Wir müssen verstehen, dass es eine tiefere Intelligenz in uns und in verschiedenen Feldern um uns herum gibt, auf die wir zurückgreifen können. Wie schon gesagt, ist unsere Besessenheit, Intelligenz nur in unserem Gehirn zu platzieren, eine unangemessene Minderung, die unser Verständnis und unsere Einsicht in die Welt und ihre Phänomene beeinträchtigt. Die Funktion unseres Körpers hängt nicht davon ab, ob wir sie verstehen. Sie braucht nicht einmal unser Bewusstsein oder unsere Aufmerksamkeit. Sogar wenn wir das Bewusstsein verlieren, funktionieren alle Organsysteme in unserem Körper weiter, und es ist genau dieses autonome Funktionieren ohne unsere geistige Kontrolle, das uns in die Lage versetzt, wieder ins Bewusstsein aufzuwachen.

Fragen und Missverständnisse rund um Aufstellungsarbeit

Zum Ende dieses Kapitels möchte ich auf einige Fragen eingehen, die sich immer wieder als Quelle der Verwirrung und des Missverständnisses über die Natur der Aufstellungsarbeit erwiesen haben. Für diejenigen meiner Leser, die einen Gestalt- oder Psychodramahintergrund haben, scheinen die beschriebenen Prozesse möglicherweise nichts Besonderes zu sein. Sie könnten ebenso gut im Rahmen anderer Arbeitsmethoden »gespielt« sein oder ausgewählte Situationen »modellieren«. Der gleiche Eindruck kann für Personen entstehen, die das Bisherige gelesen haben, ohne die Entfaltung eines Aufstellungsprozesses selbst erlebt zu haben. Sogar Menschen, die beobachtende Teilnehmer eines Aufstellungsprozesses waren, ohne aktiv teilgenommen zu haben, finden das, was sie sehen, manchmal schwer fassbar. Es kommt vor, dass die Zuschauer nicht glauben können, dass die Stellvertreter das, was sie repräsentieren, nicht erfunden haben. Sie kämpfen mit der Frage, wie es sein kann, dass Stellvertreter so viele absolut zutreffende Dinge aussprechen können, ohne vorheriges Wissen über die Person zu besitzen, für die sie stehen. Um das Phänomen zu verstehen, kann als eine Erklärung dienen, dass wir durch die Verbindung zu einem Informationsfeld nonverbal Material aufnehmen. Wir denken uns nichts aus, phantasieren nicht und zaubern nichts hervor, sondern wir empfangen, verbinden uns, spüren, fühlen und geben unserem Felt-Sense im betreffenden Moment einer Repräsentation absolute Priorität. Das unterscheidet sich gravierend von Rollenspiel, Nachspielen oder Phantasie. Das Aufstellen selbst bedeutet eine Einstimmung auf den Informationsprozess und erfordert, dass der Stellvertreter seiner unmittelbaren Sinnes- und Wahrnehmungserfahrung vollkommen vertraut. Dazu braucht er Authentizität und Vertrauen. Sehr häufig machen sich die Stellvertreter Sorgen, dass ihre Wahrnehmung durch die Projektion persönlicher Themen oder Gefühle verfälscht sein könnte. Wir können jedoch die Genauigkeit der Wahrnehmung zu großen Teilen mit der Erfahrung des Klienten aus erster Hand abgleichen. Wenn der Stellvertreter sich scheut, eine drastische Wahrnehmung mitzuteilen, ist sehr oft der Klient überhaupt nicht überrascht, wenn er irgendwann davon erfährt. Für viele Menschen ist dieser Unterschied schwer zu begreifen, und nur die persönliche Erfahrung eines Aufstellungsprozesses und seiner Repräsentationen hat verblüffende Sinneswandlungen zur Folge. Sobald dieser Perspektivwechsel jedoch stattgefunden hat, begeistern sich die Betreffenden für die neuen Möglichkeiten, die diese Art des Arbeitens bietet. Dieser Enthusiasmus betont zu sehr die Aufstellung, wohingegen der gesamte Entfaltungsprozess im Raum und in der inneren Arbeit des Klienten der Fokus ist, der eigentlich als relevant beachtet werden sollte.

Häufig wird in Aufstellungen psychologischer Rat auf eine Weise erteilt, die kein Gespür für das größere Ausmaß des Gesamtprozesses und der Situation einer Person zu haben scheint. Ungeachtet der erstaunlichen Ähnlichkeit einer Aufstellung mit der angenommenen Lebensrealität einer Person dürfen wir eine Aufstellung nicht als objektive Abbildung einer wirklichen Situation verstehen. Ein Aufstellungsprozess ist die Darstellung eines inneren Bildes, das seine Wurzeln im Felt-Self des Klienten hat. Dieser Felt-Self stellt jedoch eine exklusiv zugängliche Realität eines Menschen dar. Die Welt, wie sie uns vermittelt wird, kann nur durch den inneren Felt-Sense als wahr betrachtet und begriffen werden, den ein Reiz in uns auslöst. Es ist extrem wichtig zu verstehen, dass wir aus einer Aufstellung kein konkretes Handeln ableiten können. Wir können durch sie nicht ermitteln, ob Schritte im wirklichen Leben richtig oder falsch, möglich oder unmöglich sind. Wir können nur eine Darstellung unserer inneren Realität aufstellen und dadurch zu unserem Felt-Self zurückkehren. Die Realität im Felt-Sense ist die Grundlage unserer

Darstellung eines inneren Bildes

Entscheidungsfindung. Niemals sollte die Aufstellung als solche betrachtet werden.

Um Aufstellungsprozesse zu begleiten, muss man aus meiner Sicht nicht nur gründlich mit den verschiedenen Dynamiken vertraut sein, auf die man treffen kann, sondern man braucht auch einen umfassenden und guten Hintergrund therapeutischer Methoden, gute therapeutische Handwerksfertigkeit, eine gut begründete, aufnahmefähige und gereinigte Haltung, Verbindung zu einem größeren Orientierungsrahmen und Grundwissen über innerpsychische und physiologische Traumadynamik. Das Erkennen der wirkenden Kräfte ist hier nur ein Schritt, die Ermöglichung einer Lösung ein anderer, aber der durch und durch respektvolle, unzudringliche Umgang mit dem Prozess des Klienten ist der allerwichtigste. Aufstellungsprozessarbeit sollte sich um den Klienten, den Kontext seiner speziellen Frage und seine besondere Art, diese Frage zu stellen, herum zentrieren. Prozessarbeit dreht sich um das Thema, warum der Klient seine Frage in dieser bestimmten Art und Weise und zu diesem Zeitpunkt in seinem Leben stellt. Der Prozess muss sich im Zusammenhang entfalten, muss sich von den existierenden Verhaltensmustern unterscheiden und erhebliche Relevanz für die gegenwärtige Situation des Klienten haben. Die Aufstellung zeigt den nächsten bevorstehenden Schritt innerhalb eines fortlaufenden Prozesses.

Ermöglichung einer Lösung

Wir sind keine Darsteller, wir sind uns entfaltende Prozesse. Wir sind »eingefalteter« körperlicher Raum und müssen uns selbst in jedem Moment ständig neu erschaffen. Folglich ist die Möglichkeit zur Gesundheit immer anwesend. Die Aufstellung dient dazu, den nächsten Schritt in Richtung einer Lösung einzuleiten oder manchmal auch nur zu zeigen, worum es in der vorliegenden Situation geht. Es ist Aufgabe der Seele des Klienten, das auszuwählen und aufzunehmen, was für ihn am wesentlichsten ist. Es ist immer der individuelle Navigationsprozess des Klienten, der dem Begleiter die Richtlinie bietet, an der entlang er durch die Aufstellung geht und dem Klienten hilft, den Kern seiner inneren Realität zu sehen und zu fühlen. Aus dieser Haltung heraus ist der natürliche Brennpunkt der Arbeit die innere Landschaft des Klienten. Sein inneres Bild einer gegenwärtigen oder vergangenen Situation wird nach außen gestellt. Dieses innere Bild ist als die innere Realität der Erfahrung dieses Klienten zu respektieren. Das trifft selbst dann zu, wenn die Aufstellung von dem abweicht, was er sagt oder worüber er in der Lage ist, zu sprechen. Im Prozess geht es im Wesentlichen darum, seine innere Aufstellungsrealität ernst zu nehmen, selbst wenn sie sich drastisch von dem unterscheidet, was er in Worte fassen kann. Vergessen wir niemals, dass die wesentlichsten Dinge gar nicht in Worte zu fassen sind. Sie können verbal nicht ausgedrückt werden, denn sie sind tief in der Physiologie des Körpers verwurzelt. Unsere frühen Lebenserfahrungen bedürfen anderer Ausdrucksmittel. Malerei, Skulptur oder Tonmodellage, Tanz, Musik, Gestik, Bewegungsmuster sind nur einige Möglichkeiten, die vorsprachliche Realität unseres frühen Lebens auszudrücken. Es ist nicht unsere Aufgabe, dem Klienten eine Lösung zu servieren. Es ist unsere Aufgabe, dem Klienten dort zu begegnen, wo er ist. Es ist unsere Aufgabe, Wahlmöglichkeiten, Optionen und Einladungen anzubieten, um das verengte, begrenzte Wahrnehmungsfeld des Klienten erweitern zu helfen. Es ist unsere ansprechendste Aufgabe, den Klienten an seine Möglichkeit zu der Entscheidung zu erinnern, anders zu sein, zu handeln und sich zu verhalten. Und es ist auch unsere Aufgabe, einer Entscheidung des Klienten, nicht zu handeln, mit größtem Respekt zu begegnen. Unsere therapeutische Ausrichtung mit Blick auf Lösung, Entwicklung und Evolution kann sich als Falle erweisen. Nichts von dem, was wir anzubieten haben, ist wirklich wichtig. Weder unsere »Werkzeuge« noch unsere Bereitschaft, einen Rahmen anzubieten; nichts von dem, was wir anzubieten haben, ist wirklich wichtig. Das, was wirklich wichtig ist, ist, dem Klienten auf der Ebene seines grundlegendsten Seins zu begegnen. In der Qualität unserer Präsenz sind wir Einladende, und das gilt es, von Tag zu Tag tiefer zu verstehen.

Nicht in Worte zu fassen

Eine weitere verbreitete Idee ist, Aufstellung, und hier besonders Organisationsaufstellung, zu vermarkten. Nach dem bisher Gesagten sollte klar sein, dass das am Thema vorbeigeht. Der Versuch von Beratern, Organisationsaufstellungen an Firmen zu verkaufen, verfehlt das Ziel bei Weitem. Firmen sind nicht an Werkzeugen interessiert, sondern an Ergebnissen. Der deutsche Bosch-Konzern ist bekannt für die Herstellung von Bohrmaschinen. Was aber verkauft er dem Kunden? Bohrmaschinen? Er verkauft Löcher in der Wand. Das braucht der Kunde. Er sucht nicht notwendigerweise eine bestimmte Bohrmaschinenmarke. Er sucht nach der besten und bequemsten Möglichkeit, um ein Bild aufzuhängen. Er will ein Loch in der Wand haben, einen Dübel und eine Schraube einsetzen und schließlich das Bild aufhängen. Das ist alles. Lassen wir uns nicht allzu sehr von Aufstellungen oder Aufstellungsprozessarbeit, sondern lieber von gesunden, kraftvollen Menschen anregen, die in der Lage sind, ihre Verletzlichkeit zu zeigen, ihre Kraft und ihr Potenzial zu nutzen und auf starke und heilsame Weise im Kontakt zu sein. Lassen wir uns anregen von unserem eigenen Prozess, unseren Talenten, Potenzialen, Fertigkeiten, Begabungen und den darin enthaltenen Möglichkeiten. Nehmen wir uns selbst ernst. Nehmen wir uns selbst sogar sehr ernst. Alle psychologischen Ansätze sind Krücken auf dem Weg dahin, das vollständige Bild und Potenzial unserer selbst zu gestalten. Nicht die Methode ist wichtig. Erst die Gnade der Erfüllung macht, dass wir uns gut, kompetent und ganz fühlen. Viele der Menschen, denen ich begegne, führen ein entkörpertes, dissoziiertes Dasein und stehen ihrem eigenen Leben nicht zur Verfügung. Das ist der oftmals berührende Ausgangspunkt.

Nicht die Methode ist wichtig

Wenn ich in verschiedenen Ländern unterwegs bin, um Aufstellungsprozessarbeit zu lehren, treffe ich auf eigentümliche »Regeln« bezüglich der Handhabung von Aufstellungen. Da gibt es z.B. die Regel, dass man hinterher nicht über den Aufstellungsprozess sprechen darf, da das angeblich den inneren Prozess des Klienten stört. Diese Regel nimmt an, dass das Sprechen über den Prozess die innere Reorganisation des Klienten durcheinanderbringt. Diese Regel ist dem Klienten oft nicht wirklich dienlich, selbst wenn sie eine vernünftige Grundlage hat. Meine Haltung dazu ist eine andere. Das richtungsgebende Prinzip scheint die Frage zu sein, was hier tatsächlich wirkt und für den Klienten einen relevanten Unterschied macht zu dem, wie er sonst die Welt oder sich selbst erlebt. Manchmal erleichtert das Gespräch über die Aufstellung hinterher den Klienten.

Diese Erleichterung kann jedoch möglicherweise die aufsteigende Energie abziehen, die für einen inneren Reorganisations- und Veränderungsprozess grundsätzlich gebraucht wird. Andererseits kann es geradezu notwendig sein, dass Klienten Gelegenheit haben, über den Prozess zu sprechen, um ihn begreifen und als real anerkennen zu können und sich selbst der Realität dieser Erfahrung zu versichern. Besonders Klienten mit dem Hintergrund einer »sprachlosen« Familie schätzen diese Möglichkeit sehr und brauchen einen solchen Austausch regelrecht, damit ihre innere Regulation ihnen durch das unerwartete Erlebnis durchhelfen kann, Zeugen einer emotional aufwühlenden Aufstellung geworden zu sein. Solche Menschen brauchen es, sich wahrgenommen, verstanden und gehalten zu fühlen. Das kann sich als ebenso wichtig erweisen wie der Ablauf des Aufstellungsprozesses selbst, da sie möglicherweise unfähig sind, zu diesem Prozess einen Bezug zu bekommen, wenn sie hinterher mit ihm alleingelassen werden. Für andere stellt die Möglichkeit, endlich über wesentliche Themen zu sprechen, die jahrelang zurückgehalten und nicht gehört wurden, einen relevanten Verstärkungsfaktor für den Prozess dar und damit einen vollwertigen Teil ihres inneren Ablaufs. Für viele traumatisierte Menschen ist es eine Erleichterung, wenn die Dichte und Intensität ihrer aversiven Gefühle erkannt wird und sie sie dadurch selbst endlich als wirklich anerkennen können. Für andere kann genau das Gegenteil zutreffen. Über den abgelaufenen Prozess zu sprechen, kann sie überwältigen und sie von ihrem subtilen inneren Entwirrungsprozess abhalten. Authentische Gefühle und im Vollzug befindlicher Kontakt zum Selbst können durch vorzeitiges »Zerreden«, »Weglachen« oder die Beschäftigung mit anderen Leuten in der Absicht, die eigenen Gefühle nicht zu fühlen, zerstört werden. Dadurch wird die Energie leicht verbraucht, obwohl sie dringend für die Strukturierung und Modifikation ihres inneren Heilungsprozesses gebraucht wird. Ihr nach außen gerichtetes Verhalten nimmt die Kraft weg, die gerade im Begriff war, sich zu sammeln, um die Veränderungsbewegung in Gang zu bringen.

Feinfühligkeit und Klarheit

Feinfühligkeit und Klarheit gegenüber dem Prozess des Klienten ist also von höchster Wichtigkeit. Wo aber lernen wir, wo werden wir unterrichtet oder hingeführt zur notwendigen Menge an Geduld, Achtsamkeit und Behutsamkeit, um dem Klienten richtig zu dienen? Hier helfen keine Rezepte. Die Verbindung zum Leben selbst und der Lebensfaden des persönlichen Kontakts bahnen den Weg zur inneren gefühlten Realität des Klienten. Die Fähigkeit, die innere Realität des Klienten über unseren eigenen Körper zu lesen, ist der zentrale Schlüssel zu lohnenden und dienlichen Ergebnissen. Unsere Beziehungsfertigkeiten sind für die erfolgreiche Vollendung des Prozesses unseres Klienten entscheidend. Unser Heil-Sein wird gebraucht!

Heil-Sein

NACHWORT

> **»Universitäten lehren nicht alles, und daher muss ein Arzt alte Weiber, Zigeuner, Zauberer, Nomaden, alte Räuber und andere Gesetzlose aufsuchen und ihre Lehren annehmen. Ein Arzt muss Reisender sein. Wissen ist Erfahrung.«**
>
> Paracelsus (1493–1541)

Es war ein Prozess in sich selbst, dieses Buch zu schreiben. Während die verschiedenen Aspekte sich in meinem Körper entfalteten und ihren Weg in den körperlosen Computer fanden, empfand ich wieder und wieder, dass ich aufhören sollte, zu schreiben. Es erschien mir dumm, das mit Worten ausdrücken zu wollen, was in einem größeren Feld, in der Weisheit des Körpers, im größeren Ganzen enthalten ist. Die Chance des Missverstehens, vorschnellen Einordnens des Geschriebenen in bereits bekannte Wahrnehmungskategorien, der Mangel an tatsächlicher gelebter Erfahrung und kognitive Analyse scheinen mir sehr reale Risiken, die das Verständnis des Gelesenen verkürzen, wenn nicht verstümmeln können. Indem ich darüber schrieb, verlor ich das Gefühl dafür, wie es ist, all das zu lesen. Mir wurde klar, dass Worte die Erfahrung nicht wiedergeben können, auf die ich mich beziehe. Vielleicht würde Musik helfen. Vielleicht auch Stille. Vielleicht Tränen, um unser Gefäß aufzubrechen: so wie in der Geschichte »Warming the Stone Child« von Clarissa Pinkola Estés. Die Seele des verlassenen, unbemutterten Kindes »bricht auf«, als seine heißen Tränen im Moment der größten Verzweiflung auf seinen Körper fallen. Sein Körper, der Stein, reißt auf, und die Seele wird erlöst. Lesen und Schreiben können das nicht übermitteln. Es bedarf der Erfahrung. Wir können die gefühlte und häufig erlittene Erfahrung nicht umgehen. Vielleicht können uns stilles Sitzen in einer Gruppe, Zeit in der Stille, gemeinsames Summen oder leises

Singen oder die Beschäftigung mit achtsamen, respektvollen und extrem langsamen Aufstellungen dem näherbringen, was ich hier versucht habe auszudrücken. Es ist von höchster Bedeutung, einander heilige Räume zu schaffen. Heiliger Raum lässt den Fächer unserer Seele sich öffnen. Uns dem Leben auszusetzen, wenn es auf uns zukommt, kann uns für die feinen Vibrationen sensibilisieren, die uns am Leben erhalten und uns das schenken, was in den Tiefen unserer verhungerten Seelen bedeutsam ist. Still zu sitzen, die Fähigkeit zum Zuhören zu entwickeln, Achtsamkeit aufkommen zu lassen, mit der eigenen Verletzlichkeit in Kontakt zu kommen, den Prozess, der wir sind, in der Entfaltung zu beobachten, all das wird so dringend gebraucht. Uns selbst Zeuge zu sein und von Ehrfurcht ergriffen zu werden angesichts dessen, woran wir teilhaben. Was am Ende bleibt, sind Staunen und Liebe. Vielleicht können Sie, bevor Sie dieses Buch weglegen, hierin ein wenig mehr fühlen, was ich mitteilen will:

Staunen und Liebe

> Heute war ich ein wahrer Liebender. Ich fühlte mich kühn, bereit, zu sterben und über mich hinauszuwachsen. »Liebe ist wie Sterben!«, sprach die Geliebte. »Sie fühlt sich an wie Altwerden.« Sie hat recht. Die Liebe geht mir unter die Haut und durchdringt meine Schale, meine Oberfläche. Wahrhaft gefühlte, unemotionale Liebe lässt unseren Körper sich auflösen und durchsichtig werden. Wir sind wie ein Ei ohne Schale – entblößt, verletzlich, erbarmungslos offen, hell. Es gibt kein Versteck. Zurückhaltung wird nur aus Respekt gegenüber der Offenheit des Anderen geübt. Ich wähle meine Worte achtsam. Ich will nicht verletzen. Was gesagt wird, ist wichtig und hat Wirkung. Offen und voller Liebe zu sein, ist nicht leicht. Es transzendiert uns und unsere vertrauten Festungen. Bin dies ich? Staunen! Was geschieht? Staunen! Was fließt durch mich hindurch? Staunen! In welchem Prozess bin ich hier? Staunen, Stille, Tränen.

Und dieses Ganze zielt auf einen einzigen Moment hin – den Moment des Todes, wenn wir uns bereitmachen, auch noch unser Gefäß gänzlich aufzugeben. Das ist der Moment, in dem wir den Reichtum unseres gelebten Lebens als Ganzes fühlen und uns davon lösen. Wir können uns nur deshalb davon lösen, weil wir es voll gelebt haben. Wir sind seiner nicht müde, sondern das Leben hat uns zu alten Menschen mit glänzenden Augen gemacht, die vor Seelenfrieden und angenehmer Heiterkeit strahlen, die unsere unmittelbare Umgebung einhüllen. Das Alter hat seine eigene Würde, Gesundheit und Transzendenz. Erfolgreiches Altern ist wie eine Reifung in Richtung auf unsere überweltliche Heimat. Es ist die Erkenntnis dessen, was wir wirklich sind. Es macht uns demütig und berührt uns auf einer Ebene, die jenseits von Worten oder Gefühlen liegt. Es ist reinstes Sein, Teilnahme und Mitschwingen mit den langsamen, lebenserhaltenden Frequenzen dieses Universums. Es bedeutet, ein offenes, mitfühlendes Herz zu haben, das auch dann offen bleibt, wenn wir Rückschläge erleiden. Also sind Öffnung des Gefäßes und Schwingungsfähigkeit wertvolle Güter, die unsere Lebensqualität in hohem Maße definieren. Sie sind die Früchte der Inbesitznahme unseres Körpers und der Entwicklung unserer Fähigkeit, zu spüren, zu fühlen, uns zu verbinden und zu empfangen. Dieser Prozess fordert achtsame Aufmerksamkeit. Je älter wir werden, desto mehr können frühere körperliche Themen auftauchen, die viele Jahre lang aufgestaut waren. Die Menschen sind überrascht, dass nach so vielen Jahren frühe Belange zum Vorschein kommen. Das aber verdanken wir der Codierung der Erfahrung, die leicht in unserem körperlichen »Empfänger« aufgefangen werden kann, der endlich mit dem allmählichen Einsetzen physischer Gebrechlichkeit durchlässiger geworden ist. An diesem Punkt funktioniert Psychologie ohne Spiritualität nicht mehr! Die Feinheit der Seele braucht einen heiligen Raum, um riskieren zu können, sich transpersonaler Realität zu öffnen, die auf unsere Seele trifft, wie auf einen Fächer, dessen einzige Funktion darin besteht, dass er der umgebenden Luft begegnet. Wissenschaftliche Psychologie, so beweisorientiert sie auch sein mag, kann das nicht bewirken. Es ist die Qualität unserer ent-traumatisierten, bezogenen Präsenz, die uns erlaubt, über unsere lauernde Furcht vor dem Kontakt mit dem größeren Ganzen hinwegzukommen, das uns immer umgibt.

Erfolgreiches Altern

Anmerkungen

1 Ins Deutsche übertragen nach Barks, Coleman & Green, Michael. 1997. *The Illuminated Rumi*. New York: Broadway Books. S. 78

2 Bill O'Brian. Vgl. Senge, Peter et al. 2005. *Presence. Exploring Profound Change in People, Organizations and Society*. London: Nicholas Brealey Publishing. S. 180

3 Lyon, David. 1999. *Postmodernity*. Buckingham: Open University Press. S. 12

4 Wal, Jaap van der & Glöckler, Michaela. 2003. »Dynamische Morphologie und Entwicklung der menschlichen Gestalt. Spirituelle Schulungsmotive für Physiotherapeuten.« Arbeitsergebnisse der 1. Internationalen Tagung für Physiotherapeuten in der Medizinischen Sektion am Goetheanum. Freie Hochschule für Geisteswissenschaft, Dornach

5 Metzger, Jutta Anna. »Arbeit und Familie – Individualisierung im Quadrat. Grenzverschiebungen zwischen Arbeits- und Familienleben.« In: *Familiendynamik*, Klett-Cotta, Stuttgart, 26. Jahrgang, Heft 3, Juli 2001, S. 212–225

6 Dürckheim, Karlfried Graf. 1989. *Vom doppelten Ursprung des Menschen. Als Verheißung, Erfahrung, Auftrag*. Freiburg: Herder. 11. Auflage

7 Gendlin, T. Eugene. 1981. *Focusing*. New York: Bantam Books. S. 32 ff.

8 La Chapelle, David. 2001. *Navigating the Tides of Change. Stories from Science, the Sacred and a Wise Planet*. Gabriola Island, Canada: New Society Publishers. S. 9 ff.

9 Frankel, Estelle. 2003. *Sacred Therapy. Jewish Spiritual Teachings on Emotional Healing and Inner Wholeness*. Boston: Shambhala. S. 2 ff.

10 Estés, Clarissa Pinkola. 1995. *Women Who Run with the Wolves. Myths and Stories of the Wild Woman Archetype*. New York: Ballantine Books. S. 224 ff.

11 Kabat-Zinn, Jon. 1994. *Wherever You Go There You Are. Mindfulness Meditation in Everyday Life*. New York: Hyperion. S. 7

12 La Chapelle, David. 2001. ebd. S. 129

13 Kabat-Zinn, Jon. 1994. ebd. S. 233

14 Suzuki, Shunryu. 2005. *Zen Mind, Beginner's Mind. Informal Talks on Zen Meditation and Practice*. Boston: Weatherhill. 5. Auflage S. 27

15 La Chapelle, David. 2001. ebd. S. 37

16 McTaggart, Lynn. 2002. *The Field. The Quest for the Secret Force of the Universe.* New York: Harper Collins. S. 20ff
17 Ho, Mae-Wan. 1998. *The Rainbow and the Worm. The Physics of Organisms.* 2. Auflage. Singapur: World Scientific Publishing. S. 5 ff.
18 Sheldrake, Rupert. 2003. *The Sense of Being Stared At and Other Aspects of the Extended Mind.* New York: Crown Publishers.
19 La Chapelle, David. 2001. ebd. S. 1 und S. 113
20 Bentz, Valerie Malhotra, Shapiro, Jeremy J. 1998. *Mindful Inquiry in Social Research.* London: Sage Publications. Thousand Oaks. S. 45 ff.
21 Polyani, Michael. 1966. *The Tacit Dimension.* Garden City, NJ: Doubleday. S. 15
22 La Chapelle, David. 2001. ebd. S. 130 ff.
23 Frankel, Estelle. 2003. ebd. S. 27 ff.
24 Harvey, Andrew. 1991. *Hidden Journey: A Spiritual Awakening.* New York: Penguin Books. Zitiert in Frankel, Estelle. 2003. ebd. S. 16
25 Thich Nhat Hanh. 2002. *No Death, No Fear. Comforting Wisdom for Life.* New York: Riverhead Books. S. 3
26 Frankel, Estelle. 2003. ebd. S. 27 f.
27 Stern, Daniel N. 2004. *The Present Moment in Psychotherapy and Everyday Life.* New York: W. W. Norton. S. xiii
28 Zur weiteren Vertiefung siehe auch Sills, Franklyn. 2001. *Craniosacral Biodynamics. The Breath of Life, Biodynamics, and Fundamental Skills.* Überarbeitete Auflage. Band 1. Berkeley: North Atlantic Books
29 Levine, Peter. 1997. *Waking the Tiger. Healing Trauma. The Innate Capacity to Transform Overwhelming Experiences.* Berkeley: North Atlantic Books
30 Foerster, Heinz von. 1999. *Sicht und Einsicht. Versuche zu einer operativen Erkenntnistheorie.* Heidelberg: Carl-Auer-Systeme. S. 35
31 Porges, Stephen W. 1997. »Emotion: An Evolutionary By-Product of the Neural Regulation of the Autonomic Nervous System.« Veröffentlicht in: Carter, C.S., Kirpatrick, B. & Lederhendler (Hrsg.). *The Integrative Neurobiology of Affiliation.* Jahresschrift der New York Academy of Science (1997), Bd. 807
32 James Jealous, zitiert von John Chitty. 2002. *Triune Autonomic Nervous System: Experimental Applications based on Cranial Osteopathy.* Broschüre der Colorado School of Energy Studies
33 Nach einem persönlichen Gespräch mit Stephen Porges am 21. November 2005

34 Shea, Michael. 2002. *Biodynamic Craniosacral Therapy: A Primer.* North Palm Beach: Shea Education Group. S. 221

35 Senge, Peter, Scharmer, Otto C., Jaworski, Joseph, Flowers, Betty Sue. 2005. *Presence. Exploring Profound Change in People, Organizations and Society.* London: Nicholas Brealey Publishing. S. 101. Nishida war der erste moderne japanische Philosoph, der Traditionen östlicher Weisheit und westliche Gedanken der Philosophie tief integrierte; siehe Nishida Kitaro, *An Inquiry into the Good.* (New Haven, Conn.: Yale University Press)

36 *Grundwerk C.G. Jung.* 1987. Olten: Walter Verlag. 2. Aufl., Bd. 4, S. 23

37 Sills, Franklyn. 2001. *Craniosacral Biodynamics. The Breath of Life, Biodynamics, and Fundamental Skills.* Überarbeitete Ausgabe. Bd. 1. Berkeley: North Atlantic Books

38 Eckberg, Maryanna. 2000. *Victims of Cruelty: Somatic Psychotherapy in the Treatment of Posttraumatic Stress Disorder.* Berkeley: North Atlantic Books. S. 56

39 Smith, Fritz Frederick. 1998. *Inner Bridges. A Guide to Energy Movement and Body Structure.* Atlanta, Georgia: Humanics New Age. 3. Aufl. S. 43

40 Scaer, Robert C. 2001. *The Body Bears the Burden. Trauma, Dissociation and Disease.* Binghamton: The Haworth Medical Press. S. 5

41 Scaer, Robert C. 2001. ebd. S. 3

42 Manchmal vertrete ich die Meinung, dass enge, wahrhaftig intime Beziehungen ohne erlerntes oder intuitives Wissen um Traumaarbeit unmöglich sind, da in engen Beziehungen sehr frühe Bindungsthemen aktiviert werden, die einen behutsamen Umgang erfordern.

43 Siegel, Daniel J. 2003. »An Interpersonal Neurobiology of Psychotherapy: The Developing Mind and the Resolution of Trauma.« In: Siegel, Daniel J., Soloman, Marion F. *Healing Trauma. Attachment, Mind, Body, Brain.* New York: W. W. Norton. S. 13

44 Siegel, Daniel J., Soloman, Marion F. 2003. ebd. S. XV

45 Shea, Michael. 2002. ebd. S. 217

46 Shea, Michael. 2002. ebd. S. V

47 Ho, Mae-Wan. 1998. *The Rainbow and the Worm. The Physics of Organisms.* 2. Auflage. Singapur: World Scientific Publishing. S. 192

48 Wal, Jaap van der & Glöckler, Michaela. 2003. ebd.

49 Loveitt, Gale. Zitiert in Shea, Michael. 2002. *Biodynamic Craniosacral Therapy: A Primer.* North Palm Beach: Shea Education Group. S. 376

50 Abram, David. 1996. *The Spell of the Sensuous. Perception and Language in a More-Than-Human World.* New York: Vintage. S. 52 ff.

51 Abram, David. 1996. ebd.
52 Gerber, Richard. 2000. *Vibrational Medicine for the 21st Century. A complete guide to energy healing and spiritual transformation.* London: Piatkus. S. 18
53 Gerber, Richard. 2000. ebd. S. 51
54 Ho, Mae-Wan. 1998. ebd. S. 152
55 Ho, Mae-Wan. 1998. ebd. S. 13
56 Wal, Jaap van der & Glöckler, Michaela. 2003. ebd. S. 67
57 Fosha, Diana. 2002. *True Self, True Other and Core State: Toward a Clinical Theory of Affective Change Process.* Schrift vorgelegt bei Los Angeles Psychoanalytic Society and Institute. Los Angeles. S. 19 ff.
58 Fosha, Diana. 2002. ebd. S. XX
59 Firman, John & Gila, Ann. 1997. *The Primal Wound. A Transpersonal View of Trauma, Addiction and Growth.* State University of New York Press. S. 40 ff. Darin: Neumann, Erich. 1973. *The Child.* Übersetzt von R. Manheim. London: Maresfield Library. S. 413 f.
60 Senge, Peter, Scharmer, Otto C., Jaworski, Joseph, Flowers, Betty Sue. 2005. *Presence. Exploring Profound Change in People, Organizations and Society.* London: Nicholas Brealey Publishing. S. 100
61 Shea, Michael. 2002. ebd. S. 206
62 Mehr Information über die Charakteristika der Aufstellungsarbeit finden Sie im folgenden Kapitel oder auch in den Werken von Bert Hellinger und anderen.
63 Shea, Michael. 2002. ebd. S. 155 ff.
64 Alberti, Bettina. 2005. *Die Seele fühlt von Anfang an. Wie pränatale Erfahrungen unsere Beziehungsfähigkeit prägen.* München: Kösel. S. 73
65 Neumann, Erich. 1987. *Zur Psychologie des Weiblichen.* Frankfurt am Main: Fischer
66 Neumann, Erich. 1987. ebd. S. 10
67 Neumann, Erich. 1987. ebd. S. 11
68 Neumann, Erich. 1987. ebd. S. 14
69 Eine Prostituierte aus Hamburg vertraute mir an, dass die meisten Männer sich ihrer Dienste spät in der Nacht in betrunkenem Zustand bedienen. Bei Tageslicht und nüchtern haben sie nicht den Mut, sie direkt und offen anzusprechen. Sie scheuen vor der erotisch-sexuellen Kraft zurück, die hier frei angeboten wird.

Literatur

Abram, David. 1996. *The Spell of the Sensuous. Perception and Language in a More-Than-Human World.* New York: Vintage

Agustoni, Daniel. 2006. *Craniosacral-Rhythmus. Praxisbuch zu einer sanften Körpertherapie.* München: Kösel

Agustoni, Daniel. 2004. *Craniosacral-Selbstbehandlung. Wohlbefinden und Entspannung durch sanfte Berührung.* (4. Aufl.) München: Kösel (gleichnamige Übungs-CD erhältlich)

Alberti, Bettina. 2005. *Die Seele fühlt von Anfang an. Wie pränatale Erfahrungen unsere Beziehungsfähigkeit prägen.* (2. Aufl.) München: Kösel

Assagioli, Roberto. 1973. *The Act of Will.* New York: Penguin

Assagioli, Roberto. 1982. *Die Schulung des Willens: Methoden der Psychotherapie und der Selbsttherapie.* Aus d. Amerikan. übers. von Michael Sauerbrei. Paderborn: Junfermann

Barks, Coleman & Green, Michael. 1997. *The Illuminated Rumi.* New York: Broadway Books

Bentz, Valerie Malhotra/Shapiro, Jeremy J. 1998. *Mindful Inquiry in Social Research.* London: Sage Publications Thousand Oaks

Bernhard, Peter/Bentzen, Marianne/Isaacs, Noel. 2004. »Waking the Body Ego. Teil 2: Psychomotor Development and Character Structure.« In: MacNaughton, Ian. *Body, Breath and Consciousness. A Collection of Articles on Family Systems, Self-Psychology, the Biodynamic Model of Somatic Developmental Psychology, Shock Trauma and Breathwork.* Berkeley, CA: North Atlantic Books. S. 161 ff.

Bri, Guus van der/Huber, Machteld. 2003. *Foundations of Anthroposophical Medicine. A Training Manual.* Edinburgh: Floris

Campbell, Joseph. 1972. *Myths to Live by. How We Re-Create Ancient Legends in our Daily Lifes to Release Human Potential.* New York: Penguin

Campbell, Joseph. 1988. *Lebendiger Mythos: Gedanken über die inneren Horizonte.* Aus d. Engl. übers. von Hans Möhring. München: Goldmann

Chamberlain, David. 1998. *The Mind of Your Newborn Baby.* Berkeley: North Atlantic Books

La Chapelle, David. 2001. *Navigating the Tides of Change. Stories from Science, the Sacred and a Wise Planet.* Gabriola Island, Canada: New Society Publishers

Chitty, John. 2002. Triune Autonomic Nervous System: Experimental Applications based on Cranial Osteopathy. Handout for Colorado School of Energy Studies. Boulder

Daimler, Renate mit Beiträgen von Insa Sparrer und Matthias Varga von Kibéd. 2008. *Basics der systemischen Strukturaufstellungen. Eine Anleitung für Einsteiger und Fortgeschrittene.* München: Kösel

Damasio, Antonio. 2000. *The Feeling of What Happens. Body, Emotion and the Making of Consciousness.* London: Vintage

Damasio, Antonio. 2000. *Ich fühle, also bin ich: Die Entschlüsselung des Bewusstseins.* Aus d. Engl. übers. von Hainer Kober. München: List

Dreyfus, Hubert. 1992. *What Computers Still Can't Do: A Critique of Artificial Reason.* (2. Aufl.) Cambridge, MA: MIT Press

Dürckheim, Karlfried Graf. 1989. *Vom doppelten Ursprung des Menschen. Als Verheißung, Erfahrung, Auftrag.* (11. Aufl.) Freiburg: Herder

Eckberg, Maryanna. 2000. *Victims of Cruelty: Somatic Psychotherapy in the Treatment of Posttraumatic Stress Disorder.* Berkeley: North Atlantic Books

Estés, Clarissa Pinkola. 1995. *Women Who Run with the Wolves. Myths and Stories of the Wild Woman Archetype.* New York: Ballantine Books

Estés, Clarissa Pinkola. 1996. *Die Wolfsfrau: die Kraft der weiblichen Urinstinkte.* Aus d. Amerikan. übers. von Mascha Rabben. München: Heyne

Firman, John/Gila, Ann. 1997. *The Primal Wound. A Transpersonal View of Trauma, Addiction and Growth.* New York: State University of New York Press

Foerster, Heinz von. 1999. *Sicht und Einsicht. Versuche zu einer operativen Erkenntnistheorie.* Heidelberg: Carl-Auer-Systeme

Fosha, Diana. 2000. *The Transforming Power of Affect: A Model of Accelerated Change.* New York: Basic Books

Fosha, Diana. 2002. True Self, True Other and Core State: Toward a Clinical Theory of Affective Change Process. Schrift vorgelegt bei Los Angeles Psychoanalytic Society and Institute. Los Angeles

Frankel, Estelle. 2003. *Sacred Therapy. Jewish Spiritual Teachings on Emotional Healing and Inner Wholeness.* Boston: Shambhala

Gendlin, Eugene T. 1981. *Focusing.* New York: Bantam Books

Gendlin, Eugene T. 1981. *Focusing: Technik der Selbsthilfe bei der Lösung persönlicher Probleme.* Aus d. Amerikan. übers. von Katharina Schoch. Salzburg: Müller

Gerber, Richard. 2000. *Vibrational Medicine for the 21st Century. A complete guide to energy healing and spiritual transformation.* London: Piatkus

Harvey, Andrew. 1991. *Hidden Journey: A Spiritual Awakening*. New York: Penguin Books

Harvey, Andrew. 1995. *Der Pfad ins Herz: eine spirituelle Reise*. Aus d. Amerikan. übers. von Gabriele Kuby. Reinbek bei Hamburg: Rowohlt

Hellinger, Bert./ten Hövel, Gabriele. 1996. *Anerkennen, was ist. Gespräche über Verstrickung und Lösung*. (14. Aufl.) München: Kösel

Hellinger, Bert. 2006. *No Waves Without Ocean*. Heidelberg: Carl-Auer-Systeme

Hellinger, Bert. 2001. *Die Quelle braucht nicht nach dem Weg zu fragen. Ein Nachlesebuch*. Heidelberg: Carl-Auer-Systeme

Ho, Mae-Wan. 1998. *The Rainbow and the Worm. The Physics of Organisms*. (2. Aufl.) Singapur: World Scientific Publishing

Houston, Jean. 1996. *A Mythic Life. Learning to Live Our Greater Story*. New York: Harper Collins

Hüther, Gerald. 2002. *Bedienungsanleitung für ein menschliches Gehirn*. (3. Aufl.) Göttingen: Vandenhoeck & Ruprecht

Jacobi, Jolande. 1967. *The Way of Individuation*. Meridian, NY: New American Library

Jacobi, Jolande 1965. *Der Weg zur Individuation*. Zürich; Stuttgart: Rascher

James, William. 1902/1985. *The Varieties of Religious Experience: A Study in Human Nature*. New York: Penguin Books

James, William. 1997. *Die Vielfalt religiöser Erfahrung: eine Studie über die menschliche Natur*. Aus d. Amerikan. übers. von Eilert Herms und Christian Stahlhut. Frankfurt am Main; Leipzig: Insel

Jung, C.G. 1987. *Grundwerk*. (2. Aufl., Bd. 4) Olten: Walter Verlag

Kabat-Zinn, Jon. 1994. *Wherever You Go There You Are. Mindfulness Meditation in Everyday Life*. New York: Hyperion

Kabat-Zinn, Jon. 1995. *Stark aus eigener Kraft: Im Alltag Ruhe finden – das umfassende Meditationsprogramm für alle Lebenslagen*. Aus d. Amerikan. übers. von Theo Kierdorf und Hildegard Höhr. Bern, München, Wien: Barth

Kuhn, Thomas S. 1970. *The Structure of Scientific Revolutions*. (2. erweiterte Aufl.) Chicago: University of Chicago Press

Kuhn, Thomas S. 2003. *Die Struktur wissenschaftlicher Revolutionen*. Frankfurt am Main: Suhrkamp

Landgrebe, Ludwig. 1968. Die Phänomenologie der Leiblichkeit und das Problem der Materie. In: *Phänomenologie und Geschichte*. Gütersloh: Gütersloher Verlagshaus

Le Doux, Joseph. 1996. *The Emotional Brain. The Mysterious Underpinnings of Emotional Life.* New York: Touchstone

LeDoux, Joseph E. 1998. *Das Netz der Gefühle: Wie Emotionen entstehen.* Aus d. Amerikan. übers. von Friedrich Griese. München; Wien: Hanser

Levine, Peter A. 1997. *Waking the Tiger. Healing Trauma. The Innate Capacity to Transform Overwhelming Experiences.* Berkeley: North Atlantic Books

Levine, Peter A. 1998. *Trauma-Heilung: Das Erwachen des Tigers; unsere Fähigkeit, traumatische Erfahrungen zu transformieren.* In Zusammenarbeit mit Ann Frederick. Aus d. Amerikan. übers. von Theo Kierdorf und Hildegard Höhr. Essen: Synthesis

Levine, Peter A./Kline, Maggie. 2005. *Verwundete Kinderseelen heilen. Wie Kinder und Jugendliche traumatische Erlebnisse überwinden können.* (3. Aufl.) Aus d. Amerikan. übers. von Judith Jahn. München: Kösel

Levine, Peter A. 2005. *Healing Trauma. A Pioneering Program for Restoring the Wisdom of Your Body.* Boulder, CO: Sounds True

Levine, Peter A. 2007. *Vom Trauma befreien. Wie Sie seelische und körperliche Blockaden lösen.* (2. Aufl.) Aus d. Amerikan. übers. von Judith Jahn. München: Kösel (mit Übungen auf CD)

Lyon, David. 1999. *Postmodernity.* Buckingham: Open University Press

Madert, Karl-Klaus. 2007. *Trauma und Spiritualität. Neuropsychotherapie und die transpersonale Dimension.* München: Kösel

Martini, Frederic H./Ober, William C. et al. 2001. *Fundamentals of Anatomy & Physiology.* (5. Aufl.) New Jersey: Prentice-Hall International

McTaggart, Lynn. 2002. *The Field. The Quest for the Secret Force of the Universe.* New York: Harper Collins

Metzger, Jutta Anna. »Arbeit und Familie – Individualisierung im Quadrat. Grenzverschiebungen zwischen Arbeits- und Familienleben.« *Familiendynamik,* 26. Jahrgang, Heft 3, Juli 2001, S. 212 ff.

Merleau-Ponty, Maurice. 1981. *L'Oeil et l'Esprit.* Paris: Gallimard

Merleau-Ponty, Maurice. 1967. *Das Auge und der Geist: philosophische Essays.* Hrsg. u. übers. von Hans Werner Arndt. Reinbek bei Hamburg: Rowohlt

Merleau-Ponty, Maurice. 1981. *Phenomenology of Perception.* London: Routledge

Merleau-Ponty, Maurice. 1966. *Phänomenologie der Wahrnehmung.* Aus d. Franz. übers. u. eingeführt von Rudolf Boehm. Berlin: de Gruyter

Mittal, Sushil; Thursby, Gene (Hrsg.). 2004. *The Hindu World.* New York: Routledge

Neumann, Erich. 1973. *The Child.* Übersetzg. von R. Manheim. London: Maresfield Library

Neumann, Erich. 1980. *Das Kind: Struktur und Dynamik der werdenden Persönlichkeit.* Hrsg. von Julie Neumann. Fellbach: Bonz

Neumann, Erich. 1987. *Zur Psychologie des Weiblichen.* Frankfurt am Main: Fischer

Nishida, Kitaro. 1990. *An Inquiry into the Good.* Übersetzg. von M. Abe und C. Ives. New Haven, CT: Yale University Press

Nishida, Kitaro. 1989. *Über das Gute: eine Philosophie der reinen Erfahrung.* Aus d. Japan. übers. u. eingeleitet von Peter Pörtner. Frankfurt am Main: Insel

Perry, Bruce D./Szalavitz, Maia. 2006. *The Boy who was Raised as a Dog. What Traumatized Children can Teach us about Loss, Love, and Healing.* Cambridge MA: Basic Books

Perry, Bruce D./Szalavitz, Maia. 2008. *Der Junge, der wie ein Hund gehalten wurde. Was traumatisierte Kinder uns über Leid, Liebe und Heilung lehren können.* Aus d. Amerikan. übers. von Judith Jahn. München: Kösel

Polanyi, Michael. 1966. *The Tacit Dimension.* Garden City, NJ: Doubleday

Polanyi, Michael. 1985. *Implizites Wissen.* Aus d. Amerikan. übers. von Horst Brühmann. Frankfurt am Main: Suhrkamp

Porges, Stephen W. 1997. »Emotion: An Evolutionary By-Product of the Neural Regulation of the Autonomic Nervous System.« In: Carter, C.S., Kirpatrick, B. & Lederhendler I.I (Hrsg.). *The Integrative Neurobiology of Affiliation.* Jahresschrift der New York Academy of Science (1997), Bd. 807

Porges, Stephen W. 2003. »The Polyvagal Theory: phylogentic contributions to social behaviour.« *Physiology & Behaviour.* Vol. 79, Nr. 3, p. 503, Pergamon Press

Rothschild, Babette. 2000. *The Body Remembers. The Psychophysiology of Trauma and Trauma Treatment.* New York: W. W. Norton

Rothschild, Babette. 2002. *Der Körper erinnert sich: Die Psychophysiologie des Traumas und der Traumabehandlung.* Aus d. Amerikan. übers. von Theo Kierdorf und Hildegard Höhr. Essen: Synthesis

Scaer, Robert C. 2001. *The Body Bears the Burden. Trauma, Dissociation and Disease.* Binghamton: The Haworth Medical Press

Senge, Peter, Scharmer, Otto C., Jaworski, Joseph, Flowers, Betty Sue. 2005. *Presence. Exploring Profound Change in People, Organizations and Society.* London: Nicholas Brealey Publishing

Shea, Michael. 2002. *Biodynamic Craniosacral Therapy: A Primer.* North Palm Beach: Shea Education Group

Sheldrake, Rupert & Beaumont, Hunter. 2001. »Morphic Resonance and Family Constellations.« (Hunter Beaumont im Gespräch mit Rupert Sheldrake) *Systemic Solutions Bulletin* 2001, Ausg. 2. London. S. 12–20

Sheldrake, Rupert. 2003. *The Sense of Being Stared At and Other Aspects of the Extended Mind.* New York: Crown Publishers

Sheldrake, Rupert. 2003. *Der siebte Sinn des Menschen: Gedankenübertragung, Vorahnungen und andere unerklärliche Fähigkeiten.* Aus d. Engl. übers. von Michael Schmidt. Frankfurt am Main: Scherz

Siegel, Daniel J. 2003. »An Interpersonal Neurobiology of Psychotherapy: The Developing Mind and the Resolution of Trauma.« In: Siegel, Daniel J.; Soloman, Marion F. *Healing Trauma. Attachment, Mind, Body, Brain.* New York: W. W. Norton

Siegel, Daniel J. 2006. *Wie wir werden die wir sind: Neurobiologische Grundlagen subjektiven Erlebens und die Entwicklung des Menschen in Beziehungen.* Aus d. Amerikan. übers. von Theo Kierdorf und Hildegard Höhr. Paderborn: Junfermann

Sills, Franklyn. 2001. *Craniosacral Biodynamics. The Breath of Life, Biodynamics, and Fundamental Skills.* (Überarbeitete Auflage) Band 1. Berkeley: North Atlantic Books

Simon, Fritz B. 1991. *Meine Psychose, mein Fahrrad und ich. Zur Selbstorganisation der Verrücktheit.* Heidelberg: Carl-Auer-Systeme

Smith, Fritz Frederick. 1998. *Inner Bridges. A Guide to Energy Movement and Body Structure.* (3. Aufl.) Atlanta, GA: Humanics New Age

Smith, Fritz Frederick. 1990. *Innere Brücken: Handbuch der Lebensenergie und Körperstruktur.* Aus d. Amerikan. übers. von Eberhard G. Bötel. Oldenburg: Trans-Form

Stern, Daniel N. 2004. *The Present Moment in Psychotherapy and Everyday Life.* New York: W. W. Norton

Stern, Daniel N. 2005. *Der Gegenwartsmoment: Veränderungsprozesse in Psychoanalyse, Psychotherapie und Alltag.* Aus d. Amerikan. übers. von Elisabeth Vorspohl. Frankfurt am Main: Brandes und Apsel

Suzuki, Shunryu. 2005. *Zen Mind, Beginner's Mind. Informal Talks on Zen Meditation and Practice.* (5. Aufl.) Boston: Weatherhill

Suzuki, Shunryu. 1997. *Zen-Geist Anfänger-Geist.* Aus d. Engl. übers. von Silvius Dornier und Pirmin Ragg. Berlin: Theseus

Thich Nhat Hanh. 2002. *No Death, No Fear. Comforting Wisdom for Life.* New York: Riverhead Books

Thich Nhat Hanh. 2003. *Kein Werden, kein Vergehen: Buddhistische Weisheit für ein Leben ohne Angst.* Aus d. Engl. übers. von Michael Wallossek. Frankfurt am Main: Barth

Varga v. Kibéd, Matthias & Sparrer, Insa. 2000. *Ganz im Gegenteil. Tetralemmaarbeit und andere Grundformen Systemischer Strukturaufstellungen – für Querdenker und solche, die es werden wollen.* Heidelberg: Carl-Auer-Systeme

Wal, Jaap van der & Glöckler, Michaela. 2003. »Dynamische Morphologie und Entwicklung der menschlichen Gestalt. Spirituelle Schulungsmotive für Physiotherapeuten.« Arbeitsergebnisse der 1. Internationalen Tagung für Physiotherapeuten in der Medizinischen Sektion am Goetheanum. Freie Hochschule für Geisteswissenschaft, Dornach

So gelingt Abgrenzung
Rolf Sellin
Bis hierher und nicht weiter
Wie Sie sich zentrieren, Grenzen setzen und gut für sich sorgen
Erweiterte Neuausgabe
Kösel
Erfolgreiche Abgrenzung ist keine Willenssache, sondern sie will geübt sein. Dafür bietet dieses Buch Methoden, die funktionieren: auf gedanklicher, kommunikativer, körperlicher und energetischer Ebene. Mit Test und vielen Praxisanregungen.
Kösel
www.koesel.de